2025 신체손해사정사 2차 시험대비

책임보험 및 근로자재해보상책임보험 문제집

사례 80제 / 약술 80제

김태윤 지음

since 2001 insTV

이번에 출간하는 책임·근재과목 문제집은 한권으로 사례문제와 약술문제를 모두 대비할 수 있도록 집필하였습니다!

험난한 손해사정사 수험환경 속에서 수험생 여러분들의 '**합격 길잡이**' 역할을 할 수 있으리라 생각됩니다.

문제풀이 기본지식에서는 사례문제 풀이를 위해 기본적으로 숙지하여야 하는 최소한의 내용을 수록하여 사례문제를 풀기위한 기본 이론을 중심으로 탑재하였습니다.

사례 80제는 기본적인 사례문제부터 심화문제에 이르기까지 다양한 유형의 문제를 제시하여 사례문제에 대한 자신감을 갖을 수 있도록 준비하였습니다.

그동안 수험생분들에게 호평을 받아온 약술 80제는 수험생 여러분들이 시험장에 들어가기 전에 반드시 보아야 할 약술 주제들을 중심으로 수록하였으며, 4과목을 준비하여야 하는 수험생들의 공부량을 감안하여 '**적중률**'과 '**효율성**'이라는 두 마리 토끼를 잡을 수 있도록 핵심적인 80개의 주제에서 더 추가하지 않았습니다.

손해사정사 시험은 특출난 공부 재능이 있어야 합격하는 시험이 아니며, 기본내용을 중심으로 효율적으로 사례와 약술 준비를 병행한다면 누구나 합격할 수 있는 시험입니다.

이번에 출간하는 책임·근재보험 문제집은 기본서에 더하여 실전 문제 적응력을 배가시켜 실전에서 흔들리지 않는 실력을 갖출 수 있는 최고의 무기가 될 것입니다!

마지막으로 이번에 책임근재 문제집이 출간되도록 힘써주신 인스TV 원장님 이하 임직원 여러분에게 다시 한번 감사드립니다.

저자 김태윤

Contents

Chapter 1 문제풀이 기본지식 — 1

01. 책임 법리 — 2
02. 손해배상금 산출 관련 기본지식 — 5
03. 배상책임보험 계산문제 기본지식 — 17
04. 근재보험 계산문제 기본지식 — 43

Chapter 2 사례문제 80제 — 65

Chapter 3 약술 80제 — 391

01. 약술 기출문제 및 2025년 약술 대비 문제 — 392
02. 2025년 약술 대비 80제 — 403

부록

01. 월간 호프만 계수 — 550
02. 경과 연수에 따른 호프만 계수 — 556
03. 연간 호프만 계수 — 557

CHAPTER

01

문제풀이 기본지식

01 책임 법리

배상책임보험은 피보험자의 위법행위로 인한 법률상 손해배상책임을 보장하는 보험이다. 따라서 피보험자가 타인에 대하여 법률상 손해배상책임을 부담하는지 여부에 대한 판단을 할 수 있어야 하며, 책임법리는 이러한 법률상 손해배상책임의 발생근거를 말한다.

I. 손해배상책임 발생의 근거

(1) 불법행위책임 : 일반불법행위책임(민법 750조), 특수불법행위책임(755조~760조)
(2) 채무불이행책임(민법 390조)
(3) 특별법상 책임 : 제조물책임법, 환경오염피해구제법, 화재보험법 등

II. 불법행위책임

1. 일반 불법행위책임(요건 : 고/책/위/손/인) 2014 / 2023 약술 기출

민법 제750조에서 '고의 또는 과실로 인한 위법행위로 타인에게 손해를 가한 자는 그 손해를 배상할 책임이 있다'고 규정하고 있다. (과실책임주의)

▶ 불법행위 성립요건 : 고의·과실, 책임능력, 위법행위, 손해의 발생, 인과관계
  * 불법행위 성립요건의 모든 입증책임은 '피해자'에게 있다. 단, 책임능력 없음은 가해자가 입증

2. 특수 불법행위책임 2016 약술 기출

민법 제755조부터 제760조까지 특수 불법행위책임을 규정하고 있다.
① 755조 : 책임무능력자의 감독자 책임(중간책임주의)
  – 책임 무능력자 : 책임능력 없는 미성년자(만 13세 미만), 심실상실자(음주 만취자, 중증 정신질환자)

② 756조 : 사용자 배상책임(중간책임주의)
- 업무집행과 관련하여 종업원이 타인에게 위법행위로 인해 발생한 책임을 부담
- 사용자는 책임을 면하려면 본인에게 피용인의 선임 및 사무감독에 과실없음을 입증해야 함. (중간책임주의)

③ 757조 : 도급인의 책임
- 도급인은 원칙적으로 수급인의 행위에 대하여 책임을 지지 않는다.
- 예외적으로, 도급 또는 지시에 관하여 중대한 과실이 있는 경우에만 책임진다.

④ 758조 : 공작물 점유자 및 소유자 책임(중간책임주의, 무과실 책임주의)
- 공작물 등의 설치·보존상의 하자로 인한 손해배상책임을 규정
- 하자 : 공작물이 그 용도에 따라 갖추어야 할 안전성이 결여된 상태
- 하자의 입증책임 : 하자에 대한 입증책임은 '피해자'에게 있다.
- 하자 발생에 대한 과실의 입증책임 : 점유자가 하자 발생에 과실 없음을 입증해야 한다.
- 점유자가 과실 없음을 입증하여 책임을 면할 경우, 공작물 소유자는 무과실책임을 부담한다. (공작물 소유자의 무과실책임)

⑤ 759조 : 동물점유자 책임(중간책임주의) `2020` 사례 기출
- 동물 소유자 책임에 대해서는 명시적 규정이 없다.

⑥ 760조 : 공동불법행위책임(부진정 연대채무) `2020` 약술 기출
- 공동불법행위자는 피해자에 대하여 '부진정 연대채무'를 부담한다. (판례)
- 각 공동불법행위자는 피해자의 전 손해에 대하여 연대 책임을 진다.

3. 채무불이행책임

민법 제390조에서 규정하고 있으며, 채무자가 계약의 내용에 좇은 이행을 하지 아니하여 채권자가 입은 손해를 배상할 책임을 '채무불이행책임' 또는 '계약책임'이라고도 한다.

> **책임/근재보험에서 '채무불이행책임'이 적용되는 경우**
> ① 근재보험 : 업무상 재해 발생 시 사용자의 근로자에 대한 '안전 배려의무' 위반
> ② 의사의 의료과실책임 : 진료계약에서 파생되는 '선관주의의무' 위반
>   * 선관주의의무 : 선량한 관리자의 주의의무

가해자와 피해자 사이에 불법행위책임과 채무불이행책임의 요건을 모두 갖춘 경우에 피해자는 선택에 따라 불법행위책임 또는 채무불이행책임을 물을 수 있다. (청구권 경합)

4. 특별법상 손해배상책임

민법 이외에도 제조물책임법, 환경오염피해배상 및 피해구제에 관한 법 등과 같이 특수한 영역에 있어서 과실책임주의에 수정을 가하는 '결함 책임주의' 또는 '무과실 책임주의'를 규정하여 피해자 보호를 강화하려고 한다.

> **특별법상 책임법리 예시**
> ① 제조물 책임법 : 결함책임주의
> ② 화재보험법(특수건물 신체손해배상책임 특별약관) : 보상책임주의
> ③ 다중이용업소 안전관리에 관한 특별법 : 과실책임주의 → 무과실 책임주의(2021년 7월 6일 시행)
> ④ 환경오염피해 배상책임 및 구제에 관한 법률 : 무과실책임주의

손해배상금 산출 관련 기본지식

Ⅰ 손해 3분설에 따른 손해배상금 산출항목

(1) **적극적 손해** : 기발생 치료비, 향후 치료비, 보조구비, 개호비, 장례비

(2) **소극적 손해** : 일실수입(입원/통원/장해/사망), 일실퇴직금

(3) **정신적 손해** : 위자료

Ⅱ 적극적 손해

1. 치료비

(1) 기발생(or 기왕) 치료비

① 특별한 쟁점이 없으므로 제시된 기발생 치료비에 피해자 과실상계만 적용한다.

　【산식】 기발생(기왕) 치료비×(1−피해자 과실(%))

　단, 사례문제에서 기발생(기왕) 치료비에 대하여 건강보험 처리가 된 것으로 제시된 경우에는 총 치료비에서 '건강보험공단' 요양급여 지급액을 공제한 금액에 대하여 피해자 과실상계를 적용하여 최종 치료비 손해액을 산출한다. (공제 후 과실상계설)

② 근재보험 사용자배상책임 특약 관련 사례문제에서 치료비는 산재보험에서 요양급여로 지급되므로 초과 손해배상금이 발생되지 않음.

　단, 산재보험 또는 근재보험 재해보상책임 특별약관의 요양급여(보상)으로 지급되지 않는 '비급여 치료비' 또는 '향후 치료비'가 있다면 손익상계의 대상에서 제외하고, 사용자 배상책임 특별약관에서 해당 '비급여 치료비' 또는 '향후 치료비'에 대하여 피해자 과실상계 적용하여 산출한다.

　【예시】 비급여 치료비(or 향후 치료비) 500만원×(1−30%)=350만원

(2) 향후 치료비

합의 시점 이후에 지출해야 할 치료비를 말하는 것으로, 상해로 인한 흉터를 제거하는 성형수술비, 골절 시 고정에 사용된 내고정물 제거비 또는 물리치료비 등을 말한다.

향후 치료비는 장래 1회성으로 발생하는 경우가 있고, 장래 주기적으로 발생하는 경우도 있다. 향후치료비에 대해서도 원칙적으로 중간이자를 공제하여야 하나, 1회적 향후치료비에 대해서는 중간이자를 공제하지 않기도 한다. (판례)

① 향후치료비가 '현가'로 주어지는 경우에는 피해자 과실상계만 적용한다.

> 【산식】 향후 치료비(현가) × (1 − 피해자 과실(%))

② 1회적 향후치료비는 현가로 주어질 것이다. 단, 현가가 아닌 경우 H계수가 주어진다.
③ 정기적으로 지출하는 향후치료비는 중간이자 공제하고 피해자 과실상계 적용한다.

> 【산식】 향후 치료비 = 1회 치료비 × 경과 연수 H계수의 합 × (1 − 피해자 과실(%))

> **[예제]**
> − 1회 치아 보철비용 : 100만원(교체주기 10년)
> − 기대여명 : 38년
> − 피해자 과실 : 30%
> − 경과 연수에 따른 H계수 : 10년(0.6), 20년(0.5), 30년(0.4)
> − 최초 치아 보철비용은 기발생 치료비에 포함되므로, 향후 치료비로 산정하지 아니함.
>
> 【풀이】 100만원 × (0.6 + 0.5 + 0.4)(H) × (1 − 30%) = 1,050,000원

2. 보조구비

보조구는 의안, 의수, 목발, 휠체어, 보청기 등 의료 보조기구를 말하고 그 가격과 교체 횟수는 주치의 등 의사의 소견으로 결정한다. 보조구비도 중간이자를 공제하여 산정하여야 한다.

> 【산식】 보조구비 = 보조구 1회 구입비용 × 경과 연수 H계수의 합 × (1 − 피해자과실(%))

> **[예제]**
> − 휠체어 비용 : 100만원(교체주기 10년)
> − 기대여명 : 42년
> − 경과 연수에 따른 H계수 : 10년(0.6), 20년(0.5), 30년(0.4) 40년(0.3)
> − 최초 1회 휠체어 비용도 포함하여 산출할 것. 피해자 과실 없음.
>
> 【풀이】 100만원 × (1 + 0.6 + 0.5 + 0.4 + 0.3)(H) = 2,800,000원

> **참고**
>
> 향후치료비와 보조구비는 통상 연단위로 소요되므로, H계수도 경과연수에 따른 H계수가 주어지나, 월간 H계수가 주어지는 경우 이를 경과년수에 따른 H계수로 환산 할 수도 있다.
>
> 【예시】
> 사고발생일로부터 5년 시점의 경과연수에 따른 H계수 : 0.8
> 월간 H계수가 주어지는 경우 5년 시점의 경과연수에 따른 H계수로 환산하는 방법
> : 53.4545 (60개월 H계수)−52.6545 (59개월 H계수)=0.8

3. 개호비

개호란 피해자가 중상을 입어 그 치료기간 동안 또는 치료가 종결된 이후에 일정기간 또는 여명까지 타인의 조력을 받아야 하는 경우를 말한다. 개호비는 간병비라는 용어와 혼용하여 사용되기도 한다. 개호가 인정되는 주요 신체장해로는 완전 또는 불완전 사지마비, 하반신 마비, 양안 실명, 보행장해 등이 있다.

개호는 1일 8시간(=1인 개호)을 원칙으로 하며, 개호인 수는 피해자의 상태에 따라 0.5인에서 2인까지 인정된다. 개호비는 아래와 같이 산출한다.

【산식】 (보통인부 일당×365일) / 12×개호인 수×개호기간에 해당하는 H계수

① 사례문제에서는 1개월 개호비가 주어지거나 1개월을 30일로 계산하도록 주어질 것이다.
② 위와 같이 주어진다면, 한달 개호비는 보통인부 일당×30일로 계산한다. (22일이 아님)
③ 개호비 산정 시 노동능력상실률(%)은 적용하지 않는다.

> 【예제】
>
> 김OO은 사고로 인한 후유장해로 여명까지 1일 4시간 개호 필요하다는 의사소견을 받았다.
> 김OO에 대한 개호비를 산출하시오.
>
> 【전제조건】
> − 피해자 연령 : 사고당시 만 50세
> − 기대여명 : 만 60세(사고로 인한 여명 단축)
> − 도시 보통인부 노임 : 100,000원
> − 피해자 과실 20%
> − 월 호프만(H) 계수
>   • 사고일~가동기간 종료 시까지 180개월 : (H계수 : 150)
>   • 사고일~기대여명까지 120개월 : (H계수 : 100)
> − 계산 편의상 한달은 30일로 한다.
>
> 【풀이】 (100,000원×30일)×0.5(인)×100(H)×(1−20%)=120,000,000원

4. 장례비

피해자가 사망한 경우, 장례비도 손해배상금에 포함된다. 판례는 장례비의 지출 여부를 불문하고 500만원 선에서 인정하고 있다.

① 문제에서 기준금액이 주어지지 않을 경우, 500만원 기준으로 계산한다.
② 문제에서 장례비 계산을 생략하도록 하는 경우도 있으니, 지문을 정확히 확인한다.

【산식】 5,000,000원×(1−피해자 과실(%))

Ⅲ. 소극적 손해

1. 일실수입(or 일실수익)

일실수입이란 생명 또는 신체를 침해하는 불법행위에 의하여 노동능력의 전부 또는 일부를 상실당한 피해자가 입은 손해를 금전적으로 산정한 것을 의미하는 것으로서, 일정한 사고가 없었을 경우에 얻게 되는 이익이라고 할 수 있다.

(1) 입원기간 일실수입

【산식】 월 소득액×100%×(사고일~퇴원일까지 H계수)×(1−피해자 과실(%))

① 입원기간에 대해서는 노동능력상실률 100%를 적용한다.
② 월 소득액은 문제 조건에서 주어지며, 보통인부 일용노임이 주어지는 경우도 있다.

(2) 통원기간 일실수입

【산식】 월 소득액×노동능력상실률(%)×(사고일~치료종결일까지 H계수
−사고일~퇴원일까지 H계수)×(1−피해자 과실(%))

① 실제 시험문제에서 통원 일실수입을 구하는 문제는 아직 출제되지 않았다.
② 문제에서 입·통원기간을 구분하지 않고 '치료기간'으로 나올 경우, 입원기간으로 보고 노동능력상실률 100% 적용한다.

(3) 장해기간 일실수입

【산식】 월 소득액×노동능력상실률(%)×(사고일~가동기간 종료 시까지 H계수
−사고일~치료 종결일까지 H계수)×(1−피해자 과실(%))

① 중상으로 인한 여명 단축 시, 여명 종료 시점이 가동기간 종료 이전에 도래한다면, 해당 시점부터 가동기간 종료 시까지 노동능력상실률을 100%로 적용하며 생계비(1/3)를 공제하여야 한다. ★ 중요

② 영구장해는 가동기간 종료 시까지 일실수입이 인정되며, 한시장해는 해당 한시장해 기간 종료시까지의 일실수입이 인정된다.

(4) 사망 일실수입
① 현장사망

【산식】 월 소득액×100%×(1−1/3)×(사고일~가동기간 종료 시까지 H계수)×(1−피해자 과실(%))

② 치료 중 사망

【산식】 월 소득액×100%×(1−1/3)×(사고일~가동기간 종료 시까지 H계수
− 사고일~사망 시까지 H계수)×(1−피해자 과실(%))

2. 일실수입 산정요소

일실수입은 일실수익이라고도 하는데, 피해자의 소득, 노동능력상실률, 가동기간, 기대여명의 단축, 중간이자 공제, 생활비 공제 등을 고려하여 산출한다.

(1) 소득
① 월 소득액

월 소득액은 사고 발생 당시에 피해자의 월 실제 소득액을 말하는 것으로, 일실수입 산정 시 기본이 되는 요소이다. 월 소득은 통상적으로 사례문제에서 주어지며, 보통인부 일용노임이 주어지는 경우에는 월 가동일수 22일을 적용하되, 사례문제에서 월 가동일수가 주어진다면 그에 따른다. 무직자 또는 가정주부와 같이 실제 소득이 없더라도 최소한 보통인부 일용노임은 소득으로 인정된다.

② 평균임금

일실퇴직금 또는 근재보험에서 재해보상금 산정 시 활용되는 임금으로, 사례문제에서 손해배상금 중 일실수입 항목 산출 시 원칙적으로 평균임금으로 일실수입을 산출해서는 안 된다. 단, <u>사례문제에서 월 소득액이 주어지지 않고 평균임금만 주어졌을 경우에는 평균임금을 기준으로 산출한다.</u> `2022` 사례문제

(2) 노동능력상실률

노동능력상실률이란 피해자의 상해에 대한 치료 종결 이후에도 신체기능의 영구적 장해 또는 훼손상태가 잔존함으로써 노동능력이 상실 또는 감소된 비율을 말한다.

① 복합장해율

복합장해란 사고로 인해 2가지 이상의 후유장해가 남는 것을 의미하는데, 복합장해율 산정 시 각 노동능력상실률을 단순 합산하는 것이 아니라 '차감체증 방식'으로 산정한다. 차

감체증 방식이란 어느 하나의 후유장해에 대한 노동능력상실률을 기준으로, 잔존 가동률에 나머지 노동능력상실률을 곱하여 평가한 노동능력상실률을 합산하는 방식을 말한다.

【산식】 복합장해율(%) = A 장해율(%) + [(100 − A 장해율)% × B 장해율(%)]

> [예제]
> 척추체 장해 50%, 족관절 장해 10%, 고관절 장해 20%
> 1) 50% + [(100 − 50)% × 10%] = 55.0%
> 2) 55% + [(100 − 55)% × 20%] = 64%(최종 장해율)

② 기왕증 기여도 공제('기왕증 기여도'와 '사고 관여도'는 역(逆)의 관계에 있다.)

노동능력상실률 산정 시 상해부위와 관련하여 피해자의 기왕증이 장해발생에 영향을 주었다면 그 기왕증 기여도만큼 공제하여 노동능력상실률을 산정하는 것이다.

예를 들어, 골다공증 질환을 보유하고 있던 피해자가 사고로 인해 척추체 압박골절의 상해로 30%에 해당하는 노동능력상실률이 인정된다고 했을 때, 기존의 골다공증이 척추체 압박골절 상해 발생에 20% 기여하였다면 최종적인 노동능력상실률은 24%에 해당된다고 할 것이다.

【산식】 최종 노동능력상실률(%) = 노동능력상실률(%) × (100% − 기왕증 기여도(%))

<u>기왕증 기여도 공제는 원칙적으로 모든 손해항목에 적용하여야 하나, 사례문제에서 노동능력상실률 부분에만 부속하여 주어진다면 노동능력상실률 산출 시에만 적용하고, 문제의 전제조건에서 치료비, 보조구비, 개호비 등 다른 손해항목에도 적용하라는 문구가 주어진다면 그에 따라 산출한다.</u>

또한, 기왕증 기여도와 사고 관여도는 역의 관계에 있으므로 '기왕증 기여도'가 20%라면 '사고 관여도'는 80%가 되는 것이다. 과거 기출 사례문제에서 사고관여도(50%)를 치료관계비에만 적용하여 산출하라는 조건이 주어진 문제가 출제된 적이 있다.

③ 기왕장해 참작

기왕장해란 금번 사고 이전에 과거 사고로 인하여 피해자가 이미 보유하고 있는 후유장해로서, 기왕장해로 이미 노동능력의 일부를 상실한 경우에는 기왕장해와 금번 사고로 인한 후유장해를 복합장해율 산정방식으로 합산하여 노동능력 상실의 정도를 산정하고, 여기에서 다시 기왕장해로 인한 노동능력상실률을 공제하는 방법으로 산정한다.

<u>사례문제 풀이와 관련해서 기왕장해가 발생한 신체부위가 금번사고로 인한 장해발생부위와 동일부위이든지 다른부위이든지 관계없이 아래의 방법으로 산출한다.</u>

【산식】 [금번장해율(%)+(100−금번장해율)(%)×기왕장해율(%)]−기왕장해율(%)

> **[예제]**
> − 기왕 장해 : 견관절 부위 운동제한 25%
> − 금번 장해 : 슬관절 부위 운동제한 10%
>
> **【풀이】**
> ① 법원 산식 : [25%+(100−25)%×10%]−25%=7.5%
> ② 간편 산식 : 10%×(100−25)%× =7.5% → 기왕증 기여도 계산방식과 동일

(3) 가동기간

① 가동기간의 개념

가동기간이란 사고가 없었더라면 피해자가 일실수입을 취득할 수 있는 기간으로서, 사고일이 가동개시연령(만 19세) 이전이면 가동개시연령부터 가동종료 연령(만 65세)까지의 기간이고, 사고일이 가동개시연령(만 19세) 이후이면 사고일부터 가동종료 연령까지의 기간을 말한다.

② 가동개시 연령

가동개시 연령은 민법상 성년기준인 만 19세부터이고, 남자는 군 복무기간을 고려하여 가동기간의 개시시점을 정한다.

③ 가동종료 연령

가동종료 연령은 일용근로자 등 정년이 정해지지 않는 경우에는 만 65세까지 가동기간이 인정된다. 종래 만 60세까지 인정하고 있었는데, 대법원 전원합의체 판결을 통하여 이를 만 65세로 변경하였다.

또한, 피해자 직업의 정년이 정해져 있는 경우에는 그 정년이 가동 종료기간이 된다. 그러나, 그 정년이 만 65세에 미달하는 경우에는 정년 이후 만 65세까지는 도시 보통인부 노임으로 가동기간 종료 시까지 소득을 인정한다.

【산식】 도시 보통인부 일용노임×22일 ▷ 적용일수가 문제에서 주어진다면 그대로 적용

(4) 기대여명

① 의의

기대여명이란 재해자가 사고 당시의 시점으로부터 향후 생존 가능한 기간을 말한다. 기대여명은 통상 통계청에서 발표하는 '생명표'에 의하여 인정되는데, 중상해를 입은 경우에는 기대여명이 단축될 수 있다. 기대여명은 개호비, 향후 치료비, 보조구비, 일실수입 등 산출 시 반영하여야 한다.

② 기대여명의 단축

사고로 인한 후유장해 등으로 인해 향후 기대여명이 일반인과 같은 평균여명을 인정할 수 없는 경우에는 의사의 신체감정 결과에 따라 기대여명이 단축된다.

예를 들어, 만 40세에 교통사고로 인해 사지마비 상태의 후유증이 남은 사람에 대해 의사의 신체감정결과에 따라 기대여명을 향후 10년으로 판정하였다면 만 50세에 사망할 것으로 의학적으로 추정하는 것이다.

이러한 경우, 손해배상금 산정 시 이러한 의학적 소견으로 반영하여 개호비, 향후치료비, 보조구비 등을 산출하여야 하며, 특히 기대여명의 단축으로 인해 가동기간 이내에 기대여명이 종료된다면 그 기대여명 종료시점부터 가동기간 종료 시까지 일실수입 산정에 있어서 노동능력상실률을 100%로 인정하고 생계비(1/3)를 공제하여야 한다.

> **예제**
>
> 사고로 인해 피해자 김○○의 기대여명이 만 50세로 단축되었다.
> 김○○의 사고일 이후의 일실수입을 산출하시오.
>
> **【전제조건】**
> − 피해자 : 김○○ (사고당시 만 40세)
> − 월소득 : 300만원
> − 노동능력상실률 : 50%
> − 피해자 과실 : 30%
> − 월 호프만(H) 계수
>   • 사고일~치료종결일 : 6
>   • 사고일~기대여명 종료일 : 106
>   • 사고일~가동연한 종료일 : 126
>
> **【풀이】** 김○○의 일실수입 산출
> ① 사고일~치료 종결일
>   : 300만원×100%×6(H)×(1−30%)=12,600,000원
> ② 치료종결일~ 기대여명 종료시
>   : 300만원×50%×100(H)×(1−30%)=105,000,000원
> ③ 기대여명 종료시~가동연한 종료시까지
>   : 300만원×100%×2/3×20(H)×(1−30%)=28,000,000원
> ④ 합계 : 145,600,000원

(5) 중간이자 공제

① 중간이자 공제 대상

손해배상금 항목 중 향후치료비, 보조구비, 개호비, 일실수입 등 산정 시 중간이자를 공제하여야 한다. 1회적 향후치료비의 중간이자 공제 여부에 대해 판례의 태도가 일관되지 않는다.

② 호프만 계수가 240을 넘는 경우 일실수입의 산정

피해자가 과잉배상 받는 것을 방지하기 위해 중간이자 공제기간이 414개월을 초과하여 호프만 월계수가 240을 넘게 되더라도 240을 적용하여야 한다. 240(연 단위는 36년을 초과하여 연 단위 호프만 계수가 20을 초과하는 경우) 이상의 호프만 계수를 적용하여 현가를 산정하게 되면 현가로 받는 금액에 대한 이자만으로도 매월 입게 된 손해액 보다 많게 되기 때문이다. (사고일로부터 적용되는 H계수의 합이 240을 넘어서는 안된다. 단, 미성년자가 만 19세가 되는 기간 등 소득이 인정되지 않는 기간의 H계수는 제외한다.)

2. 일실퇴직금

일실 퇴직금이란 불법행위의 피해자가 회사의 취업규칙 등에 따라 퇴직금의 수령이 예정되어 있는 경우, 노동능력이 전부 또는 일부가 상실되어 퇴사한 경우에 그 노동능력상실률 상당의 퇴직금을 말한다. 따라서, 사고 이후 근로계약기간이 어느정도 확정된 피해자에 대하여 인정될 수 있으며, 일용직 근로자와 같이 사고 이후 근로계약기간이 확정되지 않은 피해자에 대해서는 인정되기 어렵다.

(1) 퇴직금 규정

사용자는 계속 근로기간 1년에 대하여 30일분 이상의 평균임금을 퇴직금으로 퇴직 근로자에게 지급하여야 한다.

(2) 일실 퇴직금 산정방식

예상 총 퇴직금(현가)에서 기근속 퇴직금을 공제한 후, 노동능력상실률(%)을 곱하여 일실 퇴직금을 산정한다.

【산식】 [(예상 총 퇴직금×사고당시 현가율) − 기근속 퇴직금]×노동능력상실률×(1 − 피해자 과실)

* 예상 총 퇴직금 : 평균임금×30일×총 재직가능기간
* 기 근속 퇴직금 : 평균임금×30일×기 근속기간
* 현가율 : $1/(1+0.05 \times 잔여 재직기간)$

(3) 답안 작성 시 목차 구성

① 예상 총 퇴직금 : 평균임금×30일×총 재직가능기간

② 기 근속 퇴직금 : 평균임금×30일×기 근속기간

③ 현가율 : 1/(1+0.05×잔여 재직기간)

④ 일실퇴직금

[(예상 총 퇴직금×현가율) - 기근속 퇴직금]×노동능력상실률(%)×(1 - 피해자 과실)

* 총 재직가능기간 (입사시점~정년시점) : O년 O월
* 기 근속기간 (입사시점~사고시점) : O년 O월
* 잔여 재직기간 (사고시점~정년시점) : O년 O월

Ⅳ. 정신적 손해

손해배상금 산정 시 피해자의 정신적 고통에 대한 배상으로 위자료 청구권이 인정된다. 위자료의 산정은 법원의 자유재량이나 보험회사는 통상 6~8천만원 기준으로 산정하며, 서울 중앙지방법원은 1억원 기준으로 위자료를 산정한다.

1. 법적 근거

민법 제751조는 피해자 본인의 위자료 청구권의 근거 조항이고, 제752조는 피해자의 사망 시 직계존속, 직계비속, 배우자의 위자료 청구권의 근거조항이다.

2. 위자료의 산정

위자료는 법원에서 피해자의 피해정도, 연령, 직업, 과실 유무 등 제반사정을 고려하여 재량으로 산정할 수 있으며, 노동능력상실률이 인정되는 사고에 있어서는 아래와 같이 산출하나, 절대적인 것은 아니다.

【산식】 1억원×노동능력상실률(%)×[1-(피해자 과실율(%)×0.6)]

사례문제에서 위자료 기준금액이 주어지므로, 해당 금액에 산식을 적용하여 산출한다.

한시장해의 경우에는 위자료를 어떻게 산정할 것인지가 문제된다. 이에 대해 ① 상기 산식에 따른 위자료를 산출한 후에 다시 잔여 가동기간에 대한 한시 장해기간의 비율을 적용하여 산출하는 방법이 있고, ② 한시장해임을 감안하여 상기 산식에 따른 위자료를 산출한 후에 1/2, 1/3, 2/3, 3/4 등의 비율을 곱하여 산출하는 방법이 있다. 판례상 확립된 방법은 없으며 법관의 재량으로 판단한다.

3. 문제풀이 시 주의사항

① 위자료 관련 주어진 금액이 '기준금액'인지 '제반사정을 고려한 합의금액'인지 확인하고 해당 금액이 '합의금액'일 경우, 과실상계 등 적용하지 않고 그대로 갖다 쓴다.
② 위자료 산정 시 노동능력상실률(%)을 누락하지 않도록 주의한다.

V. 책임의 제한

피해자의 손해배상금을 산정하는 데 있어서, 배상의무자(가해자)의 책임을 제한하는 사유 가 있으며, 그 사유로는 ① 기왕증 상계, ② 과실상계, ③ 손익상계가 있다.

1. 기왕증 상계

기왕증이란 피해자가 이미 사고 발생 이전부터 가지고 있었던 퇴행성 병변 등의 지병, 선천성 질환 체질적 소인으로서, 기왕증이 사고로 인한 손해배상금의 확대에 기여하였면 그 기왕증으로 인하여 증가된 손해만큼 상계하는 것을 말한다.

기왕증 기여도 공제는 원칙적으로 모든 손해항목에 적용하여야 하나, 사례문제에서 노동능력상실률 부분에만 부속하여 주어진다면 노동능력상실률 산출시에만 적용하고, 문제의 전제조건에서 **치료비, 보조구비, 개호비 등 다른 손해항목에도 적용하라는 문구가 주어진다면 그에 따라 산출한다.**

2. 과실상계

과실상계란 불법행위로 인한 손해배상 청구에 있어서 그 책임 및 금액을 정할 때 피해자의 과실을 참작하는 것을 말한다. 여기서 피해자의 '과실'은 가해자의 '과실'과 같이 주의의무 위반이라는 강력한 과실이 아니고 <u>사회통념이나 신의성실의 원칙에 따라 공동생활에 있어 요구되는 약한 부주의</u>를 의미하는 것이다. 즉, 피해자 과실상계에서의 '과실'은 약한 부주의를 의미하는 것으로서, 가해자의 '책임능력'과 달리 '사리변별능력'만 있으면 된다고 하여 만 7세 정도 이상이면 피해자 과실능력을 인정할 수 있다.

3. 손익상계

불법행위로 인한 재산상 손해액을 산정함에 있어서 당해 불법행위를 원인으로 하여 피해자가 불이익을 받음과 동시에 그로 인하여 이익을 얻은 경우에 공평의 관념상 이득 상당액을 배상액에서 공제하는 것을 말한다. 손익상계의 대표적 예로는 ① 생계비 공제와 ② 손해배상금에서 산재보험급여 등 재해보상금을 공제하는 것이 있다.

4. 적용순서

기왕증 상계, 과실상계, 손익상계 사유가 모두 있을 경우, 기왕증 상계를 가장 먼저 실시하고, 그 다음 과실상계를 반영한 후에 마지막으로 손익상계를 실시하는 것이 원칙이다. <u>단, 근재보험 관련하여 최근 대법원 판례에 따르면, 사용자의 재해 근로자에 대한 손해배상금 산출시 대법원 전원합의체 판결을 통하여 '과실상계 후 공제설'에서 '공제 후 과실상계설'로 변경하였으므로, 근재보험 사례 문제 풀이시에는 손익상계를 먼저 실시한 후에 피해자 과실상계를 반영하게 되는 예외적인 경우로 볼 수 있다.</u>

03 배상책임보험 계산문제 기본지식

I 배상책임 총론

1. 담보기준(Coverage Trigger)

담보기준이란 보험기간 중 발생한 사고에 대하여 손해사고 발생일자, 배상 청구일자, 손해사고 발견일자 중 어느 시점을 기준으로 보상할 것인가의 문제이다.

(1) 손해사고기준증권(or 사고발생기준증권)

손해사고기준 증권은 보험사고가 보험기간 중에 발생하기만 하면 피해자의 배상청구 시점과 관계없이 보상 가능한 보험증권을 말한다. 일반적인 배상책임보험은 대부분 손해사고기준 증권에 해당한다.

(2) 배상청구기준 증권

보험기간 중에 보험사고가 발생하고, 보험사고의 피해자가 보험기간 중에 피보험자에게 최초의 손해배상 청구를 하여야 보험회사가 보상책임을 부담하는 보험증권을 말한다. 의사 및 병원 배상책임보험, 생산물 배상책임보험, 환경오염 배상책임보험 등에서 주로 사용되고 있다.

1) 소급담보일자(R/D)

   배상청구기준 증권은 원칙적으로 보험사고가 보험기간 중에 발생하여야 하나, 사고 발생 시점의 불분명성을 보완하기 위하여 소급담보일자를 설정하여 보험기간 이전이라도 소급담보일 이후에 발생한 사고는 보상하도록 하는 제도이다.

2) 보고연장기간(ERP)

   가. 의의

   배상청구기준 증권은 원칙적으로 최초의 손해배상청구가 보험기간 중에 있어야 하는데, 보험기간의 만기에 임박하여 사고가 발생하는 등 피해자가 불가피하게 최초의 배상청구를 하지 못하는 상황을 방지하기 위하여 사고의 보고기간을 연장하는 제도이다.

   나. 보고연장기간이 적용되는 대상계약

   보고연장기간 제도는 배상청구기준 증권이라 하더라도 무조건 인정되는 것이 아니라 다음의 세가지 경우에만 예외적으로 인정된다.

① 보험료 미납의 경우를 제외하고 이 계약이 해지되거나 갱신되지 않았을 경우
② 배상청구기준증권으로 보험계약을 갱신하면서 이전 보험계약상의 소급담보일자 이후의 날짜를 소급담보일자로 하는 보험으로 갱신 또는 대체했을 경우
③ 회사가 이 보험증권을 배상청구기준이 아닌 보험증권으로 대체했을 경우

다. 보고 연장기간의 종류

① 단기 자동보고연장기간

소급담보일자와 보험기간 만기일 사이에 발생한 사고에 대한 최초의 손해배상청구가 보험기간 만기일 다음날부터 60일 이내에 제기된 경우에는 그 손해배상청구가 보험기간 만기일에 제기된 것으로 간주하여 담보한다.

② 중기 자동보고연장기간

소급담보일자와 보험기간 만기일 사이에 발생한 사고가 보험기간 만기일 다음날부터 60일 이내에 통보된 후, 그 사고에 대한 손해배상청구가 보험기간 만기일로부터 5년 이내에 제기된 경우에는 그 손해배상청구가 보험기간 만기일에 제기된 것으로 간주하여 담보한다.

③ 선택 보고연장기간

소급담보일자와 보험기간 만기일 사이에 발생된 사고에 대하여 보험기간 만기일 다음날 이후에 손해배상청구가 있더라도 기간의 제한없이 담보한다. 단, <u>선택 보고연장기간이 적용되기 위해서는 보험계약자가 보험기간 만기일로부터 60일 이내에 신청하고 보험자의 요청에 따라 200% 이내의 추가보험료를 납부하여야 한다.</u>

(3) 손해발견기준 증권

보험사고가 소급담보일자 이후부터 보험기간 만기일 사이에 발생하고, 보험기간 중 보험사고가 발견되어야 보상되는 증권을 말한다. 이 증권에 의하면 보험사고가 보험기간 중에 발생하였다 하더라도 보험기간이 지난 이후에 보험사고가 발견되었다면 보상되지 않는다. 금융기관종합보험 또는 도난보험이 대표적으로 손해발견기준이 적용되는 보험상품이다.

2. 중복보험의 보험금 분담(or 타보험 조항)

(1) 개념

동일한 피보험자에 대하여 하나의 보험사고를 담보하는 두 개 이상의 보험이 존재하고, 이들 보험계약의 지급보험금의 합계액이 손해액을 초과하는 경우에 각 보험계약에서 보험금을 안분하여 지급하는 것을 보험금 분담이라고 한다. 영문 배상책임보험에서는 '타보험조항(Other Insurance Clause)'이라고 한다.

(2) 보험금 분담방식

보험금 분담방법	포인트	근거
독립책임액 분담방식★	국문 배상책임보험 약관상 계산방법	약관
가입금액 분담방식	상법 규정상 계산방법	법률
균등액 분담방식	각 보험계약에서 동일한 금액을 순차적으로 소진	약관
초과액 분담방식	의무보험+임의보험 풀이 시 적용	약관

▌독립책임액 분담방식 근거규정

국문 영업배상책임보험 제26조(보험금의 분담)
이 계약에서 보장하는 위험과 같은 위험을 보장하는 다른 계약이 있을 경우에는 각 계약에 대하여 다른 계약이 없는 것으로 하여 각각 산출한 보상책임액의 합계액이 손해액을 초과할 때에는 회사는 이 계약에 의한 보상책임액을 각각 산출한 보상책임액의 합계액에 대한 비율에 따라 손해를 보상합니다.

▌가입금액 분담방식 근거규정

상법 제672조(중복보험)
① 동일한 보험계약의 목적과 사고에 관하여 수개의 보험계약이 동시에 또는 순차로 체결된 경우에 그 보험금액의 총액이 보험가액을 초과한 때에는 보험자의 보상책임은 각자의 보험금액의 비율에 따른다.

(3) 중복보험 유형별 계산문제 풀이방법(국문 약관 기준)

1) 의무보험과 의무보험

중복보험에 해당하며, 보험금 분담은 '독립책임액 분담방식'으로 산출한다.

2) 의무보험과 임의보험

의무보험이 기초보험이 되고, 임의보험은 초과보험이 되므로 초과액 분담방식에 따라, 의무보험에서 먼저 보상하고 한도를 초과하는 손해액은 임의보험에서 보상한다.

3) 임의보험과 임의보험

중복보험에 해당하며, 보험금 분담은 '독립책임액 분담방식'으로 산출한다.

(4) 영문 영업배상책임보험(C.G.L)의 타보험조항(Other Insurance Clause)

① 타보험이 기초보험이 아니면 C.G.L에서 우선 보상한다.
② 타보험이 기초보험이면서 균등액 분담방식을 인정하면 균등액 분담방식으로 산출
③ 타보험이 기초보험이면서 균등액 분담방식을 인정하지 않으면 가입금액 안분방식으로 산출
▶ 단, 문제에서 중복보험 산출방식이 주어진다면 주어진 조건대로 산출한다.

(5) '중복보험'과 '공동불법행위'의 구별

중복보험은 동일한 피보험자를 담보하는 수개의 보험이 존재하는 경우를 말하는 반면, 공동불법행위 사고는 수인의 피보험자를 각각 담보하는 수개의 보험이 존재하는 경우를 말한다. 따라서, 공동불법행위 사례에서는 각 공동불법행위자의 책임비율에 따라 각 공동불법행위자가 가입한 보험에서 공동불법행위자별로 그 내부 책임비율만큼 보험금을 지급한다.

> **[예제]**
> 갑과 을은 친구 사이로서 날씨가 추워서 같이 종이 박스에 불을 붙이다가 옆에 있던 점포에 불이 붙어 1.5억원의 손해가 발생하였다.
>
> **【보험가입사항】**
> - 갑 : 가족일상생활배상책임 특약 가입(보상한도 : 1사고당 1억원)
> - 을 : 일상생활배상책임 특약 가입(보상한도 : 1사고당 1억원)
>
> **【전제조건】**
> - 갑과 을의 내부 책임비율은 갑 60%, 을 40%
>
> **【풀이】**
> ① 갑 : 손해액 1.5억원×60%=9,000만원 < 보상한도 1억원
> ② 을 : 손해액 1.5억원×40%=6,000만원 < 보상한도 1억원

3. 비용손해(손/대/협/소/공)

(1) 손해방지비용 : 보상한도를 초과하더라도 보상
(2) 대위권 보전비용 : 보상한도를 초과하더라도 보상
(3) 협력비용 : 보상한도를 초과하더라도 보상
(4) 소송비용 : 보상한도 내에서 보상
(5) 공탁보증보험료 : 보상한도 내에서 보상

4. 자기부담금

(1) 의의

자기부담금이란 보험사고로 인하여 발생한 손해액 중에서 피보험자 자신이 부담하는 금액을 말한다. 자기부담금은 보험계약자의 ① 보험료 부담을 경감하고 ② 경미사고에 대한 보험자의 사무 번잡 회피 및 ③ 손해의 일부를 부담하게 함으로서 보험계약자의 적극적인 위험관리를 도모할 수 있어 보험사고 발생의 예방 및 손해의 경감에 기여하고자 하는 것이다.

(2) 국문약관과 영문약관 비교

국문 영업배상책임보험약관은 손해액에서 자기부담금을 공제한 금액을 보상한도액까지 전액 지급하는 반면, 영문 영업배상책임보험약관은 보상한도액에서 자기부담금을 공제한 금액까지만 보상한다.

> 1. 국문 영업배상책임보험 약관 : 지급보험금＝손해액－자기부담금≤보상한도액
> 2. 영문 영업배상책임보험 약관 : 지급보험금＝손해액－자기부담금≤보상한도액－자기부담금

(3) 자기부담금 공제 방법

자기부담금은 1사고당 1회만 공제한다. 사고의 수에 관하여는 ① 원인설과 ② 효과설이 각각 타당한 논거에 의하여 대립하고 있으나, 보험자가 담보의 기준으로 하는 사고의 수는 보험약관상 1회의 사고에 관한 용어의 정의를 두어 원인설을 채택하고 있다. 따라서 사고원인이 하나라면 그로 인한 피해자의 수에 관계없이 1회의 사고라고 보고, 자기부담금도 한번만 공제한다.

> 【예시】 도시락 제조업체에서 제조한 500개의 도시락을 ○○체육대회에 참석한 전체인원이 취식하였고, 그 중 300명에게 식중독이 발생했다면 '원인설'에 의할 경우 자기부담금을 1회만 공제하나, '효과설'에 의할 경우 자기부담금을 300회 공제하여야 한다.

Ⅱ 임의 배상책임보험

1. 국문 영업배상책임보험

(1) 시설소유관리자 특별약관

1) 보상하는 손해

피보험자가 소유·사용·관리하는 시설 및 그 시설의 용도에 따른 업무상 과실로 인한 사고로 발생한 법률상 손해배상책임을 보장한다.

> **면책사유**
> ① 피보험자의 근로자가 업무 종사 중 입은 신체손해
> ② 시설의 수리, 개조, 신축 또는 철거공사로 생긴 손해에 대한 배상책임
>   단, 통상적인 유지보수 작업으로 생긴 손해는 보상한다.
> ③ 의사, 간호사, 약사, 이용사, 미용사 등 전문직업인의 직업상 과실로 생긴 손해
> ④ 가입 여부를 묻지 않고 피보험자가 법률에 의하여 의무적으로 가입하여야 하는 보험에서 보상하는 손해에 대한 배상책임

2) 구내치료비 추가 특별약관

　　피보험자의 시설 구내에서 발생한 배상책임 없는 제3자의 신체손해에 대하여 치료비를 보장한다. 치료비란 <u>응급처치비용, 치료, 수술, 영상촬영 등 제반검사, 보철치료를 포함한 치과 치료, 구급차, 입원, 병원이 실시한 전문간호 및 장례비, 국민건강보험 적용대상인 한방치료 포함한다.</u>

> **| 면책사유**
> ① 사고일로부터 1년 후에 발생한 치료비
> ② 피보험자의 법률상 배상책임 있는 치료비
> ③ 피보험자나 피보험자의 동업자, 임차인, 기타 피보험자의 구내의 상주자 또는 이들의 근로자가 입은 손해

3) 비행 추가 특별약관

　　이용사 또는 미용사의 전문 직업 관련 업무상 과실로 발생한 사고로 인해 제3자에게 부담하는 법률상 손해배상책임을 보장한다.

(2) 도급업자 특별약관

1) 보상하는 손해

　　피보험자가 보험증권에 기재된 작업의 수행 또는 작업을 위해 소유·사용·관리하는 시설에 기인하는 사고로 인한 법률상 손해배상책임을 보장한다.

> **| 면책사유**
> ① 피보험자의 근로자가 업무 종사 중 입은 신체손해
> ② 피보험자의 수급인의 근로자가 피보험자의 하도급 작업 중 발생한 사고로 인한 손해
> ③ <u>피보험자가 수행하는 공사가 전체공사의 일부일 경우, 전체공사에 참여하는 모든 근로자에게 입힌 손해 (▶**일부공사 추가 특별약관으로 보상 가능**)</u>

2) 일부공사 추가 특별약관

　　피보험자가 수행하는 공사가 전체공사의 일부일 경우, <u>그 전체공사에 참여하고 있는 모든 근로자에게 입힌 신체손해를 보상한다. 단, 이 경우에도 피보험자 소속 근로자는 제외한다.</u>

(3) 발주자 미필적 배상책임 특별약관

1) 보상하는 손해

　　수급인의 작업의 수행에 대한 피보험자(발주자)의 감독 부주의로 생긴 우연한 사고에 따른 법률상 배상책임을 부담함으로써 입은 손해를 보장한다.

> **｜면책사유**
>
> ① 피보험자 또는 피보험자의 수급인의 근로자가 피보험자 또는 피보험자의 수급인의 하도급 작업에 종사 중 발생한 사고로 인한 신체손해
> ② 피보험자가 수행하는 공사에 대한 지시·감독을 제외한 피보험자의 손해배상책임

(4) 건설기계업자 특별약관

1) 보상하는 손해

   피보험자가 소유, 사용, 관리하는 중기 및 그 중기의 용도에 따른 업무의 수행으로 생긴 사고로 인한 법률상 손해배상책임을 보장한다. 주로 사례문제에서 근재보험과 결합하여 3년에 한번 정도 출제되고 있다.

> **｜면책사유**
>
> ① 작업의 종료 또는 폐기 후 작업의 결과로 부담하는 배상책임 및 작업물건 자체의 손해에 대한 배상책임
> ② 지하 매설물에 입힌 손해 및 지하 매설물로 생긴 다른 재물의 손해에 대한 배상책임

(5) 학교 경영자 특별약관

1) 보상하는 손해

   피보험자의 학교경영과 관련하여 소유, 사용, 관리하는 학교시설 및 학교 업무의 수행으로 생긴 사고로 인해 부담하는 법률상 손해배상책임을 보장한다.

> **｜면책사유**
>
> ① 피보험자의 근로자가 업무 종사 중 입은 손해
> ② 교직원이나 학생들의 개인적인 배상책임
> ③ 군사훈련 및 데모로 생긴 손해에 대한 배상책임
> ④ 학교의 운동선수로 등록된 자 또는 그의 지도·감독을 위하여 등록된 자가 그 운동을 위한 연습, 경기 또는 지도 중에 생긴 손해에 대한 배상책임

2) 치료비 추가 특별약관

   학교 경영자의 배상책임 없는 사고로 학생이 입은 신체장해에 대한 치료비를 보상한다. 학생 이외의 방문객 등 제3자는 보상대상에서 제외된다. 학교 구외의 사고도 보상된다는 점에서 구내치료비 특별약관과 구별된다. 치료비 보상기간은 사고일로부터 180일로 제한된다.

3) 구내 치료비 추가 특별약관

   학교 경영자의 배상책임 없는 학교 구내에서 발생한 사고로 학생이 입은 신체장해에 대한 치료비를 보상한다. 학생 이외의 방문객 등 제3자는 보상대상에서 제외된다. 치료비 보상기간은 사고일로부터 180일로 제한된다.

4) 신입생 특별약관

신입생이 입학식 이전에 학교에서 주최하는 학교행사에 참석 중에 사고로 입은 신체장해에 대한 치료비를 보상한다. <u>학교 경영자의 배상책임이 없는 경우에 보상된다는 점에서 '치료비 추가 특별약관' 및 '구내 치료비 추가 특별약관'과 동일하다.</u>

이 특별약관에서 보상되기 위해서는 반드시 학교측의 인솔이 있어야 하며, 학교행사에 참석하기 위해 이동하거나 학교행사 종료 후에 이동하는 동안의 사고는 보상하지 않는다.

(6) 오염사고 추가 특별약관

각 특별약관의 규정에도 불구하고 각 특별약관에 기재된 시설 및 업무와 관련하여 급격하게 발생한 오염사고로 타인에게 손해배상책임을 부담함으로써 입은 손해를 보상한다. <u>급격한 오염사고만 담보하고 장기축적된 오염사고는 담보하지 않는다는 점에서 환경오염 배상책임보험과 구별</u>된다.

(7) 교차 배상책임 추가 특별약관

1) 의의

영업배상책임보험에 가입한 피보험자가 둘 이상인 경우를 '공동 피보험자'라고 하는데, 어느 한 피보험자가 다른 공동 피보험자에게 보험사고로 손해를 입은 경우에 보험계약상 타인이 아니므로 보상책임을 부담하지 않게되므로, 공동피보험자 상호간에 입힌 손해에 대해서도 보상하기 위해서 만들어진 추가 특별약관이다.

2) 보상하는 손해

회사는 이 보험증권의 공동 피보험자에게 계약이 각각 체결되는 것으로 간주하여 공동 피보험자 상호간에 입힌 손해에 대해서도 보상한다.

2. 일상생활 배상책임보험

(1) 보상하는 손해

피보험자가 아래에 열거한 사고로 타인의 신체 또는 재물에 입힌 손해에 대한 법률상 배상책임을 담보한다.

① 피보험자가 살고 있는 주택과 주택의 소유자인 피보험자가 임대 등을 통하여 거주를 허락한 자가 살고 있는 주택 중 보험증권에 기재된 하나의 주택의 소유, 사용 또는 관리로 인한 우연한 사고

② 피보험자가 일상생활에 기인한 우연한 사고

(2) 피보험자 범위

1) 가족 일상생활배상책임 특별약관

① 기명 피보험자
② 기명 피보험자의 배우자(가족관계등록부 또는 주민등록상에 기재된 배우자)
③ 기명 피보험자 또는 배우자와 생계를 같이하고, 보험증권에 기재된 주민등록상 동거 친족
④ 기명 피보험자 또는 배우자와 생계를 같이하는 별거 중인 미혼 자녀

2) 일상생활배상책임 특별약관
① 기명 피보험자
② 기명 피보험자와 동거하는 배우자

3) 자녀 일상생활배상책임 특별약관
① 기명 피보험자
② 기명 피보험자의 법정 감독의무자

3. 생산물 배상책임보험

(1) 보상하는 손해

피보험자가 제조, 판매, 공급 또는 시공한 생산물이 타인에게 양도된 후 그 생산물로 발생한 보험사고로 인하여 타인에게 입힌 신체장해나 재물손해에 대한 법률상 배상책임을 보장한다.

> **면책사유**
> ① 계약자 또는 피보험자가 고의 또는 중대한 과실로 법령을 위반하여 제조, 판매, 공급 또는 시공한 생산물로 생긴 손해에 대한 배상책임
> ② 생산물의 성질 또는 하자에 의한 생산물 자체에 대한 배상책임
> ③ 결함 있는 생산물 회사, 검사, 수리 대체비용 및 사용손실에 대한 배상책임

(2) 약관의 종류
① 생산물 배상책임보험(I) : 손해사고기준 증권
② 생산물 배상책임보험(II) : 배상청구기준 증권

(3) 책임법리

1) 제조물 : 결함책임주의(제조물 책임법)

결함책임주의란 제조자는 기대 가능한 안전성과 내구성을 갖춘 제품을 제조하여야 하는데, 이러한 안전성과 내구성을 갖추지 못한 결함으로 인하여 소비자에게 손해가 발생한 경우에 부담하는 손해배상책임을 말한다. 결함책임주의는 일반 불법행위책임과 달리 '위법성'과 '고의 또는 과실'을 요구하지 않는다.

2) 완성작업 : 과실책임주의(민법)

(4) 결함

'결함'이란 해당 제조물에 제조, 설계, 표시상 결함이 있거나 그 밖에 통상적으로 기대할 수 있는 안전성이 결여되어 있는 것을 말한다. '결함' 여부은 '소비자 기대기준'으로 판단하며, 통상의 소비자가 예상할 수 없는 위험이 제조물에 있는 경우에 결함을 인정한다.

(5) 추가 특별약관

1) 도급업자 추가 특별약관

일정한 시설을 설치, 보수, 유지하는 업체가 도급공사 중 발생한 사고로 인한 손해배상책임을 보장하는 특별약관으로, 완성작업의 수행 또는 완성작업의 수행과 관련된 시설의 소유, 사용, 관리 중에 발생한 사고를 보장한다. 완성작업이 종료되어 인도 된 이후에는 생산물 배상책임보험 보통약관이 적용된다는 점에서 구별하여야 한다.

2) 판매인 추가 특별약관

생산물을 판매하는 도매업자나 소매업자를 피보험자로 추가하여 담보하는 특별약관이다. 판매인 특별약관이 첨부되는 것은 판매인이 제조업자가 가입하고 있는 생산물배상책임보험의 피보험자로 추가되는 것이다.

판매인은 원칙적으로 제조물의 결함에 대하여 배상책임을 부담하지 않으나, ① 제조업자를 알 수 없는 경우, ② 제조물을 제조한 자를 알았거나 알 수 있었음에도 불구하도 이를 상당기간 내에 피해자에게 알리지 않은 경우에 제조물 책임을 부담한다.

4. 의사 및 병원 배상책임보험

(1) 보상하는 손해

피보험자가 수행하는 의료행위 중 발생한 의료과실로 인해 환자에게 신체장해를 입힌 의료사고가 발생하고, 보험기간 중 최초로 손해배상청구가 제기됨으로써 발생하는 법률상 손해배상책임을 보상한다. 단, 보험증권상 소급담보일자가 기재되어 있을 경우, 소급담보일자 이전에 생긴 사고에 대한 사고는 보상하지 않는다. (배상청구기준 증권)

(2) 책임법리 : 과실책임주의

의사 및 병원은 환자와 의료행위에 대한 일종의 의료계약을 맺고 그 채권·채무를 이행하는 바, 과실책임주의에 따라 민법 제390조의 채무불이행책임 또는 제750조의 불법행위책임이 동시에 발생하여 청구권 경합의 상태에 있게 된다.

피해자인 환자로서는 채무불이행책임에 따른 손해배상책임을 묻는 것이 유리하다고 생각되나, 판례에서는 주로 불법행위책임을 청구원인으로 삼는다. 따라서, 의료과실에 대하여 원칙적으로 피해자인 환자측에서 민법 제750조의 요건(의사의 과실있는 의료행위, 손해의 발생, 인과관계)을 입증하여야 하나 판례이론을 통화여 입증책임을 완화하고 있다.

(3) 담보의 체계

1) 일반 조항

2) 의료과실 배상책임조항(필수 가입)

   의사 및 병원이 행하는 의료행위와 관련하여 타인에게 신체장해를 입혀 발생하는 법률상 배상책임을 담보하는 조항으로, 의사 및 병원 배상책임보험의 필수 가입담보이다.

3) 일반 배상책임조항(선택 가입)

   ① 생산물 배상책임 담보

   피보험자가 제조, 판매, 공급하는 생산물이 타인에게 양도된 후 그 생산물로 생긴 우연한 사고 인한 손해배상책임을 보장한다.

   ② 시설소유(관리)자 배상책임 담보

   피보험자가 소유, 사용 또는 관리하는 시설 및 그 시설의 용도에 따른 업무의 수행으로 생긴 우연한 사고로 인한 손해배상책임을 보장한다.

   ③ 주차장 배상책임 담보

   피보험자가 소유, 사용, 관리하는 주차시설 및 그 시설의 용도에 따른 주차업무의 수행으로 생긴 우연한 사고로 인한 손해배상책임을 보장한다.

4) 특별약관

   ① 형사 방어비용 특별약관

   ② 벌금 특별약관

   ③ 관습상의 비용 및 형사합의금 특별약관

   ④ 경호비용 특별약관

   ⑤ 피보험자 지정 특별약관 **2023 기출**

   기명 피보험자의 지시·감독에 따라 상시적 또는 일시적으로 기명 피보험자의 의료행위를 보조하는 자를 피보험자로 지정하여 보상한다. 단, 기명 피보험자와 동일한 면허 또는 자격을 취득한 의사로서 기명 피보험자에 의해 고용된 자는 제외한다.

5. 요양보호사 배상책임보험

(1) 의의

노인장기요양보호법에 따라 요양보호사의 전문적인 요양보호 업무 수행 중 업무상 과실로 발생한 사고로 인한 법률상 손해배상책임을 보장하는 보험이다.

(2) 보상하는 손해

피보험자가 수행하는 시설급여, 주야간 보호, 단기 보호, 방문요양, 방문목욕, 방문간호 등의 전문적인 요양보호업무 수행 중 발생한 사고로 인해 부담하는 법률상 손해배상책임을 보장한다.

> **면책사유**
> ① 발생한 손해가 피보험자의 전문영역의 의무 위반으로 기인하지 않은 손해
> ② 피보험자에 기인한 질병 감염 등 상해사고 이외의 사고로 기인한 손해
> ③ 피보험자의 의료행위로 인한 손해

6. 사회복지시설 배상책임보험

(1) 의의

사회복지시설 소속의 간호사, 요양보호사, 물리치료사 등 전문인의 전문 업무영역에서 발생한 사고를 보장하기 위한 보험이다.

(2) 법적근거

사회복지사업법에 따라 '사회복지시설의 화재로 인한 손해배상책임'과 '화재 이외의 안전사고로 인한 손해배상책임'을 보상하기 위한 보험을 가입하도록 의무화하고 있다. 그러나 구체적인 의무가입금액 등이 명시되어 있지 않아 보완 입법이 필요할 것으로 보인다.

(3) 보상하는 손해

피보험자가 전문직업인으로서 업무 수행 중 발생한 사고로 인하여 타인의 신체장해 또는 재물손해를 입혀 부담하는 법률상 배상책임을 보상한다.

> **면책사유**
> ① 발생한 손해가 피보험자의 전문영역의 의무 위반으로 기인하지 않은 손해
> ② 피보험자에 기인한 질병 감염 등 상해사고 이외의 사고로 기인한 손해
> ③ 피보험자의 의료행위로 인한 손해

Ⅲ. 의무 배상책임보험

1. 의무보험 보상한도

(1) 의무보험 보종별 가입금액

	보험종목	보상한도	비고
1	특수건물 신체손해배상책임 특별약관	사망 1.5억원 부상 3,000만원(1급) ~ 50만원(14급) 후유장해 1.5억원(1급) ~ 1,000만원(14급)	보상 책임주의
2	다중이용업소 화재배상책임보험	사망 1.5억원 부상 3,000만원(1급)~80만원(14급) 후유장해 1.5억원(1급)~1,000만원(14급)	무과실 책임주의
3	재난배상책임보험	사망 1.5억원 부상 3,000만원(1급)~50만원(14급) 후유장해 1.5억원(1급)~1,000만원(14급)	무과실 책임주의
4	가스사고 배상책임보험	사망 1.5억원 부상 3,000만원(1급)~50만원(14급) 후유장해 1.5억원(1급)~1,000만원(14급)	'25. 5. 15일 시행
5	유·도선사업자 배상책임보험	사망 1.5억원 부상 3,000만원 후유장해 1.5억원 이상	급수별 한도 없음
6	선주 배상책임보험	가입한도 없음	
7	낚시어선 배상책임보험	사망 1.5억원 부상 3,000만원 후유장해 1.5억원 이상	급수별 한도 없음
8	체육시설업자 배상책임보험	사망 1.5억원 부상 3,000만원 후유장해 1.5억원 이상	급수별 한도 없음
9	수련시설 배상책임보험	사망 1.5억원 부상 3,000만원(1급)~50만원(14급) 후유장해 1.5억원(1급)~1,000만원(14급)	2023년 4월 개정 ★ 중요
10	어린이놀이시설 배상책임보험	사망 1억원 부상 2,000만원(1급)~80만원(14급) 후유장해 1억원(1급)~630만원(14급)	'25. 6. 18일 시행
11	학원 배상책임보험	1인당 보상한도 1억원 이상 1사고당 보상한도 10억원(교습소 5억) 이상 1인당 의료실비 3,000만원 이상	시·도 조례에 위임

보험종목		보상한도	비고
12	야영장사고 배상책임보험	사망 1억원 부상 2,000만원(1급)~80만원(14급) 후유장해 1억원(1급)~630만원(14급)	
13	승강기사고 배상책임보험	사망 8,000만원 부상 1,500만원(1급)~20만원(14급) 후유장해 8,000만원(1급)~500만원(14급)	
14	환경오염 배상책임보험	가군 300억원 나군 80억원~100억원 다군 30억원~50억원	무과실 책임주의
15	맹견 배상책임보험	사망 8,000만원 부상 1,500만원(1급)~20만원(14급) 후유장해 8,000만원(1급)~500만원(14급)	

(2) 의무 가입금액은 정해져 있으나, 급수별 보상한도가 정해져 있지 않은 보험

의무보험은 통상적으로 최대 보상한도와 함께 급수별(1급~14급) 보상한도가 별도로 정해져 있으나, 일부 의무보험은 최대 보상한도만 정해져 있고, 급수별 보상한도는 없다.

보험종목	보상하는 손해	보상한도
체육시설업자 배상책임보험	체육시설업자의 시설 및 업무관련 신체 손해배상책임	1.5억원/3천만원/1.5억원 이상 (급수별 보상한도 없음)
유·도선사업자 배상책임보험	유·도선 사업자의 선박 관련 사고로 인한 승객 및 선원 등에 대한 신체 손해배상책임	1.5억원/3천만원/1.5억원 이상 (급수별 보상한도 없음)
낚시어선업자 배상책임보험	낚시어선업자의 낚시어선 관련 사고로 인한 승객에 대한 신체 손해배상책임	1.5억원/3천만원/1.5억원 이상 (급수별 보상한도 없음)

(3) 의무보험이나, 의무 가입금액 및 급수별 보상한도가 모두 정해져 있지 않은 경우

보험종목	보상하는 손해	보상한도
선주 배상책임보험	선주의 선박 관련 사고로 인한 승객에 대한 신체 손해배상책임	임의 설정 (보상한도 규정 없음)
사회복지시설 배상책임보험	사회복지시설업자의 시설 및 업무 관련 손해배상책임	임의 설정 (보상한도 규정 없음)

(4) 보험금 병급 시 지급기준

사고 유형	특약부 화재보험 신체손해 배상책임특약	다중이용업소 화재 배상책임보험	재난 배상책임보험, 야영장/승강기(약관 기준)
부상+사망	부상에 따른 금액+사망에 따른 금액		사망과 부상에 따른 한도금액의 합산액 내에서 발생한 손해액
부상+장해	부상에 따른 금액+장해에 따른 금액		
장해+사망	사망에 따른 금액 − 장해에 따른 금액 中 사망한 날 이후에 해당하는 손해액을 뺀 금액		

* 야영장사고 배상책임보험과 승강기사고 배상책임보험의 경우, 부상 치료 중 사망 시 법령기준으로는 부상에 따른 금액과 사망에 따른 금액을 각각 산출하여 합산하는 방식이나 보험사 약관상 기준으로는 재난배상책임보험과 같은 방식이다.

2. 화재 관련 3대 의무보험 비교표★

구분	특약부 화재보험	다중이용업소 화재배상책임보험	재난 배상책임보험
근거법령	화재보험법	다중이용업소법	재난안전법
가입대상	특수건물 소유자	다중이용업주	가입대상시설 점유자, 소유자, 관리자
책임법리	보상책임주의	무과실책임주의	무과실책임주의(약관)
보험사고	화재 (주택은 폭발 포함)	화재, 폭발	화재, 폭발, 붕괴
과실상계	미적용	적용	적용
피용인 담보	보장	보장	보장

* 다중이용업소 화재배상책임보험 과실책임주의 → 무과실책임주의로 변경
  2021. 1. 5일 법률 개정되었으며, 2021. 7. 6일부터 시행됨
* 재난배상책임보험은 근거법률인 재난 및 안전관리 기본법에 무과실책임주의에 대한 근거조항이 없으며, 재난배상책임보험 약관에서 과실여부를 불문하고 보상하는 것으로 규정하고 있다는 점에서 특이하다(법률상 배상책임은 없는데, 약관상 보상책임이 발생하는 예외적인 상황이 발생한다.)

3. 특약부 화재보험 '신체손해배상책임 특별약관'

(1) 보상한도

1) 사망

    피해자 1인당 1억 5,000만원 한도 내에서 피해자에게 발생한 손해액. 단, 손해액이 2,000만원 미만인 경우에는 2,000만원 지급한다.

2) 부상

    피해자 1인당 1급(3,000만원)~14급(50만원) 한도 내에서 발생한 손해액

3) 장해

    피해자 1인당 1급(1억 5,000만원)~14급(1,000만원) 한도 내에서 발생한 손해액

(2) 실손해액 산정기준

1) 사망

    ① 화재로 인하여 사망한 때의 월급액이나 월실수입액 또는 평균임금에 장래의 취업가능기간을 곱한 금액(중간이자 공제, 과실상계, 생계비 공제를 적용하지 않는다.)

    ② 남자 평균임금의 100일분에 해당하는 장례비

2) 부상

    부상 보험금의 손해액은 치료하는데 소요되는 모든 비용을 산정한다. 단, 부상으로 인한 휴업손해 및 위자료 등은 포함하지 않는다.

3) 장해

    장해 보험금의 손해액은 노동능력상실 정도에 따라 피해를 입은 당시의 월급액이나 월 실수입액 또는 평균임금에 장래의 취업가능기간을 곱한 금액으로 하며, 위자료 등 다른 손해액은 포함하지 않는다.

(3) '타인'의 범위

본 특별약관에서 '타인'이란 특수건물의 소유자 및 그 주거를 같이하는 직계가족(법인의 경우 이사 또는 업무집행기관) 이외의 사람을 말한다. 따라서, 종업원도 원칙적으로 타인에 해당되나 산재보험에 가입되어 있는 경우에는 '종업원 부담보 배상책임 특별약관'에 가입하여 '타인'에서 제외한다.

4. 가스사고 배상책임보험

(1) 가스 3법에 따라 가입하는 의무보험으로 피보험자가 가스사고로 인해 타인에게 부담하는 법률상 손해배상책임을 보장하는 보험이다.

(2) 가입대상자 : ① 가스사업자, ② 가스용기 등 제조업자, ③ 가스사용자

(3) '가스사고'란 가스로 인한 폭발, 파열, 화재 및 가스의 누출로 상해를 입히거나 재물의 없어짐, 훼손, 망가지게 하는 것을 말한다.

(4) 의무가입한도(2025. 5. 15일 개정 시행)
- 사망 : 1.5억원(단, 실손해액이 2,000만원 미만이더라도 2,000만원 지급)
- 부상 : (1급) 3,000만원~(14급) 50만원
- 후유장해 : (1급) 1.5억원~(14급) 1,000만원

(5) 액화석유가스(LPG) 소비자보장 특별약관★★
① 액화석유가스 판매사업자 및 충전사업자가 의무가입하는 특별약관으로서, 피보험자가 가스사고로 인해 타인에게 부담하는 법률상 손해배상책임을 보장하는 특별약관이다.
② 신체손해에 대해서는 소비자 또는 타인의 과실여부를 불문하고 보상한다는 점에서 책임법리를 보상책임주의로 정리하여 실무상 보상하고 있다. (피해자 과실상계도 하지 않음)
③ 가스사고 배상책임보험 보통약관은 과실책임주의가 적용된다는 점을 유의해야 한다.
④ 면책사항 3가지 2018 기출
- 소비자 등의 고의로 인한 손해. 단, 사고를 야기한 소비자 등을 제외한 제3자에 대한 손해는 보상한다.
- 판매사업자, 충전사업자와 사전협의 없이 공급자 소유의 설비를 임의로 철거하거나 변경하는 행위로 인한 손해
- 판매사업자, 충전사업자가 소비설비의 점검결과, 불비한 것으로 지적, 통지된 부분을 개선하지 않은 행위로 인한 손해

5. 선박 관련 배상책임보험

유·도선사업자 배상책임보험, 선주 배상책임보험, 낚시어선 배상책임보험은 약관 구조 및 보상하는 손해와 면책사유가 대부분 유사하나, 일부 차이점이 있으므로 차이점을 중심으로 정리한다.

(1) 보상한도와 근로자 보상여부

보험종목	보상하는 손해	근로자 담보 여부
유·도선사업자 배상책임보험	1.5억원/3천만원/1.5억원 이상 (급수별 보상한도 없음)	담보
선주 배상책임보험	임의 설정 (보상한도 규정 없음)	부담보
낚시어선업자 배상책임보험	1.5억원/3천만원/1.5억원 이상 (급수별 보상한도 없음)	부담보

(2) 승선인원 초과 시 보상방법

사고발생 원인이 뚜렷한 정원초과가 아닌 경우에는 아래와 같이 보상한다.

보험종목	보상방법
유·도선사업자 배상책임보험 선주 배상책임보험	뚜렷한 정원초과로 생긴 손해가 아님을 피보험자가 입증한 때에는 정원을 한도를 하여야 한다.
낚시어선업자 배상책임보험	피해자별 실제 손해액에 인당 보상한도액을 적용하여 계산한 지급보험금의 합계액×(계약 체결 시 승선정원 수 / 사고 발생 시 승선 승객 수) 여기서 '승선정원'이란 낚시어선의 선박검사증상의 최대 승선인원에서 선장 및 승무원의 수를 차감한 낚시어선의 승객수를 말한다.

(3) 주요 특별약관

1) 구조비 특별약관

보험사고와 관련하여 피보험자가 여객을 구조 또는 수색하기 위하여 소요되는 필요비용을 보험증권에 기재된 보상한도액 내에서 보상한다.

2) 관습상 비용 특별약관

선박사고와 관련하여 피보험자에게 배상책임이 없는 경우에, 보험자의 동의를 얻어 지출한 관습상의 비용을 승객 1인당 30만원 한도로 보상한다.

① 승객 또는 그 유족에게 지급하는 조의금이나 위로금
② 승객의 친족에게 지급하는 식대, 숙박비 및 교통비

3) 승객 외 제3자 특별약관

당해 선박에 승선한 승객 외에 제3자에게 신체장해를 입힘으로써 부담하게 되는 법률상 손해배상책임을 보상한도액 내에서 보상한다.

6. 수련시설 배상책임보험

(1) 청소년 활동 진흥법에 따라 피보험자가 소유, 사용, 관리하는 수련시설 및 그 시설의 용도에 따른 업무의 수행으로 생긴 우연한 사고로 인한 법률상 배상책임을 보장하는 보험이다.

(2) 법적 근거 : '청소년 활동 진흥법' 제25조

(3) 가입대상

① 청소년 수련시설 : 청소년 수련관, 청소년 수련원 및 청소년 문화의 집(1,000㎡ 이하 제외), 청소년 특화시설, 청소년 야영장, 유스호스텔
② 청소년 이용시설 : 청소년 수련시설이 아닌 시설로서 그 설치 목적이 청소년 활동의 실시와 청소년의 건전한 이용에 제공할 수 있는 시설

(4) 의무 가입한도(2023년 4월 개정)★★
- 사망 : 1.5억원(실 손해액이 2,000만원 미만이더라도 2,000만원 지급)
- 부상 : 1급(3,000만원)~14급(50만원)
- 후유장해 : 1급(1.5억원)~14급(1,000만원)

(5) 청소년 활동 배상책임보험과 비교

청소년 활동 배상책임보험은 청소년 활동을 기획·운영하려는 자가 가입한다. 예를 들어, 청소년 여름캠프 등 일정한 청소년 행사를 주관하는 자가 행사를 개최하기 전에 이 보험을 가입하여야 한다.

따라서, 보험계약 체결시 연간계약으로 이루어지기보다는 행사보험처럼 각 행사별로 가입하는 구간보험이라고 할 수 있다. 반면에 수련시설배상책임보험은 수련시설과 관련하여 발생하는 사고에 대한 위험을 보장하는 보험으로 수련시설 관리·운영하는 자가 가입한다.

7. 의무배상책임보험의 손해액 분류방법

의무 배상책임보험은 사망, 부상, 후유장해별로 별도의 보상한도를 설정하고 있기 때문에 손해배상금의 손해 항목을 사망 보험금, 부상 보험금, 후유장해 보험금으로 적절히 분류하여야 한다.

> **등급별 보상한도 있는 의무배상책임보험의 손해액 항목의 분류**
> (1) 부상 : 치료비(기왕/향후), 치료기간 개호비, 입원·통원기간 일실수입, 부상에 따른 위자료
> (2) 장해 : 장해기간 일실수입, 치료종결 이후의 개호비, 장해에 따른 일실 퇴직금, 장해에 따른 위자료
> (3) 사망 : 장례비, 사망 일실수입, 사망에 따른 일실 퇴직금, 사망에 따른 위자료

관련 문제풀이 시, 목차 구성은 손해배상금 산출단계에서 원칙대로 산정하고 지급보험금 산출단계에서 부상 보험금, 후유장해 보험금, 사망 보험금으로 구분하여 정리하는 것을 원칙으로 한다. 단, 사례문제에서 손해배상금이 단순하게 주어지는 경우에는 손해배상금 목차를 생략하고 바로 지급보험금 산정 목차로 기술하는 것도 가능하다.

8. 의무 배상책임보험 부상·장해등급 조정 기준

(1) 부상(재난배상책임보험 제외)

① 2급부터 11급까지의 부상 중 2가지 이상의 부상이 중복된 때에는 가장 높은 등급에 해당하는 부상으로부터 하위 3등급 사이의 부상이 중복된 때에 한하여 가장 높은 부상 등급보다 한 등급 높은 금액으로 배상한다.

(예) 5급, 8급 : 4급 / 6급, 10급 : 6급 / 8급, 11급 : 7급 / 9급, 12급 : 9급

② 일반 외상과 치아 보철이 필요한 부상이 중복된 경우 1급의 금액을 초과하지 않는 범위에서 부상등급별로 해당하는 금액의 합산액을 배상한다.
  (예) 상완골 간부 골절(3급), 치아 파절(12급) ▶ 각각 산출 후 손해액 합산
③ 2급부터 11급까지의 부상 중 개방성 골절은 해당 등급보다 한 등급 높은 등급으로 배상한다.
  (예) 상완골 간부 골절 (3급) ▶ 상완골 간부 (개방성) 골절은 1등급 상향하여 2급
④ 2급부터 11급까지의 부상 중 단순 선상골절로 인한 골편의 전위가 없는 골절에는 해당 등급보다 한 등급 낮은 등급으로 배상한다.
  (예) 늑골 골절 (9급) ▶ 늑골(선상) 골절은 1등급 하향하여 10급

> **재난배상책임보험 부상등급 조정기준**
> ① 2급부터 11급까지의 상해 내용 중 2가지 이상의 상해가 중복된 경우에는 가장 높은 등급에 해당하는 상해로부터 하위 3등급 사이의 상해가 중복된 경우에만 가장 높은 상해 내용의 등급보다 한 등급 높은 금액으로 배상한다.
> ② 일반 외상과 치과보철을 필요로 하는 상해가 중복된 경우에는 각각의 상해 등급별 금액을 배상하되, 그 합산액이 1급의 금액을 초과하지 않는 범위에서 배상한다.
> ③ 1개의 상해에서 2개 이상의 상향 또는 하향요인이 있을 때 등급 상향 또는 하향 조정은 1회만 큰 폭의 조정을 적용한다. 다만, 상향 조정의 요인과 하향조정의 요인이 여러개가 함께 있을 때에는 큰 폭의 상향 또는 큰 폭의 하향 조정요인을 함께 반영한다.
> ④ 재해 발생 시 만 13세 미만인 사람은 소아로 본다.
> ⑤ 연부조직에 손상이 심하여 유리 피판술, 유경 피판술, 원거리 피판술, 국소 피판술이나 피부이식술을 시행할 경우, 안면부는 1등급 상위 등급을 적용하고 수부, 족부에 국한된 손상에 대해서는 한등급 아래의 등급을 적용한다.

(2) 장해(근재보험의 장해등급의 조정과 혼동하지 않도록 주의)

2가지 이상의 장해가 중복되는 경우에는 높은 등급에 해당하는 장해 등급보다 한 등급 높은 금액으로 배상한다. (예) 12급, 14급 ▶ 11급 / 3급, 10급 ▶ 2급

9. 보험종목별 피보험자의 근로자 보상여부

배상책임보험에서는 일반적으로 피보험자 소속 근로자의 신체손해는 보상하지 않는 손해로 규정하고 있으나, 피보험자 소속 근로자를 타인으로 보상하는 의무보험이 있다.

① 화재보험 특수건물 신체손해배상책임 특약
② 다중이용업소 화재배상책임보험
③ 재난배상책임보험
④ 유·도선사업자 배상책임보험
⑤ 야영장사고 배상책임보험

10. 영문 영업배상책임보험(C.G.L)

(1) 담보의 구성(포괄위험 담보)
- Coverage A, B, C 및 Supplementary Payments로 구성되어 있다.
- 부담보 특약을 첨부함으로써 필요하지 않은 위험 담보를 제거하는 방식으로 가입한다.

(2) 치료비 담보(Medical Payments) – 국문 영배책 '구내치료비 추가 특약'과 비교
- Coverage C는 Medical Payments를 보상하는데, 국문 영업배상책임보험의 구내 치료비 추가 특별약관과 달리 <u>피보험자의 배상책임 발생 유무를 불문하고 보상한다.</u>
- 보상조건이 국문 영업배상책임보험 '구내치료비 추가 특별약관'에 비하여 까다롭다.
  ① 보험기간 중에 담보지역 내에서 사고가 발생하고, ② 사고일자로부터 1년 이내에 발생하여 회사에 통지된 치료비로서, ③ 피해자가 회사의 요청에 따라, 회사의 비용으로 회사가 지정한 의사의 진단서를 제출하여야 함.

(3) 자기부담금의 공제
- 국문약관 : 법률상 손해배상금 – 자기부담금(Ded) ≤ 보상한도
- 영문 C.G.L약관 : 법률상손해배상금 – 자기부담금(Ded) ≤ 보상한도 – 자기부담금(Ded)
  단, 영문 C.G.L약관에서도 총 보상한도액에서는 자기부담금을 공제하지 않는다.

(4) 보상한도
- 영문 배상책임약관은 Agg Limit(총 보상한도)이 설정되어 있으며, Agg Limit 내에서 Each Occurrence Limit(1사고당 보상한도)을 설정한다. Agg Limit(총 보상한도)은 보험기간동안 사고 발생 시마다 차감되어 소진된다.
- Agg Limit(총 보상한도)는 Coverage A, B에 따른 손해배상금 및 Coverage C에 따른 의료비의 최대 보상한도가 된다.

> **CGL Policy의 보상한도의 체계**
>
> **General Aggregate Limit(총 보상한도)**
> – Personal Injury & Addvertising Injury Limit(인격·광고침해 보상한도)
> – Each Occurrence Limit(1사고당 보상한도)
>   • Fire Damage Limit(화재손해 보상한도)
>   • Medical Payments Limit(치료비 보상한도)
>
> **Product/Completed Operations Aggrregate Limit**
> – Each Occurrence Limit

- Medical Payments는 그 보상한도 내에서 배상책임 여부와 관계없이 먼저 보상되며, Medical Payments Limit을 초과하는 치료비(배상책임 있는 치료비)는 Coverage A를

담보하는 Each Occurrence Limit 내에서 추가 보상될 것이다.
- Each Occurrence Limit(1사고당 보상한도)은 한 사고로 발생하는 신체장해 또는 재물손해로 인한 손해배상금 및 의료비에 대하여 회사가 지급할 최고액이 된다.
  ① Coverage A에 의한 손해배상금
  ② Coverage C에 의한 의료비

(5) 영문 영업배상책임보험(C.G.L)의 타보험조항(Other Insurance Clause)
① 타보험이 기초보험이 아니면 C.G.L에서 우선 보상한다.
② 타보험이 기초보험이면서 균등액 분담방식을 인정하면 균등액 분담방식으로 산출
③ 타보험이 기초보험이면서 균등액 분담방식을 인정하지 않으면 가입금액 분담방식으로 산출
  ＊ 단, 사례문제에서 산출방식이 주어진다면 주어진 조건대로 산출한다.

(6) 추가지급조항(Supplementary Payments)
- Coverage A와 Coverage B에 관련된 비용을 보상한다.
- 추가지급조항은 보상한도 적용을 받지 않는 것이 원칙이나, 문제에서 다른 조건이 주어진다면 주어진 조건에 따라 풀이한다.
- 보상항목 7가지(보/보/차/소/피/예/판)
  ① 보험회사가 지출한 모든 비용
  ② 보석 보증보험료 250 달러 이내에서 실손보상(차량사고 또는 교통법규위반 관련)
  ③ 차압해제 보증보험료
  ④ 소송상 피보험자에게 부과된 모든 비용
  ⑤ 피보험자 협력비용 및 소득손실(보험회사에 협력함에 따라서 발생한 소득손실)
  ⑥ 예비 판결이자
  ⑦ 판결이자

[참고] 영문 배상책임보험약관상 특별약관

* Waiver of Subrogation Clause(대위권 포기 특별약관) `2024` `기출`

(1) 의의

　보험회사가 보험금을 지급한 때에는 지급한 보험금의 한도 내에서 책임있는 제3자에 대하여 대위권(구상권)을 취득하게 된다. 그러나, 대위권 포기 특별약관 가입시 보험회사는 책임있는 제3자에 대한 대위권을 포기하는 것이다.

(2) 약관규정

　이 증권과 약관에 포함된 조건에 관계없이 보험회사는 피보험자 또는 손해 발생시 피보험자가 소유, 관리 또는 기타 이해관계를 갖고 있는 개인이나 회사, 법인체에 대해서 대위권을 포기한다.

* Additional Insured(Vendors) Clause(추가 피보험자(판매인) 특별약관) `2024` `기출`

(1) 보상하는 손해

　회사는 추가 피보험자란에 표시된 사람 또는 단체를 피보험자에 포함한다. 단, 보험증권에 표시된 '피보험자의 제품'으로 인해 발생하는 '신체장해' 또는 '재물손해'에 대해서만 해당 항목의 내용이 적용된다.

(2) 보상하지 않는 손해

　① 피보험자가 승인하지 않는 모든 명시적 보증으로 생긴 손해에 대한 배상책임
　② 판매인 등 공급업체가 의도적으로 생산물을 물리적 또는 화학적으로 변경하여 생긴 손해에 대한 배상책임
　③ 제조업체의 지시에 따라 검사, 시연, 시험 또는 부품 교체만을 목적으로 포장을 해체한 후 원래 용기에 다시 포장하지 않는 재포장으로 생긴 손해에 대한 배상책임
　③ 제조업체에서 유통 또는 판매된 후 판매인 등이 제품에 상표를 붙이든지 바꾸거나 생산물을 다른 물건의 용기, 부품 또는 성분으로 사용함으로써 생긴 손해에 대한 배상책임.

* Claim Control Clause(보험사고 통제조항)

　Claim Control Clause(보험사고 통제조항)은 원보험자가 보유금액이 적거나 없는 경우에 재보험사가 해당 사고건의 손해사정업무에 대한 전면적 통제권을 행사할 수 있는 특별약관이다. 세부적인 내용은 아래와 같다.

　① 재보험자의 피보험자(원보험자)는 해당 보험증권에 대한 사고가 발생한 것을 안 때로부터 48시간 이내에 재보험사에게 통지하여야 한다.
　② 재보험자의 피보험자(원보험자)는 재보험자에게 청구 또는 청구와 관련된 모든 정보를 제공한다.
　③ 재보험자는 자신을 대신하여 업무를 수행할 손해사정사 또는 대리인을 임명할 권리를 갖으며, 이러한 청구 또는 청구와 관련된 모든 협상, 조정 및 합의를 통제한다.

* Claim Cooperation Clause(보험사고 협조조항)

　① 원보험자는 보험사고가 발생한 사실에 대해 알게 되었을 경우 재보험자에게 즉시 통보하여야 하며, 통상적으로 사고발생일로부터 14일이 경과하지 않아야 한다.
　② 원보험자는 보험사고와 관련된 모든 자료를 재보험자에게 제공하여야하며, 보험사고와 관련된 조사, 협상, 조정, 해결에 관하여 재보험자와 협력하여야 한다.

③ 모든 손해사정사, 감정인, 그 외 사고처리를 위해 고용된 전문인들은 원보험자와 재보험자의 대리인으로 활동하며 관련된 비용은 관련자들간에 배분되어 공동 부담한다.

* Co-insurance of Insured Clause(피보험자 공동보험 조항) 2021 기출

회사는 각 청구건에 대하여 보상한도 및 자기부담금 등의 보험조건에 따라 산출된 금액에서 이에 대한 피보험자의 공동부담비율(보험증권에 기재된 Co-insurance of Insured Clause에서 정한 비율을 말합니다) (   )%에 해당하는 금액을 공제하고 보상하여 드립니다.

* Employer's Liability Clause(고용주 배상책임 조항)

1. 보상하는 손해

   회사는 이 증권 또는 이에 첨부된 특별약관의 모든 조건에도 불구하고, 피보험자의 근로자가 피보험자의 업무 종사 중 사고 또는 직업병으로 인한 신체장해가 발생하여 법률상 배상책임을 부담함으로써 입은 손해를 보상합니다.

2. 보상하지 않는 손해

   (1) 피보험자 또는 피보험자의 보험자가 근로기준법, 산업재해보상보험법 또는 이와 유사한 법률상 부담하는 배상책임
   (2) 계약자, 피보험자 또는 이들의 법정대리인의 고의나 법령위반으로 생긴 손해. 단, 고의 또는 고의적인 태만으로 법령을 위반하고 법령위반과 보험사고 간에 인과관계가 있는 경우에 한합니다.
   (3) 근로자의 고의 또는 범죄행위로 생긴 손해. 그러나, 그 근로자에게 생긴 손해에 한합니다.
   (4) 피보험자가 하도급업자의 근로자에게 생긴 손해. 그러나, 당해 근로자가 보험에 가입되어 있는 경우에는 보상합니다.
   (5) 피보험자의 가족 또는 동거친족에 대한 배상책임
   (6) 작업장 내에서의 간이 치료비

[국문 영업배상책임보험과 영문 영업배상책임보험의 비교]

구분	국문 영업배상책임보험	영문 영업배상책임보험
담보방식	열거위험 담보방식	포괄위험 담보방식
약관 체계	보통약관＋위험담보 특약	보통약관＋부담보 특약
보상한도	대인, 대물, CSL, 1사고당, 총보상한도액 등 선택할 수 있음	신체손해, 재물손해 관계없이 1사고당, 총보상한도액으로 설정
자기부담금	손해배상금－자기부담금 ≤ 보상한도액	손해배상금－자기부담금 ≤ 보상한도액－자기부담금
비용손해	손해방지비용 대위권 보전비용 협조비용 소송비용 공탁보증보험료	보험자가 지출한 비용 보석보증보험료 차압해제보증보험료 소송상 피보험자에게 부과된 비용 피보험자의 협력에 따른 소득손실 예비 판결이자 판결이자

[영문 배상책임보험의 주요 용어 정리]

영문 용어	약자	의미
Bodily Injury	BI	신체장해
Property Damage	PD	재물손해
Limit of Liability	L.O.L	보상한도
Combine Single Limit	CSL	포괄 단일 보상한도
Any One Person	a.o.p	1인당
Any One Occurrence	a.o.o	1사고당
Any One Claim	a.o.c	1청구당
Aggregate Limit	agg	총보상한도
Deductible	Ded	자기부담금
Retroactive Date	R/D	소급담보일자
Extended Report Period	ERP	보고연장기간
Policy Inception Date	P.I.D	증권 개시일

[참고] 영문 배상책임보험의 종류

(1) C.G.L(영문 영업배상책임보험)
    ① Commercial General Liability Policy (Ⅰ) : 손해사고기준 증권
    ② Commercial General Liability Policy (Ⅱ) : 배상청구기준 증권

(2) PL(영문 생산물배상책임보험)
    ① Product/completed Operation Liability Policy (Ⅰ) : 손해사고기준 증권
    ② Product/completed Operation Liability Policy (Ⅱ) : 배상청구기준 증권
    PL 보험은 생산물 및 완성작업으로 인한 배상책임을 담보한다. PL 보험의 약관체계는 국문 생산물배상책임보험의 약관체계와 유사하다. 피보험자가 제조, 판매한 제품의 결함으로 인하여 발생한 제3자의 신체손해 및 재물손해에 대한 배상책임을 담보하는 보험이다. 담보하는 제조물은 보험약관 명세서에 기재하여 명시하는데, 각종 제조물, 유형동산 및 완성작업도 담보대상이 될 수 있다.

(3) Hospital Professional Liability Insurance(영문 병원배상책임보험)
    병원에서 소속 의사의 의료과실로 인한 손해배상책임을 보장받기 위하여 가입하는 전문인배상책임보험이다.

(4) Medical Malplactice Insurance(영문 의료과실 배상책임보험)
    의사의 의료과실로 인한 손해배상책임을 보장받기 위하여 가입하는 전문인배상책임보험이다.

(5) Pakage Insurance : Section Ⅳ(재산종합보험 제4부문)
    Pakage Insurance란 하나의 보험계약으로 ① 재산종합위험담보(PAR), ② 기계위험담보(MB), ③ 기업휴지담보(BI), ④ 배상책임담보(GL)를 동시에 보장 받을 수 있도록 구성한 일종의 종합보험 형태의 보험상품이다. 이 중 Section Ⅳ 배상책임담보(GL: General Liability)는 피보험자의 제3자에 대한 배상책임 사고의 신체손해 및 재물손해를 담보한다.

04 근재보험 계산문제 기본지식

1. 근재보험의 의의

① 근로자가 업무 수행 중 업무에 기인된 사고로 입은 신체장해에 대한 사용자의 법률상 책임을 보장하는 보험이다.
② 법률상 책임에는 재해보상책임(보상책임주의)과 민사 손해배상책임(과실책임주의)이 있다.
③ 재해보상책임을 담보하는 특별약관이 재해보상책임 특별약관(W/C)이고, 손해배상책임을 담보하는 특별약관이 사용자 배상책임 특별약관(E/L)이다.
④ 재해보상책임은 업무상 재해에 해당할 경우, 사용자의 과실여부를 불문하고 그 법률상 보상책임이 발생하는 것이다. (근로기준법, 산재보험법, 선원법 등) : 보상책임주의
⑤ 손해배상책임은 업무상 재해에 해당할 뿐만 아니라, 그 재해의 발생에 대하여 사용자의 '안전배려의무' 위반 등 고의·과실이 있어야 발생하는 것이다. : 과실책임주의
⑥ 사용자의 근로자에 대한 민사 손해배상책임을 담보하는 '사용자배상책임(E/L) 특별약관'은 재해보상책임액을 초과하는 손해에 대해서만 보상하므로, 손해배상금에서 재해보상금을 공제하여야 하는데, 이를 '손익상계'라고 하며, 항목별 손익상계하여야 한다. 최근 대법원 판례(2022년)에서 '공제 후 과실상계설'로 변경되었다.

민사 손해배상금 항목	재해보상 항목	비고
기발생 치료비	요양급여(보상)	비급여 치료비, 향후 치료비는 산재보험에서 보상되지 않으므로, 손익상계 제외
입·통원 일실수입	휴업급여(상병보상)	입·통원기간 일실수입 산출한 뒤 휴업급여(상병보상) 공제
장해 일실수입	장해급여(보상)	장해기간 일실수입에서 장해급여 공제
사망 일실수입	유족급여(보상)	사망 일실수입에서 유족급여 공제
장례비	장례비(장제비)	초과금액 발생 안함 산재보험 장례비는 최소 1,200만원 이상
개호비	간병급여	치료 종결 후 개호비에서 간병급여 차감 치료기간 동안 간병비는 요양급여에 포함
위자료	지급 안함	손해배상금 산정 시에만 인정됨

2. 근재보험의 종류

근재보험에는 국내 근재보험, 선원 근재보험, 해외 근재보험이 있다. 이 세 가지 보험은 별도의 약관을 쓰는 것이 아니라, 하나의 근로자재해보장책임보험이라는 약관에서 각 보험에 특성에 맞는 특별약관, 추가 특별약관을 선택적으로 가입하여 하나의 보험상품을 형성하게 된다.

(1) 국내 근재보험

① 국내 근재보험은 국내 육상 근로자가 가입하는데, 대부분의 국내 육상근로자의 재해보상책임은 근로복지공단에서 운영하는 산재보험이 적용되어 민간보험사에서 판매하는 국내 근재보험의 재해보상책임 특별약관은 사실상 유명무실화 되었다.

② 국내 근재보험은 사실상 사용자의 손해배상책임을 담보하는 사용자 배상책임특약(E/L)만이 그 기능을 한다고 볼 수 있다.

③ 따라서, 국내 근재보험 문제풀이 시 재해보상책임 보상금은 별도의 산출과정 없이 산재보상내역이 문제에서 주어질 것이므로, 민사 손해배상금 산출 후 손익상계 과정만 거치면 될 것이다. 단, 산재보험금이 문제에서 주어지지 않을 경우에는 평균임금을 기준으로 직접 산출한다. (예) 유족급여 : 평균임금×1300일, 장례비 : 평균임금×120일

(2) 선원 근재보험

① 선원 근재보험은 보통약관과 함께 재해보상책임 특약, 비업무상재해 확장 추가특약, 사용자 배상책임 특약을 기본으로 가입하여야 한다.

② 선원은 산재보험법의 적용을 받지 않으며, 선원법에 별도로 규정된 기준에 따라 재해보상책임액을 산출하여 재해보상책임 특약(W/C)에서 보상하고, 선원법상의 재해보상금을 초과하는 민사 손해배상금을 사용자 배상책임특약(E/L)에서 보상하게 된다.

③ 특히, 선원 근재보험은 선원법에 따라 '직무상 재해'와 '승무 중 직무 외 재해'를 구분하여 그 보상기준을 별도로 규정하고 있다.

④ 보상 실무상 직무상 재해는 재해보상책임 특약에서 보상하고, 승무 중 직무 외 재해는 비업무상재해 확장 추가특약에서 보상하고 있으나, 법률 및 약관규정과 맞지 않게 운영되고 있다는 점에서 실무 관행의 개선이 필요할 것으로 보인다.

⑤ 해외취업선원의 경우에는 해외취업선원 재해보상 추가특약 가입을 통하여 일정한 경우에 기본 보상금에 더하여 특별보상금을 수령하게 된다. (장해보상, 유족보상 등)

(3) 해외 근재보험

① 해외 근재보험은 해외 육상근로자의 업무상 재해를 보장하기 위한 보험으로, 재해보상책임 특약, 재해보상책임 확장 추가특약, 간병보상 추가특약을 기본으로 가입해야 한다.

② 해외 육상근로자의 업무상 재해에 대해서는 기본적으로 근로기준법의 재해보상 기준이 적

용되나, 산재보험법 제121조 2항에 따라 산재보험법상 보상기준보다 불이익하여서는 안 되므로 그 보상기준을 맞추기 위해 '재해보상 확장 추가특약'과 '간병보상 추가특약'이 필수적으로 가입되어야 한다.

③ 따라서, 해외 육상근로자는 재해보상 확장 추가특약과 간병보상 추가 특약의 가입을 통하여 산재보험법의 적용을 받는 국내 육상근로자와 동일한 기준의 보상을 받게 되는 것이다.

④ 또한, 해외 육상근로자는 비업무상 재해 확장 추가특약의 가입을 통하여 비업무상 재해에 대해서도 업무상 재해와 동일한 기준으로 보상받을 수 있다. 단, 면책사유에 해당 될 경우에는 이 특약을 가입했더라도 보상되지 않는다. (면책사유 예시) 과격한 운동, 자해, 만취 등으로 인한 사고

3. 근재보험의 주요개념

(1) 근로자

① 근로자란 직업의 종류와 관계없이 임금을 목적으로 사업 또는 사업장에서 근로를 제공하는 자를 말한다.

② 근로자의 요건으로는 (i) 직업의 종류를 불문하고, (ii) 임금을 목적으로 하여야 하며, (iii) 사용자의 지휘·감독을 받는 사용·종속관계에서 근로를 제공하여야 한다.

③ 노무제공자 ★★
- 산재보험법 제125조에 규정되어 있던 '특수형태 근로종사자'를 '노무제공자'로 변경하면서 관련 법률규정을 개정하였다.
- 산재보험법 제125조는 삭제되고, 제91조의 15에서 19가 새롭게 신설되어 '노무제공자' 관련 내용을 규정하고 있다.
- 노무 제공자의 범위를 법률 개정하면서 18종으로 다시 정비하였다.

> **노무제공자의 범위**
>
> 보험설계사, 건설기계 운전기사, 학습지 방문강사, 골프장 캐디, 택배 배달원, 퀵서비스원, 대출모집인, 신용카드 회원모집인. 대리운전기사·대리주차원·탁송업자, 방문판매원, 대여제품 방문점검원, 가전제품 설치·수리기사, 화물차주, 소프트웨어기술자, 방과후 강사, 관관통역 안내원, 어린이 통학버스 운전기사

- 노무제공자는 근로기준법상 근로자의 정의에 부합하지 않더라도 업무상 재해의 인정 기준에 관해서는 근로자로 본다. (산재보험법 제19조의 16)

(2) 업무상 재해

① 업무상 재해란 업무상의 사유에 따른 근로자의 부상·질병·장해·사망을 말한다.

② 업무상 재해의 요건은 (i) 업무수행성과 (ii) 업무 기인성이다.

③ 사례문제 풀이 시에는 통상 업무상 재해임을 전제로 문제가 출제되므로, 개념 및 유형 등은 약술형 문제 출제에 대비하여 정리한다.

단, 선원근재보험과 해외근재보험에서는 비업무상 재해를 사례문제의 소재로 출제할 가능성이 있으니 유의하여야 한다. (별도의 보상기준과 면책사유 숙지)

(3) 임금(평균임금과 통상임금)

1) 평균임금

① 평균임금이란 이를 산정하여야 할 사유가 발생한 날 이전 3개월 동안에 그 근로자에게 지급된 임금의 총액을 그 기간의 총 일수로 나눈 금액을 말한다.

② 평균임금은 퇴직금, 재해보상금을 산정하는 기준이 되는 임금이다. 평균임금이 통상임금보다 적을 경우에는 통상임금을 평균임금으로 한다.

③ 산출식 : 산정사유 발생일 이전 3월간 임금 총액 ÷ 산정사유 발생일 이전 3월간 총 일수

④ <u>선원법상 '승선평균임금'이란 산정하여야 할 사유가 발생한 날 이전 승선기간에 그 선원에게 지급된 임금 총액을 그 승선기간의 총일수로 나눈 금액이다. 승선기간이 3개월을 초과하는 경우에는 최근 3개월로 한다.</u>

⑤ 평균임금 산정 제외기간(근로기준법 시행령 제2조)★ 2023 약술 기출

> 1) 수습 사용 중의 기간
> 2) 사용자의 귀책사유로 휴업한 기간
> 3) 산전 후 휴가기간
> 4) 업무상 부상 또는 질병으로 요양하기 위하여 휴업한 기간
> 5) 육아휴직기간
> 6) 쟁의행위기간
> 7) 병역법, 향토예비군 설치법, 민방위 기본법에 따른 의무를 이행하기 위하여 휴직하거나 근로하지 못한 기간. 단, 그 기간 중 임금을 지급받은 경우에는 그러하지 아니하다.
> 8) 업무 외 부상이나 질병, 그 밖의 사유로 사용자의 승인을 받아 휴업한 기간

2) 통상임금

① 통상임금이란 근로자에게 정기적이고 일률적으로 소정근로 또는 총근로에 대하여 지급하기로 정한 시간급 금액, 주급 금액, 월급 금액 또는 도급 금액을 말한다.

② 통상임금은 정기성, 고정성, 일률성이 인정되어야 한다. (기존 대법원 판례)

▶ 2024년 대법원 전원합의체 판결에서 '고정성'을 폐기하였음을 유의한다.

③ 통상임금은 선원 근재보험에서 상병보상과 행방불명보상 산출 시 활용되고 있다.

④ 평균임금이 통상임금보다 적은 경우에는 통상임금을 평균임금으로 한다.

4. 재해보상책임(W/C) 특약 보험금 산출

(1) 요양보상(급여)

① 보상항목 : 진찰비, 약제 및 진료재료비, 의지 또는 그 밖의 보조기의 지급, 처치비, 수술비, 입원비, 간병비 등

② 산재보험이 적용되는 국내 육상 근로자에 대해서는 비급여 치료비와 성형치료비 등 향후 치료비가 지급되지 않는다. 단, 선원법이 적용되는 선원 근재보험과 근로기준법이 적용되는 해외 근재보험에서는 비급여 치료비를 요양보상으로 지급한다.

[산재보험과 근재보험 재해보상책임 특별약관상 향후 치료비, 비급여 치료비 보상여부]

구분	산재보험	선원 근재보험	해외 근재보험
향후 치료비	X	X	X
비급여 치료비	X	○	○

※ 선원근재보험(선원법), 해외근재보험(근로기준법)은 요양보상에서 비급여 치료비는 보상하고, 향후 치료비는 보상하지 않는다. (산재보험에서는 비급여치료비를 보상하지 아니함.)

③ 산재보험에서 치료기간의 간병비(간병료)는 요양보상에 포함하여 지급된다.
 단, 치료기간 이후의 간병비는 산재보험에서 간병급여로 지급된다.

④ 이송비★

근재보험 재해보상책임 특별약관에서 재해를 입은 근로자가 국외지역에서 요양기관으로 이송되거나 본국으로 송환되는 경우의 이송비용을 보상하지 않는다고 규정하고 있다.

그러나, 거동이 불가능하여 호송을 요하는 중환자, 유해의 송환비용 또는 요양기관으로 긴급히 이송을 요하는 경우에는 편도에 한하여 실비로 1인당 5백만원 한도로 보상 한다. 단, 어떠한 경우에도 호송인에 대한 비용은 보상하지 않는다.

⑤ 요양보상의 특례

근재보험에서는 재해보상책임 특별약관 가입과 관련하여 보험계약자가 부담하여야 할 보험료를 산출하기 위하여 피보험자 소속 근로자의 임금을 설정하여야 하는데, 이를 '보험가입임금' 또는 '부보임금'이라고 한다. (보험가입임금 = 부보임금)

부보임금이(선원, 해외 근재보험) 재해보상 특별약관상 기재임금(주무관청에서 고시하는 최소임금)에 미달하는 경우, 요양보상금 산정 시 비례보상을 적용한다.

비례보상 방법은 요양보상액에 대하여 재해보상 특별약관상 기재임금(주무관청에서 고시하는 최소임금)에 대한 보험가입임금의 비율에 따라 산출한 금액을 지급한다.

※ 요양보상 외에 휴업보상, 장해보상, 유족보상, 장례비 등의 재해보상금 산정시, 문제에서 '부보임금'이 별도로 주어진다면 '부보임금'을 기준으로 재해보상금을 산출한다.

> **[예제] 요양보상 특례 관련 예제**
>
> 【비례보상 산식】 부보임금이 재해보상책임 특약상 기재임금보다 적을 경우 적용
> - 요양보상＝요양보상액×(부보임금÷재해보상책임 특별약관 기재임금)
>
> 【전제조건】
> - 부보임금(＝보험가입 임금) : 월 240만원(일 8만원)
> - 재해보상 특별약관 기재임금 : 월 300만원(일 10만원)
> - 실제 임금 : 월 480만원 (일 16만원)
> - 치료비 : 1,000만원
>
> 【풀이】
> 1,000만원×(부보임금 240만원÷특약 기재임금 300만원)＝800만원

(2) 휴업보상(급여) / 상병보상

　1) 국내 육상 근로자(산재보험 적용)

　　・산재보험에서 휴업급여로 지급되므로, 사례문제 지문에서 휴업급여액이 주어진다.

　　・평균임금×70%×휴업기간

　2) 해외 근로자(재해보상 확장 추가특약 적용)

　　・평균임금×70%×휴업기간

　3) 선원 근로자(선원법 적용)

　　가. 직무 상 재해

　　　① 요양개시일~4개월 : 통상임금×100%×휴업기간

　　　② 4개월 초과 : 통상임금×70%×휴업기간

　　나. 승무 중 직무 외 재해

　　　・요양개시일~3개월 : 통상임금×70%×3개월

(3) 장해보상(급여)

　1) 국내 육상 근로자(산재보험 적용)

　　・평균임금×장해급수(1급: 1,474일분~14급: 55일분)에 해당하는 일수

등급	장해급여	등급	장해급여
제1급	1,474일분	제8급	495일분
제2급	1,309일분	제9급	385일분
제3급	1,155일분	제10급	297일분
제4급	1,012일분	제11급	220일분
제5급	869일분	제12급	154일분
제6급	737일분	제13급	99일분
제7급	616일분	제14급	55일분

* 산재보험에서 장해급여로 지급되므로 사례문제 조건에서 장해급여액이 주어진다.
* 산재보험법상 장해급여는 근로기준법상 장해급여에 10%를 가산하여 지급한다.
* 장해급여 산출 시 재해자가 보유하고 있던 기왕증 기여도는 적용하지 않는다.(판례)

2) 해외 근로자(재해보상 확장 추가특약 적용)
   - 평균임금×장해급수(1급: 1,474일분~14급: 55일분)에 해당하는 일수

3) 선원 근로자(선원법 적용)
   가. 직무상 재해
      - 승선 평균임금×장해급수(1급: 1,474일분~14급: 55일분)에 해당하는 일수
   나. 승무중 직무 외 재해 : 없음

4) 장해의 조정(재해보상금 산정 시 적용)★
   가. 장해등급표에 기재된 신체장해가 둘 이상 있을 경우에는 정도가 심한 신체장해에 해당하는 등급을 적용하여 보상한다.
   나. 아래의 해당하는 경우에는 장해등급을 1~3등급 인상하며, 그 조정된 등급이 제1급을 초과하는 때에는 제1급으로 한다.
      ① 5급 이상에 해당하는 신체장해가 2 이상 있는 경우에는 심한 장해보다 3개 등급 인상
      ② 8급 이상에 해당하는 신체장해가 2 이상 있는 경우에는 심한 장해보다 2개 등급 인상
      ③ 13급 이상에 해당하는 신체장해가 2 이상 있는 경우에는 심한 장해보다 1개 등급 인상
      ※ '근재보험'의 장해등급의 조정기준과 '의무 배상책임보험'의 장해등급 조정기준을 혼동하지 않도록 유의한다.

   > **장해등급 산정 예시**
   > ① 7급+13급=6급(높은 등급인 7등급보다 1등급 인상하여 6급)
   > ② 5급+6급=3급(높은 등급인 5등급보다 2등급 인상하여 3급)
   > ③ 4급+5급=1급(높은 등급인 4등급보다 3등급 인상하여 1급)
   > ④ 8급+14급=8급(조정대상 아님 : 13급 이상의 장해가 2 이상 있어야 하므로)

5) 장해의 가중

   이미 신체에 장해가 있는 자가 부상 또는 질병으로 인하여 동일한 부위에 장해가 가중된 경우에는 그 가중된 장해에 해당하는 일수에서 이미 받은 장해에 해당하는 일수를 공제한 일수에 평균임금을 곱해서 보상한다. (장해의 가중은 금번사고와 동일 신체부위에 '기왕장해'가 있는 경우에 적용되는 것으로서, '기왕증 기여도'와는 별개의 개념이므로 이를 혼동해서는 안된다. 장해급여(보상)금 산출 시 기왕증 기여도는 적용하지 않는다.[대법원 판례])

장해의 가중 산정 예시

【조건】 1차 사고 : 좌 하지 운동장해 7급 / 2차 사고 : 좌 하지 신경장해 4급 / 평균임금 : 15만원

장해등급	3급	4급	5급	6급	7급
보상일수	1,000일	900일	800일	700일	600일

【풀이】
① 금번장해 4급(900일) – 기존장해 7급(600일) = 300일
② 300일 × 15만원 = 4,500만원

(4) 유족보상(급여)

1) 국내 육상 근로자(산재보험 적용)
   - 평균임금 × 1,300일

   산재보험에서 유족급여가 지급되므로 사례문제 조건에서 통상적으로 유족급여액이 주어진다. 단, 유족급여가 주어지지 않을 경우, 평균임금을 기준으로 직접 산출한다.

2) 해외 근로자(재해보상 확장 추가특약 적용)
   - 평균임금 × 1,300일

3) 선원 근로자(선원법 적용)

   가. 직무 중 사고
   - 승선 평균임금 × 1,300일

   나. 승무 중 직무 외 사고(요양개시일로부터 3개월 內 사망 시에만 지급 : 판례)
   - 승선 평균임금 × 1,000일

4) 민법상 상속권자와 유족급여(보상) 수급권자 순위 정리

   가. 민법상 상속권자 순위(민법 제1000조)

   > (1) 피상속인의 직계비속
   > (2) 피상속인의 직계존속
   > (3) 피상속인의 형제자매
   > (4) 피상속인의 4촌 이내의 방계혈족

   피상속인의 배우자(법률혼★)는 피상속인의 직계비속 또는 직계존속이 있는 경우에는 그 상속인과 동순위의 공동상속인이 되고, 그 상속인이 없는 경우에는 단독상속인이 된다. (제1003조)

   특히, 민법상 상속권자 중 배우자는 법률혼 배우자만을 의미하여, 사실혼 배우자는 어떠한 상속권도 인정되지 않는다는 점에서 유족급여 수급권자와 구별된다.

나. 산재보험법상 일시금 기준 유족급여 수급권자 순위(산재 보험법 제65조)

유족 간의 수급권의 순위는 다음 각호의 순위에 따르되, 각 호의 사람 사이에서는 각각 적힌 순서에 따른다. 이 경우 같은 순위의 수급권자가 2명 이상이면 그 유족에서 똑같이 나누어 지급한다. (배우자는 사실혼 배우자를 포함)

> (1) 근로자가 사망할 당시 그 근로자와 생계를 같이 하던 배우자, 자녀, 부모, 손자녀 및 조부모
> (2) 근로자가 사망할 당시 그 근로자와 생계를 같이하고 있지 아니하던 배우자, 자녀, 부모, 손자녀 및 조부모 또는 근로자가 사망할 당시 그 근로자와 생계를 같이하고 있던 형제자매
> (3) 형제자매

제1항의 부모는 양부모를 선순위로, 실부모를 후순위로 하고, 조부모는 양부모의 부모를 선순위로, 실부모의 부모를 후순위로 한다. 수급권자인 유족이 사망한 경우 그 보험급여는 같은 순위자가 있으면 같은 순위자에게, 같은 순위자가 없으면 다음 순위자에게 지급한다. 제1항부터 제3항까지 규정에도 불구하고 근로자가 유언으로 보험급여를 받을 유족을 지정하면 그 지정에 따른다.

다. 선원법상 유족보상 수급권자 순위(선원법 시행령 29조 및 30조)

선원법 시행령 제29조 및 제30조에서 유족의 범위와 유족보상의 순위를 명시하고 있다. 유족보상의 순위는 다음 각 호의 순서에 의하며, 같은 호에 규정된 자 사이에 있어서는 그 기재된 순서에 의하되 배우자, 자녀 및 부모는 같은 순위로 한다.★

> (1) 선원의 사망 당시 그에 의하여 부양되고 있던 배우자(사실혼 포함), 자녀, 부모, 손 및 조부모
> (2) 선원의 사망 당시 그에 의하여 부양되고 있지 아니한 배우자(사실혼 포함) 자녀, 부모, 손 및 조부모
> (3) 선원의 사망 당시 그에 의하여 부양되고 있던 형제자매
> (4) 선원의 사망 당시 그에 의하여 부양되고 있지 아니한 형제자매
> (5) 선원의 사망 당시 그에 의하여 부양되고 있던 배우자의 부모, 형제자매의 자녀 및 부모의 형제
> (6) 선원의 사망 당시 그에 의하여 부양되고 있지 아니한 배우자의 부모, 형제자매의 자녀 및 부모의 형제자매

유족을 정하는 순위를 정하는 경우에 부모는 양부모를 선순위로 하고 실부모를 후순위로 한다. 유족보상을 받을 수 있는 자가 2인 이상 있는 경우에는 유족보상은 그 지급받을 사람의 수에 의하여 등분하여 지급한다.

5) 유족급여 수급권자와 손해배상금 상속권자가 다른 경우, 처리 방법

가. 쟁점사항

산업재해 보상항목 중 유족급여 수급권자와 손해배상금 상속권자의 순위가 달라 손해배상금에서 유족급여를 어떠한 방식으로 공제하는지에 대하여 학설의 대립이 있다.

나. 학설의 대립
① 상속 후 공제설
법률상 손해배상금 중 사망 일실수입을 민법상 상속권자별로 먼저 상속시킨 후에 각 상속권자별 사망 일실수입에서 유족급여액을 공제하는 설이다. 민법상 상속권자 보호에 유리하다. (상속권자 중 유족급여를 받은 사람만 공제)
② 공제 후 상속설
사망 일실수입에서 유족급여를 선 공제하고 나머지 잔존하는 사망 일실수입을 상속순위에 따른 상속권자에게 귀속시키는 이론이다. 민법상 상속권자 보호에 취약하다.
다. 판례 ▶ 상속 후 공제설(2009년 대법원 전원합의체 판결)

(5) 장례비(장제비/장사비)
1) 국내 근로자(산재보험 적용 기준)
- 산재보험에서 장례비로 지급되므로, 사례문제 지문에서 장례비가 주어질 것이다.
- 평균임금×120일
2) 해외 근로자(재해보상 확장 추가특약 적용)
- 평균임금×120일
3) 선원 근로자(선원법 적용)
- 승선 평균임금×120일

(6) 일시보상 2020 약술 기출
요양보상이 개시된 후 2년이 경과하여도 부상이나 질병이 완치되지 아니한 때에는 사업주는 장해보상 1급에 해당하는 금액를 지급하고 재해보상책임을 면제하는 제도이다.
1) 국내 근로자
- 산재보험에서는 일시보상 제도가 없으며, 근로기준법 적용 국내근로자의 경우, 평균임금×1,340일분을 지급하고, 모든 재해보상책임을 면제한다.
2) 해외 근로자(재해보상 확장 추가특약 적용)
- 평균임금×1,474일분 지급하고 모든 재해보상책임을 면제한다.
3) 선원 근로자
- 평균임금×1,474일분을 지급하고 재해보상책임을 면제하나, <u>유족보상과 장제비 지급책임은 면제되지 않는다.</u>

(7) 행방불명 보상(선원 근로자) : 일통삼승 + 유장

- 선원이 해상에서 행방불명된 경우에는 피부양자에게 1개월분의 통상임금과 3개월분의 승선 평균임금에 상당하는 금액을 지급한다. (일통삼승)
- 선원의 행방불명 기간이 1개월 지났을 때에는 사망으로 추정하여 유족보상과 장제비를 지급한다. (유장)

[산재보험, 국내근재보험, 선원근재보험의 재해보상 지급기준]

구분	산재보험 (산재보험법)	국내 근재보험 (근로기준법)	선원근재보험(선원법)	
			직무상 재해	승무 중 직무 외 재해
요양보상	치료비 전액	치료비 전액	치료비 전액	3개월내 치료비 전액
휴업보상	평균임금 70%	평균임금 60%	4개월까지 통상임금 전액 5개월부터 통상임금 70%	3개월내 통상임금 70%
장해보상	평균임금 1,474일분(1급)~ 55일분(14급)	평균임금 1,340일분(1급)~ 50일분(14급)	승선 평균임금 1,474일분(1급)~ 55일분(14급)	없음
유족보상	평균임금 1,300일분	평균임금 1,000일분	승선 평균임금 1,300일분	승선 평균임금 1,000일분
장례비 (장제비)	평균임금 120일분	평균임금 90일분	승선 평균임금 120일분	
일시보상	없음	평균임금 1,340일분	승선 평균임금 1,474일분	없음
행방불명보상	없음	없음	통상임금 1개월분 + 승선 평균임금 3개월분 (1개월 후 사망추정 : 유족보상 + 장제비)	

※ 산재보험법 장해일수는 근로기준법 장해일수보다 10% 가산하여 산출한다. 2020 기출
【예시】 근로기준법 장해 14급 50일분 → 산재보험법상 일수 : 50일분 × 110% = 55일

5. 사용자 배상책임(E/L) 특약 보험금 산출

(1) 원칙

먼저 재해를 입은 근로자의 민사상 손해배상금을 산출하고, 각 손해배상금 항목에서 근재·산재보험에서 산출된 재해보상금을 항목별로 차감(손익상계)하여 지급 보험금을 산출한다.

가. 요양급여(보상) : 치료비에서 차감. 단, 향후 치료비·비급여 치료비는 손익상계 제외
나. 휴업급여(보상) : 치료기간(입/통원)에 발생한 일실수입에서 차감
다. 장해급여(보상) : 치료 종료 후 노동능력상실률에 따른 일실수입에서 차감
라. 유족급여(보상) : 사망으로 인해 발생한 일실수입에서 차감
마. 장례비(장제비) : 손해배상금 산정 시 장례비에서 차감하는데, 판례상 인정되는 장례비가

500만원이므로 손익상계 시 초과손해액이 발생하지 않는다.

바. 간병급여(보상) : 치료 종결 후에 발생하는 개호비에서 차감하며, 치료기간 중 간병비는 요양보상에 포함되므로, 손익상계의 대상이 아니다.

(2) 사용자 배상책임특약의 손해배상금에서 차감하는 재해보상금 손익상계 항목 비교

민사 손해배상금 항목	재해보상 항목	비고
기발생 치료비	요양급여(보상)	비급여 치료비, 향후 치료비는 산재보험에서 보상되지 않으므로, 손익상계 제외
입·통원 일실수입	휴업급여(보상)	입·통원기간 일실수입 산출한 뒤 휴업급여(상병보상) 공제
장해 일실수입	장해급여(보상)	장해기간 일실수입에서 장해급여 공제
사망 일실수입	유족급여(보상)	사망 일실수입에서 유족급여 공제
장례비	장례비(장제비)	초과금액 발생 안함 산재보험 장례비는 최소 1,200만원 이상
개호비	간병급여(보상)	치료 종결 후 개호비에서 간병급여 차감 치료기간 동안 간병비는 요양급여에 포함
위자료	지급 안함	손해배상금 산정 시에만 인정됨

※ 사용자 배상책임 특별약관의 지급보험금 산정 시에는 재해자가 산재보험금을 연금형태로 수령하더라도 일시금 기준금액으로 환산하여 손익상계한다.

(3) 사용자 배상책임 특별약관상 지급보험금 산출시 '공제 후 과실 상계설' 적용

2022년 대법원 전원합의체 판결을 통하여 근재보험 사용자 배상책임 특별약관상 손해배상금 산정시, '과실상계 후 공제설'에서 '공제 후 과실상계설'로 변경되었다.

1) 과실상계 후 공제 (기존 판례)

재해 근로자의 과실을 상계한 항목별 손해배상금을 산정 후에 산재보험의 지급보험금을 공제하여 지급보험금을 산출하는 방식이다.

2) 공제 후 과실상계설 (변경 판례)

재해 근로자의 과실을 상계하지 않은 손해배상금에서 산재보험금을 먼저 공제한 후에 재해 근로자의 과실을 상계하여 지급보험금을 산출하는 방식이다.

> **예시**
> 치료기간 일실수입 2,000만원 / 휴업급여 1,500만원 / 피해자 과실 30%
> - 과실상계 후 공제설 : [2,000만원×(1−30%)]−1,500만원=0 (음수)
> - 공제 후 과실상계설 : (2,000만원−1,500만원)×(1−30%)=350만원

2022년 대법원 전원합의체 판결에 따른 '공제 후 과실상계설' 적용여부

근로복지공단의 재해근로자의 사고발생에 책임있는 제3자와 관련한 전원합의체 판결은 책임있는 제3자에 대한 구상권 행사범위에 관한 판결이나, 재해 근로자의 사업주 또는 제3자에 대한 손해배상금 산정 시에도 '공제 후 과실상계설'에 따라 산출하도록 하는 취지의 내용이 포함되어 있어, 향후 근재보험 사용자배상책임 특별약관상 지급보험금 산정시에도 적용하여야 할 것으로 보인다.

보험사들이 현재까지 이와 관련한 정확한 보상실무 지침이 나오지 않은 상태이나, 근재보험 보상실무상 주로 '공제 후 과실상계설'에 따라 처리하고 있는 것으로 확인되고 있다. 따라서 향후 사례문제 풀이 시 국내근재보험과 관련해서 '공제 후 과실상계설'에 따른다. 또한, 선원 근재보험 또는 해외 근재보험 관련해서 본 대법원 판례가 직접 적용된다고 보기 어려운 측면이 있으나, 대법원 판례의 취지상 선원근재보험과 해외근재보험에 대해서도 사례문제 풀이 시 '공제 후 과실상계설' 적용하도록 한다.

'공제 후 과실상계설' 관련 대법원 전원합의체 판결요지

산재보험금 중 재해근로자의 과실비율에 해당하는 금액에 대해서는 공단이 재해근로자를 대위할 수 없으며 이는 산재보험금 지급 후에도 여전히 손해를 전보받지 못한 재해근로자를 위해 공단이 종국적으로 부담한다고 보아야 한다. 이와 같이 본다면 산재보험금을 지급받은 재해근로자가 제3자를 상대로 손해배상을 청구할 때 그 손해 발생에 재해근로자의 과실이 경합된 경우에, 재해근로자의 손해배상청구액은 보험급여와 같은 성질의 손해액에서 먼저 보험급여를 공제한 다음 과실상계를 하는 '공제 후 과실상계' 방식으로 산정하여야 한다.

대법원은 공단의 대위 범위는 '보험급여 전액'으로 볼 수 없고, '보험급여 중 재해근로자의 과실비율 상당액을 공제한 금액', 즉 '보험급여 중 제3자의 책임비율에 해당하는 금액'으로 제한하여야 하며, 그에 따라 재해근로자의 가해자에 대한 손해배상채권액도, 먼저 전체 손해액에서 공단의 보험급여를 공제한 다음 과실상계를 하는 방식, 즉 '공제 후 과실상계' 방식으로 산정하여야 하고, 이러한 법리는 산업재해가 산재보험 가입 사업주와 제3자의 공동불법행위로 인하여 발생하고, 그 산업재해 발생에 재해근로자의 과실이 경합한 경우에 공단의 대위 범위에도 적용되어야 한다고 판단하고(전원일치 의견), 이와 달리 공단이 제3자에 대하여 보험급여 전액에 대하여 구상할 수 있다거나, 재해근로자가 가해자를 상대로 손해배상을 청구하는 경우 '과실상계 후 공제' 방식에 의하여야 한다고 본 종래 판례를 변경하였음.

손해배상금 산정 연습문제

1. 기발생(= 기왕) 치료비 (건강보험 처리시 '공제 후 과실상계' 적용)

문제 아래의 조건에 따라 피해자의 치료비 손해배상금을 산출하시오.

【별표】

* 피해자의 건강보험 적용받은 치료비 내역

구분	급여		비급여	합계
	본인 부담금	공단 부담금		
금액	25,000,000원	30,000,000원	15,000,000원	70,000,000원

* 피해자 과실 : 40%

풀이

[총 치료비 7,000만원 − 공단 부담금 3,000만원] × (1 − 40%) = 2,400만원

2. 향후 치료비

문제 아래의 조건에 따라 향후 치료비를 산출하시오.

- 치아 보철비 : 1대당 50만원 (4대 필요)
- 교체 주기 : 10년
- 기대여명 : 56년
- 최초 1회 보철비용은 제외하고 기대여명까지 향후 치아 보철비 산출할 것.
- 경과연수에 따른 H계수
   : 10년(0.6), 20년(0.5), 30년(0.4), 40년(0.3), 50년(0.2), 60년(0.15)
- 피해자 과실 : 20%

풀이

(50만원 × 4대) × (0.6 + 0.5 + 0.4 + 0.3 + 0.2)(H) × (1 − 20%) = 320만원

3. 보조구비

문제 1 아래의 조건에 따라 보조구비를 산출하시오.

- 보조구 : 목발 30만원
- 교체주기 : 5년
- 기대여명 : 24년
- 최초 소요되는 목발비용 포함하여 기대여명까지 산출할 것.
- 노동능력상실률 : 30%
- 경과연수에 따른 H계수
  : 5년(0.8), 10년(0.6), 15년(0.55), 20년(0.45), 25년(0.4)
- 피해자 과실 : 50%

풀이

30만원 × (1 + 0.8 + 0.6 + 0.55 + 0.45)(H) × (1 − 50%) = 510,000원

문제 2 아래의 조건에 따라 보조구비를 산출하시오.

- 보조구 : 욕창 방지 매트리스(단가 : 80만원)
- 교체주기 : 10년
- 기대여명 : 36년
- 최초 소요되는 비용도 포함하여 기대여명까지 산출할 것.
- 노동능력상실률 : 90%
- 경과연수에 따른 H계수
  : 10년(0.6), 20년(0.5), 30년(0.4), 40년(0.3)
- 피해자 과실 : 30%

풀이

80만원 × (1 + 0.6 + 0.5 + 0.4)(H) × (1 − 30%) = 1,400,000원

4. 개호비

문제 1 아래의 조건에 따라 개호비를 산출하시오.

- 사고일로부터 기대여명까지 하루 12시간 개호 필요 소견
- 월 개호비 : 400만원
- 노동능력상실률 : 80%
- 월 H계수
    - 사고일~가동기간 종료시 : 180
    - 사고일~기대여명 종료시 : 220
- 피해자 과실 : 40%

풀이

400만원 × 1.5(인) × 220(H) × (1 − 40%) = 792,000,000원

문제 2 아래의 조건에 따라 개호비를 산출하시오.

- 사고일로부터 기대여명까지 1일 4시간 개호 필요 소견
- 도시 보통인부 노임 : 15만원
- 노동능력상실률 : 60%
- 월 H계수
    - 사고일~가동기간 종료시 : 50
    - 사고일~기대여명 종료시 : 100
- 피보험자 책임제한 : 30%
- 한달 일수는 30일로 계산할 것.

풀이

15만원 × 30일 × 0.5(인) × 100(H) × 30% = 67,500,000원

5. 복합장해율

복합장해율 문제는 ① 부위별 장해율을 먼저 확정한 뒤, ② 복합장해율을 산출한다.

(예제 1) 척추체 장해 30%(기왕증 기여도 40%), 족관절 장해 10%

(1) 부위별 장해율
    1) 척추체 : 30%×(100−40)%=18%
    2) 족관절 : 10%
(2) 복합장해율
    18%+[(100−18)%×10%]=26.2%

(예제 2) 슬관절 장해 20%, 추상장해 15%

20%+[(100−20)%×15%]=32%

(예제 3) 주관절 장해 15%, 족관절 장해 20%, 척추체 장해 50%(기왕증 기여도 20%)

(1) 부위별 장해율
    1) 주관절 : 15%
    2) 족관절 : 20%
    3) 척추체 : 50%×(100−20)%=40%
(2) 복합장해율
    1) 주관절+족관절=15%+[(100−15)%×20%]=32%
    2) 최종장해율 : 32%+[(100−32)%×40%]=59.2%

(예제 4) 고관절 장해 40%, 완관절 장해 10%, 견관절 장해 20%(기왕증 기여도 50%)

(1) 부위별 장해율
    1) 고관절 : 40%
    2) 완관절 : 10%
    3) 견관절 : 20%×(100−50)%=10%
(2) 복합 장해율
    1) 40%+(100−40)%×10%=46%
    2) 46%+(100−46)%×10%=51.4%
    3) 최종 장해율 : 51.4%

(예제 5) 슬관절 장해 20%, 추상장해 15%, 척추 기왕장해 30%

(1) 금번 사고로 인한 장해율 : 20%+[(100−20)%×15%]=32%
(2) 기왕장해 반영 : [32%+(100−32)%×30%]−30%=22.4%

(예제 6) 좌 상지 절단 30%, 추간판 장해 20%(사고관여도 40%)

(1) 부위별 장해율
    1) 좌상지 절단 : 30%
    2) 추간판 장해 : 20%×40% (사고 관여도)=8%
(2) 복합장해율 : 30%+(100−30)%×8%=35.6%

(예제 7) 주관절 장해 20%, 손가락 장해 5%(한시 3년)

(1) 치료종결일~한시장해 종료일 : 20%+(100−20)%×5%=24%
(2) 한시장해 종료일~가동기간 종료일 : 20%

(예제 8)
① 척추체 : 영구장해 30%(기왕증 30%)
② 슬관절 : 영구장해 20%(기왕증 50%)
③ 기왕장해 : 발가락 절단 20%

(1) 부위별 장해율
    ① 척추체 : 영구장해 30%×(1−30%)=21%
    ② 슬관절 : 영구장해 20%×(1−50%)=10%
    ③ 기왕장해 : 발가락 절단 20%
(2) 복합 장해율
    ① 척추제+슬관절 : 21%+(100−21)%×10%=28.9%
    ② 발가락 절단 기왕장해 반영 : [28.9%+(100−28.9)%×20%]−20%=23.12%
       (발가락 절단 기왕장해 반영 간편식 : 28.9%×(100−20)%=23.12%)

【풀이방법】
− 부위별 장해율을 먼저 확정하고,
− 금번사고로 인한 복합장해율을 먼저 산정한 후
− 기왕장해 공제하여 최종 노동능력 상실률을 산출한다.

(예제 9)
① 족관절 : 영구장해 20% (기왕증 기여도 25%)
② 완관절 : 한시장해 10% (한시 3년)
③ 견관절 : 영구장해 30%

(1) 부위별 장해율
    ① 족관절 : 영구장해 20%×(100−25)%=15%
    ② 완관절 : 한시장해 10% (한시 3년)
    ③ 견관절 : 영구장해 30%
(2) 복합 장해율
    1) 치료 종결일~한시 3년
      ① 족관절+견관절 : 15%+(100−15)%×30%=40.5%
      ② 완관절 합산 : 40.5%+(100−40.5)%×10%=46.45%
    2) 한시 3년 이후~가동기간 종료일
      − 족관절+견관절 : 40.5%

【풀이방법】
− 부위별 장해율을 먼저 확정하고,
− 한시장해 기간과 한시장해 종료 후 가동기간 종료시까지의 목차를 나누고,
− 각 구간별 복합장해율을 산정한다.

(예제 10)
① 흉추 골절 : 영구장해 25% (기왕증 기여도 20%)
② 손목 골절 : 한시장해 5년간 10%
③ 슬관절 동요장해 : 15% (기왕장해)

1. 치료 종결일~한시 5년
    흉추 골절과 손목 골절의 복합장해율 산정 후에 기왕장해 공제한다.
    ① 흉추 부위 : 25%×(100−20)%=20%
    ② 손목 부위 : 10%
    ③ 복합장해율 산정 : [20%+(100−20)%×10%]=28%
    ④ 슬관절 기왕장해 공제 : [28%+(100−28)%×15%]−15%=23.8%
      (슬관절 기왕장해 공제 간편식 : 28%×(100−15)%=23.8%)
2. 한시 5년 이후~가동기간 종료시
    흉추 골절 장해만 인정되므로, 흉추골절 장해율에서 기왕장해를 공제한다.
    [20%+(100−20)%×15%]−15%=17%
    (슬관절 기왕장해 공제 간편식 : 20%×(100−15)%=17%)

【풀이방법】
− 부위별 장해율을 먼저 확정하고,
− 한시장해기간과 한시장해 종료 후 가동연한 종료시 구간으로 목차를 나누고,
− 금번사고로 인한 복합장해율을 먼저 산정한 후에
− 기왕장해 공제하여 각 구간별 최종 노동능력 상실률을 산출한다.

6. 일실퇴직금

문제 1 아래의 조건에 따라 일실퇴직금을 산출하시오.

- 재해자 : 이○○
- 직종 : 현장소장 (정년 만60세)
- 생년월일 : 1983년 4월 1일
- 입사일자 : 2013년 4월 1일
- 사고일자 : 2023년 4월 1일
- 월 현실 소득액 : 800만원
- 평균임금 : 30만원 (월 평균임금 900만원)
- 통상임금 : 20만원 (월 통상임금 600만원)
- 노동능력상실률 : 100%
- 피해자 과실 : 20%

【산식】 [(예상 총퇴직금×현가율)−기근속퇴직금]×노동능력상실률×(1−피해자 과실)

착안점

① 정년일자가 주어지지 않은 경우, 생년월일에 정년 60세를 더하여 정년일자를 산출한다
 (생년월일 1983년 4월 1일+60년=정년일 2043년 4월 1일)
② 총 재직가능기간 / 기근속기간 / 잔여재직기간을 먼저 산출한다.
 − 총 재직가능기간 : 정년일 2043년 4월 1일−입사일 2013년 4월 1일=30년
 − 기근속기간 : 사고일 2023년 4월 1일−입사일 2013년 4월 1일=10년
 − 잔여재직기간: 정년일 2043년 4월 1일−사고일 2023년 4월 1일=20년

풀이

1. 기초 산정기간

① 총 재직 가능기간 : 30년

② 기 근속기간 : 10년

③ 잔여 재직기간 : 20년

2. 전제조건 산출

① 예상 총퇴직금 : 30만원×30일×30년=2.7억원

② 기근속 퇴직금 : 30만원×30일×10년=9,000만원

③ 현가율 : $1/(1+0.05×20)=1/2$

3. 일실 퇴직금 산출

[(2.7억원×1/2)−9,000만원]×100%×(1−20%)=3,600만원

문제 2 아래의 조건에 따라 일실퇴직금을 산출하시오.

- 재해자 : 김○○
- 직종 : 사무직 과장 (정년 만60세)
- 생년월일 : 1970년 10월 1일
- 입사일자 : 2005년 7월 1일
- 사고일자 : 2020년 10월 1일
- 월 현실소득액 : 550만원
- 평균임금 : 20만원 (월 평균임금 600만원)
- 통상임금 : 15만원 (월 통상임금 450만원)
- 노동능력상실률 : 80%
- 피보험자 책임범위 : 50%

【산식】 [(예상 총퇴직금×현가율)−기근속퇴직금]×노동능력상실률×(1−피해자 과실)

착안점

① 정년일자가 주어지지 않은 경우, 생년월일에 정년 60세를 더하여 정년일자를 산출한다.
  (생년월일 1970년 10월 1일+60년=정년일 2030년 10월 1일)
② 총 재직가능기간 / 기근속기간 / 잔여재직기간을 먼저 산출한다.
  - 총 재직가능기간 : 정년일 2030년 10월 1일−입사일 2005년 7월 1일=25년 3개월
  - 기 근속기간 : 사고일 2020년 10월 1일−입사일 2005년 7월 1일=15년 3개월
  - 잔여 재직기간 : 정년일 2030년 7월 1일−2020년 7월 1일

풀이

1. 기초 산정기간

① 총 재직 가능기간 : 25년 3개월

② 기 근속기간 : 15년 3개월

③ 잔여재직기간 : 10년

2. 전제조건 산출

① 예상 총퇴직금 : 20만원×30일×(25년+3/12)=151,500,000원

② 기 근속퇴직금 : 20만원×30일×(15년+3/12)=91,500,000원

③ 현가율 : $1/(1+0.05×10)=2/3$

3. 일실퇴직금 산출

[(151,500,000원×2/3)−91,500,000원]×80%×50%=3,800,000원

CHAPTER 02

사례문제 80제

사례문제 80제 목차

01 【연습】 손해배상금 산정 문제 (연습문제) ─────────────────────── 70
02 【연습】 영업배상책임보험 + 다중이용업소 화재(폭발)배상책임보험 (연습문제) ──── 72
03 【기출】 영업배상책임보험 시설소유관리자 특별약관 (2023년 기출문제) ─────── 76
04 【연습】 영업배상책임보험 시설소유관리자 특별약관 (연습문제) ──────────── 80
05 【기출】 영업배상책임보험 도급업자 특별약관 (2020년 기출문제) ──────────── 85
06 【연습】 영업배상책임보험 + 생산물 배상책임보험 (연습문제) ───────────── 89
07 【기출】 영업배상책임보험 시설소유(관리)자 특별약관 (2016년 기출문제) ─────── 94
08 【기출】 영업배상책임보험 시설소유(관리)자 특별약관 (2015년 기출문제) ─────── 98
09 【연습】 영업배상책임보험 도급업자 특별약관 (연습문제) ──────────────── 101
10 【연습】 도급업자 특별약관 + 발주자 미필적 배상책임 특별약관 (연습문제) ───── 104
11 【연습】 영업배상책임보험 도급업자 특별약관 (연습문제) ──────────────── 109
12 【기출】 근재보험 + 도급업자 특별약관 + 건설기계업자 특별약관 (2018년 기출문제) ─ 114
13 【기출】 건설기계업자 특별약관 + 근로복지공단 구상권 문제 (2022년 기출문제) ─── 116
14 【기출】 영업배상책임보험 도급업자 특별약관 (2017년 기출문제) – 비용손해 ──── 121
15 【연습】 영업배상책임보험 시설소유관리자 특별약관 (연습문제) – 비용손해 ───── 123
16 【기출】 일상생활 배상책임보험 (2020년 기출문제) – 개물림 사고 ───────── 126
17 【연습】 일상생활 배상책임보험 (연습문제) – 실화 사고 ──────────────── 129
18 【연습】 일상생활 배상책임보험 (연습문제) – 자전거 사고 ────────────── 133
19 【연습】 일상생활 배상책임보험 (연습문제) – 주택 화재사고 ──────────── 137
20 【기출】 생산물 배상책임보험 + 통상손해 · 특별손해 (2021년 기출문제) ────── 140

21 [연습] 생산물 배상책임보험 + 일상생활배상책임보험 (연습문제) ─── 142

22 [연습] 생산물 배상책임보험 (연습문제) – 전기 매트리스 사고 ─── 146

23 [기출] 요양보호사 배상책임보험 + 영업배상책임보험 (2017년 기출문제) ─── 150

23-1 [기출] 간병인 배상책임보험 (2024년 기출문제) ─── 153

24 [연습] 의사 및 병원 배상책임보험 (연습문제) ─── 156

25 [기출] 의사 및 병원 배상책임보험 (2023년 기출문제) ─── 160

26 [기출] 의사 및 병원 배상책임보험 (2021년 기출문제) ─── 165

27 [연습] 사회복지시설 배상책임보험 – 비용손해 (연습문제) ─── 168

28 [기출] 특수건물 신체손해배상책임 특별약관 (2017년 기출문제 변형) ─── 170

29 [연습] 특수건물 신체손해배상책임 특별약관 (연습문제) ─── 173

30 [기출] 특수건물 신배책 특약 + 다중이용업소 화재배상책임보험 (2016년 기출문제) ─── 177

31 [기출] 특수건물 신배책 특약 + 다중이용업소 화재배상책임보험 (2021년 기출문제) ─── 181

32 [연습] 특수건물 신배책 특약 + 생산물 배상책임보험 (연습문제) ─── 185

33 [기출] 특수건물 신배책 특약 + 근재보험 (2024년 기출문제) ─── 189

34 [연습] 다중이용업소 화재배상책임보험 + 영업배상책임보험 (연습문제) ─── 193

35 [연습] 다중이용업소 화재배상책임보험 + 영업배상책임보험 (연습문제) ─── 197

36 [연습] 다중이용업소 화재배상책임보험 + 생산물 배상책임보험 (연습문제) ─── 202

37 [기출] 재난배상책임보험 + 영업배상책임보험 (2018년 기출문제 변형) ─── 207

38 [연습] 재난배상책임보험 + 영업배상책임보험 (연습문제) ─── 210

39 [연습] 재난배상책임보험 + 일상생활배상책임보험 (연습문제) ─── 214

40 [연습] 특수건물 신배책특약 + 영업배상책임보험 + 근재보험 (연습문제) ─── 219

41	[기출] 가스사고 배상책임보험 (2018년 기출문제)	224
42	[기출] 가스사고 배상책임보험＋영업배상책임보험 (2015년 기출문제)	228
43	[연습] 가스사고 배상책임보험 (연습문제)	231
44	[기출] 유·도선사업자 배상책임보험 (2022년 기출문제)	235
45	[기출] 선주 배상책임보험 (2022년 기출문제)	239
46	[연습] 낚시어선 배상책임보험 (연습문제)	242
47	[기출] 체육시설업자 배상책임보험 (2021년 기출문제)	245
48	[연습] 체육시설업자배상책임보험＋영업배상책임보험 시설소유관리자특약＋일상생활배상책임보험 (연습문제)	249
49	[연습] 수련시설업자 배상책임보험 (연습문제)	254
50	[기출] 승강기사고 배상책임보험 (2022년 기출문제)	260
51	[연습] 승강기 사고 배상책임보험＋국문 영업배상책임보험 (연습문제)	263
52	[연습] 야영장사고 배상책임보험＋국문 영업배상책임보험 (연습문제)	268
53	[연습] 야영장사고 배상책임보험＋영업배상책임보험＋근재보험 (연습문제)	272
54	[기출] 영문 영업배상책임보험(C.G.L) (2018년 기출문제)	276
55	[기출] C.G.L＋다중이용업소 화재배상책임보험 (2019년 기출문제)	279
56	[기출] 영문 전문인배상책임보험 (2021년 기출문제)	282
57	[기출] 영문 영업배상책임보험 (2022년 기출문제)	286
58	[연습] 영문 영업배상책임보험(C.G.L) (연습문제)	289
59	[연습] 영문 영업배상책임보험(C.G.L) (연습문제)	293
60	[연습] 국내 근재보험 (기본 연습문제)	296

번호	구분	제목	페이지
61	[기출]	국내 근재보험 (2015년 기출문제 변형)	300
61-1	[기출]	국내 근재보험 (2003년 기출문제 변형)	303
62	[기출]	국내 근재보험 (2014년 기출문제) – 소멸시효	305
63	[기출]	국내 근재보험 (2022년 기출문제)	308
64	[연습]	국내 근재보험(연습문제) – 외국인 근로자 1	312
64-1	[연습]	국내 근재보험(연습문제) – 외국인 근로자	317
65	[연습]	국내 근재보험(연습문제)	322
66	[기출]	국내 근재보험 (2015년 기출문제)	326
67	[연습]	국내 근재보험 (연습문제) – 장해의 가중	329
68	[기출]	국내 근재보험 (2019년 기출문제)	333
69	[연습]	근재보험+건설기계업자 특별약관+도급업자 특별약관 (연습문제)	338
70	[기출]	국내 근재보험 (2018년 기출문제) – 유족급여 상속 후 공제설	343
70-1	[연습]	국내 근재보험(연습문제) – 유족급여 상속 후 공제설	346
71	[기출]	선원 근재보험(2007년 기출문제 변형) – 행방불명보상	351
72	[연습]	선원 근재보험 (연습문제) – 행방불명보상+사용자배상책임 특약	353
73	[기출]	선원 근재보험 (2017년 기출문제)	358
74	[기출]	선원 근재보험 (2023년 기출문제)	362
75	[기출]	선원 근재보험 (2021년 기출문제) – 해외선원 특별보상금	367
76	[연습]	선원 근재보험(연습문제) – 유족보상 상속 후 공제설	370
77	[기출]	해외 근재보험 (2020년 기출문제)	375
78	[기출]	해외 근재보험 (기출문제 변형)	379
79	[연습]	해외 근재보험 (연습문제) – 비업무상재해 확장 추가 특별약관	383
80	[연습]	해외 근재보험(연습문제) – 비업무상재해 확장 추가 특별약관	387

01 손해배상금 산정 문제 (연습문제)

2021년 4월 27일 김○○은 한강에서 자전거 도로에서 자전거를 타고 가다가 부주의로 지나가던 박○○을 충격하여 척추와 팔 부위에 상해를 입히는 사고가 발생하였다.

다음의 〈전제조건〉을 참고하여 박○○에 대한 손해배상금을 산출하시오. (15점)

> 【전제조건】
> - 피해자 : 박○○(사고당시 만 45세)
> - 월 소득액 : 3,000,000원(정규직)
> - 정 년 : 만 60세
> - 도시 보통인부 일용노임 : 100,000원(月 가동일수 20일)
> - 병원 치료비 : 20,000,000원
> - 향후 핀 제거 비용 : 4,000,000원(사고발생일로부터 2년 경과시점에 시행 예정)
> - 노동능력상실률(%) : 척추 부위 25%, 주관절 부위 20%
> - 피해자 과실 : 20%
> - 호프만(H) 월 계수(계산 편의상 계수임)
>   • 사고일~퇴원일 : 6개월(H계수 : 5)
>   • 사고일~치료종결일 : 12개월(H계수 : 10)
>   • 사고일~정년 시까지 : 180개월(H계수 : 160)
>   • 사고일~가동기간 종료 시까지 : 240개월(H계수 : 210)
> - 경과 연수에 따른 호프만(H) 계수(계산 편의상 계수임)
>   • 사고일로부터 1년(0.95), 2년(0.9), 3년(0.85)
> - 위자료는 사망 또는 100% 장해 시 기준금액 100,000,000원 적용할 것.
> - 일실 퇴직금은 고려하지 않음.

착안점

보험이 없더라도 법률상 손해배상책임과 손해배상금은 존재하는 것이다. 단, 보험이 있으면 보험에서 손해배상금을 보상한다. 보험이 없다면 가해자가 직접 본인의 변제자력에 따라 손해배상책임을 이행하는 것이다.

풀이

1. 법률상 배상책임

김○○은 자전거 운행 부주의로 인해 피해자 박○○에게 상해를 입혔으므로, 민법 제750조에 따른 일반 불법행위책임을 부담한다.

2. 손해배상금 산정

(1) 치료비

1) 기왕 치료비 : $20,000,000원 \times (1-20\%) = 16,000,000원$

2) 향후 핀 제거비 : $4,000,000 \times 0.9(H) \times (1-20\%) = 2,880,000원$

3) 소계 : 18,880,000원

(2) 복합장해율 : $25\% + [(100-25)\% \times 20\%] = 40\%$

(3) 일실수입

1) 입원 일실수입 : $3,000,000원 \times 100\% \times 5(H) \times (1-20\%) = 12,000,000원$

2) 통원 일실수입 : $3,000,000원 \times 40\% \times (10-5)(H) \times (1-20\%) = 4,800,000원$

3) 장해 일실수입

① 치료종결일~정년 : $3,000,000원 \times 40\% \times 150(H) \times (1-20\%) = 144,000,000원$

② 정년~가동기간 종료 : $(10만원 \times 20일) \times 40\% \times 50(H) \times (1-20\%) = 32,000,000원$

③ 소계 : 176,000,000원

4) 일실수입 합계 : 192,800,000원

(4) 위자료 : $1억원 \times 40\% \times [1-(20\% \times 0.6)] = 35,200,000원$

(5) 합계 : 246,880,000원

02 영업배상책임보험 + 다중이용업소 화재(폭발)배상책임보험 (연습문제)

2020년 10월 1일 19시경 서울시 소재 명륜○○갈비 음식점의 종업원 김○○이 숯불화로를 옮기던 중 부주의로 미끄러지면서 숯불화로를 쏟아 손님 이○○의 얼굴 및 머리 부위에 심한 화상을 입히는 사고가 발생하였다. (음식점은 건물 2층에 소재하며 전용면적은 200㎡이다.)

아래의 〈별표〉를 참고하여 각 질문에 답하시오. (20점)

【별표】

[보험가입사항] 계약자 / 피보험자 : 명륜○○갈비

보험사	보험종목	보상한도액(대인)	자기부담금
A	다중이용업소 화재(폭발) 배상책임보험	의무보상한도액	없음
B	장기 재물 종합보험 시설소유(관리)자 특별약관 음식물 배상책임 특별약관	1사고당 500,000,000원 1사고당 10,000,000원	1사고당 100,000원 1사고당 100,000원

[전제조건]

- 피해자 : 이○○(생년월일 : 1970년 10월 1일)
- 정 년 : 만 60세(대기업 정규직)
- 월급여 : 4,000,000원
- 도시 보통인부 일용노임 : 100,000원
- 치료기간 : 사고일~2021년 3월 31일(6개월)
- 병원 치료비 : 15,000,000원
- 노동능력상실률 : 추상장해 20%
- 피해자 과실 : 20%
- 호프만(H) 월 계수(계산 편의상 계수임)
  • 사고일~치료종결일 : 6개월(H계수 : 5)
  • 사고일~정년 : 120개월(H계수 : 85)
  • 사고일~가동기간 종료 시 : 180개월(H계수 : 105)
- 일실 퇴직금은 고려하지 아니함.
- 위자료는 100,000,000원 기준으로 산정함.

문제 1   다중이용업소 화재배상책임보험의 책임법리와 관련하여 2021년 1월 5일에 개정된 다중이용업소 안전관리에 관한 특별법의 개정사항에 대하여 약술하시오. (5점)

문제 2   상기 사고와 관련하여 명륜○○갈비의 피해자에 대한 법률상 배상책임과 각 보험사의 약관상 보상책임을 설명하시오. (6점)

문제 3   상기 사고와 관련하여 각 보험사의 지급보험금을 산출하시오. (9점)

착안점

① 각 보험상품에서 보상하는 사고유형을 숙지하여 사례문제에서 제시되는 사고사례를 보장 하는 보험상품을 찾을 수 있어야 한다.
② 다중이용업소 화재배상책임보험에서 보상하는 사고유형은 '화재'와 '폭발'에 국한된다.
③ 장기 재물종합보험은 화재보험과 배상책임보험이 혼합된 패키지 형태의 보험으로서, 과거 기출문제에서 본 문제와 유사한 형태로 출제되었다.
④ 음식물 배상책임 특별약관은 생산물배상책임보험의 한 유형으로서, 음식물의 하자에 따른 신체손해만을 보상하는 보험이다.

풀이

문제 1 다중이용업소 화재배상책임보험의 책임법리와 관련하여 2021년 1월 5일에 개정된 다중이용업소 안전관리에 관한 특별법의 개정사항에 대하여 약술하시오. (5점)

1. 책임법리의 변경

다중이용업소 화재배상책임보험의 책임법리를 기존의 '과실책임주의'에서 '무과실책임주의'로 변경하였다.

2. 개정내용

다중이용업소 안전관리에 관한 특별법 제13조의2 제1항에서 다중이용업주 및 다중이용업을 하려는 자는 다중이용업소의 화재로 인하여 다른 사람이 사망·부상하거나 재산상의 손해를 입은 때에는 과실이 없는 경우에도 피해자에게 대통령령으로 정하는 금액을 지급할 책임을 지는 책임보험에 가입하도록 규정하고 있다.

3. 시행시기

법 개정일로부터 6개월 후인 2021년 7월 6일부터 시행한다.

문제 2 상기사고와 관련하여 명륜○○갈비의 피해자에 대한 법률상 배상책임과 각 보험사의 약관상 보상책임을 설명하시오. (6점)

1. 법률상 배상책임

명륜○○갈비 직원 김○○의 업무상 과실로 인하여 손님 이○○에게 상해를 입혔으므로, 명륜○○갈비는 손님 이○○에 대하여 민법 제756조의 사용자책임을 부담하며, 직원 김○○은 손님 이○○에 대하여 민법 제750조의 일반 불법행위책임을 부담한다.

2. 약관상 보상책임

(1) A보험사

상기사고는 명륜○○갈비가 A사에 가입한 화재(폭발)배상책임 보험에서 보상하는 화재 또는 폭발사고에 해당하지 아니하므로 약관상 보상책임을 부담하지 않는다.

(2) B보험사

1) 시설소유관리자 특약

상기 사고는 시설과 관련된 소속 직원의 업무상 과실에 의한 사고로서, 시설소유관리자 특약에서 보상하는 사고에 해당하므로 약관상 보상책임을 부담한다.

2) 음식물 배상책임 특약

음식물 배상책임특약은 음식물의 하자로 인한 식중독, 치아파절 등의 사고를 보상하는 특약으로 상기 사고는 해당 특약의 보상하는 사고에 해당하지 않는다.

문제 3 상기 사고와 관련하여 각 보험사의 지급보험금을 산출하시오. (9점)

1. 손해배상금 산정

(1) **기발생 치료비** : 15,000,000원 × (1 − 20%) = 12,000,000원

(2) **치료기간 일실수입** : 4,000,000원 × 100% × 5(H) × (1 − 20%) = 16,000,000원

(3) **장해기간 일실수입**

① 치료종결일~정년 : 4,000,000원 × 20% × (85 − 5)(H) × (1 − 20%) = 51,200,000원

② 정년~가동기간 종료 : (10만원 × 22일) × 20% × (105 − 85)(H) × (1 − 20%) = 7,040,000원

③ 소계 : 58,240,000

(4) **위자료** : 100,000,000원 × 20% × [1 − (20% × 0.6)] = 17,600,000원

(5) **합계** : 103,840,000원

2. 지급보험금 산정

(1) A보험사

약관상 면책이므로 지급보험금은 없다.

(2) B보험사(시설소유관리자 특약)

Min [(손해배상금 103,840,000원 − 자기부담금 100,000원), 보상한도 5억]
= 103,740,000원

03. 영업배상책임보험 시설소유관리자 특별약관 (2023년 기출문제)

2022년 7월 1일 피해자 '박○○'은 △△백화점에서 물건을 구입한 후 1층으로 내려가던 중 시설물 하자로 인해 추락하는 사고가 발생하여 목과 무릎 부위에 심한 부상을 입고 6개월간 입원치료 후 △△백화점에 손해배상을 청구하였다.

아래 〈별표〉의 내용을 참고하여 다음 질문에 답하시오. (20점)

【별표】

[보험가입사항]
- 보험회사 : '을' 보험회사
- 피보험자 : △△백화점
- 보험종목 : 국문영업배상책임보험 / 시설소유(관리)자 특별약관
  - 보상한도액 : 1인당 100,000,000원 / 1사고당 200,000,000원
  - 자기부담금 : 1사고당 1,000,000원
- 보험기간 : 2022년 1월 1일~2022년 12월 31일

[전제조건]
- 피해자 : '박○○' / 가정주부
- 도시일용임금 : 100,000원(계산 시 월 3,000,000원 적용)
- 진단명 : 경추 방출성 골절, 슬개골 골절
- 피해자 과실 : 50%
- 노동능력상실률 : 경추 50%(영구장해) / 무릎 40%(3년 한시장해)
- 호프만(H) 계수(계산상 편의를 위한 임의 계수임)
  - 사고일~입원 종료일 : 6개월(H계수 : 5)
  - 사고일~한시 장해기간 : 36개월 (H계수 : 30)
  - 사고일~가동종료일 : 72개월(H계수 : 60)
- 기왕 치료비 : 8,000,000원
- 향후 치료비 : 성형 수술비 1,000,000원 / 내고정물 제거비 1,000,000원
- 위자료는 고려하지 아니함.

문제 1 상기 보험계약의 약관상 '보상하는 손해'에 대하여 약술하고, 일반불법행위책임의 성립요건에 대하여 기재하시오. (10점)

문제 2 '을' 보험회사가 지급할 보험금을 산정하고, 그 산출과정을 기재하시오. (10점)

> **착안점**
> ① 복합장해율 산정 시 영구장해와 한시장해가 경합되는 경우, 치료종료일로부터 한시장해 종료일까지의 기간과 한시장해 종료일부터 가동종료일까지의 기간을 구분하여 노동능력상실률을 산출한다.
> ② 성형수술비, 내고정물 제거비용과 같이 1회성 향후치료비는 문제에서 별도의 조건이 주어지지 않는다면 중간이자 공제를 반영하지 않는다.

> **풀이**

> **문제 1** 상기 보험계약의 약관상 '보상하는 손해'에 대하여 약술하고, 일반불법행위책임의 성립요건에 대하여 기재하시오. (10점)

1. 보상하는 손해(시설소유관리자 특별약관)

피보험자가 소유, 사용 또는 관리하는 시설 및 그 시설의 용도에 따른 업무의 수행으로 생긴 우연한 사고로 인하여 타인에 대한 법률상 손해배상책임을 부담함으로써 입은 손해를 보상한다.

2. 일반 불법행위책임의 성립요건

(1) 고의 · 과실

불법행위가 성립하기 위해서는 가해자의 고의 또는 과실로 인한 것이어야 한다. 이를 '과실책임의 원칙' 또는 '자기책임의 원칙'이라고 한다.

(2) 책임능력

책임능력이란 자기의 행위의 결과가 위법한 것으로서, 법률상 비난받을 것임을 인식하는 정신능력을 말한다.

(3) 위법행위

위법행위란 '비난 가능성' 있는 반사회적 행위를 말한다. 반사회적인 가해행위가 있을 경우 위법성은 추정되고, 불법행위책임을 피하기 위해서는 스스로 자기의 행위가 위법성 조각사유에 해당함을 입증해야 한다.

(4) 손해의 발생

불법행위가 성립하기 위해서는 위법행위로 인하여 손해가 발생하여야 한다. 손해는 법적으로 보호할 가치가 있는 이익에 대한 침해로 생긴 불이익을 의미한다.

(5) 인과관계

가해자의 위법행위로 인하여 손해가 발생하여야 한다. 즉, 위법행위와 손해 사이에 인과관계가 있어야 한다. 통설과 판례는 상당인과관계설을 취하고 있다.

문제 2 '을' 보험회사가 지급할 보험금을 산정하고, 그 산출과정을 기재하시오. (10점)

1. 법률상 배상책임

상기 사례에서 △△백화점의 시설물 하자로 인해 박○○이 추락하는 사고가 발생하였으므로, △△백화점은 박○○에 대하여 민법 제758조의 공작물 책임을 부담한다.

2. 약관상 보상책임

상기 사고는 △△백화점이 가입한 시설소유관리자 특별약관에서 보상하는 사고에 해당하며, 면책사유에 해당하는 내용은 없으므로 보험사는 보상책임을 부담한다.

3. 손해배상금

(1) 기왕 치료비 : $8,000,000원 \times (1-50\%) = 4,000,000원$

(2) 향후 치료비(성형, 내고정물 제거) : $2,000,000원 \times (1-50\%) = 1,000,000원$

(3) 복합장해율

① 입원 종료일~한시장해 종료일 : $50\% + (100-50)\% \times 40\% = 70\%$

② 한시장해 종료일~가동기간 종료일 : 50%

(4) 일실수익

1) 사고일~입원 종료일

$300만원 \times 100\% \times 5(H) \times (1-50\%) = 7,500,000원$

2) 입원종료일~한시장해 종료일

$300만원 \times 70\% \times (30-5)(H) \times (1-50\%) = 26,250,000원$

3) 한시장해 종료일~가동기간 종료일

$300만원 \times 50\% \times (60-30)(H) \times (1-50\%) = 22,500,000원$

4) 소계 : 56,250,000원

(5) 합계 : 61,250,000원

4. 지급보험금

Min [(61,250,000원 − 자기부담금 100만원), 1인당 보상한도 1억원] = 60,250,000원

04 영업배상책임보험 시설소유관리자 특별약관 (연습문제)

2023년 1월 1일 13시경 서울시 소재 대형 쇼핑몰 '○○쇼핑' 2층 난간에서 방문객 '박○○'이 휴식을 취하기 위해서 난간에 기대어 있다가 갑자기 난간 유리가 파손되면서 1층으로 추락하여 요추 1번과 슬관절이 골절되는 중상해를 입었다. 사고원인 조사결과, 해당 난간 시설의 노후화로 인해 사고가 발생한 것으로 확인되었다.

아래의 〈별표〉를 참고하여 각 질문에 답하시오. (25점)

【별표】

['○○쇼핑' 보험가입사항]
- 국문 영업배상책임보험 / 시설소유관리자 특별약관
- 보상한도 : 1인당 3억원 / 1사고당 10억원
- 자기부담금 : 100만원

[전제조건]
- 피해자 : '박○○'(생년월일 : 1983년 1월 1일)
- 직업 : 회사원(정년 만 60세)
- 입사일 : 2013년 1월 1일
- 정년일 : 2043년 1월 1일
- 월 급여 : 400만원
- 평균임금 : 20만원
- 도시 보통인부 일용노임 : 10만원(월 가동일수 21일로 가정)
- 치료기간 : 2023년 1월 1일 ~ 2023년 6월 30일(6개월)
- 병원 치료비 : 5,000만원
- 보조구비 : 척추고정기 50만원(사고일부터 필요하며 2년마다 교체)
- 개호비 : 사고일부터 기대여명까지 1일 4시간 개호 필요함.
- 기대여명 : 사고일로부터 10년으로 단축됨
- 맥브라이드식 노동능력 상실률(%)
  • 척추 운동장해 : 영구장해 50% (기왕증 기여도 50%)
  • 슬관절 : 한시장해 20% (한시 5년)
- 피보험자 책임제한 : 50%
- 사고당시 피해자 긴급이송을 위한 구급차 비용 100만원 소요됨.

- 월간 호프만(H) 계수 (계산 편의상 계수임)
  - 사고일 ~ 치료종결일 : 6개월 (H계수 : 5)
  - 사고일 ~ 한시장해 종료일 : 66개월 (H계수 : 55)
  - 사고일 ~ 기대여명 종료일 : 120개월 (H계수 : 105)
  - 사고일 ~ 정년일 : 240개월 (H계수 : 195)
  - 사고일 ~ 가동기간 종료일 : 300개월 (H계수 : 235)
- 경과년수에 따른 호프만(H) 계수 (사고일 기준)

경과년수	H 계수	경과년수	H 계수
2년	0.9	4년	0.85
6년	0.75	8년	0.7
10년	0.6	12년	0.5

[기타사항]
- 피해자 '박○○'은 사고 후유증으로 인해 다니던 회사를 퇴사함.
- 위자료는 고려하지 아니함.
- 한달 일수 계산은 30일 적용할 것.
- 일실퇴직금 산정시 노동능력상실률(%)은 40% 적용하여 산출할 것.
- 현가율 계산 시 「1/(1+0.05×잔여재직기간)」 적용하여 계산할 것.

문제 1 피해자 '박○○'의 복합장해율을 산출하시오. (3점)

문제 2 피해자 '박○○'의 개호비를 산출하시오. (3점)

문제 3 피해자 '박○○'의 보조구비를 산출하시오. (3점)

문제 4 피해자 '박○○'의 일실수익을 산출하시오. (6점)

문제 5 피해자 '박○○'의 일실퇴직금을 산출하시오. (6점)

문제 6 피해자 '박○○'의 지급보험금을 산출하시오. (4점)

풀이

문제 1 피해자 '박○○'의 복합장해율을 산출하시오. (3점)

1. 부위별 장해율

(1) 척추 : 50%×(100−50)%=25% (영구장해)

(2) 슬관절 : 20% (한시장해)

2. 복합장해율

(1) 치료 종결일~한시장해 종료일 : 25%+(100−25)%×20%=40%

(2) 한시장해 종료일~기대여명 종료일 : 25%

문제 2 피해자 '박○○'의 개호비를 산출하시오. (3점)

(10만원×30일)×0.5(인)×105(H)×50%=78,750,000원

사고일로부터 기대여명까지 하루 4시간 개호 필요하므로 0.5인 개호에 해당함.

문제 3 피해자 '박○○'의 보조구비를 산출하시오. (3점)

척추고정기 50만원×(1+0.9+0.85+0.75+0.7)×50%=1,050,000원

문제 4 피해자 '박○○'의 일실수익을 산출하시오. (6점)

1. 사고일~치료종결일

400만원×100%×5(H)×50%=10,000,000원

2. 치료종결일~한시장해 종료일

400만원×40%×(55−5)(H)×50%=40,000,000원

3. 한시장해 종료일~기대여명 종료일

400만원×25%×(105−55)(H)×50%=25,000,000원

4. 기대여명 종료일~정년일

400만원×100%×2/3×(195−105)(H)×50%=120,000,000원

5. 정년일~가동종료일

(10만원×21일)×100%×2/3×(235−195)(H)×50%=28,000,000원

6. 합계 : 223,000,000원

> **문제 5** 피해자 '김○○'의 일실퇴직금을 산출하시오. (6점)

1. 기본조건 산출

(1) 예상 총 퇴직금 : 평균임금 20만원×30일×30년=180,000,000원

(2) 기근속 퇴직금 : 평균임금 20만원×30일×10년=60,000,000원

(3) 현가율 : 1/(1+0.05×20년)=1/2

2. 일실퇴직금 산출

[(180,000,000원×1/2)−60,000,000원]×40%×50%=6,000,000원
문제의 조건에 따라 노동능력상실률은 40% 적용함.

> **문제 6** 피해자 '박○○'의 지급보험금을 산출하시오. (4점)

1. 손해배상금

(1) 병원 치료비 : 50,000,000원×50%=25,000,000원

(2) 개호비 : 78,750,000원

(3) 보조구비 : 1,050,000원

(4) 일실수익 : 223,000,000원

(5) 일실퇴직금 : 6,000,000원

(6) 손해배상금 합계 : 333,800,000원

2. 비용손해

손해방지비용으로 보상한도를 초과하더라도 100만원 보상한다.

3. 지급보험금

(1) 손해배상금

　　Min [(333,800,000원원 − 자기부담금 100만원), 1인당 보상한도 3억원] = 3억원

(2) 비용손해 : 1,000,000원

(3) 지급보험금 : 301,000,000원

05 영업배상책임보험 도급업자 특별약관 (2020년 기출문제)

○○인테리어(주)는 인천시 소재 ○○모텔 리모델링 공사를 수주하여 보수공사를 진행하던 중 2018년 7월 31일 오후 3시경 소속 근로자 '김○○'이 건물 4층 외벽에 설치된 작업 발판이 무너지며 1층으로 추락하여 사망하는 사고가 발생하였다. 때마침 공사현장 아래를 지나가던 행인 '박○○'은 철제 구조물 및 건축자재 더미에 깔려 머리, 척추, 다리 등에 큰 부상을 입고 약 10개월간 병원치료를 받았고, 이후 후유장해 판정을 받았다.

아래 〈별표〉의 내용을 참고하여 각각의 질문에 답하시오. (20점)

【별표】

[○○인테리어(주) 보험가입사항]

보험회사	보험종목	보상한도	자기부담금
A	국문 영업배상책임보험 도급업자 특별약관	1인당 5억원 1사고당 10억원	1사고당 100만원

[전제조건]

① 피해자 : 김○○(현장사망)
- 직무(직종) : 현장근로자(비계공)
- 피해자 과실 : 30%
- 일실수익 : 120,000,000원
- 위자료 : 70,000,000원

② 피해자 : 박○○(부상/장해)
- 생년월일 : 1970년 7월 30일
- 직무(직종) : 도시 일용근로자(보통인부)
- 시중노임 : 1일 120,000원(월 가동일수 22일)
- 피해자 과실 : 20%
- 병원 치료비 : 25,000,000원
- 향후 치료비 : 5,000,000원(현가액)
- 노동능력상실률(%)
  - 두부 손상 장해 : 50%
  - 척추체 장해 : 40%(기왕증 기여도 50%)
  - 다리 부위 장해 : 10%

- 호프만(H) 계수(계산상 편의를 위한 계수임)
  - 사고일~치료 종료 시 : 10개월(H계수 : 10)
  - 사고일~가동기간 종료 시 : 144개월(H계수 : 110)
- 위자료 : 서울 중앙지방법원 산정기준에 따르며, 사망 또는 100% 장해 시 기준금액 100,000,000원 적용

문제 1   A보험사의 피해자별 보상책임에 대하여 약술하시오. (6점)

문제 2   박○○의 복합장해율을 계산하고, 그 산출과정을 기재하시오. (4점)

문제 3   A보험사가 지급해야 할 지급보험금을 산정하고, 그 산출과정을 기재하시오. (10점)

> 풀이

문제 1 A보험사의 피해자별 보상책임에 대하여 약술하시오. (6점)

1. 근로자 김○○

작업장 발판이 무너져내려 근로자 김○○이 신체상해를 당했으나 국문 영업배상책임보험 도급업자 특별약관에서 피보험자의 근로자의 신체손해는 면책사유에 해당하므로 약관상 보상책임을 부담하지 않는다.

2. 행인 박○○

피보험자가 관리하는 시설의 하자에 의하여 지나가던 행인 박○○이 신체장해를 입은 사고로서, ○○인테리어(주)는 행인 박○○에 대하여 민법 제758조의 공작물책임을 부담하고 영업배상책임보험 도급업자 특별약관에서 보상하는 사고에 해당하며, 면책사유에 해당하지 않으므로 약관상 보상책임을 부담한다.

문제 2 박○○의 복합장해율을 계산하고, 그 산출과정을 기재하시오. (4점)

1. 부위별 장해율

(1) 두부손상 장해 : 50%

(2) 척추체 장해 : 40% × (100 − 50)% = 20%

(3) 다리부위 장해 : 10%

2. 복합장해율

(1) 두부 + 척추체 : 50% + [(100 − 50)% × 20%] = 60%

(2) 다리 부위 합산 : 60% + [(100 − 60)% × 10%] = 64%

(3) 최종 장해율 : 64%

문제 3   A보험사가 지급해야 할 지급보험금을 산정하고, 그 산출과정을 기재하시오. (10점)

1. 손해배상금 산정

    (1) 병원 치료비 : 25,000,000원 × (1 − 20%) = 20,000,000원

    (2) 향후 치료비 : 5,000,000원 × (1 − 20%) = 4,000,000원

    (3) 치료기간 일실수입 : (120,000원 × 22일) × 100% × 10(H) × (1 − 20%) = 21,120,000원

    (4) 장해기간 일실수입 : (120,000원 × 22일) × 64% × (110 − 10)(H) × (1 − 20%) = 135,168,000원

    (5) 위자료 : 100,000,000원 × 64% × [1 − (20% × 0.6)] = 56,320,000원

    (6) 합계 : 236,608,000원

2. 지급보험금 산정

    Min [(236,608,000원 − 자기부담금 1,000,000원), 1인당 보상한도 5억원] = 235,608,000원

> **착안점**
> ① 도급업자 특별약관에서 피보험자의 근로자에 대한 손해는 보상하지 않는 면책사항에 해당된다는 규정을 적용하는 사례가 지속적으로 출제되고 있으므로 유의한다. (피용인 면책조항)
> ② 복합장해율 산정 문제는 자주 출제되므로 충분히 연습한다.

06 영업배상책임보험 + 생산물 배상책임보험 (연습문제)

2021년 5월 1일 경기도에 소재하는 '몸짱 헬스크럽'의 일반회원 박○○이 운동하던 중 갑작스러운 런닝머신의 오작동으로 인해 심하게 넘어져 손목과 대퇴골이 골절되는 사고를 당하였다. 런닝머신은 ○○ 전자(주)에서 제조한 것으로 확인되었다. 사고원인 조사결과, 몸짱 헬스크럽의 런닝머신 소모부품 교체주기 미준수로 인하여 사고가 발생한 것이 확인되었다.

아래의 〈별표〉를 참조하여 아래의 질문에 각각 답하시오. (20점)

【별표】

[보험계약사항]

보험사	보험종목	계약자/ 피보험자	보상한도액	자기부담금
A	생산물 배상책임보험 (배상청구기준 증권)	○○전자(주)	1 사고당 1,000,000,000원	1 사고당 5,000,000원
B	국문 영업배상책임보험 시설소유(관리)자 특별약관	몸짱 헬스크럽	1 사고당 100,000,000원	1 사고당 100,000원

[전제조건]
- 피해자 : 박○○(생년월일 : 1971. 5. 1)
- 직 업 : 대기업 정규직
- 월 현실 소득액 : 5,000,000원
- 정 년 : 만 60세
- 도시 보통인부 일용노임 : 100,000원(月 가동일수 20일)
- 병원 치료비 : 15,000,000원
- 피해자 과실 : 20%
- 노동능력 상실률(%)
    - 손목 관절 부위 : 20%
    - 고관절 부위 : 50%(기왕증 50%)
- 호프만(H) 월 계수(계산 편의상 계수임)
    - 사고일~퇴원일 : 6개월(H계수 : 5)
    - 사고일~정년일 : 120개월(H계수 : 105)
    - 사고일~가동기간 종료일 : 180개월(H계수 : 155)
- 위자료 : 100,000,000원 기준으로 산출함.

- 피해자를 병원으로 옮기기 위한 긴급호송비용 600,000원 발생함.
- 일실퇴직금은 고려하지 아니함.

※ '몸짱 헬스크럽'과 'ㅇㅇ전자(주)'의 공동불법행위에 해당할 경우, 내부 책임비율은 5 : 5

문제 1 제조물 책임법상 결함의 개념과 결함의 유형 세 가지에 대하여 약술하시오. (5점)

문제 2 상기 사례에서 박ㅇㅇ의 복합장해율을 산정하시오. (3점)

문제 3 상기 사고와 관련하여 A보험사와 B보험사의 보상책임을 검토하고, 지급보험금을 산출하시오. (12점)

> 풀이

문제 1 제조물 책임법상 결함의 개념과 결함의 유형 세 가지에 대하여 약술하시오. (5점)

1. 결함의 개념

결함이란 해당 제조물에 '통상적으로 기대할 수 있는 안전성이 결여되어 있는 경우'를 말하는 것으로서 결함의 유형에는 제조상, 설계상, 표시상의 결함이 있다.

2. 결함의 유형

(1) 제조상 결함

제조업자가 제조물에 대한 제조·가공상의 주의의무를 이행하였는지에 관계없이 제조물이 원래 의도한 설계와 다르게 제조·가공됨으로써 안전하지 못하게 된 경우를 말한다.

(2) 설계상 결함

제조업자가 합리적인 대체설계를 채용하였더라면 피해나 위험을 줄이거나 피할 수 있었음에도 대체설계를 채용하지 아니하여 해당 제조물이 안전하지 못하게 된 경우를 말한다.

(3) 표시상 결함

제조업자가 합리적인 설명, 지시, 경고 또는 그 밖의 표시를 하였더라면 해당 제조물에 의하여 발생할 수 있는 피해나 위험을 줄이거나 피할 수 있었음에도 이를 하지 아니한 경우를 말한다. 제품 설명서의 오류도 여기에 해당된다.

문제 2 상기 사례에서 박○○의 복합장해율을 산정하시오. (3점)

1. 부위별 장해율

(1) 손목 관절 : 20%

(2) 고관절 : 50% × (1 − 50%) = 25%

2. 복합장해율

20% + [(100 − 20)% × 25%] = 40%

문제 3   상기 사고와 관련하여 A보험사와 B보험사의 보상책임을 검토하고, 지급보험금을 산출하시오. (12점)

1. 법률상 배상책임

상기 사례에서 몸짱 헬스크럽의 런닝머신 소모품 미교체라는 공작물 보존상의 하자로 인하여 사고가 발생하였는바, 몸짱 헬스크럽은 피해자에 대하여 민법 제758조의 공작물 책임을 부담한다.

2. 약관상 보상책임

(1) A보험사

상기사고는 제조물의 결함으로 인한 사고에 해당하지 않으므로 B보험사는 생산물 배상책임보험의 약관상 보상책임을 부담하지 않는다.

(2) B보험사

상기 사고는 몸짱 헬스크럽이 가입한 영업배상책임보험 시설소유(관리)자 배상책임 특약에서 담보하는 시설물 관리상 하자에 의한 사고로서 보상하는 손해에 해당하며, 면책사유에 해당하는 내용은 없으므로 피해자에 대하여 약관상 보상책임을 부담한다.

3. 손해배상금 산출

(1) 병원 치료비 : 15,000,000원 × (1 − 20%) = 12,000,000원

(2) 입원기간 일실수입 : 5,000,000원 × 100% × 5(H) × (1 − 20%) = 20,000,000원

(3) 장해기간 일실수입

   1) 퇴원일~정년일 : 5,000,000원 × 40% × (105 − 5)(H) × (1 − 20%) = 160,000,000원

   2) 정년일~가동기간 종료일 : (100,000원 × 20일) × 40% × (155 − 105)(H) × (1 − 20%)
      = 32,000,000원

   3) 소계 : 192,000,000원

(4) 위자료 : 1억원 × 40% × [1 − (20% × 0.6)] = 35,200,000원

(5) 합계 : 259,200,000원

4. 비용

긴급호송비용 600,000원은 손해방지비용으로, 보상한도를 초과하더라도 보상한다.

5. 지급보험금(B보험사)

(1) **손해배상금**

Min [(259,200,000원 − 자기부담금 100,000원), 보상한도 1억원] = 100,000,000원

(2) **비용손해** : 600,000원

(3) **합계** : 106,000,000원

> **착안점**
> ① 제조물 관련 사고 문제가 나올 경우, 제조물의 결함이 있는지 여부에 대하여 확인한다.
> ② 손해방지비용은 보상한도를 초과하더라도 비용손해로 보상한다는 점을 숙지한다.

07 영업배상책임보험 시설소유(관리)자 특별약관 (2016년 기출문제)

서울 중구에 소재하는 음식점 '△△ 칼국수'의 종업원 '백○○'이 음식물을 들고 이동하던 중 바닥에 잔존한 물기에 미끄러지면서 국물을 쏟아 피해자 '박○○'의 우측 허벅지에 심한 화상을 입힌 사고가 발생하였다.

아래 〈별표〉의 내용을 참고하여 각 보험사의 지급보험금을 산정하고, 산출과정을 기재하시오. (15점)

【별표】

[보험가입사항(계약자 : △△ 칼국수)]

보험사	보험종목	보상한도액(대인)	자기부담금
A	국문 영업배상책임보험 시설소유(관리)자 특별약관	1사고당 30,000,000원	1사고당 1,000,000원
B	장기 비지니스 종합보험 시설소유(관리)자 특별약관 음식물 배상책임 특별약관	1사고당 100,000,000원 1사고당 30,000,000원	1사고당 10,000,000원 1사고당 1,000,000원

[손해내역]

– 피해자에 대한 손해배상금(법원 판결금)	70,000,000원
– 응급처치 및 호송비용	1,000,000원
– 소송비용	8,000,000원
– 합계	79,000,000원

풀이

1. 법률상 배상책임

△△ 칼국수 식당의 종업원 백○○은 음식물을 제공하던 중 업무상 과실로 피해자 박○○의 우측 허벅지에 심한 화상을 입혔으므로 민법 제750조의 불법행위책임을 부담하여, △△ 칼국수의 사업주는 민법 제756조의 사용자책임을 부담한다.

2. 약관상 보상책임

(1) A보험사

상기 사고는 국문 영업배상책임보험 시설소유(관리)자 특약에서 보상하는 손해에 해당하며, 면책사유에도 해당하지 아니하므로 약관상 보상책임을 부담한다.

(2) B보험사

상기 사고는 시설소유(관리)자 특약에서 보상하는 손해에 해당하지만, 음식물 배상책임특약은 음식물의 하자로 인한 식중독, 장염 등의 사고를 보상하는 특약이므로 상기사고에 대하여 보상책임을 부담하지 않는다.

3. 손해배상금

법원 판결을 통하여 7,000만원으로 확정되었다.

4. 비용손해

(1) 응급처치 및 호송비용 100만원

손해방지비용이므로 보상한도를 초과하더라도 보상한다.

(2) 소송비용 800만원

소송비용은 보상한도 내에서만 보상한다.

5. 지급보험금 산정

상기 사고와 관련하여 △△ 칼국수에서 A, B사에 가입한 보험계약은 중복보험에 해당하며, 두 보험이 모두 임의보험에 해당하므로 독립책임액 분담방식에 따라 보험금을 산출한다.

(1) 독립책임액 산출

1) A사의 독립책임액

① 판결금 : Min [(7,000만원 - 자기부담금 100만원), 보상한도 3,000만원] = 3,000만원

② 비용 : 응급처치 및 호송비용 100만원은 손해방지비용으로 보상한도 초과하더라도 지급

③ 독립책임액 : 3,000만원 + 100만원 = 3,100만원

2) B사의 독립책임액

① 판결금 : Min [(7,000만원 - 자기부담금 1,000만원), 보상한도 1억원] = 6,000만원

② 비용 : 응급처치 및 호송비용 100만원 + 소송비용 800만원 = 900만원

③ 독립책임액 : 6,000만원 + 900만원 = 6,900만원

3) 독립책임액 합산액 1억원으로, 손해액 7,900만원을 초과하므로 중복보험에 해당함.

(2) 지급보험금 산출

1) A사의 지급보험금

79,000,000원 × (31,000,000원 / 100,000,000원) = 24,490,000원

2) B사의 지급보험금

79,000,000원 × (69,000,000원 / 100,000,000원) = 54,510,000원

착안점

① 장기보험에 탑재되어 있는 음식물 배상책임 특약의 보상하는 손해를 정확히 이해한다.
  ▶ 음식물 배상책임 특별약관은 '생산물 배상책임보험'의 하나로 분류할 수 있다.
② 영업배상책임보험의 중복보험 계산방법은 독립책임액 분담방식이 적용된다는 사실을 숙지한다.
③ 각 보험사의 독립책임액의 합산액이 손해배상금에 미달할 경우, 이를 병존보험이라고 하며 병존보험에 해당할 경우에는 각 보험사의 독립책임액을 보상하면 된다.
④ 자기부담금은 손해배상금에서만 공제함을 유의한다.

[참고] 음식물 배상책임 특별약관

1. 담보의 취지
음식점에서 가입하는 장기 재물종합보험의 특별약관으로 탑재되어 있으며, 음식점에서 판매하는 음식물의 하자에 따른 신체손해를 보상하는 특별약관이다. 생산물 배상책임보험의 한 유형이라고 할 수 있다.

2. 보상하는 손해
회사는 보험기간 중에 피보험자가 보험증권에 기재된 구역 내에서 음식물을 타인에게 제조, 판매 또는 공급한 후에 그 음식물로 생긴 우연한 사고로 인하여 타인의 신체에 장해를 입혀 법률상의 배상책임을 부담함으로써 입은 손해를 보상한다.

3. 보상하지 않는 손해
(1) 계약자 또는 피보험자의 고의나 중대한 과실로 법령을 위반하여 제조, 판매 또는 공급한 음식물로 생긴 손해에 대한 배상책임
(2) 벌과금 또는 징벌적 손해에 대한 배상책임
(3) 결함있는 음식물의 회수, 검사 또는 대체비용에 대한 배상책임
(4) 피보험자가 제조, 판매 또는 공급한 음식물 및 피보험자가 수행한 작업상의 결함으로 인한 음식물 자체에 대한 배상책임

4. 기타
도시락 제조업체 등 포장배달 전문점은 생산물배상책임보험에 가입해야 한다.

08 영업배상책임보험 시설소유(관리)자 특별약관 (2015년 기출문제)

국문 영업배상책임보험을 가입하고 있는 H 호텔에서 보험기간 중 2회의 서로 다른 사고가 발생하였다. 〈별표〉에 주어진 내용을 참고하여 각 사고별 지급보험금을 산정하고 산출과정을 기재하시오. (10점)

【별표】

[H호텔 보험가입사항] 국문 영업배상책임보험 / 시설소유(관리)자 특별약관

보상한도액	신체장해	1인당 100,000,000원
		1사고당 200,000,000원
	재물손해	1사고당 200,000,000원
자기부담금		1사고당 1,000,000원

[1차 사고]
- 사고내용
  - 호텔 내부 대형조명설비 관리 하자로 인한 붕괴로 투숙객 A 사망, 투숙객 B 부상
- 손해내역
  - 투숙객에 대한 손해배상금 : 투숙객 A 150,000,000원 / 투숙객 B 120,000,000원
  - 부상 투숙객 응급처치 및 호송비용 : 1,000,000원
  - 조명시설 복구비용 : 70,000,000원

[2차 사고]
- 사고내용
  - 호텔 내 사우나의 온수관 파열로 내방객 1인 전신화상
- 손해내역
  - 피해자에 대한 손해배상금(법원 판결금) : 96,000,000원
  - 소송비용 : 10,000,000원
  - 온수관 복구비용 : 5,000,000원

풀이

1. 1차 사고의 지급보험금

(1) 보상책임 검토

H호텔의 대형 조명설비 하자에 따른 붕괴로 투숙객 A와 B가 신체손해를 입었으므로, 민법 제758조 공작물 책임이 인정되며, H호텔이 가입한 영업배상책임보험에서 보상하는 손해에 해당되므로 보험사는 본 사고에 대하여 보상책임을 부담한다.

(2) 손해배상금

1) 투숙객 A

Min [(150,000,000원 − 자기부담금 1,000,000원), 1인당 보상한도 1억원] = 1억원

2) 투숙객 B

Min [120,000,000원, 1인당 보상한도 1억원] = 1억원

자기부담금은 1사고당 한번만 공제하므로, 투숙객 B에 대해서는 공제하지 않음.

(3) 비용손해

응급조치 및 호송비용은 손해방지비용으로서, 보상한도를 초과하더라도 1백만원 전액 보상한다.

(4) 조명시설 복구비용

피보험자의 본인의 재물손해이므로 배상책임보험의 보상 대상이 아니다.

(5) 지급보험금

손해배상금 200,000,000원 + 비용손해 1,000,000원 = 201,000,000원

2. 2차 사고의 지급보험금

(1) 보상책임 검토

H호텔 사우나의 온수관 파열에 의하여 사우나 이용객이 신체손해를 입었으므로 민법 제758조에 따른 공작물 책임이 인정되며, H호텔이 가입한 영업배상책임보험에서 보상하는 손해에 해당되므로 보험사는 본 사고에 대하여 보상책임을 부담한다.

(2) 손해배상금

Min [(96,000,000원 − 자기부담금 1,000,000원), 1인당 보상한도 1억원] = 95,000,000원

(3) 비용손해

소송비용 1,000만원 발생하였으나 1인당 보상한도 내에서만 지급 가능하므로, 잔존 보상한도 5,000,000원 지급한다.

(4) 온수관 복구비용

본인의 재물손해에 해당되므로 배상책임보험의 보상대상이 아니다.

(5) 지급보험금

손해배상금 95,000,000원 + 비용손해 5,000,000원 = 100,000,000원

> **착안점**
> ① 자기부담금은 1사고당 1번만 공제한다. 따라서, 피해자가 2인 이더라도 피해자별로 공제하지 않는다는 내용을 이해한다.
> ② 소송비용은 보상한도 내에서만 지급됨을 유의한다.

09 영업배상책임보험 도급업자 특별약관 (연습문제)

서울시 금천구에서 발주한 하수관 교체공사를 수주한 충정건설(주) 소속 근로자가 공사현장에 설치해야 할 안전펜스를 설치하지 않아 2020년 1월 2일 15시경 현장을 지나가던 '이○○'(만 17세, 여)가 미끄러운 공사장 노면에 미끄러져 넘어지면서 슬개골이 골절되는 상해가 발생하였다.

아래의 〈별표〉를 참고하여 보험계약상 지급보험금을 산출하시오. (10점)

【별표】

[충정건설(주) 보험가입사항]
- 국문 영업배상책임보험 / 도급업자 특별약관
- 보상한도 : 1인당 200,000,000원, 1사고당 500,000,000원
- 자기부담금 : 1,000,000원

[전제조건]
- 피해자 : 이○○(생년월일 : 2003년 1월 2일, 여)
- 직   업 : 고등학생
- 도시 보통인부 일용노임 : 150,000원(月 가동일수 22일)
- 치료기간 : 사고일~2020년 6월 1일(5개월)
- 병원 치료비 : 10,000,000원
- 노동능력상실률 : 슬관절 운동장해 20%
- 피해자 과실 : 30%
- 호프만(H) 계수(계산 편의상 계수임)
  • 사고일~치료 종결일 : 5개월(H계수 : 5)
  • 사고일~만 19세까지 : 24개월(H계수 : 20)
  • 사고일~가동기간 종료 시 : 456개월(H계수 : 400)
- 위자료는 100,000,000원 기준으로 산정함.

풀이

1. 법률상 배상책임

충정건설(주) 소속 근로자가 작업현장에 안전펜스를 설치하지 않아 피해자 이○○에게 신체장해가 발생하였는바, 충정건설(주)는 민법 제758조의 공작물 보존상의 하자에 따른 공작물 책임을 부담한다.

2. 약관상 보상책임

상기 사고는 충정건설(주)가 가입한 도급업자 특별약관에서 보상하는 사고에 해당하며, 면책사유에 해당하지 아니하므로 약관상 보상책임을 부담한다.

3. 손해배상금 산정

(1) 병원 치료비 : 10,000,000원 × (1 − 30%) = 7,000,000원

(2) 치료기간 일실수입

피해자는 만 17세의 미성년자로서 치료기간에 일실수입이 발생하지 않는다.

(3) 장해기간 일실수입

(150,000 × 22일) × 20% × 240(H) × (1 − 30%) = 110,880,000원

피해자 이○○는 미성년자로서 가동기간에 해당하는 월 H계수는 380(400−20)이나, 과잉배상 제한 원칙에 따라 월 호프만 계수는 240을 초과하지 못하므로 240을 적용한다.

(4) 위자료

100,000,000원 × 20% × [1 − (30% × 0.6)] = 16,400,000원

(5) 합계 : 134,280,000원

4. 지급보험금

Min [(손해배상금 134,280,000원 − 자기부담금 1,000,000원), 1인당 보상한도 2억원]
= 133,280,000원

> **착안점**
>
> ① 미성년자는 만 19세 이전에 기간에 대하여는 일실수입을 산정하지 않는다.
>   ▶ 단, 만 19세 미만이라도 실제 소득이 있다고 주어진다면, 일실수입을 산정하여야 한다.
> ② 중간이자 공제에 따른 H계수가 240을 초과할 경우, 240으로 제한된다.
>   ▶ 사고일로부터 가동종료 시까지 전기간에 걸친 H계수가 240을 초과해서는 안됨
>   ▶ 단, 성년이 될 때까지의 기간, 군 복무기간 등 피해자가 소득을 얻을 수 없는 기간이 포함된 경우에는 가동 종료 시까지 총 기간에서 수입을 얻기 시작할 때까지의 기간을 제외한 H계수가 240을 넘지 않도록 한다.

10. 도급업자 특별약관 + 발주자 미필적 배상책임 특별약관 (연습문제)

2021년 10월 1일 ○○개발(주)로부터 아파트 신축공사를 수주한 △△건설(주)는 공사를 기한내에 끝내기 위해 콘크리트 구조체가 건조되기 전에 후속 공정을 급하게 추진하는 부실시공으로 건물 외벽이 무너져 내리면서 지나가던 행인 '김○○'을 충격하여 치료 중 사망하고 △△건설(주) 소속 보통인부 '박○○'이 현장에서 사망하는 사고가 발생하였다. 사고원인 조사결과, 공사현장에 ○○개발(주)의 감독관이 상주하면서 △△건설(주)에 대하여 지속적으로 공사기간 단축을 종용하는 업무상 중과실이 있는 것으로 확인되었다.

아래의 〈별표〉를 참고로 하여 각 질문에 답하시오. (20점)

【별표】

[보험가입사항]

1. 보험계약자/피보험자 : ○○개발(주)

보험사	보험종목	보상한도액	자기부담금
A	국문 영업배상책임보험 발주자 미필적배상책임 특별약관	1인당 200,000,000원 1사고당 1,000,000,000원	1사고당 500,000원

2. 보험계약자/피보험자 : △△건설(주)

보험사	보험종목	보상한도액	자기부담금
B	국문 영업배상책임보험 도급업자 특별약관 일부공사 추가특별약관	1인당 300,000,000원 1사고당 500,000,000원	1사고당 1,000,000원

[전제조건]

1. 피해자 : 행인 '김○○'
- 생년월일 : 1971년 10월 1일
- 직 업 : 대기업 연구원
- 월 소득액 : 6,000,000원
- 도시 보통인부 일용노임 : 150,000원(月 가동일수 22일)
- 입원기간 : 사고일~2021년 12월 31일(3개월)
- 병원 치료비 : 20,000,000원
- 피해자 과실 : 30%

- 호프만(H) 월 계수(계산 편의상 계수임)
  - 사고일~사망 시 : 3개월(H계수 : 3)
  - 사고일~정년 시 : 120개월(H계수 : 103)
  - 사고일~가동기간 종료 시 : 180개월(H계수 : 148)

2. 피해자 : △△건설(주) 소속 보통인부 '박○○'
- 생년월일 : 1984년 6월 7일
- 직 업 : 보통인부
- 도시 보통인부 일용노임 : 150,000원(月 가동일수 22일)
- 평균임금 : 120,000원
- 일실수익 : 180,000,000원(현가)
- 피해자 과실 : 20%

[기타사항]
- 위자료는 사망 또는 100% 노동능력 상실 시 80,000,000원 기준으로 산정함.
- 장례비는 판례상 관행에 따라 500만원 기준으로 산출함.
- ○○개발(주)과 △△건설(주)는 공동불법행위책임이 인정되었으며,
  사고 관련 책임비율은 ○○개발(주) 60% : △△건설(주) 40%로 확인됨.

문제 1 국문 영업배상책임보험 도급업자 특별약관의 보상하는 손해와 일부공사 추가 특별약관의 보상하는 손해에 대하여 설명하시오. (4점)

문제 2 상기 사례에서 각 보험사의 피해자별 보상책임 여부에 대하여 설명하시오. (6점)

문제 3 상기 사례에서 보험사별 지급보험금을 산출하고, 그 산출과정을 기재하시오. (10점)

풀이

문제 1 국문 영업배상책임보험 '도급업자 특별약관'의 보상하는 손해와 '일부공사 추가 특별약관'의 보상하는 손해에 대하여 설명하시오. (4점)

1. 도급업자 특별약관의 보상하는 손해

도급업자 특별약관은 피보험자가 수행하는 도급공사 작업 또는 작업 수행을 위해 소유, 사용, 관리하는 시설로 생긴 사고로 피보험자가 부담하는 법률상 손해배상책임을 보상한다.

2. 일부공사 추가 특별약관의 보상하는 손해

일부공사 추가 특별약관은 피보험자가 수행하는 공사가 전체공사의 일부일 경우, 전체공사에 참여한 모든 근로자에게 입힌 신체장해에 대한 손해배상책임을 보상한다. 단, 이 경우에도 피보험자 소속 근로자에 대해서는 보상하지 않는다.

문제 2 상기 사례에서 각 보험사의 피해자별 보상책임 여부에 대하여 설명하시오. (6점)

1. A보험사

상기 사고는 ○○개발(주)의 공기단축 압박이 부실시공을 유발하여 사고가 발생하였는바, 발주자인 ○○개발(주)의 중과실로 인한 사고이므로 민법 제757조 단서에 따라 법률상 손해배상책임을 부담한다.

(1) 행인 김○○에 대한 보상책임

금번사고는 ○○개발(주)이 가입한 발주자미필적 배상책임 특약에서 보상하는 사고에 해당하며, 행인 김○○은 제3자에 해당하므로 보상책임을 부담한다.

(2) 근로자 박○○에 대한 보상책임

박○○은 ○○개발(주) 소속 근로자가 아니므로 제3자에 해당되나, 발주자 미필적 배상책임 특별약관의 면책사유 중 피보험자의 하도급업체 소속 근로자에 대한 손해는 면책사유에 해당하므로 박○○에 대한 보상책임이 없다.

2. B보험사

상기 사고는 시공사인 △△건설(주)가 무리하게 공사기한을 맞추기 위해 발생한 부실시공에 따른 사고이므로 민법 제758조의 공작물 책임을 부담한다.

(1) 행인 김○○에 대한 보상책임

김○○은 금번사고로 인해 사망하였으며, 제3자에 해당하므로 B보험사는 김○○에 대하여 보상책임을 부담한다.

(2) 근로자 박○○에 대한 보상책임

박○○은 △△건설(주)의 근로자로서 '안전배려의무' 위반에 따른 민법 제390조의 책임이 인정되나, 도급업자 특별약관에서는 소속 근로자에 대한 배상책임을 면책사유로 규정하고 있어 약관상 보상책임은 부담하지 않는다. 또한, 일부공사 추가 특별약관에서도 피보험자 소속 근로자에 대한 배상책임은 면책사유로 규정되어 있어 보상책임을 부담하지 않는다.

문제 3 상기 사례에서 보험사별 지급보험금을 산출하고, 그 산출과정을 기재하시오. (10점)

1. 행인 김○○에 대한 손해배상금 산출

(1) **치료비** : 20,000,000원×(1−30%)=14,000,000원

(2) **장례비** : 5,000,000원×(1−30%)=3,500,000원

(3) **일실수입**

　1) 사고일~사망 시

　　600만원×100%×3(H)×(1−30%)=12,600,000원

　2) 사망 시~정년 시

　　600만원×100%×2/3×(103−3)(H)×(1−30%)=280,000,000원

　3) 정년 시~가동기간 종료 시

　　(15만원×22일)×100%×2/3×(148−103)(H)×(1−30%)=69,300,000원

　4) 합산 : 361,900,000원

(4) **위자료** : 80,000,000원×100%×[1−(30%×0.6)]=65,600,000원

(5) **합계** : 445,000,000원

2. 지급보험금 산출

A보험사와 B보험사는 각 피보험자의 책임비율에 따라 보험금 지급함.

(1) A보험사(○○개발(주)의 책임비율 60%)

① 445,000,000원 × 60% = 267,000,000원

② Min [(267,000,000원 − 자기부담금 500,000원), 1인당 보상한도 2억원] = 2억원

(2) B보험사(△△건설(주)의 책임비율 40%)

① 445,000,000원 × 40% = 178,000,000원

② Min [(178,000,000원 − 자기부담금 1,000,000원), 1인당 보상한도 3억원]
   = 177,000,000원

> **착안점**
> ① 도급인은 원칙적으로 민법 제757조에 따라 수급인(도급업자)의 공사 또는 작업과정에서 발생한 사고에 대해 그 손해배상 책임을 부담하지 않지만, 예외적으로 도급 또는 지시에 관하여 도급인의 중대한 과실이 있는 때에는 법적 책임을 진다.
> ② 발주자 미필적 배상책임 특별약관은 도급인의 감독부주의로 인한 손해배상책임을 보장하는 보험이나, 그 수급인의 근로자에 대한 신체손해는 면책사유에 해당한다.
> ▶근로자는 산재보험과 근재보험으로 보상처리 될 것이다.

> **'공동불법행위'와 '중복보험'의 구별**
> 중복보험은 동일한 피보험자를 담보하는 수개의 보험이 존재하는 경우를 말하는 반면, 공동불법행위 사례는 수인의 피보험자를 담보하는 수개의 보험이 존재하는 경우를 의미. 따라서, 공동불법행위 사례에서는 가해자의 책임비율에 따라, 가해자 각각의 보험에서 책임비율만큼 보험금을 지급하는 것으로 풀이한다.

11. 영업배상책임보험 도급업자 특별약관 (연습문제)

2022년 7월 31일 13시경 서울시 '○○구청'에서 발주한 노후 하수관 교체공사를 수주한 '○○건설(주)' 소속 근로자 '박○○'이 하수관 교체작업 중 점심식사를 위하여 잠시 맨홀 뚜껑을 열어둔 채로 자리를 비웠는데, 공사현장을 지나가던 행인 '김○○'이 핸드폰을 보면서 걸어가다가 맨홀에 빠져 외상성 두개골 골절 및 대퇴골 경부가 골절되는 중상해를 입었다.

아래의 〈별표〉를 참고하여 각 질문에 답하시오. (20점)

【별표】

['○○건설(주)' 보험가입사항]
- 국문 영업배상책임보험 / 도급업자 특별약관
- 보상한도 : 1사고당 5억원
- 자기부담금 : 300만원

[전제조건]
- 피해자 : '김○○'(생년월일 : 1972년 7월 31일)
- 직업 : 대기업 인사부서 부장(공인노무사 자격 보유자)
- 입사일 : 2002년 7월 31일
- 정년일 : 2032년 7월 31일
- 월 급여 : 900만원
- 평균임금 : 33만원
- 통상임금 : 25만원
- 도시 보통인부 일용노임 : 15만원
- '공인노무사' 고용노동부 통계임금 : 월 400만원
- 치료기간 : 2022년 8월 1일~2023년 1월 31일(6개월)
- 병원 치료비 : 3,000만원
- 보조구비 : 휠체어 100만원(사고일부터 필요하며 5년마다 교체)
- 개호비 : 사고일부터 기대여명까지 1일 4시간 개호 필요함
- 기대여명 : 사고일로부터 12년으로 단축됨
- 피해자 과실 : 40%
- 맥브라이드식 노동능력 상실률(%)
  · 뇌출혈에 따른 두부 손상 : 50%
  · 고관절 부위 : 40%(기왕증 기여도 50%)
- 사고당시 피해자 긴급이송을 위한 비용 50만원 소요됨

- 월간 호프만(H) 계수(사고일 기준)

경과월수	H 계수	경과월수	H 계수
6개월	5	120개월	95
144개월	125	180개월	155

- 경과 연수에 따른 호프만(H) 계수 (사고일 기준)

경과 연수	H 계수	경과 연수	H 계수
5년	0.8	10년	0.6
15년	0.5	20년	0.4

[기타사항]
- 피해자 '김○○'은 사고 후유증으로 인해 다니던 회사를 퇴사함.
- 위자료는 고려하지 아니함.
- 한달 일수 계산은 30일 적용할 것.
- 현가율 계산시 「1/(1+0.05×잔여재직기간)」 적용하여 계산할 것.

문제 1 피해자 '김○○'의 복합장해율을 산출하시오. (3점)

문제 2 피해자 '김○○'의 개호비를 산출하시오. (3점)

문제 3 피해자 '김○○'의 보조구비를 산출하시오. (2점)

문제 4 피해자 '김○○'의 일실수익을 산출하시오. (5점)

문제 5 피해자 '김○○'의 일실퇴직금을 산출하시오. (4점)

문제 6 피해자 '김○○'의 지급보험금을 산출하시오. (3점)

풀이

문제 1 피해자 '김○○'의 복합장해율을 산출하시오. (3점)

1. 부위별 장해율

    (1) 두부손상 : 50%

    (2) 슬관절 : 40%×(100−50)%＝20%

2. 복합 장해율

    50%＋(100−50)%×20%＝60%

문제 2 피해자 '김○○'의 개호비를 산출하시오. (3점)

(15만원×30일)×0.5(인)×125(H)×(1−40%)＝168,750,000원
사고일로부터 하루 4시간 개호 필요하므로 0.5인 개호에 해당함.

문제 3 피해자 '김○○'의 보조구비를 산출하시오. (2점)

100만원×(1＋0.8＋0.6)(H)×(1−40%)＝1,440,000원
사고일로부터 필요하므로, 최초 구입비용 포함하여 산출함.

문제 4   피해자 '김○○'의 일실수익을 산출하시오. (5점)

1. 사고일~치료종결일

    900만원×100%×5(H)×(1−40%)=27,000,000원

2. 치료종결일~정년 시

    900만원×60%×(95−5)(H)×(1−40%)=291,600,000원

3. 정년 시~기대여명 종료 시

    400만원×60%×(125−95)(H)×(1−40%)=43,200,000원
    공인노무사 자격 보유자로서 정년 이후 통계임금 적용하여 산출함.

4. 기대여명 종료 시~가동기간 종료 시

    400만원×100%×2/3×(155−125)(H)×(1−40%)=48,000,000원

5. 합계 : 409,800,000원

문제 5   피해자 '김○○'의 일실퇴직금을 산출하시오. (4점)

1. 기본조건 산출

    (1) **예상 총 퇴직금** : 평균임금 33만원×30일×30년=297,000,000원

    (2) **기근속 퇴직금** : 평균임금 33만원×30일×20년=198,000,000원

    (3) **현가율** : 1/(1+0.05×10년)=2/3

2. 일실퇴직금 산출

    [(297,000,000원×2/3)−198,000,000원]×60%×(1−40%)=0

문제 6   피해자 '김○○'의 지급보험금을 산출하시오. (3점)

1. 손해배상금

   (1) **병원 치료비** : 30,000,000원 × (1 − 40%) = 18,000,000원

   (2) **개호비** : 168,750,000원

   (3) **보조구비** : 1,440,000원

   (4) **일실수익** : 409,800,000원

   (5) **손해배상금 합계** : 597,990,000원

2. 비용손해

   긴급이송비용은 손해방지비용으로 보상한도를 초과하더라도 50만원 보상한다.

3. 지급보험금

   (1) 손해배상금

   Min [(597,990,000원 − 자기부담금 300만원), 1사고당 보상한도 5억원] = 5억원

   (2) **비용손해** : 500,000원

   (3) **최종 지급보험금** : 500,500,000원

12 근재보험 + 도급업자 특별약관 + 건설기계업자 특별약관 (2018년 기출문제)

아래 〈별표〉를 참고하여 A, B, C 보험회사별로 근로자 갑(甲)과 을(乙)에 대한 약관상 담보여부 및 그 사유를 약술하시오. (10점)

> **【별표】**
>
> [사고내용]
>
> '주상건설(주)'는 상가건물 신축을 도급받아 비계공사의 일부를 '상승비계(주)'에 하청을 주었으며, '상승비계(주)'와 '서울크레인(주)'는 크레인 임대차 계약을 별도로 맺어 공사를 진행 중이다.
> 2017년 2월 10일 위 현장에서 '상승비계(주)' 소속 현장반장의 유도에 따라 공사자재를 이동하던 중 크레인 붐대가 비계를 충격하여 비계 작업 중이던 갑(甲)이 추락하여 사망하였고, 무너진 비계에 의해 을(乙)이 부상을 입었다.
> ※ 갑(甲) : 상승비계 소속 비계공 / 을(乙) : 서울크레인 소속 운전자
>
> [보험가입사항]
> - A보험회사(계약자 : 주상건설(주))
>   국내 근로자재해보장책임보험 / 사용자배상책임 특별약관
>   (보험료는 전체 도급공사의 총임금으로 보험가입함)
> - B보험회사(계약자 : 상승비계(주))
>   국문 영업배상책임보험 / 도급업자 특별약관
> - C보험회사(계약자 : 서울크레인(주))
>   국문 영업배상책임보험 / 건설기계업자 특별약관
>
> ※ 상승비계(주)와 서울크레인(주)의 과실은 각각 50%로 가정함.

> **착안점**
>
> ① 근재보험은 원칙적으로 피보험자 소속 근로자에 대해서만 보상하나, 보험계약을 맺을 때 전체 도급공사의 총임금을 기준으로 미리 보험료 받았다면, 피보험자의 (하)도급업자 소속 근로자에 대하여도 보상한다.
> ② 도급업자 특별약관과 건설기계업자 특별약관은 피보험자 소속 근로자에 대한 손해는 보상하지 않는다. (피용인 면책조항)
> ③ 크레인 운전기사 을은 상승비계와 임대차 계약관계인 서울크레인 소속 근로자이므로, 도급업자 특별약관의 면책사유인 '전체공사에 참여하는 모든 근로자'에 해당하지 않는다.

풀이

1. A보험회사의 보상책임(근재보험)

(1) 갑(甲)에 대한 보상책임

'갑'은 상승비계(주)의 근로자로서 같은 회사 소속 현장반장의 과실에 의하여 업무상 재해로 사망하였으며, '갑'은 주상건설(주) 소속 근로자는 아니지만, 주상건설(주)는 전체 도급공사의 총임금으로 근재보험 가입하였는바, A보험사는 '갑'에 대하여 사용자배상책임 특별약관에서 보상책임을 부담한다.

(2) 을(乙)에 대한 보상책임

'을'은 서울크레인(주) 소속 근로자로서, 주상건설(주)와 서울크레인(주)는 직접적인 하도급계약관계가 존재하지 아니하므로 보상책임을 부담하지 않는다.

2. B보험회사의 보상책임(도급업자 특별약관)

(1) 갑(甲)에 대한 보상책임

도급업자 특별약관상 피보험자인 상승비계(주)의 근로자가 입은 신체손해는 면책사항이므로, '갑'에 대하여 보상책임을 부담하지 않는다.

(2) 을(乙)에 대한 보상책임

상승비계(주) 소속 현장반장의 유도과정에서 사고가 발생하였고, 서울크레인(주) 소속 운전자인 '을'은 제3자에 해당되므로 보상책임을 부담한다.

3. C보험회사의 보상책임(건설기계업자 특별약관)

(1) 갑(甲)에 대한 보상책임

서울크레인(주) 소속 운전자의 업무상 과실로 인한 사고로 '갑'이 사망하였고, '갑'은 제3자에 해당되므로 건설기계업자 특별약관상 보상책임을 부담한다.

(2) 을(乙)에 대한 보상책임

건설기계업자 특별약관상 피보험자 소속 근로자가 입은 신체손해는 면책사유에 해당하므로, 서울크레인(주) 소속 운전자인 '을'에 대해서는 약관상 보상책임을 부담하지 않는다.

13. 건설기계업자 특별약관+근로복지공단 구상권 문제 (2022년 기출문제)

2021년 11월 1일 9시 30분경 경기도 평택시 소재 ○○반도체공장 신축공사 현장에서 (주)□□ 지게차 소속 '안○○'이 지게차를 운전하던 중, 갓길에 주차되어 있던 덤프트럭 뒤에서 신호를 하면서 도로 쪽으로 나온 (주)△△이앤씨 소속 정식 근로자 '김□□'를 발견하지 못하고 충격하여 사망하는 사고가 발생하였다.

피해자 유족측은 근로복지공단으로부터 산업재해보상보험법에 따른 보험급여액을 지급받고 추가로 지게차 운전자 '안○○'의 소속사인 (주)□□ 지게차에 손해배상을 청구하였으며, (주)□□ 지게차는 A보험사에 보험금을 청구하였다. 한편, 근로복지공단도 보험급여액을 지급한 다음 산업재해보상보험법 제87조 1항에 따라 손해배상청구권을 대위하여 행사하고 있다.

아래 〈별표〉의 내용을 참고하여, 다음의 질문에 답하시오.

【별표】

[보험가입사항]
- 보험회사 : A
- 피보험자 : (주)□□지게차
- 보험종목 : 영업배상책임보험
  - 건설기계업자 특별약관
  - 보상한도액 : 대인대물 일괄 1사고당 2억원
  - 자기부담금 : 1사고당 30만원

[전제조건]
- 피해자 : 김□□
  - 생년월일 : 1964년 10월 31일
  - 입사일자 : 2002년 1월 1일
  - 정년(60세) : 2024년 10월 31일
  - 월평균 임금 : 6,000,000원(일 200,000원)
  - 피해자 과실율 : 30%
- 사고 이해관계자 책임분담율 : (주)□□지게차 60% / (주)△△이앤씨 40%
- 도시 일용노임단가 : 보통인부 150,000원
- 호프만 계수(계산의 편의를 위한 임의계수임)
  - 사고일~정년 60세(36개월) : 30
  - 사고일~가동연한 65세(96개월) : 80

- 위자료는 사망 또는 100% 장해 시 기준금액 100,000,000원을 적용함.
- 민사 판결사례에 따른 장례비는 5,000,000원으로 가정함.
- 일실퇴직금 산정 시 현가율은 「1/(1+0.05×잔여재직기간)」으로 함.
- 현가율은 소숫점 첫째자리 미만에서 절사함.
- 월수 계산 시 1개월은 30일로 가정함.
- 최근 대법원 전원합의체 판결을 준용함.

문제 1 A보험회사가 지급할 보험금을 산정하고, 그 산출과정을 기재하시오. (20점)

문제 2 산업재해보상보험법 제87조 1항에 따라 근로복지공단이 제3자에 대해 행사할 수 있는 구상권의 대상과 범위에 대하여 약술하시오. (5점)

문제 3 근로복지공단이 제3자에 대해 행사할 수 있는 구상금액을 산정하고, 그 산출과정을 기재하시오. (5점)

> 풀이

문제 1 A보험회사 지급할 보험금을 산정하고, 그 산출과정을 기재하시오. (20점)

1. 법률상 배상책임

(주)ㅁㅁ지게차 소속 안ㅇㅇ이 지게차 운전 부주의로 김ㅁㅁ을 충격하여 사망에 이르게 하였는 바, 안ㅇㅇ은 피해자 김ㅁㅁ에 대하여 민법 제750조의 불법행위책임을 부담하며, (주)ㅁㅁ지게차는 김ㅁㅁ에 대하여 민법 제756조의 사용자 책임을 부담한다.

2. 약관상 보상책임

상기사고는 (주)ㅁㅁ지게차가 A보험사에 가입한 영업배상책임보험 건설기계업자 특별약관에서 보상하는 사고에 해당하며, 면책사유에 해당하는 내용은 없으므로 보상책임을 부담한다.

3. 산재보험금

(1) **장례비** : 평균임금 20만원 × 120일 = 24,000,000원

(2) **유족급여** : 평균임금 20만원 × 1,300일 = 260,000,000원

(3) **합계** : 284,000,000원

4. 손해배상금 산출

최근 대법원 전원합의체 판례에 따라 '공제 후 과실상계설'에 따라 산출함.

(1) **장례비** : [500만원 − 24,000,000원(산재보험 장례비)] × (1 − 30%) = 0(음수)

(2) **일실수익**

  1) 사고일 ~ 정년까지

   600만원 × 100% × (1 − 1/3) × 30(H) = 120,000,000원

  2) 정년 시 ~ 가동기간 종료 시

   (15만원 × 22일) × 100% × (1 − 1/3) × (80 − 30)(H) = 110,000,000원

   가동일수는 법원 판례에 따라 22일을 적용하여 산출함.

  3) 일실수익 합계 : 230,000,000원

  4) 공제 후 과실상계 : [230,000,000원 − 260,000,000원(유족급여)] × (1 − 30%) = 0(음수)

(3) 일실퇴직금

1) 산식 : [(예상 총 퇴직금×현가율) − 기근속 퇴직금]×노동능력상실률×(1 − 피해자 과실)

2) 기본조건 산출

① 예상 총 퇴직금 : (20만원×30일)×(22년 + 10/12) = 137,000,000원

② 기근속 퇴직금 : (20만원×30일)×(19년 + 10/12) = 119,000,000원

③ 현가율 : $1/(1+0.05×3년) = 0.8$

문제에서 주어진 조건에 따라 소숫점 첫째짜리 미만에서 절사함.

3) 일실퇴직금 산출

[(137,000,000원×0.8) − 119,000,000원]×100%×(1 − 30%) = 0(음수)

(4) 위자료 : 1억원×100%×[1 − (30%×0.6)] = 82,000,000원

(5) 손해배상금 합계 : 82,000,000원

(6) (주)□□지게차의 책임 분담율 적용 : 82,000,000원×60% = 49,200,000원

5. 지급보험금

Min [(손해배상금 49,200,000원 − 자기부담금 300,000원), 보상한도 2억원] = 48,900,000원

문제 2 산업재해보상보험법 제87조 1항에 따라 근로복지공단이 제3자에 대해 행사할 수 있는 구상권의 대상과 범위에 대하여 약술하시오. (5점)

1. 구상권의 대상

공단은 제3자의 행위에 따른 재해로 보험급여를 지급한 경우에는 그 급여액의 한도 안에서 급여를 받은 사람의 제3자에 대한 손해배상청구권을 대위한다. 다만, 보험가입자인 둘 이상의 사업주가 같은 장소에서 하나의 사업을 분할하여 각각 행하다가 그 중 사업주를 달리하는 근로자의 행위로 재해가 발생하면 대위권을 행사하지 않는다.

2. 구상권의 범위

대위권 행사 대상인 제3자의 손해배상금을 한도로 하여 근로복지공단에서 지급한 보험급여 중 재해자의 과실비율을 공제한 다음, 여기서 다시 재해근로자가 배상받을 손해액 중 가입 사업주의 과실비율 상당액을 공제하고 그 차액에 대해서만 재해근로자의 제3자에 대한 손해배상청구권을 대위할 수 있다.

문제 3 근로복지공단이 제3자에 대하여 행사할 수 있는 구상금액을 산정하고, 그 산출과정을 기재하시오. (5점)

최근 대법원 판례에 따라 근로복지공단의 제3자에 대한 구상금액을 산정한다. 따라서 제3자의 책임비율에 따른 손해배상금을 한도로 하여 근로복지공단의 보험급여액 중 재해자의 과실을 공제한 후 산재 가입 사업주의 내부 책임분담액을 공제한 금액을 구상할 수 있다.

(1) **장례비**
  ① 제3자의 손해배상 책임액 : [5,000,000원×(1-30%)]×60%=2,100,000원
  ② 근로복지공단 구상 대상금액
     [산재보험 장례비 24,000,000원×(1-30%)] - [장례비 5,000,000원×(1-30%)×40%]
     =15,400,000원
  ③ 근로복지공단의 최종 구상 가능금액
     Min [구상한도 2,100,000원, 근로복지공단 구상 대상금액 15,400,000원]=2,100,000원

(2) **유족급여**
  ① 제3자의 손해배상 책임액 : [사망 일실수익 2.3억원×(1-30%)]×60%=96,600,000원
  ② 근로복지공단의 구상 대상금액
     [유족급여 2.6억원×(1-30%)] - [사망 일실수익 2.3억×(1-30%)×40%]
     =117,600,000원
  ③ 근로복지공단의 최종 구상 가능금액
     Min [구상한도 96,600,000원, 근로복지공단 구상 대상금액 117,600,000원]
     =96,600,000원

(3) **구상금액 합계** : 장례비 2,100,000원 + 유족급여 96,600,000원=98,700,000원

14 영업배상책임보험 도급업자 특별약관 (2017년 기출문제) - 비용손해

'김○○'은 도로공사 하수관 교체 작업현장에서 옆을 지나던 중 자전거를 피하려다 도로 절개면의 토사를 밟고 미끄러져 넘어지는 상해를 입어 시공자 '△△건설(주)'를 상대로 소송을 제기하여 판결을 받았다.

아래 〈별표〉의 내용을 참고하여 보험회사가 지급해야 할 보험금을 산정하고, 그 산출과정을 기술하시오. (10점)

【별표】

[보험가입사항]
- 계약자/피보험자 : △△건설(주)
- 보험종목 : 국문 영업배상책임보험 / 도급업자 특별약관
  • 보상한도액 : 대인 1인당 50,000,000원
  • 자기부담금 : 1사고당 10,000,000원

[손해사항]
- 법원 판결금 : 60,000,000원
- 사고 시 응급 호송비용 : 1,000,000원
- 사고원인 등 조사 협조비용 : 2,000,000원
- 책임있는 제3자에 대한 권리 행사를 위한 비용 : 100,000원
- 변호사 선임비용 : 5,000,000원
- 소송과정에서 발생한 인지대, 송달료 : 500,000원
- 소송과정에서 실시한 신체감정비용 : 1,000,000원
※ 상기 제 비용은 피보험자가 모두 부담하였음.

풀이

1. 보상책임 검토

△△건설(주)이 관리하는 공사현장에서 '김○○'에게 발생한 사고에 대하여 법원 판결에 따라 △△건설(주)의 배상책임이 인정되었으므로, 보험사는 그 법원 판결금 및 비용손해에 대하여 약관상 보상책임을 부담한다.

2. 지급보험금

(1) 손해배상금

Min [(법원 판결금 6,000만원 − 자기부담금 1,000만원), 보상한도 5,000만원] = 5,000만원

(2) 비용 손해

1) 사고 시 응급호송비용

   손해방지비용에 해당되므로 보상한도를 초과하더라도 1,000,000원 보상한다.

2) 사고원인 등 조사 협조비용

   협력비용에 해당하므로 보상한도를 초과하더라도 2,000,000원 보상한다.

3) 제3자에 대한 권리행사를 위한 비용

   보험사를 위한 대위권 보전비용으로 보상한도를 초과하더라도 100,000원 보상한다.

4) 변호사 선임비용

   소송비용에 해당되나, 이미 보상한도액을 초과하였으므로 보상하지 않는다.

5) 인지대, 송달료

   소송비용에 해당되나, 이미 보상한도액을 초과하였으므로 보상하지 않는다.

6) 신체감정비용

   소송비용에 해당되나, 이미 보상한도액을 초과하였으므로 보상하지 않는다.

7) 비용손해 합계

   응급호송비용 1,000,000원 + 조사 협조비용 2,000,000원 + 대위권 보전비용 100,000원 = 3,100,000원

(3) 지급보험금 합계

1) 손해배상금 : 50,000,000원
2) 비용 : 3,100,000원
3) 합계 : 53,100,000원

15. 영업배상책임보험 시설소유관리자 특별약관 (연습문제) – 비용손해

2020년 3월 1일 20시경 서울 광진구 소재 △△노래연습장(대표 : 노사장)의 천정이 무너져 내리면서 노래를 부르던 이용객 '김○○'이 두개골 골절 및 치아파절의 상해를 입고 치료하였으나 후유장해가 발생하였다. 당사자 간의 사고에 대한 원만한 합의가 이루어지지 않아 이용객 '김○○'은 △△노래연습장 대표 '노사장'을 상대로 손해배상금 청구소송을 제기하였다.

아래의 〈별표〉를 참고로 다음의 각 질문에 답하시오. (15점)

【별표】

[보험 가입사항] 계약자/피보험자 : 노사장(△△노래연습장 대표)

보험사	보험종목	보상한도액(대인)	자기부담금
A	다중이용업소 화재(폭발) 배상책임보험	의무보상한도액	없음
B	국문 영업배상책임보험 시설소유(관리)자 특약	1사고당 100,000,000원 / 1인당 50,000,000원	100만원
	구내치료비 추가 특별약관	1인당 100만원	없음

[전제조건]
1. 피해자 : 김○○(생년월일 : 1973. 2. 5.)
2. 사고 관련 법원 판결금 및 비용 현황
 – 법원의 확정 판결금 : 45,000,000원
 – 긴급호송비용 : 500,000원
 – 보험사의 요청에 따라 지출한 협력비용 : 1,000,000원
 – 소송 관련 변호사 선임비용 : 5,000,000원
 – 소송 관련 인지대 및 송달료 : 1,000,000원
 – 재판과정에서 실시한 신체감정비용 : 2,000,000원
 ※ 상기 제 비용은 피보험자가 모두 부담하였음.

문제 1 국문 영업배상책임보험의 '구내치료비 추가 특별약관'의 도입취지와 보상하는 손해 및 면책사유 5가지 이상 약술하시오. (5점)

문제 2 상기 사고와 관련하여 각 보험사의 지급보험금을 산출하시오. (10점)

풀이

문제 1 국문 영업배상책임보험의 구내치료비 추가 특별약관의 도입취지, 보상하는 손해 및 면책사유 5가지 이상 약술하시오. (5점)

1. 도입취지

국문 영업배상책임보험은 기본적으로 피보험자의 법률상 손해배상책임을 보장하는 보험이나, ① 고객과의 손해배상 여부에 대한 분쟁의 방지, ② 사업체의 이미지 관리, ③ 신속한 사고처리 목적으로 피보험자의 법률상 배상책임이 없는 사고의 경우에 피해자의 치료비에 한해서 보상하는 특별약관이다.

2. 보상하는 손해

보험증권에 기재된 피보험자의 시설 구내에서 발생한 제3자의 신체장해에 대하여 피보험자의 법률상 배상책임 없는 경우에 치료비를 보상한다.

3. 보상하지 않는 손해

(1) 사고일로부터 1년 후에 발생한 치료비
(2) 타인의 신체장해에 대하여 피보험자에게 법률상의 배상책임 있는 치료비
(3) 피보험자의 구내에서 시설의 관리, 개축, 철거, 수리 또는 신축하는 업무에 종사하는 사람이 입은 신체장해에 대한 치료비
(4) 피보험자나 피보험자의 동업자, 임차인, 기타 피보험자의 구내의 상주자 또는 이들의 근로자가 입은 손해
(5) 각종의 신체적 훈련, 운동경기 또는 시합에 참가 도중 입은 신체장해에 대한 치료비

문제 2 상기 사고와 관련하여 각 보험사의 지급보험금을 산출하시오. (10점)

1. 법률상 손해배상책임

△△노래연습장의 시설물 보존상 하자로 인하여 사고가 발생하였으므로, 노래방 사업주인 노사장은 피해자 김○○에 대하여 민법 제758조의 공작물책임을 부담한다.

2. 약관상 보상책임

(1) A보험사 화재(폭발) 배상책임보험

△△노래연습장의 천장 붕괴사고는 화재(폭발)배상책임보험의 보상하는 사고에 해당하지 않으므로, 약관상 보상책임을 부담하지 않는다.

(2) B보험사 시설소유(관리)자 특별약관

△△노래연습장의 시설물 관리상의 하자에 기인한 사고로서 시설소유(관리)자 특약에서 보상하는 사고에 해당하며, 면책사항에 해당되는 내용은 없으므로 약관상 보상책임을 부담한다.

3. 지급보험금(B보험사)

(1) 손해배상금

Min [판결금 4,500만원 − 자기부담금 100만원, 1인당 보상한도 5,000만원] = 4,400만원

(2) 비용손해

1) 긴급 호송비용 : 500,000원은 손해방지비용으로 보상한도 초과하더라도 보상한다.
2) 보험사 요청에 따른 협력비용 : 1,000,000원은 보상한도 초과하더라도 보상한다.
3) 변호사 비용 : 5,000,000원은 소송비용으로 보상한도 내에서만 보상한다.
4) 인지대 및 송달료 : 1,000,000은 소송비용으로 보상한도 내에서만 보상한다.
5) 신체감정비용 : 2,000,000원은 소송비용으로 보상한도 내에서만 보상한다.
6) 합계
   긴급호송비용 500,000원 + 협력비용 1,000,000원 + 소송비용 6,000,000원(잔존 보상한도)
   = 7,500,000원

(3) 합계

손해배상금 44,000,000원 + 비용손해 7,500,000원 = 51,500,000원

16 일상생활 배상책임보험 (2020년 기출문제) – 개물림 사고

○○아파트 101동 101호에 거주하는 '갑'은 해외여행을 가기 위해 본인의 반려견을 평소 친하게 지내는 옆집 102호에 거주하는 '을'의 배우자 "병"에게 맡기고 해외여행을 갔다. 잠시 반려견을 맡게 된 '병'은 인근 공원을 혼자 산책하던 중 개 목줄을 놓쳐 같은 아파트 주민 '정'이 반려견에게 전신을 물려 병원으로 긴급 후송되어 치료를 받던 중 과다출혈로 사망하였다. 이에 피해자 '정'의 유가족은 '갑' 및 '병'을 상대로 손해배상을 청구하였다.

아래 〈별표〉의 내용을 참고하여 각각의 질문에 답하시오. (20점)

【별표】

[보험가입사항]

보험회사	계약자/피보험자	가입담보 특약	보상한도액	자기부담금
A	갑	일상생활 배상책임	1억	대물 20만원
B	을	가족 일상생활 배상책임	3억	대물 2만원
C	병	가족 일상생활 배상책임	1억	대물 20만원

[전제조건] "정"에 대한 손해배상금 산정내역

치료비	장례비	일실수익	위자료
20,000,000원	5,000,000원	175,000,000원	100,000,000원

※ 생활비 공제는 고려하지 않음.

문제 1 갑, 을, 병에게 적용되는 민법상 특수 불법행위책임에 대하여 약술하시오. (10점)

문제 2 각 보험사가 지급해야 할 지급보험금을 산정하고 그 산출과정을 기재하시오. (10점)

풀이

문제 1 갑, 을, 병에게 적용되는 민법상 특수 불법행위책임에 대하여 약술하시오. (10점)

1. 민법 제759조 동물점유자 책임

민법 제759조에 1항에서 동물의 점유자는 그 동물이 타인에게 가한 손해를 배상할 책임이 있다고 규정면서 그 보관에 상당한 주의를 해태하지 아니한 경우에는 그 책임을 면한다고 규정하고 있고, 동조 제2항에서는 점유자에 갈음하여 동물을 보관한 자도 전항의 책임이 있다고 규정하고 있다.

2. 갑, 을, 병의 손해배상책임 검토

(1) 갑

민법 제759조 동물 점유자책임 조항은 동물 소유자가 아닌 동물 점유자의 손해배상책임 근거조항으로, '갑'은 반려견의 소유자이나 반려견을 '병'에게 맡긴 이후에 사고가 발생하였으므로 피해자에 대하여 법률상 손해배상책임을 부담하지 않는다.

(2) 을

'을'은 '병'의 배우자로서 사례에서 동물 점유자 또는 보관자에 해당하지 않으므로 피해자에 대하여 어떠한 책임도 부담하지 않는다.

(3) 병

'병'은 '갑'으로부터 반려견의 관리를 위탁받은 반려견의 점유자로서 산책 도중에 반려견의 목줄을 놓치는 부주의로 인하여 사고가 발생하였으므로, 피해자에 대하여 민법 제759조의 동물점유자 책임을 부담한다.

문제 2 각 보험사가 지급해야 할 지급보험금을 산정하고 그 산출과정을 기재하시오. (10점)

1. 보험사별 보상책임 검토

(1) A보험사

'갑'은 손해배상책임을 부담하지 않으므로, A사는 약관상 보상책임을 부담하지 않는다.

(2) B보험사

'병'은 '을'의 배우자로서 '을'이 가입한 일상생활 배상책임특약의 피보험자에 해당하며, '병'의 일상생활 중의 부주의로 인해 사고가 발생하였으므로 보상하는 사고에 해당하므로 약관상 보상책임을 부담한다.

(3) C보험사

'병'은 가족일상생활 배상책임특약의 피보험자에 해당하며, '병'의 일상생활 중의 과실로 인해 사고가 발생하였으므로 보상하는 사고에 해당하므로 약관상 보상책임을 부담한다.

2. 손해배상금

(1) 치료비 : 20,000,000원
(2) 장례비 : 5,000,000원
(3) 일실수익 : 175,000,000원
(4) 위자료 : 100,000,000원
(5) 합계 : 300,000,000원

3. 보험사별 지급보험금 산출

본 사례에서 '병'을 피보험자로 하는 B보험사와 C보험사에 가입한 보험계약은 중복보험에 해당하므로, 독립책임액 분담방식에 따라 보험금을 분담하여 지급한다.

(1) 독립책임액 산출

1) B보험사 : Min [손해배상금 3억원, 보상한도 3억원] = 3억원
2) C보험사 : Min [손해배상금 3억원, 보상한도 1억원] = 1억원
3) 독립책임액의 합계액이 4억원으로 손해배상금 3억원을 초과하므로 중복보험에 해당함

(2) 지급보험금 산출

1) A보험사 : 보상책임 없으므로 지급보험금은 없다.
2) B보험사 : 3억원 × (3억원 / 4억원) = 225,000,000원
3) C보험사 : 3억원 × (1억원 / 4억원) = 75,000,000원

> **착안점**
> ① 상기 사고는 대인사고이므로 대물사고 자기부담금을 공제하지 않는다.
> ② 민법 제759조는 동물 점유자 책임을 규정하고 있으며, 동물 소유자 책임을 별도로 규정하고 있지 않음을 유의한다.

17 일상생활 배상책임보험 (연습문제) – 실화 사고

2021년 2월 8일 23시경 김○○(만 46세)과 이○○(만 18세)은 서울시 종로구 소재 공터에서 술을 같이 먹다가 너무 추워 주변에 종이박스를 모아서 불을 피우다가 부주의로 옆에 있던 목조 한옥에 불이 옮겨 붙어 집안에서 취침 중이던 60세의 박○○이 연기에 질식하여 병원으로 이송하여 3개월 동안 입원 치료 중 합병증으로 사망하였다. 사고조사 결과, 김○○과 이○○은 금번 화재사고에 대하여 공동불법위책임이 인정되었다.

아래의 〈별표〉를 참고하여 각 질문에 답하시오. (20점)

【별표】

[보험 가입사항]

1. 김○○ 관련 보험가입사항
- 보험사 : A보험사
- 보험종목 : 장기 건강종합보험 / 가족 일상생활배상책임 특별약관
- 계약자/피보험자 : 甲(김○○의 父)
- 가족 일상생활배상책임 특별약관 보상한도 : 100,000,000원
- 자기부담금 : 대인(없음) / 대물(200,000원)
※ 김○○은 甲의 미혼 자녀로서 한집에서 동거하며, 생계비는 甲이 전액 지원하고 있음.

2. 이○○ 관련 보험가입사항
- 보험사 : B보험사
- 보험종목 : 장기 통합보험 / 가족 일상생활배상책임 특별약관
- 보험계약자/피보험자 : 乙(이○○의 母)
- 가족 일상생활배상책임 특별약관 보상한도 : 100,000,000원
- 자기부담금 : 대인(없음) / 대물(200,000원)
※ 이○○은 乙의 미혼 자녀로서 고시원에서 별거하며, 생계비는 乙이 전액 지원하고 있음.

[전제조건]
- 피해자 : 박○○(만 60세)
- 직 업 : 무직
- 도시 보통인부 일당 : 150,000원(月 가동일수 20일)
- 치료비 : 10,000,000원
- 피해자 과실 : 20%
- 장례비 : 5,000,000원 기준으로 산출함.

- 호프만(H) 계수(계산 편의상 계수임)
  - 사고일~사망 시 : 3개월(H계수 : 3)
  - 사고일~가동기간 종료 시 : 60개월(H계수 : 43)
- 위자료 : 제반사정을 고려하여 당사자간에 66,800,000원에 합의함.
※ 김○○과 이○○의 내부 책임 분담비율 : 김○○(60%) : 이○○(40%)

문제 1 가족 일상생활배상책임 특별약관의 피보험자의 범위를 약술하시오. (4점)

문제 2 사례에서 A보험사와 B보험사의 약관상 보상책임에 대하여 설명하시오. (6점)

문제 3 사례에서 A보험사와 B보험사의 지급보험금을 산출하시오. (10점)

풀이

문제 1 가족일상배상책임 특별약관의 피보험자의 범위를 약술하시오. (4점)

가족일상생활배상책임 특별약관상 피보험자의 범위는 다음과 같다.
(1) 기명 피보험자
(2) 기명 피보험자의 배우자(가족관계등록부 또는 주민등록상에 기재된 배우자)
(3) 기명 피보험자 또는 배우자와 생계를 같이하고, 보험증권에 기재된 주민등록상 동거중인 동거친족
(4) 기명 피보험자 또는 배우자와 생계를 같이하는 별거중인 미혼 자녀

문제 2 사례에서 A보험사와 B보험사의 약관상 보상책임에 대하여 설명하시오. (6점)

1. A보험사의 보상책임

김○○은 피보험자 甲과 생계를 같이하는 한집에 동거하는 자녀로서, 甲이 가입한 가족 일상생활배상책임특약의 피보험자에 해당한다. 또한, 일상생활 중 부주의에 의한 화재사고는 보상하는 사고에 해당하며, 면책사유에도 해당하지 아니하므로 약관상 보상책임을 부담한다.

2. B보험사의 보상책임

이○○은 피보험자 乙과 생계를 같이하는 고시원에 별거하는 미혼 자녀로서, 乙이 가입한 가족일상생활배상책임특약의 피보험자에 해당한다. 또한, 일상생활 중에 부주의에 의한 화재사고는 보상하는 사고에 해당하며, 면책사유에 해당하지 아니하므로 약관상 보상책임을 부담한다.

문제 3 사례에서 A보험사와 B보험사의 지급보험금을 산출하시오. (10점)

1. **피해자 박○○에 대한 손해배상금**

    (1) **치료비** : 10,000,000원 × (1 − 20%) = 8,000,000원

    (2) **장례비** : 5,000,000원 × (1 − 20%) = 4,000,000원

    (3) **입원 일실수입** : (150,000원 × 20일) × 100% × 3(H) × (1 − 20%) = 7,200,000원

    (4) **사망 일실수입** : (150,000원 × 20일) × 100% × (1 − 1/3) × (43 − 3)(H) × (1 − 20%)
       = 64,000,000원

    (5) **위자료** : 66,800,000원

    (6) **합계** : 150,000,000원

2. **보험사별 지급보험금**

    김○○과 이○○의 공동불법행위에 따른 책임분담비율(60% : 40%)에 따라 손해배상금을 각 보험사별로 안분한다.

    (1) **A보험사(피보험자 김○○)**

    150,000,000원 × 60% = 90,000,000원 < 보상한도 1억원

    (2) **B보험사(피보험자 이○○)**

    150,000,000원 × 40% = 60,000,000원 < 보상한도 1억원

    > **착안점**
    > ① 중복보험 문제는 독립책임액 분담방식 등 보험금 분담방법에 따라 풀이한다.
    > ② 공동불법행위 문제는 중복보험의 문제가 아니며, 각 공동불법행위자가 가입한 보험에서 각자의 책임비율에 따른 손해배상금을 지급한다.

18. 일상생활 배상책임보험 (연습문제) – 자전거 사고

2020년 7월 5일 여의도 한강변에서 자전거를 타고가던 만 10세의 초등학생 '이○○'은 자전거 운전 부주의로 앞서가던 사고당시 80세의 '박○○'을 후미 추돌하여 외상성 두개골 골절 및 외상성 뇌출혈의 상해를 입히게 되었다. 피해자 '박○○'은 8개월 동안 의식불명 상태에서 입원 치료 중 사망하였다.

다음의 〈별표〉를 참고하여 아래의 각 질문에 답하시오. (15점)

【별표】

[보험계약사항]

보험사	보험종목	계약자/ 피보험자	보상한도액	자기부담금
A	가족사랑 통합보험 가족 일상생활배상책임특약	'갑' (이○○의 母)	1사고당 100,000,000원	대물 : 200,000원 대인 : 없음

※ 이○○은 한부모 가정으로 갑(이○○의 母)과 동거하며, 이○○의 父는 5년 전 사망함.

[전제조건]
- 피해자 : 박○○ (생년월일 : 1940. 7. 5)
- 직 업 : 무직
- 도시 보통인부 일용노임 : 100,000원 (月 가동일수 22일)
- 기발생 치료비 : 50,000,000원
- 피해자 과실 : 10%
- 사망일 : 2021. 3. 5일
- 개호 관련 의사소견 : 사고일로부터 사망 시까지 1일 8시간의 간병이 필요하다는 소견 받음.
  (피해자의 배우자, 가족이 교대로 간병하여 실제 간병비는 지출하지 않음.)
- 호프만 계수
  • 사고일~사망 시까지 : 8개월(H계수 : 7)
- 위자료는 1억원 기준으로 산출함.
- 장례비는 5,000,000원 기준으로 산출함.
- 1개월은 30일로 가정함.

문제 1 민법 제755조의 책임 무능력자의 감독자 책임에 대하여 약술하시오. (5점)

문제 2 피해자 '박○○'에 대한 개호비 인정여부를 약술하고 개호비를 산출하시오. (3점)

문제 3 A보험사의 보상책임을 검토하고 지급보험금을 산출하시오. (7점)

풀이

문제 1 민법 제755조의 책임 무능력자의 감독자 책임에 대하여 약술하시오. (5점)

1. 의의

미성년자, 심실상실자와 같이 책임능력이 없는 자가 위법하게 타인에게 손해를 가한 경우에는 불법행위책임을 물을 수가 없는데, 이러한 경우 친권자, 후견인 등과 같이 책임무능력자를 감독할 지위에 있는 자에게 손해배상책임을 부담하도록 규정하고 있다.

2. 성립요건

(1) 책임무능력자의 위법행위가 있을 것

책임무능력자의 위법행위가 있어야 하며, 이로 인하여 타인에 대한 손해가 발생해야 한다. 즉, 불법행위 성립요건 중 책임능력을 제외하고 다른 요건을 모두 충족하여야 한다.

(2) 감독의무자 또는 대리감독 하는 자의 감독의무 태만이 있을 것

감독의무자 또는 대리감독자가 책임무능력자에 대한 감독의무를 소홀히 하지 않았다는 입증을 하지 못하는 한 감독의무자 또는 대리감독자는 피해자에 대하여 손해배상책임을 부담한다. (입증책임의 전환)

3. 효과

미성년자 또는 심신상실자가 타인에게 손해를 가하였으나 책임무능력을 이유로 손해배상책임을 부담하지 않는 경우에도 그 감독자가 타인에 대해 손해배상책임을 부담한다.

문제 2 피해자 '박○○'에 대한 개호비 인정여부를 약술하고 개호비를 산출하시오. (3점)

1. 개호비 인정 여부

의사의 소견에 따라 하루 8시간 1인 개호가 인정되며, 가족이 간병하여 실제 비용이 지출되지 않았다 하더라도 개호비 인정된다.

2. 개호비 산출

(100,000원 × 30일) × 1(인) × 7(H) × (1 − 10%) = 18,900,000원

문제 3   A보험사의 보상책임을 검토하고 지급보험금을 산출하시오. (7점)

1. 법률상 배상책임

사례에서 가해자 이○○은 책임능력 없는 미성년자로서 그 감독자인 모 '갑'이 민법 제755조에 따라 피해자에 대하여 법률상 손해배상 책임을 부담한다.

2. 약관상 보상책임

상기 사고는 이○○의 모 '갑'이 A보험사에 가입한 가족일상생활배상책임 특별약관에서 보상하는 사고에 해당하며, 면책사유에 해당하는 내용은 없으므로 약관상 보상책임을 부담한다.

3. 손해배상금

(1) **치료비** : 50,000,000원×(1−10%)=45,000,000원

(2) **장례비** : 5,000,000원×(1−10%)=4,500,000원

(3) **개호비** : 18,900,000원

(4) **일실수입** : 가동기간 종료하여 미발생

(5) **위자료** : 1억원×[1−(10%×0.6)]=94,000,000원

(6) **합계** : 162,400,000원

4. 지급보험금

Min [손해배상금 162,400,000원, 1사고당 보상한도 1억원] = 1억원

> **착안점**
> ① 개호비는 실제 지출하지 않았더라도 의사의 개호 필요소견에 따라 인정된다.
> ② 개호비는 산출 시 노동능력상실률은 반영하지 않으며, 가동 종료시점과 관계없이 인정된다.

19 일상생활 배상책임보험 (연습문제) – 주택 화재사고

2022년 1월 10일 새벽 5시경 대전시 ○○구에 소재하는 '갑' 소유의 4층 주택에서 3층을 전세로 임차하여 거주하던 '을'이 새벽기도를 위해 촛불을 피워놓고 기도 후에 잠이 들었는데, 촛불이 바닥으로 떨어지면서 화재가 발생하여 불길이 4층으로 번져 잠을 자고 있던 '갑'이 불길을 피하려고 창문으로 뛰어내렸으나 두개골 골절 및 외상성 뇌출혈로 치료 중 사망하였고, 임차인 '을'은 탈출하는 과정에서 전신에 3도 화상의 중상해를 입었다. '을'의 배우자 '병'은 친구들과 1박 2일로 강원도 여행중이었다.

아래의 〈별표〉를 참고하여 각 질문에 답하시오. (15점)

【별표】

[보험가입사항]

보험회사	계약자/피보험자	가입담보 특약	보상한도액	자기부담금
A	갑	가족 일상생활 배상책임	2억	대물 2만원
B	을	가족 일상생활 배상책임	1억	대물 20만원
C	병	일상생활 배상책임	2억	대물 2만원

[전제조건]

1. 건물주 : 갑(사고 당시 48세)
- '갑'의 손해 내역

치료비	장례비	일실수익	위자료
10,000,000원	5,000,000원	118,000,000원	80,000,000원

2. 임차인 : 을(사고 당시 60세)
- '을'의 손해 내역

치료비	간병비	일실수익	위자료
30,000,000원	10,000,000원	28,000,000원	20,000,000원

문제 1 각 보험사의 피해자별 보상책임 여부에 대하여 약술하시오. (5점)

문제 2 각 보험사의 지급보험금 산출하고, 그 산출내역을 기술하시오. (10점)

> 풀이

문제 1 각 보험사의 피해자별 보상책임 여부에 대하여 약술하시오. (5점)

1. A보험사

갑은 상기 사고의 피해자로서 법률상 배상책임이 발생하지 아니하므로 A보험사는 보상책임을 부담하지 않는다.

2. B보험사

상기 사고는 을의 촛불 관리 부주의에 따른 사고이므로 갑에 대하여 민법 제750조의 불법행위책임을 부담하며, B보험사에 가입한 가족 일상생활배상책임특약에서 보상하는 손해에 해당하므로 갑에 대하여 보상책임을 부담하나, 을은 피보험자 본인이므로 보상책임을 부담하지 않는다.

3. C보험사

을은 병의 배우자로서 병이 가입한 가족 일상생활배상책임특약의 피보험자에 해당하므로, C보험사는 을이 민법 제750조에 따라 피해자 갑에게 부담하는 법률상 배상책임을 보상할 책임을 부담하나, 을은 피보험자 본인이므로 보상책임을 부담하지 않는다.

문제 2 각 보험사의 지급보험금을 산출하고 산출내역을 기술하시오. (10점)

1. 피해자 '갑'에 대한 손해배상금 산출

(1) **치료비** : 10,000,000원

(2) **장례비** : 5,000,000원

(3) **일실수익** : 118,000,000원

(4) **위자료** : 80,000,000원

(5) **합계** : 213,000,000원

2. 지급보험금 산출

본 사례에서 '을'을 피보험자로 하는 B보험사와 C보험사에 가입한 보험계약은 중복보험에 해당하므로, 독립책임액 분담방식에 따라 보험금을 분담하여 지급한다.

(1) 독립책임액 산출

　1) B보험사 : Min [손해배상금 2.13억원, 보상한도 1억원] = 1억

　2) C보험사 : Min [손해배상금 2.13억원, 보상한도 2억원] = 2억

　3) 독립책임액 합산액이 3억원으로 손해액 2.13억원을 초과하므로 중복보험에 해당함

(2) 보험금 분담

　1) A보험사 : 보상책임 없으므로 지급보험금은 없다.

　2) B보험사 : 2.13억원 × (1억원 / 3억원) = 71,000,000원

　3) C보험사 : 2.13억원 × (2억원 / 3억원) = 142,000,000원

20 생산물 배상책임보험+통상손해·특별손해 (2021년 기출문제)

생산물 배상책임보험을 가입한 피보험자 ○○전자가 제조·공급한 냉장고의 결함으로 화재가 발생하여 김○○이 화상을 입었다. 피해자 김○○은 사고 발생 전 예정되어 있던 해외유학이 이 사고로 인하여 취소되어 손해가 발생하였다고 주장하면서 ○○전자에 손해배상청구를 하였다.

문제 1 상기 사고의 피해자 김○○의 손해배상청구가 제조물책임법상 인정될 수 있는지에 대하여 설명하시오. (6점)

문제 2 제조물책임법에서 규정하고 있는 제조업자의 면책사유를 약술하시오. (4점)

착안점
① 생산물배상책임보험의 근거법률인 제조물책임법과 '결함책임주의'에 대하여 정리한다.
② 손해배상의 범위와 관련하여 '통상손해'와 '특별손해'을 개념을 이해한다.

관련법률 : 민법 제393조(손해배상의 범위)
① 채무불이행으로 인한 손해배상은 통상의 손해를 그 한도로 한다.
② 특별한 사정으로 인한 손해는 채무자가 그 사정을 알았거나 알 수 있었을 때에 한하여 배상의 책임이 있다.

풀이

문제 1 상기 사고의 피해자 김○○의 손해배상청구가 제조물책임법상 인정될 수 있는지에 대하여 설명하시오. (6점)

1. 제조물책임 인정여부

사례에서 피보험자 ○○전자가 제조한 냉장고의 결함으로 인하여 사고가 발생하였으므로, ○○전자는 피해자 김○○에 대한 제조물책임을 부담하여야 한다.

2. 유학취소에 따른 손해배상청구 인정여부

○○전자의 제조물책임이 인정된다 하더라도 그 손해배상의 범위는 민법 제393조에 따라 '통상손해'에 한정되고 '특별손해'는 사고 발생 시에 가해자가 그 손해를 알았거나 알 수 있었을 때에 한하여 보상이 되는데, 김○○이 주장하는 해외유학 취소로 인한 손해는 특별손해에 해당하며, ○○전자가 알았거나 알 수 있는 사정이 없으므로 이에 대한 손해배상청구는 인정되지 않는다.

문제 2 제조물책임법에서 규정하고 있는 제조업자의 면책사유를 약술하시오. (4점)

제조물 책임에 따라 손해배상책임을 지는 자가 다음 각 호의 어느 하나에 해당하는 사실을 입증한 경우에는 이 법에 따른 손해배상책임을 면한다.

(1) 제조업자가 제조물을 공급하지 아니하였다는 사실
(2) 제조업자가 해당 제조물을 공급한 당시의 과학, 기술 수준으로는 결함의 존재를 발견할 수 없다는 사실
(3) 제조물의 결함이 제조업자가 해당 제조물을 공급한 당시의 법령에서 정하는 기준을 준수함으로써 발생하였다는 사실
(4) 원재료나 부품의 경우에는 그 원재료나 부품을 사용한 제조물 제조업자의 설계 또는 제작에 관한 지시로 인하여 결함이 발생하였다는 사실

다만, 배상책임자가 제조물을 공급한 후에 그 제조물에 결함이 존재한다는 사실을 알았거나 알 수 있었음에도 그 결함으로 인한 손해의 발생을 방지하기 위한 적절한 조치를 하지 않는 경우에는 (2) 내지 (4)의 사유에 의한 면책을 주장할 수 없다.

21 생산물 배상책임보험 + 일상생활배상책임보험 (연습문제)

2023년 9월 5일경 경기도 양평군에 소재하는 자전거 도로에서 자전거를 타고 가던 '김○○'은 시속 30km로 달리다가 삼거리 합류지점에서 진입하는 '이○○'을 강하게 부딪치면서 '이○○'에게 두개골 및 슬개골이 골절되는 부상을 입히고 치료 중 사망하였다. 사고원인 조사결과, '○○자전거(주)'에서 제조한 자전거의 부품 결함과 '김○○'의 운전 부주의가 경합하여 발생한 공동불법행위사고로 확인되었다.

아래의 〈별표〉를 참고하여 아래의 물음에 답하시오. (20점)

【별표】

[보험가입사항]

1. A 보험사
- 생산물배상책임보험 보통약관(I) (사고발생기준 증권)
- 피보험자 : ○○자전거(주)
- 보상한도 : 1사고당 1억원 / 연간 총 보상한도액 5억원
- 자기부담금 : 1사고당 500만원

2. B 보험사
- 일상생활배상책임 특별약관
- 피보험자 : 갑 ('김○○'과 별거하는 배우자)
- 보상한도 : 1사고당 1억원
- 자기부담금 : 1사고당 50만원

3. C 보험사
- 가족일상생활배상책임 특별약관
- 피보험자 : 김○○
- 보상한도 : 1사고당 2억원
- 자기부담금 : 1사고당 50만원

[전제조건]
- 피해자 : 이○○ (만 45세)
- 직 업 : 회사원 (정년 60세)
- 월급여 : 600만원
- 도시보통인부 일용노임 : 15만원(월 가동일수 20일 가정)
- 건강보험 적용받은 치료비 내역(치료기간 : 사고일로부터 7개월)

구분	급여		비급여	합계
	본인 부담금	공단 부담금		
금액	25,000,000원	30,000,000원	15,000,000원	70,000,000원

- 개호비 : 사고일로부터 사망시까지 1일 16시간 개호 필요소견 받음
- 피해자 과실 : 40%
- 호프만(H) 계수
  - 사고일~사망시 : 7개월 (H계수 : 6)
  - 사고일~정년까지 : 180개월 (H계수 : 126)
  - 사고일~가동종료일 : 240개월 (H계수 : 156)
- 장례비는 500만원 기준으로 산출함
- 위자료와 일실퇴직금은 고려하지 아니함
- 한달 일수 계산시 30일 적용할 것
- 공동불법행위자간 내부 책임분담비율 : 'OO자전거(주)' 40% / '김OO' 60%

문제 1 가족일상생활배상책임 특별약관의 피보험자 범위에 대하여 약술하시오. (4점)

문제 2 피해자 '이OO'의 개호비를 산출하시오. (4점)

문제 3 각 보험사의 피해자 '이OO'에 대한 지급보험금을 산출하시오. (12점)

풀이

문제 1 가족일상생활배상책임 특별약관의 피보험자 범위에 대하여 약술하시오. (4점)

가족일상생활배상책임 특별약관상 피보험자의 범위는 다음과 같다.
(1) 기명 피보험자
(2) 기명 피보험자의 배우자(가족관계등록부 또는 주민등록상에 기재된 배우자)
(3) 기명 피보험자 또는 배우자와 생계를 같이하고, 보험증권에 기재된 주민등록상 동거중인 동거친족
(4) 기명 피보험자 또는 배우자와 생계를 같이하는 별거중인 미혼 자녀

문제 2 피해자 이○○의 개호비를 산출하시오. (4점)

15만원 × 30일 × 2(인) × 6(H) × (1 − 40%) = 32,400,000원
1일 16시간 개호 필요소견이므로, 2인 개호에 해당함.

문제 3 각 보험사의 피해자 '이○○'에 대한 지급보험금을 산출하시오. (12점)

1. 보험사별 보상책임 검토

(1) A 보험사

○○자전거(주)에서 제조한 부품 결함으로 인해 사고가 발생하였으므로, ○○자전거㈜는 피해자에 대하여 제조물책임을 부담하며, 생산물배상책임보험에서 보상하는 손해에 해당하므로 A보험사는 보상책임을 부담한다.

(2) B 보험사

갑이 가입한 일상생활배상책임 특별약관의 피보험자의 범위에 기명 피보험자와 동거하는 배우자만 포함되는데, 김○○은 기명 피보험자 '갑'과 별거상태이므로 피보험자에 포함되지 않으므로 B보험사는 보상책임을 부담하지 않는다.

(3) C보험사

김OO이 일상생활 중 부주의로 타인에게 신체손해를 주었으므로 법률상 배상책임을 부담하며, 김OO이 가입한 가족일상생활배상책임 특별약관에서도 보상하는 손해에 해당하므로 C보험사는 보상책임을 부담한다.

2. 손해배상금

(1) 치료비 : (7,000만원 − 3,000만원) × (1 − 40%) = 24,000,000원

  총 치료비에서 건강보험 공단부담금 공제 후 과실상계함. (공제 후 과실상계설)

(2) 개호비 : 32,400,000원

(3) 장례비 : 500만원 × (1 − 40%) = 3,000,000원

(4) 치료기간 일실수입

  600만원 × 100% × 6(H) × (1 − 40%) = 21,600,000원

(5) 사망 일실수입

  ① 사망일~정년 : 600만원 × 2/3 × 120(H) × (1 − 40%) = 288,000,000원

  ② 정년~가동종료 : 300만원 × 2/3 × 30(H) × (1 − 40%) = 36,000,000원

  ③ 소계 : 324,000,000원

(6) 합계 : 405,000,000원

3. 내부 책임비율에 따른 손해액 안분

(1) OO자전거(주) : 405,000,000원 × 40% = 162,000,000원

(2) 김OO : 405,000,000원 × 60% = 243,000,000원

4. 지급보험금

(1) **생산물 배상책임보험**

  Min [162,000,000원 − 500만원(자기부담금), 1사고당 보상한도 1억원] = 1억원

(2) **가족 일상생활 배상책임 특별약관**

  Min [243,000,000원 − 50만원(자기부담금), 1사고당 보상한도 2억원] = 2억원

22 생산물 배상책임보험 (연습문제) – 전기 매트리스 사고

전기매트 제조업체 'ㅇㅇ전기(주)'에서 제조한 전기매트를 '최ㅇㅇ'이 구매하여 사용하던 중 2023년 12월 1일 새벽 1시경 전기매트의 부속품인 온도조절장치의 제조상 결함으로 이를 사용하던 주택 내에서 화재가 발생하여 해당 주택에 거주하는 '최ㅇㅇ'이 대피하는 과정에서 화재연기를 들여마시고 폐손상이 발생하여 치료 중 사망하는 사고가 발생하였다. 이에 '최ㅇㅇ'의 유족은 해당 'ㅇㅇ전기(주)'를 상대로 2024년 2월 20일 내용증명 우편을 통하여 최초의 손해배상을 청구하였다.

아래의 〈별표〉를 참고하여 각 질문에 답하시오. (15점)

【별표】

['ㅇㅇ전기(주)' 보험가입내역]

1. A 보험사
 - 보험종목 : 생산물 배상책임보험 (II)
 - 계약자/피보험자 : 'ㅇㅇ전기(주)'
 - 담보기준 : 배상청구기준증권
 - 보험기간 : 2023. 1. 1 ~ 12. 31 (소급담보일자 : 2020. 1. 1)
 - 보상한도 : 1사고당 1억원 / 연간 총 보상한도액 3억원
 - 자기부담금 : 1사고당 2,000만원

2. B 보험사
 - 보험종목 : 생산물 배상책임보험 (I)
 - 계약자/피보험자 : 'ㅇㅇ전기(주)'
 - 담보기준 : 손해사고기준증권
 - 보험기간 : 2024. 1. 1 ~ 12. 31
 - 보상한도 : 1사고당 3억원
 - 자기부담금 : 1사고당 500만원

[전제조건]
 - 피해자 : '최ㅇㅇ' (사고당시 만 68세)
 - 직업 : 무직
 - 치료기간 : 사고일로부터 3개월
 - 도시 보통인부 일용노임 : 100,000원
 - 직접 사망원인 : 호흡부전

- 사고 관여도(화재사고와 사망 사이의 인과관계) : 70%
  (사고 관여도는 위자료를 제외한 모든 손해 항목에 적용할 것)
- 피해자 과실 : 50%
- 피해자의 손해내역(피해자 과실상계 전 손해액)

치료비	개호비	장례비	위자료
40,000,000원	12,000,000원	5,000,000원	80,000,000원

문제 1 배상청구기준증권에서 인정되는 보고연장기간(ERP)의 개념과 보고연장기간이 적용되는 되는 3가지 경우에 대하여 약술하시오. (5점)

문제 2 각 보험사의 '최○○'에 대한 보상책임에 대하여 설명하시오. (4점)

문제 3 각 보험사의 피해자 '최○○'에 대한 지급보험금을 산출하시오. (6점)

풀이

문제 1 배상청구기준증권에서 인정되는 보고연장기간(ERP)의 개념과 보고연장기간이 적용되는 되는 3가지 경우에 대하여 약술하시오. (5점)

1. 보고연장기간의 개념

배상청구구기준 증권은 원칙적으로 최초의 손해배상청구가 보험기간 중에 있어야 하는데, 보험기간 만기일에 임박하여 사고가 발생하는 등 피해자가 불가피하게 보험기간 중에 최초의 손해배상청구를 하지 못하는 경우를 방지하기 위하여 보고기간을 연장하는 제도이다.

2. 보고연장기간이 적용되는 조건

(1) 보험료 미납을 제외하고 이 계약이 해지되거나 갱신되지 않았을 경우
(2) 회사가 기존 배상청구기준증권상 소급담보일자 이후의 날짜를 소급담보일자로 하는 보험으로 갱신 또는 대체했을 경우
(3) 회사가 이 보험증권을 배상청구기준이 아닌 보험으로 대체했을 경우

문제 2 각 보험사의 '최○○'에 대한 보상책임에 대하여 설명하시오. (4점)

1. A 보험사

상기 사례에서 전기 매트의 제조상 결함으로 보험기간 중 사고가 발생하였으나, 피해자 유족측의 최초의 배상청구가 보험기간 종료 이후에 제기되었으므로, 원칙적으로 보상하지 않는 사고에 해당되나, B 보험사에 갱신된 보험계약이 손해사고기준증권으로 A 보험사의 생산물배상책임보험계약에서 단기 보고연장기간이 적용되는 조건에 해당되므로 상기 사고에 대하여 보상책임을 부담한다.

2. B 보험사

상기 사례에서 화재 사고는 2023년 12월 1일에 발생한 사고이며, '○○전기(주)'가 B 보험사에 가입한 보험계약은 손해사고기준증권에 해당하므로 상기사고는 보험기간 이전에 발생한 사고로서, B 보험사는 보상책임을 부담하지 않는다.

문제 3   각 보험사의 피해자 최○○에 대한 지급보험금을 산출하시오. (6점)

1. 손해배상금 산정

사고관여도와 피해자 과실을 각각 적용하여 산출함.

(1) 치료비 : 40,000,000원 × 70% × (1 − 50%) = 14,000,000원

(2) 간병비 : 12,000,000원 × 70% × (1 − 50%) = 4,200,000원

(3) 장례비 : 5,000,000원 × 70% × (1 − 50%) = 1,750,000원

(4) 위자료 : 80,000,000원 × [1 − (50% × 6/10)] = 56,000,000원

(5) 합계 : 75,950,000원

2. 지급보험금 (A 보험사)

Min [75,950,000원 − 2,000만원(Ded), 1사고당 보상한도 1억원] = 55,950,000원

23. 요양보호사 배상책임보험 + 영업배상책임보험 (2017년 기출문제)

2017년 5월 10일 12시 05분경 △△노인전문 간호센터에서 요양보호사 김○○은 요양 3등급인 입소자 박○○이 간식으로 떡 드시는 것을 도와주던 중 자리를 잠시 비웠다. 박○○은 12시 15분경 갑자기 기침 및 사레를 시작하였으나 멈추지 않아 인근 병원으로 이송되었고 치료 중에 사망하였다.

아래 〈별표〉의 내용을 참고하여 보험회사가 지급해야 할 보험금을 산정하고, 그 산출과정을 기재하시오. (10점)

【별표】

[보험가입사항]
- 계약자/피보험자 : △△노인전문 간호센터
  - 보험종목 : 국문 영업배상책임보험/시설소유(관리)자 특별약관
  - 보상한도 : 1인당 1억원 / 1사고당 2억원 / 자기부담금 : 10만원
- 계약자/피보험자 : 요양보호사 김○○
  - 보험종목 : 요양보호사 배상책임보험
  - 보상한도 : 1인당 1억원 / 1사고당 2억원 / 자기부담금 : 50만원

[전제조건]
- 피해자 : 박○○
- 생년월일 : 1931년 3월 10일
- 사고일 : 2017년 5월 10일
- 사망일 : 2017년 7월 10일
- 피해자 과실 : 20%(기존 연하장해 고려하여 적용)
- 사고 관여도 : 50%(직접사인 : 심부전)
- 책임비율 : 간호센터 30%, 요양보호사 70%
- 손해사항

치료비	간병비	장례비
5,000,000원	5,000,000원	4,000,000원

* 위자료는 고려하지 아니한다.

풀이

1. 법률상 배상책임

(1) 요양보호사

요양보호사 김○○은 요양센터 입소자 박○○의 간식 먹는 것을 도와주던 중 자리를 비우는 과정에서 금번 사고가 발생하였는바, 요양보호사 김○○은 박○○에 대하여 민법 제750조에 따른 불법행위책임을 부담한다.

(2) 노인전문 간호센터

노인전문 간호센터는 요양보호사에 대한 관리·감독에 대한 책임이 존재하는바, 요양보호사의 업무활동과 관련된 금번 사고에 있어서 민법 제756조의 사용자책임을 부담한다.

2. 약관상 보상책임

(1) 국문 영업배상책임보험

시설소유(관리)자 특별약관상 전문인의 배상책임은 면책사항으로 규정되어 있는바, 금번사고는 요양보호사의 전문 업무영역에서 발생한 사고이므로 약관상 보상책임은 없다.

(2) 전문직업배상책임보험

금번사고는 요양보호사의 업무상 과실로 인하여 발생하였으므로, 요양보호사 배상책임보험에서 약관상 보상책임을 부담한다.

3. 손해배상금

(1) **치료비**: 5,000,000원 × 50% × (1 − 20%) = 2,000,000원
(2) **간병비**: 5,000,000원 × 50% × (1 − 20%) = 2,000,000원
(3) **장례비**: 4,000,000원 × 50% × (1 − 20%) = 1,600,000원
(4) **일실수입**: 피해자는 1931년생으로 가동기간이 종료하여 일실수입은 발생하지 않는다.
(5) **합계**: 5,600,000원

4. 지급보험금 산출

(1) 국문 영업배상책임보험

국문 영업배상책임보험에서 보상책임이 없으므로 지급보험금은 없다. 약관상 면책사유에 해당하므로, △△간호센터에서 30%의 책임비율만큼 자체 배상하여야 할 것이다.

(2) 요양보호사 배상책임보험

① 5,600,000원×70%(요양보호사 책임비율)=3,920,000원

② Min [(3,920,000원-자기부담금 500,000원), 보상한도 1인당 1억원]=3,420,000원

> **착안점**
> ① 전제조건에서 '사고 관여도(%)'가 나올 경우, 문제에서 제시하는 조건에 따라 해당 사고 관여도를 적용하여 손해액을 산출한다.
> ② 전문인의 전문 업무영역에서 발생한 사고는 시설소유(관리)자 특별약관에서 면책사항임을 숙지하여 면부책 여부를 판단한다.

23-1 간병인 배상책임보험 (2024년 기출문제)

간병인 A는 OO간병인협회와 간병인 소개약정을 체결하고 요양병원 B에 파견되어 병실에서 중증질환 환자 C를 화장실로 데려가기 위해 이동하던 중에 환자 C의 손을 놓아버리는 탓에 중심을 잃고 넘어져 환자 C는 뇌출혈을 진단받고 사지마비 상태가 되었다.

아래의 〈전제조건〉을 참고하여 다음 질문에 답하시오. (15점)

【전제조건】

[보험계약사항]

보험회사	갑 보험회사	을 보험회사	병 보험회사
보험종목	전문직업인(간병인) 배상책임보험	영업배상책임보험 시설소유관리자 특약	일상생활 배상책임보험
피보험자	간병인 A	요양병원 B	간병인 A
보상한도액	2억원 / 1인당	2억원 / 1인당	2억원 / 1인당
자기부담금	1,000,000원/1사고당	1,000,000원/1사고당	1,000,000원/1사고당

[기초자료]
- 피해자 : 환자 C
- 사고당시 : 만 80세
- 기대여명 : 잔존여명 5년
- 노동능력상실율 : 맥브라이드 장해 100%
- 개호인 : 사고일로부터 여명기간동안 성인 1.5인 / 일
- 개호비 : 2,000,000원 / 월
- 기왕치료비 : 10,000,000원
- 향후치료비 및 보조구 구입비(현가) : 40,000,000원
- 책임제한 : 환자의 나이 및 기왕증 관여도 등을 고려하여 간병인 책임을 50%로 제한함.
- 위자료 : 사고 경위, 나이, 과실 정도 등을 참작하여 30,000,000원 인정함.
- 호프만 계수 (계산상 편의를 위한 임의계수임)
  • 사고일~기대여명까지 : 60개월(H계수 : 50)

문제 1   보험회사별 피해자에 대한 보상책임 여부를 설명하시오. (10점)

문제 2   보험회사별 지급보험금을 산출하시오. (5점)

풀이

문제 1 보험회사별 피해자에 대한 보상책임 여부를 설명하시오. (10점)

1. 법률상 배상책임

상기 사례에서 간병인 A의 간병업무 중 업무상 과실로 인하여 환자 C가 사지마비 상태에 이르렀으므로, 민법 제750조의 불법행위책임을 부담하고, 요양병원 B는 간병인 A의 사용자로서 민법 제756조의 사용자책임을 부담한다.

2. 약관상 보상책임

(1) 갑 보험회사

간병인 A의 전문적인 간병업무 중 업무상 과실로 피해자 C가 사지마비 상태에 이르렀으므로 간병인 배상책임보험에서 보상하는 사고에 해당하며, 갑 보험회사는 피해자 C에 대하여 약관상 보상책임을 부담한다.

(2) 을 보험회사

요양병원 B는 간병인 A의 사용자로서 민법상 사용자책임을 부담하나, 영업배상책임보험 시설소유관리자특약의 면책사유 중 '전문직업인의 과실로 생긴 손해에 대한 배상책임'에 해당하므로, 을 보험회사는 피해자 C에 대하여 약관상 보상책임을 부담하지 않는다.

(3) 병 보험회사

상기 사고는 간병인 A의 전문적인 간병업무 중 타인에게 법률상 배상책임을 부담하는 경우로서, 일상생활배상책임보험의 면책사유 중 "피보험자의 직무수행으로 인한 배상책임"에 해당하므로, 병 보험회사는 피해자 C에 대하여 약관상 보상책임을 부담하지 않는다.

문제 2   보험회사별 지급보험금을 산출하시오. (5점)

1. 손해배상금

  (1) 기왕 치료비 : 10,000,000원×50%=5,000,000원

  (2) 개호비 : 200만원×1.5(인)×50(H)×50%=75,000,000원

  (3) 향후치료비 및 보조구비 : 40,000,000원×50%=20,000,000원

  (4) 위자료 : 30,000,000원

  (5) 합계 : 130,000,000원

2. 지급보험금 (갑 보험회사)

  130,000,000원−100만원(자기부담금)=<u>129,000,000원</u> < 1인당 보상한도 2억원

24 의사 및 병원 배상책임보험 (연습문제)

2022년 7월 1일 '○○병원' 소속 의사 '김○○'은 척추 디스크 환자 '이○○'의 디스크 성형수술을 시행하는 과정에서 의료과실로 척수신경을 일부 손상시켜 '이○○'의 좌측 하지가 마비되는 사고가 발생하였다. 이에 환자 '이○○'은 해당 '○○병원'과 의사 '김○○'을 상대로 2023년 1월 5일 내용증명 우편을 통하여 최초의 손해배상을 청구하였다.

아래의 〈별표〉를 참고하여 각 질문에 답하시오. (15점)

【별표】
['○○병원' 보험가입내역]
1. S 보험사
- 보험종목 : 병원 및 의사 배상책임보험
- 피보험자 : ○○병원 및 소속의사 50명
- 담보기준 : 배상청구기준증권
- 보험기간 : 2022. 1. 1~12. 31 (소급담보일자 : 2020. 1. 1)
- 보상한도 : 1사고당 5억원
- 자기부담금 : 1사고당 1,000만원

2. H 보험사
- 보험종목 : 병원 및 의사 배상책임보험
- 피보험자 : ○○병원 및 소속의사 50명
- 담보기준 : 손해사고기준증권
- 보험기간 : 2023. 1. 1~12. 31
- 보상한도 : 1사고당 3억원
- 자기부담금 : 1사고당 500만원

[전제조건]
- 피해자 : '이○○' (사고당시 만 52세)
- 직업 :   인스전자(주) 본부장(상무)
- '이○○' 본부장(상무) 계약기간 : 2022. 1. 1~2024. 12. 31
- 월 급여 : 10,000,000원
- 도시 보통인부 일용노임 : 150,000원 (月 가동일수 20일)
- 노동능력 상실률(%)
  • 좌측 하지 마비에 따른 장해율 : 60% (기왕증 기여도 25%)

- 병원 치료비 : 33,000,000원
- 향후 치료비 : 25,000,000원(현가)
- 개호비 : 사고일로부터 기대여명까지 하루 4시간 개호 필요함.
- 기대여명 : 사고로 인해 기대여명이 사고일로터 10년으로 단축됨.
- 피보험자 책임제한 : 70%
- 월간 호프만(H) 계수
    - 사고일~치료종결일 : 6개월 (H계수 : 5)
    - 사고일~인스전자(주) 본부장 계약기간 종료시 : 30개월 (H계수 : 25)
    - 사고일~기대여명 종료시 : 120개월 (H계수 : 100)
    - 사고일~가동기간 종료시 : 156개월 (H계수 : 130)
- 위자료는 제반사정을 모두 고려하여 3,000만원에 합의함.
- 한달은 30일로 가정함.

문제 1 각 보험사의 보상책임에 대하여 설명하시오. (5점)

문제 2 각 보험사의 피해자 이○○에 대한 지급보험금을 산출하시오. (10점)

풀이

문제 1 각 보험사의 보상책임에 대하여 설명하시오. (5점)

1. S 보험사

상기 사례에서 ○○병원 소속 의사 '김○○'의 의료과실로 보험기간 중 사고가 발생하였으나, 피해자의 최초의 배상청구가 보험기간 만료 이후에 제기되었으므로 원칙적으로 보상하지 않는 사고이다. 단, H보험사에 갱신된 보험계약이 손해사고기준증권으로 보고연장기간(ERP)이 적용되는 조건에 해당되므로 S보험사는 상기 사고에 대하여 보상책임을 부담한다.

2. H 보험사

상기 사례에서 의료과실 사고는 2022년 7월 1일에 발생한 사고이며, ○○병원이 H보험사에 가입한 보험계약은 손해사고기준증권에 해당하므로 상기사고는 보험기간 이전에 발생한 사고로서, H보험사는 보상책임을 부담하지 않는다.

문제 2 각 보험사의 피해자 이○○에 대한 지급보험금을 산출하시오. (10점)

1. 손해배상금 산정

(1) 치료비 : 33,000,000원 × 70% = 23,100,000원

(2) 향후 치료비 : 25,000,000원 × 70% = 17,500,000원

(3) 개호비 : 15만원 × 30일 × 0.5(인) × 100(H) × 70% = 157,500,000원
  1일 4시간 개호 필요하므로 하루 0.5인 개호 적용함.

(4) 노동능력상실률 : 60% × (100 − 25%) = 45%

(5) 일실수익

  1) 사고일~치료종결일
     1,000만원 × 100% × 5(H) × 70% = 35,000,000원

  2) 치료종결일~본부장 계약기간 종료 시
     1,000만원 × 45% × (25 − 5)(H) × 70% = 63,000,000원

3) 본부장 계약기간 종료 시~기대여명 종료 시

15만원×20일×45%×(100-25)(H)×70%=70,875,000원

4) 기대여명 종료 시~가동기간 종료 시

15만원×20일×100%×2/3×(130-100)(H)×70%=42,000,000원

5) 합계 : 210,875,000원

(6) 위자료 : 3,000만원에 합의함

(7) 합계 : 438,975,000원

2. 지급보험금(S보험사)

Min [손해배상금 438,975,000원-자기부담금 1,000만원, 1인당 보상한도 5억원]
=428,975,000원

25. 의사 및 병원 배상책임보험 (2023년 기출문제)

전문의 A가 운영하는 ○○정형외과의원에 내원한 '최○○'은 추간판탈출증으로 진단되어 2020년 8월 11일 정형외과 전문의 'A'와 정형외과 전문의 'B'(전문의 A에 의해 고용된 보조의)로부터 척추수술을 받았으나, 의료과실로 인한 영구장해로 진단받고 2021년 10월 15일 손해배상을 청구하였다.

아래 〈별표〉의 내용을 참고하여 다음 질문에 답하시오. (20점)

【별표】

[보험가입사항]

보험회사	'갑' 보험회사	'을' 보험회사
보험종목	의사 및 병원배상책임보험 - 배상청구기준 증권 - 의료과실 배상책임 담보	의사 및 병원배상책임보험 - 배상청구기준 증권 - 의료과실 배상책임 담보 - 피보험자 지정 특별약관
보험계약자	○○정형외과의원	○○정형외과 개원의 협의회
피보험자	○○정형외과의원	전문의 A
보험기간	2020. 1. 1~2020. 12. 31	2021. 1. 1~2021. 12. 31
소급담보일자	2020. 1. 1	2020. 1. 1
보상한도액	200,000,000원 / 1인당	200,000,000원 / 1인당
자기부담금	10,000,000원 / 1사고당	10,000,000원 / 1사고당

[전제조건]

- 피해자 : 최○○ / 보험설계사
  - 월 수입액 : 월 4,000,000원 (단순경비율 50% 적용 전)
  - 노동능력상실률 : 사지마비 100% (영구장해)
- 도시일용노임 : 월 3,000,000원
- 개호비 : 사고일로부터 여명기간 동안 성인 1일 1인 (월 6,000,000원)
- 기왕 치료비 : 10,000,000원
- 향후 치료비(현가) : 40,000,000원
- 책임범위 : 전문의 A와 전문의 B의 책임을 60%로 제한함
- 위자료 : 100,000,000원 (사고경위 및 책임범위 등 감안하여 인정)
- 호프만 계수 (계산상 편의를 위한 임의계수임)

- 사고일~가동연한까지 : 24개월 (H계수 : 20)
- 사고일~기대여명까지 : 60개월 (H계수 : 50)
- 공동 불법행위자 내부 책임 분담율 : 전문의 A 50%, 전문의 B 50%

문제 1 상기 보험계약에서 피보험자의 범위에 대하여 기재하고, 의사 및 병원배상책임보험약관의 담보위험에 대하여 약술하시오. (10점)

문제 2 각 보험사가 지급할 보험금을 산정하고, 그 산출과정을 기재하시오. (10점)

> **풀이**

문제 1 상기 보험계약에서 피보험자의 범위에 대하여 기재하고, 의사 및 병원배상책임보험약관의 담보위험에 대하여 약술하시오. (10점)

1. 각 보험계약의 피보험자의 범위

(1) '갑' 보험사

피보험자는 증권에 기재된 피보험자 이외에 관계법령에 의하여 면허 또는 자격을 취득한 자로서 기명피보험자의 지시·감독에 따라 상시적 또는 일시적으로 기명피보험자의 의료행위를 보조하는 자를 의미한다. 따라서 해당 보험계약상 전문의 A와 전문의 B가 피보험자에 해당된다.

(2) '을' 보험사

전문의 A만 피보험자에 해당하며, '피보험자 지정 특별약관'에 가입하였으나 보험증권에 기재된 기명피보험자와 동일한 면허 또는 자격을 취득한 의사로서 기명피보험자에 의해 고용된 자는 제외한다. 따라서, 전문의 'B'는 기명피보험자인 'A'에 의하여 고용된 보조의이므로 전문의 'B'의 법률상 배상책임은 보장하지 않는다.

2. 의사 및 병원 배상책임보험약관의 담보위험

(1) 의료과실 배상책임 조항

의사 및 병원이 행하는 의료행위와 관련하여 타인에게 신체장해를 입혀 발생하는 법률상 배상책임을 담보하며, 의사 및 병원배상책임보험의 필수 가입담보이다.

(2) 일반배상책임 조항

전문직업배상책임이 아닌 일반 영업배상책임보험에서 보장하는 시설, 주차시설 및 생산물 배상책임보험에서 보장하는 음식물, 의약품 등의 생산물로 인한 손해배상책임을 담보한다. 필수가입이 아닌 보험계약자의 선택 가입사항이다.

① 생산물 배상책임 담보

피보험자가 제조, 판매, 공급하는 재물이 타인에게 양도된 후 그 생산물로 생긴 우연한 사고를 담보한다.

② 시설소유관리자 배상책임 담보

피보험자가 소유, 사용 또는 관리하는 시설 및 그 시설의 용도에 따른 업무의 수행으로 생긴 우연한 사고를 담보한다.

③ 주차장 배상책임 담보

피보험자가 소유, 사용 또는 관리하는 주차시설 및 그 시설의 용도에 따른 업무의 수행으로 생긴 우연한 사고를 담보한다.

문제 2 각 보험사가 지급할 보험금을 산정하고, 그 산출과정을 기재하시오. (10점)

1. 보상책임 검토

배상청구기준 증권은 소급담보일자 이후부터 보험기간 만료일 사이에 사고가 발생하고 보험기간 중에 피해자의 최초의 손해배상청구가 있어야 하는데, 사례에서 피해자 '최○○'의 최초의 손해배상청구가 2021년 10월 15일이므로 '을' 보험회사에 가입한 보험계약에서 해당 사고를 담보한다.

또한, '을' 보험회사에 가입한 보험계약상 '피보험자 지정 특별약관'이 가입되어 있으나, 기명피보험자 'A'의 의료과실책임은 담보하나, 보조의 'B'의 책임부분은 담보하지 않는다.

2. 손해배상금

(1) **기왕 치료비** : 10,000,000원 × 60% = 6,000,000원

(2) **향후 치료비** : 40,000,000원 × 60% = 24,000,000원

(3) **개호비** : 600만원 × 1(인) × 50(H) × 60% = 180,000,000원

(4) **일실수익(사고일~가동연한 종료 시까지)**

300만원 × 100% × 20(H) × 60% = 36,000,000원

보험설계사 월 수입액 400만원에 단순경비율 50% 적용 시 200만원으로, 도시일용 근로자의 월 소득보다 적으므로 도시 보통인부 월수입액 300만원 적용함.

(5) **위자료** : 100,000,000원

(6) **합계** : 346,000,000원

3. 손해배상금 안분

공동불법행위자 내부 분담율에 따라 손해배상금을 안분한다.

(1) 전문의 A : 346,000,000원 × 50% = 173,000,000원

(2) 전문의 B : 346,000,000원 × 50% = 173,000,000원

4. 지급보험금('을' 보험회사)

Min [(173,000,000원 − 자기부담금 1,000만원), 1인당 보상한도 2억원] = 163,000,000원
보조의 'B'와 공동불법행위책임에 따른 부진정 연대채무 관계는 고려하지 아니함.

> **착안점**
> ① 손해사고기준증권과 배상청구기준증권의 차이점을 이해하고, 소급담보일자와 보고 연장기간 제도의 개념에 대하여 숙지한다.
> ② 상기 사례에서 ○○정형외과의원 전문의 'A'를 기준으로 보험이 갱신되었다고 볼 수 있으므로, 을 보험사에 가입한 보험계약에서 보상되는 것으로 풀이한다.
> ③ 문제에서 '피보험자 지정 특별약관'이 제시되었으나, '피보험자 지정 특별약관'에서는 보조의 'B'의 법률적 책임을 담보하지 않는다.
> ④ 보험설계사는 개인 사업자이므로 월 수입액에서 단순경비율 50%를 적용한 순소득 200만원을 기준으로 일실수입을 산출하여야 하는데, 200만원은 문제에서 제시된 도시 일용근로자 월소득보다 적으므로, 보통인부 월소득 300만원을 적용한다.
> ⑤ 피보험자의 책임범위와 공동불법행위자간 내부 분담율이 같이 제시되는 경우, 먼저 피보험자 책임범위를 적용한 손해배상금을 산출한 후에 공동불법행위자간 내부 분담율에 따라 손해배상금을 안분하여 책임지도록 답안을 구성한다.

26. 의사 및 병원 배상책임보험 (2021년 기출문제)

○○병원에 입원한 환자 '갑'과 '을' 그리고 ○○병원 응급실을 방문한 다른 병원 소속 응급차량 운전기사 '병'은 병원에서 코로나 바이러스에 감염되었다고 주장하면서, 각각 소송을 제기하였다. 법원은 ○○병원의 감염환자 관리에 대한 의료과오로 인하여 환자 '갑'과 '을'이 코로나에 감염되었다고 법률상 배상책임을 인정하였으나, 운전기사 '병'은 외부에서 감염되어 ○○병원은 법률상 배상책임이 없는 것으로 판결하였다. 본 건 사고에 대한 소송비용은 보험자 동의하에 ○○병원이 모두 지출하였다.

아래 〈별표〉의 내용을 참고하여 보험사가 지급해야 할 지급보험금을 산정하고, 그 산출과정을 기재하시오. (15점)

【별표】

[피보험자 ○○병원의 보험계약사항]

보험회사	A보험회사	B보험회사	C보험회사
보험종목	의사 및 병원배상책임보험 의료과실 배상책임보장조항 (배상청구기준)	국문 영업배상책임보험 보통약관 – 시설소유(관리)자 특약	의사 및 병원배상책임보험 의료과실 배상책임보장조항 (배상청구기준)
보험기간	2020.3.1.~2021.3.1.	2020.5.1.~2021.5.1.	2021.3.1.~2022.3.1.
소급담보일	2019.3.1.		2019.3.1.
보상한도액	1청구당 1억원 총 보상한도액 1억원	1사고당 1억원 총 보상한도액 1억원	1청구당 5천만원 총 보상한도액 5천만원
자기부담금	1청구당 5천만원	1사고당 1백만원	1청구당 1천만원

[소송결과 및 손해내역]

사건번호	2021 가합 10001	2021 가합 10002	2021 가합 10003
피해자(원고)	갑	을	병
소가	200,000,000원	200,000,000원	100,000,000원
사고발생일	2021.2.10.	2021.2.10.	2021.2.10.
손해배상 청구일	2021.2.15.	2021.3.10.	2021.5.15.
손해액	– 판결금 : 1억원 – 소송비용 : 1천만원	– 판결금 : 6천만원 – 소송비용 : 1천만원	– 소송비용 : 1천만원

> 풀이

1. 법률상 배상책임

○○병원의 의료과실로 인하여 '갑'과 '을'이 코로나 바이러스에 감염되었으므로, ○○병원은 '갑'과 '을'에 대하여 민법 제390조 또는 민법 제750조에 따라 법률상 배상책임을 부담하나, '병'에 대해서는 사례에서 소송결과 배상책임이 부정되었다.

2. 보상책임 검토

(1) A보험사

'갑'의 사고발생일이 A보험사에 가입한 보험계약의 소급담보일자 이후에 발생하였으며, 손해배상청구가 보험기간 내에 이루어졌으므로 '갑'에 대하여 보상책임을 부담한다.

(2) B보험사

의료과실 사고는 국문 영업배상책임보험 시설소유자특별약관의 면책사유에 해당하므로 보상책임을 부담하지 않는다.

(3) C보험사

'을'과 '병'의 사고 발생일이 C보험사에 갱신된 보험계약의 소급담보일자 이후에 발생하였으며, 손해배상청구가 보험기간 내에 이루어졌으므로, '을'에 대하여 보상책임을 부담한다. 사례에서 '병'에 대한 법률상 배상책임이 인정되지 않았으나, 보험사의 동의하에 ○○병원이 소송비용을 지불하였으므로 소송비용에 대해서는 보상책임을 부담한다.

3. 보험사별 지급보험금

(1) A보험사 : '갑'과 관련한 지급보험금

① 손해배상금 : Min [(판결금 1억원 − 자기부담금 5천만원), 보상한도 1억원] = 5천만원

② 비용손해 : Min [소송비용 1천만원, 잔존 보상한도 5천만원] = 1천만원

③ 합계 : 6천만원

(2) B보험사 : 면책사유에 해당하여 지급보험금 없음.

(3) C보험사

1) '을'과 관련한 지급보험금

① 손해배상금 : Min [(판결금 6천만원 − 자기부담금 1천만원), 보상한도 5천만원]
   = 5천만원

② 비용손해 : 소송비용 1천만원 발생하였으나, 보상한도 모두 소진됨

　　③ 합계 : 5천만원

2) '병'과 관련한 지급보험금

　보험사의 동의하에 소송비용 1천만원을 지출하였으나, 보상한도를 이미 소진하였으므로 지급보험금 없음.

> **착안점**
> ① 배상청구기준증권의 '소급담보일자' 제도의 효과에 대하여 이해한다.
> 　▶ 배상청구기준증권에서 사고발생은 소급담보일자에서 보험기간 만기일 사이에 있어야 한다.
> ② 전문인의 전문 업무영역에서 발생한 사고는 영업배상책임보험 시설소유관리자 특별약관에서 면책사항임을 숙지하여 면부책을 판단한다.
> ③ 소송비용은 비용손해에 해당하나, 보상한도 내에서만 보상됨을 숙지한다.

27 사회복지시설 배상책임보험 - 비용손해 (연습문제)

2021년 7월 2일 12시경 '인스 요양원'과 위촉계약을 맺은 요양보호사 '이복순'이 점심식사를 위해 치매환자인 입소자 '김○○'을 침대에서 옮기는 과정에서 업무상 부주의로 바닥으로 떨어져 '김○○'의 대퇴골 경부가 골절되는 중상해를 입었다. 요양보호사 '이복순'은 다음날 출근하지 않고 연락을 끊고 잠적하였다. 이에 '김○○'의 보호자 가족은 '인스 요양원'을 상대로 손해배상청구의 소를 제기하였고, 그 관리책임이 인정되어 법원의 판결이 확정되었다.

아래의 〈별표〉를 참고하여 보험계약상 지급보험금을 산출하고 산출과정을 기재하시오. (10점)

【별표】

[보험가입사항]
- 계약자/피보험자 : '인스 요양원'
- 보험종목 : 사회복지시설배상책임보험 보통약관
  • 보상한도액 : 대인 1인당 1억원 / 1사고당 3억원
  • 자기부담금 : 1사고당 10,000,000원

[손해사항]
- '인스 요양원'의 '김○○'에 대한 법원의 배상 판결금 : 120,000,000원
- 사고 시 '김○○'의 병원 응급호송비용 : 700,000원
- 보험사의 동의하에 '인스 요양원'에서 지출한 변호사 선임비용 : 8,800,000원
- 소송과정에서 발생한 인지대, 송달료 : 550,000원
- 보험사의 요청에 따라 사고원인 조사를 위해 피보험자가 지출한 협조비용 : 1,500,000원
- 책임있는 요양보호사 '이복순'의 재산조사 및 가압류 비용 : 1,000,000원
- 소송과정에서 실시한 '김○○'의 신체감정비용 : 2,000,000원

* 상기 비용은 보험회사의 동의하에 피보험자가 모두 부담하였음.

풀이

1. 손해배상금

Min [(법원 판결금 1.2억원 - 자기부담금 1,000만원), 1인당 보상한도 1억원] = 1억원

법원 판결금 1.2억원이 손해배상금에 해당한다. 여기에서 자기부담금 1,000만원 공제 시 보상한도 1억원을 초과하므로, 손해배상금 관련 지급보험금은 1억원이다.

2. 비용손해

손해배상금 1억원이 지급되어 이미 보상한도를 초과하였으므로, 비용손해 중 보상한도를 초과하더라도 지급되는 손해방지비용, 대위권보전비용, 협력비용만 추가 지급될 수 있다.

(1) 응급호송비용

손해방지비용에 해당되므로 보상한도를 초과하더라도 700,000원 보상한다.

(2) 변호사 선임비용

소송비용에 해당되나, 이미 보상한도액을 초과하였으므로 보상하지 않는다.

(3) 인지대, 송달료

소송비용에 해당되나, 이미 보상한도액을 초과하였으므로 보상하지 않는다.

(4) 피보험자가 지출한 협조비용

'협력비용'에 해당하므로 보상한도를 초과하더라도 1,500,000원을 보상한다.

(5) '이○○'의 재산조사 및 가압류 비용

보험사를 위한 '대위권 보전비용'으로 보상한도를 초과하더라도 1,000,000원 보상한다.

(6) 소송과정상의 신체감정비용

소송비용에 해당되나, 이미 보상한도액을 초과하였으므로 보상하지 않는다.

(7) 합산

응급호송비용 700,000원 + 조사 협조비용 1,500,000원 + 대위권 보전비용 1,000,000원
= 3,200,000원

3. 지급보험금

(1) 법률상 손해배상금 : 1억원

(2) 비용손해 : 320만원

(3) 합계 : 1억 320만원

28. 특수건물 신체손해배상책임 특별약관 (2017년 기출문제 변형)

2020년 12월 15일 갑(甲) 소유의 15층 건물 5층에서 원인미상의 화재가 발생하였다. 이 사고로 방문객 을(乙)이 중증화상을 입고 긴급 이송되었으나 입원 치료 중 사망하였다.

아래 〈별표〉의 내용을 참고하여 각각의 질문에 답하시오. (20점)

【별표】

[보험가입사항]
- 계약자/피보험자 : 갑(甲)
- 국문 화재보험 신체손해배상책임 특별약관(보상한도 : 의무보상한도액)

[전제조건]
- 피해자 : 을(乙)
- 생년월일 : 1967년 2월 5일
- 피해사항 : 전신 3도 화상 진단 후 치료 중 사망
- 부상 급수 : 1급 11항
- 병원 치료비 : 34,000,000원
- 사고 발생 시 갑(甲)이 지출한 긴급 호송비용 : 2,000,000원
- 사망 일실수익(현가) : 50,000,000원
- 남자 평균임금 : 100,000원

문제 1 '화재로 인한 재해보상과 보험가입에 관한 법률'에 따른 갑의 손해배상책임에 대하여 약술하시오. (5점)

문제 2 '화재로 인한 재해보상과 보험가입에 관한 법률'에서 정하고 있는 실손해액의 범위를 기술하시오. (5점)

문제 3 보험회사의 을에 대한 지급보험금을 산정하고, 그 산출과정을 기재하시오. (10점)

풀이

문제 1 '화재로 인한 재해보상과 보험가입에 관한 법률'에 따른 갑의 손해배상책임에 대하여 약술하시오. (5점)

1. 화재보험법상 책임의 근거

화재보험법 제4조 제1항에 따라 특수건물의 소유자는 그 특수건물의 화재로 인하여 다른 사람이 사망하거나 부상을 입었을 때 또는 다른 사람의 재물에 손해가 발생한 때에는 과실이 없는 경우에도 화보법에서 정한 보험금액의 범위에서 그 손해를 배상할 책임이 있다.

2. 사안의 적용

사안에서 갑(甲) 소유의 15층 건물은 특수건물에 해당하므로, 특수건물 소유자인 갑(甲)은 화재 발생과 관련하여 화보법 제4조 제1항에 따라 과실이 없는 경우에도 을(乙)에 대하여 법률에서 정한 보상범위 내에서 손해를 배상할 책임이 있다.

문제 2 화재로 인한 재해보상과 보험가입에 관한 법률에서 정하고 있는 실손해액의 범위를 기술하시오. (5점)

(1) 사망
① 화재로 인하여 사망한 때의 월급액이나 월실수입액 또는 평균임금에 장래의 취업가능기간을 곱한 금액
② 남자 평균임금의 100일분에 해당하는 장례비

(2) 부상
화재로 인하여 신체에 부상을 입은 경우에 그 부상을 치료하는 데에 드는 모든 비용

(3) 장해
화재로 인하여 발생한 장해로 인한 노동능력 상실 정도에 따라 피해를 입은 당시의 월급액이나 월실수입액 또는 평균임금에 장래의 취업가능기간을 곱한 금액

문제 3 보험회사의 을에 대한 지급보험금을 산정하고, 그 산출과정을 기재하시오. (10점)

1. 손해배상금

화보법에 규정된 실손해액 산출기준에 따라 손해배상금을 산출한다.

(1) **치료비** : 34,000,000원

(2) **일실수익(현가)** : 50,000,000원

(3) **장례비** : 남자 평균임금 100,000원 × 100일 = 10,000,000원

(4) **합산** : 94,000,000원

2. 지급보험금

피해자는 부상 치료 중 사망하였으므로 부상에 따른 보험금과 사망에 따른 보험금을 더한 금액을 지급한다.

(1) **부상**

Min [치료비 34,000,000원, 보상한도 부상 1급 30,000,000원] = 30,000,000원

(2) **사망**

Min [(일실수익 5,000만원 + 장례비 1,000만원), 1인당 보상한도 1.5억원]
= 60,000,000원

(3) **비용**

갑이 지출한 긴급 호송비용은 손해방지비용으로 보상한도를 초과하더라도 200만원 전액 지급한다.

(4) **합계**

부상 보험금 30,000,000원 + 사망 보험금 60,000,000원 + 비용손해 2,000,000원
= 92,000,000원

> **착안점**
> ① 신체손해배상책임특약은 사고원인을 불문하고 보상하는 '보상책임주의'를 적용한다.
> ② 신체손해배상책임특약은 '화재보험법'에 따른 별도의 보상기준이 적용됨을 유의한다.

29 특수건물 신체손해배상책임 특별약관 (연습문제)

2022년 2월 25일 '갑(甲)' 소유의 12층 건물에서 '을(乙)'이 임차하여 사용하는 5층 사무실에 신원불상자 '병(丙)'이 침입하여 갑자기 괴성을 지르면서 준비해온 휘발유를 뿌리고 라이터로 불을 붙여 사무실에 순식간에 불이 번져 출입구로 탈출하지 못한 '김○○'과 '이○○'이 유독가스를 흡입하여 치료 중 사망하는 사고가 발생하였다.

아래 〈별표〉의 내용을 참고하여 각각의 질문에 답하시오. (15점)

【별표】

[보험가입사항]
- 보험회사 : H 보험사
- 계약자/피보험자 : '갑(甲)'
- 보험종목 : 국문 화재보험 신체손해배상책임 특별약관(보상한도 : 의무보상한도액)

[전제조건]
1. 피해자 : '김○○'(임차인 '을(乙)'과 주거를 같이하는 법률혼 배우자로 확인됨)
- 부상급수 : 1급 14항
- 치료비 : 10,000,000원
- 부상 치료기간 동안 일실수익 : 5,000,000원
- 사망 시~가동기간 종료 시까지 일실수익 : 140,000,000원
- 위자료 : 60,000,000원
- 사고 시 발생한 긴급호송비용 : 600,000원
- 남자 평균임금 : 200,000원
- 피해자 과실 : 20%

2. 피해자 : '이○○'(건물주 '갑(甲)'과 주거를 같이하는 법률혼 배우자로 확인됨)
- 부상급수 : 1급 14항
- 치료비 : 15,000,000원
- 부상 치료기간 동안 일실수익 : 4,000,000원
- 사망 시~가동기간 종료 시까지 일실수익 : 200,000,000원
- 위자료 : 70,000,000원
- 사고 시 발생한 긴급호송비용 : 600,000원
- 남자 평균임금 : 200,000원
- 피해자 과실 : 10%

문제 1 '화재로 인한 재해보상과 보험가입에 관한 법률'에 따른 '갑(甲)'의 손해배상책임에 대하여 약술하시오. (5점)

문제 2 보험회사의 피해자별 지급보험금을 산정하고, 그 산출과정을 기재하시오. (10점)

> 풀이

문제 1 '화재로 인한 재해보상과 보험가입에 관한 법률'에 따른 갑의 손해배상책임에 대하여 약술하시오. (5점)

사안에서 갑(甲) 소유의 12층 건물은 특수건물에 해당하므로, 특수건물 소유자인 갑(甲)은 화재발생과 관련하여 화재보험법 제4조 제1항에 따라 과실이 없는 경우에도 타인에 대하여 법률에서 정한 보상범위 내에서 손해를 배상할 책임이 있다.

(1) 피해자 '김○○'

임차인 을(乙)의 법률혼 배우자로서 '타인'에 해당하므로 갑(甲)은 '김○○'에 대하여 화재보험법상 배상책임을 부담한다.

(2) 피해자 '이○○'

건물소유자 갑(甲)의 주거를 같이하는 직계가족으로 화재보험법상 '타인'에 해당되지 않으므로, 화재보험법에 따른 배상책임을 부담하지 않는다.

문제 2 보험회사의 피해자별 지급보험금을 산정하고, 그 산출과정을 기재하시오. (10점)

1. '김○○'에 대한 지급보험금

(1) 손해배상금

화재보험법에 규정된 실손해액 산출기준에 따라 손해배상금을 산출하며, 과실상계는 적용하지 않는다.

1) 치료비 : 10,000,000원

2) 사망 일실수익 : 140,000,000원

   부상기간의 일실수익은 화보법상 인정되지 않는다.

3) 장례비 : 200,000원 × 100일 = 20,000,000원

   장례비는 남자 평균임금의 100일분을 지급한다.

4) 위자료 : 화보법상 위자료는 인정되지 않는다.

5) 합계 : 1.7억원

(2) 지급보험금

피해자는 치료 중 사망하였으므로, 보험금 병급기준에 따라 부상에 따른 보험금과 사망에 따른 보험금을 더한 금액을 지급한다.

1) 부상 보험금

Min [치료비 10,000,000원, 보상한도 부상 1급 30,000,000원] = 10,000,000원

2) 사망 보험금

Min [(사망 일실수익 1.4억원 + 장례비 2,000만원), 1인당 보상한도 1.5억원]
= 1.5억원

3) 비용

갑이 지출한 긴급 호송비용은 손해방지비용으로, 보상한도를 초과하더라도 60만원 전액 지급한다.

4) 합계

부상 보험금 10,000,000원 + 사망 보험금 1.5억원 + 비용손해 600,000원
= 160,600,000원

2. '이○○'에 대한 지급보험금

타인에 해당하지 않으므로 지급보험금 없음.

30. 특수건물 신배책 특약 + 다중이용업소 화재배상책임보험 (2016년 기출문제)

갑(甲)이 소유한 11층 건물에서 화재가 발생하여 인명피해가 발생하였다. 화재는 을(乙)이 운영하는 3층 음식점(바닥면적 200㎡)에서 화기 취급 부주의에 의해 발화하여 을(乙) 본인이 부상당하고, 4층 독서실로 연소 확대되어 이용객 병(丙)과 정(丁)이 사망하는 사고가 발생하였다.

아래 〈별표〉의 내용을 참고하여, 각각의 질문에 답하시오. (20점)

【별표】

[보험가입사항]

보험사	계약자/피보험자	보험종목	보상한도액(대인)	자기부담금
A	갑	국문 화재보험 신체손해배상책임 특약	의무보상한도액	없음
B	을	다중이용업소 화재배상책임보험	의무보상한도액	없음

[손해 발생내역]

피해자	피해사항	손해액	참고사항
을	부상	40,000,000원	부상등급표상 1급 부상
병	현장사망	150,000,000원	법률상 손해배상책임액
정	현장사망	200,000,000원	법률상 손해배상책임액

※ 보험금 산출 시 국문 화재보험 신체손해배상책임특약에서 선 보상하고, 초과손해액을 다중이용업소 화재배상책임보험에서 보상하는 것으로 산출할 것.

문제 1 A, B보험사의 보상책임유무 및 보상대상자의 범위를 약술하시오. (5점)

문제 2 A, B보험사에 가입한 의무보험의 약관상 대인 보상한도액을 약술하시오. (5점)

문제 3 피해자별, 보험사별 지급보험금을 산정하고 그 산출과정을 기재하시오. (10점)

풀이

문제 1 A, B보험사의 보상책임유무 및 보상대상자의 범위를 약술하시오. (5점)

1. A보험사

(1) 보상책임

11층 이상의 건물은 특수건물에 해당하며, 특수건물에서 발생한 화재로 타인이 사망 또는 부상 당한 사고가 발생하였으므로, 건물주 '갑'의 과실여부를 불문하고 화재보험 신체손해배상책임 특별약관에서 보상책임이 인정된다.

(2) 보상대상자의 범위

신체손해배상책임 특별약관에서 을, 병, 정 모두 타인이므로, 보상대상자에 포함된다.

2. B보험사

(1) 보상책임

'을'이 운영하는 음식점에서 화기취급 부주의에 따른 화재가 발생하였는바, '을'이 가입한 다중이용업소 화재배상책임보험에서 보상책임이 인정된다. 단, 특수건물에 입점한 다중이용업소는 화재배상책임보험 의무가입대상이 아니므로 임의보험으로서 보상책임을 부담한다.

(2) 보상대상자의 범위

'을'은 다중이용업소 화재배상책임보험의 피보험자로서 타인이 아니므로 보상대상자에서 제외되고 병과 정만 보상대상자에 해당된다.

문제 2 A, B보험사에 가입한 의무보험의 약관상 대인 보상한도액을 약술하시오. (5점)

1. 신체손해배상책임 특약

(1) 사망

피해자 1인당 1.5억원을 한도로 실손해액을 보상하며, 실손해액이 2천만원 미만인 경우에는 2천만원을 보상한다.

(2) 부상

피해자 1인당 1급 3,000만원~14급 50만원 한도로 실손해액을 보상한다.

(3) 장해

피해자 1인당 1급 1.5억원~14급 1,000만원 한도로 실손해액을 보상한다.

2. 다중이용업소 화재배상책임보험

(1) 사망

피해자 1인당 1.5억원을 한도로 실손해액을 보상하며, 실손해액이 2천만원 미만인 경우에는 2천만원을 보상한다.

(2) 부상

피해자 1인당 1급 3,000만원~14급 80만원 한도로 실손해액을 보상한다.

(3) 장해

피해자 1인당 1급 1.5억원~14급 1,000만원 한도로 실손해액을 보상한다.

문제 3 피해자별, 보험사별 지급보험금을 산정하고 그 산출과정을 기재하시오. (10점)

사례에서 신배책 특약과 화재배상책임보험 계약상 피보험자가 다르므로 중복보험에 해당하지 아니하나, 문제에서 주어진 조건에 따라 신배책 특약에서 먼저 보상하고, 초과손해액을 화재배상책임에서 보상함.

1. 을에 대한 지급보험금

(1) A보험사(신배책 특약)

Min [손해액 40,000,000원, 부상 1급 보상한도 30,000,000원] = 30,000,000원

(2) B보험사(화재배상책임보험)

을은 화재배상책임보험의 피보험자로서, 타인이 아니므로 초과손해액에 대한 보상책임이 없다.

2. 병에 대한 지급보험금

(1) A보험사(신배책 특약)

Min [손해액 150,000,000원, 사망 보상한도 150,000,000원] = 150,000,000원

(2) B보험사(화재배상책임보험)

초과 손해액이 없으므로 지급보험금은 없다.

3. 정에 대한 지급보험금

(1) A보험사(신배책 특약)

정은 현장사망하였으므로, 사망 보험금만 지급한다.

Min [손해액 200,000,000원, 사망 보상한도 150,000,000원] = 150,000,000원

(2) B보험사(화재배상책임보험)

① 초과손해액 : 200,000,000원 - 150,000,000원 = 50,000,000원

② Min [손해액 50,000,000원, 사망 보상한도 150,000,000원] = 50,000,000원

> **착안점**
>
> ① 법적 책임자가 2명이므로 원칙적으로 공동불법행위 사고로 볼 수 있으나, 가해자별 내부 책임비율이 제시되어 있지 않고 문제에서 초과손해액 분담방식으로 풀이하도록 했으므로, 의무보험인 신체손해배상책임특약에서 먼저 지급하는 것으로 풀이한다.
> ② 만약, 공동불법행위 사고로 풀이하도록 제시되고 내부 책임비율이 주어진다면, 손해액을 내부 책임비율에 따라 안분한 뒤에 각 보험에서 지급하는 것으로 풀이한다.

31. 특수건물 신배책 특약 + 다중이용업소 화재배상책임보험 (2021년 기출문제)

'갑'이 소유자인 12층 특수건물의 2층 150㎡를 '을'이 최근 임차하여 노래연습장을 개업하고 2021년 7월 6일 다중이용업소화재배상책임보험을 신규 가입하였다. 2021년 7월 8일 저녁 9시경에 노래연습장에서 화재가 발생하여 '을'과 손님 '병'은 현장에서 질식하여 사망하였고 종업원 '정'은 이 사고로 화상치료를 받았으나 장해가 발생하였다. 화재원인에 대하여 국립과학수사연구소는 "정확한 발화원인과 발화지점을 단정할 수 없는 원인미상의 화재사고"로 감식하였다.

아래 〈별표〉를 참고하여 각각의 질문에 답하시오.

【별표】

[보험가입사항]

보험회사	피보험자	보험종목	보상한도액
A	갑	신체손해배상책임특약부 화재보험	의무보상한도
B	을	다중이용업소 화재배상책임보험	의무보상한도

[등급별 보상한도]

보험종목	후유장해 7급	부상 4급
신체손해배상책임특약부 화재보험	6천만원	1천만원
다중이용업소 화재배상책임보험	6천만원	1천만원

[재해자별 손해내역]

재해자	피해상황	손해액	손해내역	비고
을	현장사망	2억원	법률상 손해배상금	노래연습장 주인
병	현장사망	2.5억원	법률상 손해배상금	노래연습장 손님
정	치료 후 후유장해	3천만원	화상 치료비 (부상 4급)	노래연습장 종업원
		1억원	법률상 손해배상금 (후유장해 7급)	

| 문제 1 | 신체손해배상특약부 화재보험과 다중이용업소 화재배상책임보험에서 '타인'의 적용범위를 설명하시오. (5점)

| 문제 2 | 재해자별로 A와 B 보험회사가 지급해야 할 보험금을 각각 산정하고 그 산출과정을 기재하시오. (15점)

> 풀이

문제 1 신체손해배상특약부 화재보험과 다중이용업소 화재배상책임보험에서 '타인'의 적용범위를 설명하시오. (5점)

1. 신체손해배상책임 특약

본 특별약관에서 '타인'의 특수건물의 소유자 및 그 주거를 같이하는 직계가족(법인의 경우 이사 또는 업무집행기관) 이외의 사람을 말한다. 따라서, 종업원도 원칙적으로 타인에 해당된다.

2. 다중이용업소 화재배상책임보험

다중이용업소 화재배상책임보험에서는 '타인'은 범위에 대한 별도의 규정이 없으므로, 원칙적으로 피보험자 이외의 자를 모두 타인으로 해석할 수 있으나, 세대를 같이하는 친족은 구체적 사례에서 따라서 '타인'에서 제외될 수 있다.

문제 2 재해자별로 A와 B 보험회사가 지급해야 할 보험금을 각각 산정하고 그 산출과정을 기재하시오. (15점)

1. 보상책임 검토

(1) A 보험사

특수건물의 화재로 약관상 '타인'에 해당하는 을, 병, 정이 신체손해을 입었으므로, 화재 원인을 불문하고 신배책 특약에서 보상책임을 부담한다.

(2) B 보험사

다중이용업소에서 화재가 발생하였으므로 그 원인을 불문하고 다중이용업소 화재배상책임보험 보상한도 내에서 타인의 신체손해에 대한 법률상 배상책임을 부담하는 것이 원칙이다. 또한, 임대차 계약상 임차인이 스스로 임차공간에서 발생한 화재에 대하여 과실없음을 입증하지 못하는 한 해당사고로 인한 법률상 배상책임을 부담하여야하므로, 약관상 보상책임을 부담한다.

(3) 두 보험의 관계

상기 두 보험은 피보험자가 다르므로 중복보험에 해당하지 아니하고, 각자의 책임비율에 따른 손해배상책임액을 각각의 보험에서 보상하여야 하나, 문제에서 책임비율에 대한 구체적 조건이 제시되지 않았으므로, 부득이하게 신배책 특약에서 먼저 보상하고 다중이용업소 화재배상책임보험에서 초과손해를 보상하는 것으로 문제 풀이하겠다.

2. 지급보험금 산정

(1) 신배책 특약

1) 을 : 현장사망하였으므로, 손해액은 2억원이나 사망 보상한도 1.5억원 보상한다.
2) 병 : 현장사망하였으므로, 손해액은 2.5억원이나 사망 보상한도 1.5억원 보상한다.
3) 정 : 정은 노래연습장 종업원이나, 해당 보험약관상 종업원도 타인에 해당된다.
   ① 부상 보험금 : Min [치료비 3천만원, 부상 4급 한도 1천만원] = 1천만원
   ② 장해 보험금 : Min [손해액 1억원, 장해 7급 한도 6천만원] = 6천만원
   ③ 소계 : 7천만원
4) 합계 : 3.7억원

(2) 다중이용업소 화재배상책임보험

1) 을 : 해당 보험계약상 피보험자 본인이므로, 보상대상에서 제외된다.
2) 병
   ① 사망 관련 초과손해액 : 2.5억원 − 1.5억원 = 1억원
   ② 지급 보험금 : Min [초과손해액 1억원, 사망 보상한도 1.5억원] = 1억원
3) 정
   ① 부상보험금
      − 초과손해액 : 3천만원 − 1천만원 = 2천만원
      − Min [초과손해액 2천만원, 4급 부상 한도 1천만원] = 1천만원
   ② 장해보험금
      − 초과손해액 : 1억원 − 6천만원 = 4천만원
      − Min [초과손해액 4천만원, 7급 장해 한도 6천만원] = 4천만원
   ③ 소계 : 5천만원
4) 합계 : 1.5억원

32. 특수건물 신배책 특약 + 생산물 배상책임보험 (연습문제)

2021년 5월 1일 서울시에 소재하는 ○○아파트 105동 18층 1802호 내부에서 충전중이던 전동 킥보드의 폭발로 인해 화재가 발생하여 1802호 건물주 '甲'의 자녀 '乙'이 전신화상을 입고 병원으로 긴급 이송하였으나 당일 사망하였다. 사고원인은 전동 킥보드에 장착되어있는 배터리의 제조상 결함으로 확인되었으며, 전동 킥보드 배터리는 △△전자(주)에서 제조되었다.

아래의 〈별표〉를 참조하여 아래의 질문에 각각 답하시오. (20점)

【별표】

[보험계약사항]

보험사	보험종목	계약자/피보험자	보상한도액	자기부담금
A	생산물 배상책임보험 I (사고발생기준 증권)	△△전자(주)	1사고당 500,000,000원	1사고당 20,000,000원
B	화재보험 신체손해 배상책임 특약	○○아파트 각 세대주	의무보상한도액	없음

[전제조건]
- 피해자 : 乙(여) (생년월일 : 1996. 5. 1.)
- 직 업 : 무직(취업 준비 중)
- 도시 보통인부 일용노임 : 150,000원(月 가동일수 22일)
- 피해자 과실 : 10%
- 호프만(H) 월 계수(계산 편의상 계수임)
  • 사고일~가동기간 종료일 : 480개월(H계수 : 260)
- 위자료 : 80,000,000원 기준으로 산출함.
- 피해자를 병원으로 옮기기 위한 긴급호송비용 500,000원 발생함.
- 장례비는 5,000,000원 기준으로 산출함.
- 상기 사례에서 甲과 乙은 주거를 같이하고 있는 것으로 확인됨.

문제 1 화재보험 '신체손해배상책임 특별약관'과 관련하여 사망, 부상, 후유장해 시 보상한도와 손해액 산정기준 및 보험금 병급기준에 대하여 약술하시오. (8점)

문제 2 상기 사고와 관련하여 각 보험사의 보상책임에 대하여 설명하시오. (4점)

문제 3 상기 사고와 관련하여 각 보험사의 지급보험금을 산출하시오. (8점)

문제 1 화재보험 '신체손해배상책임 특별약관'과 관련하여 사망, 부상, 후유장해 시 보상한도와 손해액 산정기준 및 보험금 병급기준에 대하여 약술하시오. (8점)

1. 사망

피해자 1인당 1억 5,000만원 한도 내에서 피해자에게 발생한 손해액. 다만, 손해액이 2,000만원 미만인 경우에는 2,000만원으로 한다. 손해액은 아래의 기준으로 산정한다.

가. 화재로 인하여 사망한 때의 월급액이나 월실수입액 또는 평균임금에 장래의 취업가능기간을 곱한 금액(생계비 공제는 적용하지 않는다.)
나. 남자 평균임금의 100일분에 해당하는 장례비

2. 부상

피해자 1인당 1급 3,000만원~14급 50만원 한도 내에서 발생한 손해액을 지급한다. 단, 부상 보험금의 손해액은 치료비용만을 산정하며, 부상으로 인한 휴업손해 및 위자료 등은 포함하지 않는다.

3. 장해

피해자 1인당 1급 1억 5,000만원~14급 1,000만원 한도 내에서 발생한 손해액을 지급한다. 후유장해 보험금의 손해액은 노동능력 상실정도에 따라 피해를 입은 당시의 월급액이나 월실수입액 또는 평균임금에 장래의 취업가능기간을 곱한 금액으로 하며, 위자료 등 다른 손해액은 포함하지 않는다.

4. 보험금의 병급

가. 부상 당한 자가 치료 중 그 부상이 원인이 되어 사망한 경우에는 부상에 따른 금액과 사망에 따른 금액의 합산액
나. 부상 당한 자에게 후유장해가 생긴 경우에는 부상과 후유장해에 따른 금액의 합산액
다. 후유장해에 따른 금액을 지급한 후 그 부상이 원인이 되어 사망한 경우에는 사망에 따른 금액에서 후유장해에 따른 금액 중 사망한 날 이후의 손해액을 뺀 금액

문제 2 상기 사고와 관련하여 각 보험사의 약관상 보상책임을 설명하시오. (4점)

1. A보험사의 보상책임

상기사고는 전동 킥보드에 장착된 배터리의 제조상 결함으로 인하여 발생한 사고이므로, 생산물배상책임보험의 보상하는 사고에 해당하며, 면책사유에 해당하지 아니하므로 약관상 보상책임을 부담한다.

2. B보험사의 보상책임

상기 사고는 특수건물의 화재사고로 인해 乙이 사망한 사고이나, 피해자 乙은 특수건물 소유자 甲과 주거를 같이하는 직계가족으로 타인에 해당하지 아니하므로 약관상 보상책임을 부담하지 않는다.

문제 3 상기 사고와 관련하여 각 보험사의 지급보험금을 산출하시오. (8점)

1. 손해배상금 산출

(1) 장례비 : 5,000,000원 × (1 − 10%) = 4,500,000원

(2) 사망 일실수입

(150,000원 × 22일) × 100% × (1 − 1/3) × 240(H) × (1 − 10%) = 475,200,000원

과잉배상 제한을 위하여 H계수는 240으로 조정함.

(3) 위자료 : 80,000,000원 × 100% × [1 − (10% × 0.6)] = 75,200,000원

(4) 합계 : 554,900,000원

2. 비용

긴급호송비용 500,000원은 손해방지비용으로, 보상한도를 초과하더라도 보상한다.

3. 지급보험금(A보험사)

(1) 손해배상금

Min [(554,900,000원 − 자기부담금 20,000,000원), 보상한도 5억원] = 5억원

(2) 비용 : 긴급호송비용 500,000원

(3) 합계 : 500,500,000원

33 특수건물 신배책 특약+근재보험 (2024년 기출문제)

'주식회사 A'가 소유하고 있는 특수건물 지하 1층에서 인테리어 공사 중에 화재가 발생하여 공사를 관리 중이던 '주식회사 A'의 직원 B와 '주식회사 A'와 임대차 계약에 따라 입점해 있는 지하 1층의 푸드코트 식당 소속의 직원 C가 화상 등 상해를 입었다.

화재원인과 관련하여 '주식회사 A'의 직원 B의 과실 50%와 푸드코트 식당의 직원 C의 과실 50%가 인정되었다.

아래의 〈전제조건〉을 참고하여 다음 질문에 답하시오. (25점)

【전제조건】

[보험계약사항]

(1) 갑 보험회사
- 보험종목 : 국내근로자재해보장책임보험 / 사용자배상책임 특별약관
- 계약자/피보험자 : '주식회사 A'
- 보상한도액 : 1인당 2억원 / 1사고당 3억원

(2) 을 보험회사
- 보험종목 : 화재보험 / 신체손해배상책임 특별약관
　　　　　　건물소유자의 종업원 배상책임 부보장 추가 특별약관
- 계약자/피보험자 : '주식회사 A'
- 보상한도액 : 의무보상한도액

[기초자료]

(1) 피해자 B
- 소속 : '주식회사 A' 직원
- 월 평균임금 : 5,000,000원
- 보통인부 일용노임 : 150,000원
- 호프만계수(계산상 편의를 위한 임의계수임)
  • 사고일 ~ 입원 종료일 : 12개월 (H계수 : 10)
  • 사고일 ~ 정년까지 : 60개월 (H계수 : 50)
  • 사고일 ~ 가동기간 : 120개월 (H계수 : 100)
- 사용자 책임비율 : 50%
- 치료비 : 20,000,000원

- 비급여치료비(반흔 제거술) : 20,000,000원
- 후유장해(맥브라이드 기준)
  - 양측 수지 부전강직 50% (영구장해)
  - 우측 슬관절 부전강직 20% (영구장해)
- 위자료와 일실퇴직금은 고려하지 아니함
- 근로복지공단 산재지급내역

요양급여	휴업급여	장해급여
20,000,000원	40,000,000원	200,000,000원

(2) 피해자 C
- 소속 : 푸드코트 식당 직원
- 치료비 : 20,000,000원
- 월 평균임금 : 3,000,000원
- 호프만계수(계산상 편의를 위한 임의 계수임)
  - 장래의 취업가능기간 : 40개월 (H계수 : 30)
- 부상 및 장해등급
  - 부상 1급 연부조직의 손상이 심한 부상
  - 장애 7급 외모에 뚜렷한 흉터
  - 장애 7급 신경계통의 기능에 장애
  - 맥브라이드 병합장해 70%
- 위자료 : 20,000,000원
- 화재로 인한 재해보상과 보험가입에 관한 법률 시행령 기준

부상등급	부상등급 보험금액	장애등급	장애등급 보험금액
1급	3,000만원	6급	7,500만원
2급	1,500만원	7급	6,000만원
3급	1,200만원	8급	4,500만원

문제 1 '갑' 보험회사의 피해자별 보상책임 여부를 설명하고 지급보험금을 산정하시오. (15점)

문제 2 '을' 보험회사의 피해자별 보상책임 여부를 설명하고 지급보험금을 산정하시오. (10점)

문제 1 '갑' 보험회사의 피해자별 보상책임 여부를 설명하고 지급보험금을 산정하시오. (15점)

1. 피해자별 보상책임

(1) 피해자 B

피해자 B는 공사관리 중 화재사고로 인해 상해를 입었으므로 업무상 재해에 해당하며, 사용자의 안전배려의무 위반에 따른 법률상 손해배상책임이 인정되므로, '주식회사 A'가 가입한 국내근재보험 사용자배상책임 특별약관에서 산재보험금을 초과하는 민사 손해배상금을 보상한다.

(2) 피해자 C

피해자 C는 화재사고로 인해 상해를 입었으므로 업무상 재해에 해당하나, '주식회사 A' 소속 근로자가 아니므로 주식회사 A가 가입한 국내근재보험의 보상대상에 해당하지 않는다.

2. 손해배상금 산정 (피해자 B)

최근 대법원 판례에 따라 "공제 후 과실상계설"에 따라 풀이함.

(1) 치료비 : 2,000만원은 산재보험에서 요양급여로 지급됨.

(2) 비급여 치료비 : 20,000,000원 × 50% = 10,000,000원

(3) 치료기간 일실수익

1) 500만원 × 100% × 10(H) = 50,000,000원
2) 공제 후 과실상계
   [50,000,000원 − 40,000,000원(휴업급여)] × 50% = 5,000,000원

(4) 노동능력상실률 : 50% + (100 − 50)% × 20% = 60%

(5) 장해기간 일실수익

1) 입원종료일~정년까지 : 500만원 × 60% × 40(H) = 120,000,000원
2) 정년시~가동기간까지 : (15만원 × 20일) × 60% × 50(H) = 90,000,000원
3) 공제 후 과실상계
   [(1.2억원 + 9,000만원) − 2억원(장해급여)] × 50% = 5,000,000원

(6) 합계 : 20,000,000원

3. 지급보험금

20,000,000원 < 1인당 보상한도 2억원

문제 2 '을' 보험회사의 피해자별 보상책임 여부를 설명하고 지급보험금을 산정하시오. (10점)

1. 피해자별 보상책임

(1) 피해자 B

피해자 B는 특수건물의 화재로 인하여 신체손해를 입었으나, 을 보험회사는 '건물소유자의 종업원배상책임 부보장 추가 특별약관'에서 따라 피해자 B에 대하여 보상책임을 부담하지 않는다.

(2) 피해자 C

피해자 C는 특수건물의 화재로 인하여 신체손해를 입었으며, 주식회사 A 소속 근로자가 아니므로 을 보험회사는 피해자 C에 대하여 보상책임을 부담한다.

2. 손해액 산정 (피해자 C)

(1) 치료비 : 20,000,000원
(2) 장애 일실수익 : 300만원 × 70% × 40개월 = 84,000,000원

3. 지급보험금 산정

(1) 부상 보험금

Min [치료비 2,000만원, 부상 1급 보상한도 3,000만원] = 2,000만원

(2) 장애 보험금

1) 장애 급수

두 가지 이상의 장해가 발생한 경우, 높은 급수보다 1등급 상향하므로 6급이다.

2) 보험금

Min [장애 일실수익 8,400만원, 장애 6급 보상한도 7,500만원] = 7,500만원

(3) 위자료는 화재보험법상 지급대상에 해당하지 아니함.

(4) 합계 : 9,500만원

34 다중이용업소 화재배상책임보험 + 영업배상책임보험 (연습문제)

2023년 1월 2일 19시경 서울시 강남구 소재 빌딩의 2층에 소재하는 방탈출 카페 '강남○○방탈출' 내부에서 원인미상의 화재가 발생하자 방탈출 카페 사업주 '김○○'은 방탈출 게임중이던 손님 '이○○'에 대한 구호조치 없이 본인만 신속하게 탈출하였다. 손님 '이○○'은 창문으로 뛰어내렸으나 요추 1번 압박골절의 상해를 입었으며, 장기간 치료하였으나 후유장해가 남게되었다.

아래의 〈별표〉를 참고로 하여 각 질문에 답하시오. (20점)

【별표】

['강남 ○○방탈출' 카페 보험계약사항]

보험사	보험종목	보상한도액	자기부담금
A 손해보험	다중이용업소 화재배상책임보험	의무보상한도액	없음
B 손해보험	국문 영업배상책임보험 시설소유관리자 특별약관	1인당 3억원 1사고당 5억원	1사고당 50만원

[전제조건]
- 피해자 : 손님 '이○○'
- 생년월일 : 1973년 1월 2일
- 직 업 : 회사원 (정년 만 60세)
- 월급여 : 500만원
- 도시 보통인부 일용노임 : 150,000원 (月 가동일수 20일)
- 치료기간 : 사고일~2023년 4월 2일 (3개월)
- 병원 치료비 : 15,000,000원
- 향후 치료비(현가) : 10,000,000원
- 맥브라이드식 노동능력상실률(%)
  • 척추 부위 : 영구장해 40% (기왕증 기여도 25%)
- 손님 '이○○'의 다중이용업소화재배상책임보험 부상 / 후유장해 등급
  • 부상 : 4급 (보상한도 1,000만원)
  • 후유장해 : 10급 (보상한도 2,700만원)
- 피해자 과실 : 20%

- 호프만(H) 월 계수 (계산 편의상 계수임)
    - 사고일~치료종결일 : 3개월 (H계수 : 3)
    - 사고일~정년 시 : 120개월 (H계수 : 103)
    - 사고일~가동기간 종료 시 : 180개월 (H계수 : 143)
- 위자료는 사망 또는 100% 노동능력 상실 시 100,000,000원 기준으로 산정
- 일실퇴직금은 고려하지 아니함.

문제 1 다중이용업소 화재배상책임보험의 의무 가입업종을 약술하시오. (5점)

문제 2 각 보험사의 피해자에 대한 보상책임에 대하여 설명하시오. (3점)

문제 3 각 보험사의 피해자에 대한 지급보험금을 산출하시오. (12점)

> 풀이

문제 1 다중이용업소 화재배상책임보험의 의무 가입업종을 약술하시오. (5점)

다중이용업소 화재배상책임보험 의무가입대상은 다중이용업소법 제25조에 규정되어 있다.
휴게음식점, 제과점, 일반음식점, 단란주점, 유흥주점, 영화상영관, 비디오감상실, 학원, 목욕장, 게임제공업, 인터넷컴퓨터게임시설제공업 및 복합유통게임제공업, 노래연습장, 산후조리원, 고시원, 비디오물 소극장업 및 복합영상물제공업, 권총사격장, 골프연습장, 안마시술소, 전화방, 화상대화방, 수면방, 콜라텍, 방탈출카페, 키즈카페업, 만화카페업

문제 2 각 보험사의 피해자에 대한 보상책임에 대하여 설명하시오. (3점)

1. A 보험사

방탈출카페 사업주 김○○은 업장에서 화재가 발생했음에도 손님 이○○에 대한 구호조치 없이 본인만 탈출하였으므로 법률상 손해배상책임을 부담하며, A 보험사에 가입한 다중이용업소 화재배상책임보험은 피보험자의 과실 여부를 불문하고 보상하므로 보상책임을 부담한다.

2. B 보험사

방탈출카페 사업주 김○○은 업장에서 화재가 발생했음에도 손님 이○○에 대한 구호조치 없이 본인만 탈출하였으므로 법률상 손해배상책임을 부담하며, 김○○이 B보험사에 가입한 시설소유관리자 특별약관에서 보상하는 사고에 해당하므로 보상책임을 부담한다.

문제 3 각 보험사의 피해자에 대한 지급보험금을 산출하시오. (12점)

1. 손해배상금 산출

(1) **병원 치료비**: $15,000,000원 \times (1-20\%) = 12,000,000원$

(2) **향후 치료비**: $10,000,000원 \times (1-20\%) = 8,000,000원$

(3) **노동능력상실률**: $40\% \times (100-25)\% = 30\%$

(4) 일실수입

　　1) 치료기간 일실수입 : 500만원×100%×3(H)×(1−20%)=12,000,000원

　　2) 장해기간 일실수입

　　　　① 치료종결일~정년 시까지

　　　　　　500만원×30%×(103−3)(H)×(1−20%)=120,000,000원

　　　　② 정년시~가동기간 종료 시까지

　　　　　　(15만원×20일)×30%×(143−103)(H)×(1−20%)=28,800,000원

　　　　③ 합계 : 148,800,000원

(5) 위자료 : 1억원×30%×[1−(20%×60%)]=26,400,000원

(6) 합계 : 207,200,000원

2. 지급보험금 산출

의무보험인 다중이용업소 화재배상책임보험에서 먼저 보상하고, 임의보험인 시설소유관리자 특별약관에서 초과 손해액을 보상한다.

(1) 다중이용업소 화재배상책임보험 (A 보험사)

　　1) 부상 보험금

　　　　Min [(병원 치료비 12,000,000원+향후 치료비 8,000,000원+부상 일실수입 12,000,000원), 4급 부상 보상한도 10,000,000원]=10,000,000원

　　2) 장해 보험금

　　　　Min [(장해 일실수입 148,800,000원+위자료 26,400,000원), 10급 후유장해 보상한도 27,000,000원]=27,000,000원

　　3) 합계 : 37,000,000원

(2) 시설소유관리자 특별약관 (B 보험사)

　　1) 초과 손해배상금 : 207,200,000원−37,000,000원=170,200,000원

　　2) Min [170,200,000원−자기부담금 500,000원, 1인당 보상한도 3억원]
　　　　=169,700,000원

35 다중이용업소 화재배상책임보험 + 영업배상책임보험 (연습문제)

2023년 11월 1일 대전시 소재 건물 3층에서 '박○○'이 운영하는 '○○만화카페'에서 손님이 주문한 간식을 만들던 중 '박○○'의 화기취급 부주의로 화재가 발생하여 만화를 보던 손님 '허○○'이 대피하는 과정에서 중심을 잃고 3층에서 떨어지면서 견갑골 및 척추가 골절되는 중상해 입고 치료 후 후유장해가 남았다.

아래의 〈별표〉를 참고하여 각 질문에 답하시오. (20점)

【별표】

[보험가입사항]

보험사	보험종목	피보험자	보상한도액	자기부담금
A 보험사	다중이용업소 화재배상책임보험	박○○	의무 보상한도액	없음
B 보험사	국문 영업배상책임보험 시설소유관리자 특별약관	박○○	1사고당 1억원	자기부담금 100만원
C 보험사	국문 영업배상책임보험 시설소유관리자 특별약관	박○○	1사고당 5,000만원	자기부담금 50만원

[전제조건]
- 피해자 : '허○○'
- 맥브라이드식 노동능력 상실률(%)
  • 견관절 부위 : 20% (기왕증 기여도 25%)
  • 척추 부위 : 40% (기왕증 기여도 50%)
  • 기왕장해 : 수지 절단장해 10%
- '허○○'의 다중이용업소 화재배상책임보험 부상등급 : 척추(3급), 견갑골(8급)
- '허○○'의 다중이용업소 화재배상책임보험 장해등급 : 척추(10급), 견갑골(14급)
- 피해자 과실 : 20%
- 위자료는 고려하지 아니함
- 피해자의 손해내역(노동능력 상실률이 반영된 금액임)

치료비	간병비(치료기간)	부상 일실수익	장해 일실수익
20,000,000원	5,000,000원	30,000,000원	150,000,000원

– 다중이용업소 화재 배상책임보험 부상 / 후유장해 등급별 보상한도

부상	부상 등급별 보상한도	후유장해	후유장해 등급별 보상한도
1급	30,000,000원	8급	45,000,000원
2급	15,000,000원	9급	38,000,000원
3급	12,000,000원	10급	27,000,000원
4급	10,000,000원	11급	23,000,000원
5급	9,000,000원	12급	19,000,000원
6급	7,000,000원	13급	15,000,000원

문제 1 피해자 '허○○'의 복합장해율을 산출하시오. (4점)

문제 2 각 보험사의 피해자 '허○○'에 대한 보상책임에 대하여 설명하시오. (4점)

문제 3 각 보험사의 피해자 '허○○'에 대한 지급보험금을 산출하시오. (12점)

풀이

문제 1 피해자 '허○○'의 복합장해율을 산출하시오. (4점)

1. 부위별 장해율

(1) 견관절 : $20\% \times (1-25\%) = 15\%$

(2) 척추 : $40\% \times (1-50\%) = 20\%$

2. 금번사고의 복합장해율

$20\% + (100-20)\% \times 15\% = 32\%$

3. 기왕장해 반영 후 최종장해율

$[32\% + (100-32)\% \times 10\%] - 10\% = 28.8\%$

문제 2 각 보험사의 피해자 '허○○'에 대한 보상책임에 대하여 설명하시오. (4점)

1. A 보험사

박○○이 만화카페 운영 중에 화기취급 부주의로 화재가 발생하였는바, 박○○은 민법 제750조의 불법행위책임을 부담하며, 박○○이 가입한 다중이용업소 화재배상책임보험은 피보험자의 과실여부를 불문하고 화재사고로 인한 피해를 보상하므로 A보험사는 보상책임을 부담한다.

2. B, C 보험사

박○○이 만화카페 운영 중에 업무상 과실로 인하여 허○○에게 신체손해를 입혔으며, 박○○이 가입한 시설소유관리자 특별약관에서 보상하는 사고에 해당하므로 B, C보험사는 보상책임을 부담한다.

문제 3 각 보험사의 피해자 '허○○'에 대한 지급보험금을 산출하시오. (12점)

1. 손해배상금

(1) 치료비 : 20,000,000원 × (1 − 20%) = 16,000,000원

(2) 간병비(치료기간) : 5,000,000 × (1 − 20%) = 4,000,000원

(3) 부상 일실수익 : 30,000,000원 × (1 − 20%) = 24,000,000원

(4) 장해 일실수익 : 150,000,000원 × (1 − 20%) = 120,000,000원

(5) 합계 : 164,000,000원

2. 지급보험금

동일한 피보험자의 사고를 담보하는 보험이 3개이므로, 의무보험인 다중이용업소 화재배상책임보험에서 먼저 보상하고, 초과 손해액을 2개의 시설소유관리자 특별약관에서 독립책임액 분담방식에 따라 보상한다.

(1) 다중이용업소 화재배상책임보험(A 보험사)

1) 부상 보험금

허○○의 부상등급은 3급과 8급으로 높은 등급인 3급의 하위 3등급 내에 8급이 포함되지 않으므로 등급 상향 없이 부상등급은 3급이다.

① 부상 손해액 : 치료비 + 간병비 + 부상 일실수익 = 44,000,000원

간병비는 치료기간의 간병비이므로, 부상 손해액으로 분류함.

② Min [44,000,000원, 3급 보상한도 12,000,000원] = 12,000,000원

2) 장해 보험금

허○○의 장해 등급은 10급과 14급으로 높은 등급보다 1등급 상향하여 9급이다.

Min[장해 일실수익 120,000,000원, 9급 보상한도 38,000,000원] = 38,000,000원

3) 합계 : **50,000,000원**

(2) 시설소유관리자 특별약관(B, C 보험사)

1) 잔존 손해액 : 164,000,000원 − 50,000,000원 = 114,000,000원

2) 독립책임액

① B보험사: Min[114,000,000원 − 100만원, 1사고당 보상한도 1억원] = 1억원

② C보험사: Min[114,000,000원 − 50만원, 1사고당 보상한도 5,000만원] = 5,000만원

③ 독립책임액의 합산액 1.5억원이 잔존 손해액을 초과하므로, 중복보험에 해당함.

3) 지급보험금
　① B보험사 : 114,000,000원×(1억원 / 1.5억원)=76,000,000원
　② C보험사 : 114,000,000원×(5,000만원 / 1.5억원)=38,000,000원

36. 다중이용업소 화재배상책임보험 + 생산물 배상책임보험 (연습문제)

2021년 7월 1일 경기도 안양시 ○○구에 소재하는 4층 '인스 노래연습장'(대표 : 노사장)에서 화재가 발생하여 노래방 손님 '이○○'이 비상계단으로 대피하는 과정에서 심하게 넘어지면서 발목이 분쇄 골절되고 척추 방출성 골절의 중상해를 입게 되었다. 국과수의 화재원인 조사결과, 노래방 내부에 설치된 '□□스피커(주)'에서 제조한 스피커의 제조상 결함과 노래방의 스피커 관리 부실이 경합하여 화재가 발생한 것으로 확인되어 공동불법행위책임이 인정되었다. 또한, '이○○'은 2021년 8월 30일에 '□□스피커(주)'에 최초의 손해배상 청구를 제기하였다.

아래의 〈별표〉를 참고로 하여 각 질문에 답하시오. (20점)

【별표】

[보험가입사항]

1. 계약자/피보험자 : '□□스피커(주)'

보험회사	보험종목	보험기간	보상한도	자기부담금
A	생산물 배상책임보험 (배상청구기준 증권) 판매인 특별약관	2020.7.5.~2021.7.4. [소급담보일자 : 2015.7.5.]	1사고당 5억원	1사고당 500만원
B	생산물 배상책임보험 (배상청구기준 증권) 판매인 특별약관	2021.7.5.~2022.7.4. [소급담보일자 : 2015.7.5.]	1사고당 8억원	1사고당 1,000만원

2. 계약자/피보험자 : '노사장'(인스 노래연습장 대표)

보험회사	보험종목	보험기간	보상한도	자기부담금
C	다중이용업소 화재배상책임보험	2021.1.1.~2021.12.31.	의무 보상한도액	없음

[전제조건]
- 피해자 : 이○○
- 생년월일 : 1978년 7월 1일
- 직 업 : 무직
- 도시보통인부 노임 : 월 300만원
- 병원 치료비 : 3,000만원
- 향후 치료비 및 보조구비 : 1,500만원(현가)

- 피해자 과실 : 30%
- 맥브라이드식 노동능력상실률(%)
    • 요추 부위 : 영구장해 50%(기왕증 50%)
    • 발목 부위 : 5년간 한시장해 20%
- 피해자의 부상등급 및 후유장해등급(다중이용업소 화재배상책임보험 기준)
    • 부상등급 : 3급(보상한도 1,200만원)
    • 후유장해등급 : 6급(보상한도 7,500만원)
- 호프만(H) 월 계수(계산 편의상 계수임)
    • 사고일~치료종결 시 : 7개월(H계수 : 6)
    • 사고일~복합장해기간 종료 시 : 67개월(H계수 : 66)
    • 사고일~가동기간 종료 시 : 264(H계수 : 186)
- 위자료는 노동능력상실률 및 피해자 과실을 고려하여 3,000만원에 합의함.

[기타사항]
- '인스 노래연습장'은 다중이용업소 화재배상책임보험 의무가입대상 업소임.
- 'ㅁㅁ스피커(주)'와 '인스 노래연습장'의 내부책임비율은 80% : 20%로 최종 결정됨

문제 1 각 보험사의 피해자 '이○○'에 대한 보상책임 여부에 대하여 설명하시오. (6점)

문제 2 피해자 '이○○'의 복합장해율을 산출하시오. (4점)

문제 3 각 보험사의 지급보험금 산출하고, 그 산출내역을 기술하시오. (10점)

> 풀이

문제 1 각 보험사의 피해자 이○○에 대한 보상책임 여부에 대하여 설명하시오. (6점)

1. A보험사

상기 사고는 □□스피커(주)에서 제조한 스피커의 제조상 결함으로 인하여 발생하였으므로 □□스피커(주)는 피해자 이○○에 대하여 제조물 책임을 부담하나, A보험사에 가입한 생산물배상책임보험의 보험기간 중 최초의 배상청구가 없었으므로 보상책임을 부담하지 않는다.

2. B보험사

상기 사고는 □□스피커(주)에서 제조한 스피커의 제조상 결함으로 인하여 발생하였으므로 □□스피커(주)는 피해자 이○○에 대하여 제조물 책임을 부담하며, B보험사에 가입한 생산물배상책임보험의 소급담보일자 이후에 사고가 발생하고 보험기간 중에 최초의 배상청구가 있었으므로 보상책임을 부담한다.

3. C보험사

노래연습장 업주의 스피커 관리 부실이 화재의 원인이 되었으므로 다중이용업소법 제13조의 2에 따라 다중이용업주는 사고 발생과 관련하여 과실 유무를 불문하고 화재배상책임보험의 보상한도의 범위에서 사고에 대한 배상책임을 부담한다.

문제 2 피해자 '이○○'의 복합장해율을 산출하시오. (4점)

1. 부위별 장해율

(1) 척추부위 : 50%×(1−50%)=25%

(2) 발목부위 : 20% (5년 한시장해)

2. 복합장해율

(1) 치료종결 시~5년간 : 25%+(100−25)%×20%=40%

(2) 5년 이후~가동기간 종료 시 : 25%

문제 3 각 보험사의 지급보험금 산출하고, 그 산출내역을 기술하시오. (10점)

1. 손해배상금 산출

(1) **치료비** : 30,000,000원 × (1 − 30%) = 21,000,000원

(2) **향후 치료비** : 15,000,000원(현가) × (1 − 30%) = 10,500,000원

(3) **치료기간 일실수익** : 300만원 × 100% × 6(H) × (1 − 30%) = 12,600,000원

(4) **장해기간 일실수익**

① 치료종결일~복합장해 종료 시 : 300만원 × 40% × 60(H) × (1 − 30%) = 50,400,000원

② 복합장해 종료 시~가동기간 종료 시 : 300만원 × 25% × 120(H) × (1 − 30%)
= 63,000,000원

③ 합계 : 113,400,000원

(4) **위자료** : 30,000,000원에 합의함.

(5) **합계** : 187,500,000원

2. 공동불법행위자별 손해액 안분

(1) ㅁㅁ스피커(주) : 187,500,000원 × 80% = 1.5억원

(2) 인스 노래연습장 : 187,500,000원 × 20% = 37,500,000원

① 부상 손해액 : 치료비 + 향후치료비 + 치료기간 일실수익 = 4,410만원
4,410만원 × 20% = 882만원

② 장해 손해액 : 장해 일실수익 + 위자료 = 143,400,000원
143,400,000원 × 20% = 2,868만원

3. 보험사별 지급보험금 산출

공동불법행위자간 내부책임비율에 따라 안분된 손해액을 각자 가입한 보험에서 보상한다.

(1) **생산물 배상책임보험(B보험사)**

1.5억원 − 1,000만원(자기부담금) = 1.4억원 < 1사고당 보상한도 8억원

(2) **다중이용업소 화재배상책임보험(C보험사)**

1) 부상 보험금

Min [부상 손해액 882만원, 3급 부상 보상한도 1,200만원] = 882만원

2) 장해 보험금

　　Min [장해 손해액 2,868만원, 6급 장해 보상한도 7,500만원] = 2,868만원

3) 합계 : 882만원 + 2,868만원 = 3,750만원

> **착안점**
>
> ① 본 사례문제는 공동불법행위 문제로서, 공동불법행위자 각자의 책임비율에 따른 손해액을 각자 가입한 보험에서 지급되는 보험금을 산출하는 문제이다.
> ② 의무보험과 임의보험이 같이 나온다고 해서 무조건 의무보험을 선보상하고 임의보험에서 초과손해액을 보상하는 '초과액 분담방식'이 적용되지 않는다는 점을 유의한다.
> ③ '초과액 분담방식'은 원칙적으로 하나의 피보험자가 동일한 사고을 담보하는 두 개 이상의 보험을 가입한 중복보험의 경우에만 적용되는 것이라는 개념을 잡아야 한다.
> 　(예) 노래방 업주가 다중이용업소 화재배상책임보험을 가입하고, 영업배상책임보험 시설소유자 특별약관을 가입하는 경우, '초과액 분담방식'이 적용됨

37 재난배상책임보험 + 영업배상책임보험 (2018년 기출문제 변형)

갑은 본인 소유의 1층 단독건물에서 일반음식점을 운영하고 있다. 2018년 1월 20일 22시경 영업 중인 갑의 음식점에 불상자가 침입하여 미리 준비한 인화성 물질을 붓고 방화하여 그 화재와 유독가스로 인해 음식점 손님 을, 병, 정이 상해를 입는 사고가 발생하였다.

아래 〈별표〉의 내용을 참고하여 각각의 질문에 답하시오. (10점)

【별표】

['갑'의 보험가입사항]
① 보험회사 A : 재난배상책임보험
    - 보상한도 : 의무 가입금액
② 보험회사 B : 국문 영업배상책임보험/시설소유관리자 특별약관
    - 보상한도 : 1인당 100,000,000원, 1사고당 300,000,000원

[손해사항]

피해자	피해사항	법률상 손해배상금	손해 세부내역
을	현장사망	200,000,000원	사망에 따른 실제손해액 2억원
병	치료중 사망	220,000,000원	사망에 따른 실제손해액 2억원 부상등급 1급, 실제 치료비 2천만원
정	부상	50,000,000원	부상등급 1급, 실제 치료비 5천만원

[전제조건]
- 음식점 바닥면적은 165㎡이다.
- 경찰조사 및 국립수사연구원 화재감식결과 등에 따르면, 화재원인은 불상자의 방화로 최종 확인되었고, 갑의 건물 소유에 따른 관리상 하자나 귀책사유에 따른 손해 확대 등은 확인되지 않아 갑의 과실 없는 사고로 종결되었다.
- 갑의 음식점은 다중이용업소 화재배상책임보험 의무가입대상 시설에는 해당되지 않는다.

문제 1 각 보험종목별 보상하는 손해와 보상책임에 관하여 각각 약술하시오. (5점)

문제 2 보험사별, 피해자 지급보험금을 산출하고 그 산출과정을 기재하시오. (5점)

풀이

문제 1 각 보험종목별 보상하는 손해와 보상책임에 관하여 각각 약술하시오. (5점)

1. 재난배상책임보험

(1) 보상하는 손해

피보험자가 소유, 관리 또는 점유하는 시설에서 화재, 붕괴, 폭발로 발생한 타인의 생명, 신체, 재산상의 손해에 대하여 피보험자가 부담하는 손해를 보상한다.

(2) 보상책임

불상자의 침입에 의한 화재는 원칙적으로 피보험자의 행위가 개입되지 않았으므로 손해배상책임이 발생하지 않는 것이 원칙이나, 재난배상책임보험은 약관상 무과실책임주의가 적용되므로 제3자의 행위에 의한 사고라도 해당 시설내에서 발생한 화재로 타인에게 손해가 발생하였으므로 약관상 보상책임을 부담한다.

2. 시설소유관리자 특별약관

(1) 보상하는 손해

피보험자가 소유, 사용 또는 관리하는 시설의 하자 또는 시설과 관련된 업무상 과실에 의하여 발생한 타인의 신체손해 및 재산손해에 대한 손해배상책임을 부담함으로써 입은 손해를 보상한다.

(2) 보상책임

시설소유관리자 특별약관은 과실책임주의에 따른 손해배상책임 여부를 판단하는데, 사례에서 사고의 원인은 제3자의 방화로 인한 화재로서 피보험자의 손해배상책임은 발생하지 않으며, 본 특별약관상 보상책임은 없다.

문제 2 보험사별, 피해자 지급보험금을 산출하고 그 산출과정을 기재하시오. (5점)

1. 재난배상책임보험

   (1) 피해자 을

   ① 보상한도 : 현장 사망하였으므로, 사망 1.5억원

   ② 지급보험금 : Min [손해배상금 2억원, 사망 보상한도 1.5억원] = 1.5억원

   (2) 피해자 병

   ① 보상한도 : 치료 중 사망하였으므로, 사망 1.5억원 + 3,000만원 = 1.8억원

   ② 지급보험금 : Min [손해배상금 2.2억원, 보상한도 1.8억원] = 1.8억원

   (3) 피해자 정

   ① 보상한도 : 부상 1급 3,000만원

   ② 지급보험금 : Min [손해배상금 5,000만원, 보상한도 3,000만원] = 3,000만원

2. 시설소유관리자 특별약관

   피보험자 갑의 법률상 배상책임이 발생하지 않으므로 지급보험금은 없다.

> **착안점**
> ① 1층 음식점은 재난배상책임보험 가입대상임을 숙지한다. 단, 100㎡ 이상만 가입대상이다.
> ② 재난배상책임보험은 무과실책임주의(약관)이며, 피해자 과실상계가 적용됨을 유의한다.
> ③ 재난배상책임보험에서 치료 중 사망사고의 경우, 부상 보상한도와 사망 보상한도를 합산한 보상한도 내에서 손해배상금을 산출하여 지급함을 유의한다. 중요

38. 재난배상책임보험 + 영업배상책임보험 (연습문제)

2022년 4월 5일 19시경 서울시 중구에 소재하는 건물 1층에서 '김○○'이 운영하고 있는 음식점 '김밥나라' 주방에서 조리장 '이○○'의 화기 취급 부주의로 화재가 발생하여 조리장 '이○○'이 심한 화상을 입었으며, 식당 내부 홀에서 식사중이던 손님 '갑(甲)'이 화재 연기에 질식되어 병원으로 후송되었으나 치료 중 사망하고, 손님 '을(乙)'은 대피하는 과정에서 넘어지면서 대퇴골이 골절되는 중상해를 입었다.

아래의 〈별표〉를 참고로 하여 각 질문에 답하시오. (20점)

【별표】

[보험가입사항] 보험계약자/피보험자 : '김○○'

보험사	보험종목	보상한도액	자기부담금
A	재난배상책임보험 종업원 배상책임 부보장 특별약관	의무보상한도액	없음
B	국문 영업배상책임보험 시설소유관리자 특별약관	1인당 200,000,000원 1사고당 500,000,000원	1사고당 1,000,000원

[손해사항]

피해자	피해사항	법률상 손해배상금	손해 세부내역
이○○	부상 5급, 후유장해 10급	80,000,000원	– 부상에 따른 실손해액 1천만원 – 후유장해에 따른 실손해액 7천만원
갑(甲)	부상 1급, 치료중 사망	250,000,000원	– 부상에 따른 실손해액 5천만원 – 사망에 따른 실손해액 2억원
을(乙)	부상 3급, 후유장해 5급	120,000,000원	– 부상에 따른 실손해액 2천만원 – 후유장해에 따른 실손해액 1억원

[전제조건]
– 음식점 '김밥나라'의 바닥면적은 110㎡이다.
– 음식점 '김밥나라'는 전체 10층 건물의 1층에 입점되어 운영 중이다.

– 재난배상책임보험 부상 / 후유장해 등급별 보상한도

부상 / 후유장해 등급	부상 보상한도	후유장해 보상한도
1급	3,000만원	1억 5,000만원
2급	1,500만원	1억 3,500만원
3급	1,200만원	1억 2,000만원
4급	1,000만원	1억 500만원
5급	900만원	9,000만원
6급	700만원	7,500만원
7급	500만원	6,000만원
8급	300만원	4,500만원
9급	240만원	3,800만원
10급	200만원	2,700만원

문제 1 상기 사례에서 각 보험사의 피해자별 보상책임 여부에 대하여 설명하시오. (6점)

문제 2 상기 사례에서 각 보험사의 피해자별 지급보험금을 산출하고, 그 산출과정을 기재하시오. (14점)

풀이

문제 1 상기 사례에서 각 보험사의 피해자별 보상책임 여부에 대하여 설명하시오. (6점)

1. A보험사(재난배상책임보험)

사례에서 음식점 소속 조리장의 업무상 과실에 의하여 발생한 화재로 손님 갑과 을이 신체손해를 입었으므로, 음식점 대표 김○○은 민법 제756조에 따른 사용자 책임을 부담하며, A보험사에 가입한 재난배상책임보험에서 보상책임을 부담한다.

조리장 이○○은 상기 사고로 인해 부상을 입었으나, 음식점 소속 근로자로서 '종업원 배상책임 부보장 특별약관'에 가입되어있으므로 조리장 이○○에 대해서는 보상책임을 부담하지 않는다.

2. B보험사(영업배상책임보험)

사례에서 음식점 소속 조리장의 업무상 과실에 의하여 발생한 화재로 손님 갑과 을이 신체손해를 입었으므로, 음식점 대표 김○○은 민법 제756조에 따른 사용자 책임을 부담하며, B보험사에 가입한 영업배상책임보험에서 보상책임을 부담한다.

조리장 이○○은 상기 사고로 인해 부상을 입었으나, 시설소유관리자특별약관에서 피보험자 소속 근로자에 대한 배상책임은 면책사유에 해당하므로 보상책임을 부담하지 않는다.

문제 2 상기 사례에서 각 보험사의 피해자별 지급보험금을 산출하고, 그 산출과정을 기재하시오. (14점)

1. 보험간 보상처리방법

상기 화재사고와 관련하여 피보험자 '김○○'을 담보하는 재난배상책임보험과 영업배상책임보험은 중복보험에 해당되며, 의무보험인 재난배상책임보험에서 피해자별 손해배상금을 먼저 보상하고, 임의보험인 시설소유관리자 특별약관에서 초과 손해배상금을 보상한다.

2. A보험사(재난배상책임보험)

(1) 피해자 '갑'

① 보상한도 : 부상 1급 3천만원 + 사망 1.5억원 = 1.8억원
치료 중 사망 시에는 부상과 사망 보상한도의 합산액 범위내에서 실손해액을 보상한다.

② 지급보험금 : Min [손해액 2.5억원, 보상한도 1.8억원] = 1.8억원

(2) 피해자 '을'

① 보상한도 : 부상 3급 1,200만원, 후유장해 5급 9,000만원

부상당한 자에게 후유장해가 발생한 경우에는 부상에 따른 지급보험금과 후유장해에 따른 지급보험금을 각각 산출한 후 합산한다.

② 부상 보험금 : Min [손해액 2천만원, 3급 보상한도 1,200만원] = 1,200만원

③ 후유장해 보험금 : Min [손해액 1억원, 5급 보상한도 9,000만원] = 9,000만원

④ 합계 : 1억 200만원

3. B보험사(영업배상책임보험)

(1) 피해자 '갑'

① 잔존 손해배상금 : 손해배상금 2.5억원 – 재난배상책임보험 지급액 1.8억원 = 7,000만원

② 지급보험금 : Min [(잔존 손해배상금 7,000만원 – 자기부담금 100만원), 보상한도 2억원]
= 6,900만원

(2) 피해자 '을'

① 잔존 손해배상금 : 손해배상금 1.2억원 – 재난배상책임보험금 1억 200만원 = 1,800만원

② 지급보험금 : Min [(잔존 손해배상금 1,800만원, 보상한도 2억원] = 1,800만원

자기부담금은 1사고당 1회만 공제하므로, 을에 대해서는 자기부담금을 공제하지 않음.

39. 재난배상책임보험 + 일상생활배상책임보험 (연습문제)

2022년 5월 20일 대전시에 소재한 500세대 '○○아파트(최고층 12층)' 101동 201호에서 거주하는 세대주 '甲'이 저녁식사 준비를 위해 요리하던 중 화기취급 부주의로 화재가 발생하여 윗층 301호까지 불길이 번져서 301호 세대주의 배우자 '乙'이 불길을 피해서 작은방 창문틀에 매달려 있다가 팔에 힘이 빠져 떨어지면서 척추 및 슬개골이 골절되는 중상해를 입고 치료를 받았으나 후유장해가 남게 되었다. 201호 세대주 '甲'과 함께 살면서 생계를 같이하는 친동생 '丙'은 친구들과 2박 3일동안 제주도 여행을 떠나서 집에 없었다.

아래의 〈별표〉를 참고하여 각 질문에 답하시오. (20점)

【별표】

[보험가입사항]

보험사	보험종목	피보험자	보상한도액	자기부담금
A 보험사	재난 배상책임보험	甲	의무보상 한도액	없음
B 보험사	일상생활 배상책임보험	甲	1사고당 1억원	대물 1사고당 20만원
C 보험사	가족 일상생활 배상책임보험	丙	1사고당 1억원	대인 1사고당 20만원

[전제조건]
- 피해자 : '乙'
- 맥브라이드식 노동능력 상실률(%)
  - 슬관절 부위 : 20% (기왕증 기여도 25%)
  - 척추 부위 : 50% (기왕증 기여도 20%)
  - 기왕장해 : 고관절 20%
- '乙'의 재난배상책임보험 부상 등급 : 척추(3급), 슬개골(6급)
- '乙'의 재난배상책임보험 후유장해 등급 : 척추(11급), 슬개골(13급)
- 피해자 과실 : 20%
- 피해자 '乙'의 손해내역 (노동능력 상실률이 반영된 금액임)

치료비	부상 일실수익	장해 일실수익	위자료
15,000,000원	30,000,000원	180,000,000원	40,000,000원

– 재난 배상책임보험 부상 / 후유장해 등급별 보상한도

부상	부상 등급별 보상한도	후유장해	후유장해 등급별 보상한도
1급	30,000,000원	8급	45,000,000원
2급	15,000,000원	9급	38,000,000원
3급	12,000,000원	10급	27,000,000원
4급	10,000,000원	11급	23,000,000원
5급	9,000,000원	12급	19,000,000원
6급	7,000,000원	13급	15,000,000원

문제 1 재난배상책임보험 의무가입 대상업종을 약술하시오. (3점)

문제 2 피해자 '乙'의 복합장해율을 산출하시오. (4점)

문제 3 각 보험사의 피해자 '乙'에 대한 보상책임에 대하여 설명하시오. (3점)

문제 4 각 보험사의 피해자 '乙'에 대한 지급보험금을 산출하시오. (10점)

> 풀이

문제 1   재난배상책임보험 의무가입 대상업종을 약술하시오. (3점)

숙박시설, 과학관, 물류창고, 박물관, 미술관, 1층 음식점, 장례식장, 경륜장, 경정장, 장외매장, 국제회의시설, 지하상가, 도서관, 주유소, 여객자동차터미널, 전시시설, 15층 이하의 공동주택, 경마장, 장외발매소, 농어촌민박

문제 2   피해자 '乙'의 복합장해율을 산출하시오. (4점)

1. 부위별 장해율

  (1) 슬관절 : $20\% \times (1-25\%) = 15\%$

  (2) 척추 : $50\% \times (1-20\%) = 40\%$

2. 복합장해율

  $40\% + (100-40)\% \times 15\% = 49\%$

3. 기왕장해 공제 후 최종장해율

  $[49\% + (100-49)\% \times 20\%] - 20\% = 39.2\%$

문제 3   각 보험사의 피해자 '乙'에 대한 보상책임에 대하여 설명하시오. (3점)

1. A 보험사

甲의 화기취급 부주의로 화재가 발생하였는바, 甲은 민법 제750조의 불법행위책임을 부담하며, 甲이 가입한 재난배상책임보험은 피해자의 과실여부를 불문하고 화재사고로 인한 피해를 보상하므로 A 보험사는 보상책임을 부담한다.

2. B 보험사

甲이 일상생활중에 乙에게 손해를 입혔으며, 甲이 가입한 일상생활배상책임보험의 보상하는 사고에 해당하므로 B 보험사는 보상책임을 부담한다.

3. C 보험사

甲은 생계를 같이하는 동거 친족인 친동생 丙이 가입한 가족일상생활배상책임보험의 피보험자에 해당하며, 甲이 일상생활중에 乙에게 손해를 입혔으므로 C보험사도 보상책임을 부담한다.

문제 4 각 보험사의 피해자 '乙'에 대한 지급보험금을 산출하시오. (10점)

1. 손해배상금

(1) **치료비** : 15,000,000원 × (1 − 20%) = 12,000,000원

(2) **부상 일실수익** : 30,000,000원 × (1 − 20%) = 24,000,000원

(3) **장해 일실수익** : 180,000,000원 × (1 − 20%) = 144,000,000원

(4) **위자료** : 40,000,000원 × [1 − (20% × 0.6)] = 35,200,000원

(5) **합계** : 215,200,000원

2. 지급보험금

동일한 피보험자의 사고를 담보하는 보험이 3개이므로 의무보험인 재난배상책임보험에서 먼저 보상하고, 초과 손해액을 (가족)일상생활배상책임보험에서 보상한다.

(1) 재난배상책임보험 (A 보험사)

1) 부상 보험금

乙의 부상등급은 3급과 6급으로 3급의 하위 3등급 내에 6급이 있으므로, 높은 등급보다 1급 상향하여 2급이다.

Min[(치료비 12,000,000원 + 부상 일실수익 24,000,000원), 2급 부상 보상한도 15,000,000원]
= 15,000,000원

2) 후유장해 보험금

乙의 후유장해 등급은 11급과 13급으로 높은 등급보다 1등급 상향하여 10급이다.

Min[(장해 일실수익 144,000,000원 + 위자료 35,200,000원), 10급 장해 보상한도 7,000,000원] = 27,000,000원

3) 합계 : 42,000,000원

(2) 가족 일상생활배상책임보험 (B, C 보험사)

B보험사와 C보험사에 가입된 일상생활배상책임보험은 중복보험에 해당하므로, 독립책임액 안분방식에 따라 보험금을 분담한다.

1) 초과손해액 : 215,200,000원 - 42,000,000원 = 173,200,000원

2) 각 보험사의 독립책임액

　① B보험사 : Min [173,200,000원, 1인당 보상한도 1억원] = 1억원

　② C보험사 : Min [173,200,000원 - 20만원, 1인당 보상한도 1억원] = 1억원

　독립책임액의 합산액 2억원으로, 잔존 손해액 173,200,000원을 초과하므로, 중복보험에 해당한다.

3) 지급보험금

　① B보험사 : 173,200,000원 × (1억원 / 2억원) = 86,600,000원

　② C보험사 : 173,200,000원 × (1억원 / 2억원) = 86,600,000원

40 특수건물 신배책특약＋영업배상책임보험＋근재보험 (연습문제)

서울시 종로구에 소재하는 '甲' 소유의 12층 건물 3층에서 사무실을 임차하여 사용하는 '乙'은 평소 '甲'과 임대차 계약 문제로 분쟁이 있어 오다가 원한을 품고 휘발유 10리터를 준비하여 '甲'이 개인 사무실로 사용하는 12층으로 올라가 휘발유를 뿌리고 불을 붙여 화재가 발생하여 그 자리에 있던 '甲'이 대피하지 못하고 현장에서 사망하고 '甲'의 사무실에서 근무하던 근로자 '丙'은 치료 중 사망하고, 때마침 사무실을 방문한 '甲'의 사실혼 배우자 '丁'도 화상을 입어 추상장해가 남았다. 사고원인 조사결과, 금번 화재사고 발생시 소화기 등 방화기구가 제대로 비치되지 않는 것으로 확인되어 건물주 '甲'의 안전배려의무 위반 등 업무상 과실도 일부 존재하는 것으로 판정되었다.

아래의 〈별표〉를 참고하여 각 질문에 답하시오. (25점)

【별표】

[보험가입사항]

보험사	보험종목	피보험자	보상한도	자기부담금
A	화재보험 신체손해배상책임 특별약관 종업원 배상책임 부보장 추가 특별약관	甲	의무보상한도액	없음
B	국내근로자 재해보장책임보험 사용자배상책임 특별약관	甲	1인당 2억원 1사고당 3억원	없음
C	국문 영업배상책임보험 시설소유관리자 특별약관	乙	1사고당 1억원	100만원

[전제조건]
- 피해자별 손해내역

피해자	치료비	부상 일실수익	장해 일실수익	사망 일실수익	위자료
甲	–	–	–	2억원	7,000만원
丙	1,000만원	2,000만원	–	1.5억원	8,000만원
丁	3,000만원	2,000만원	5,000만원	–	3,000만원

- 피해자별 신체손해배상책임 특별약관상 부상 / 후유장해 등급
  - 甲 : 갑은 현장 사망하였으므로 부상/후유장해 등급 없음
  - 丙 : 부상등급 1급, 치료 중 사망
  - 丁 : 부상등급 8급(보상한도: 300만원) / 후유장해 등급 12급(보상한도: 1,900만원)

- 피해자 '丙'의 산재보험금 수령내역

요양급여	휴업급여	유족급여
1,000만원	1,500만원	1억원

[기타사항]
- 장례비는 고려하지 아니함.
- 직원 '丙'과 사실혼 배우자 '丁'의 피해자 과실은 없는 것으로 확인됨.

문제 1   화재보험법 시행규칙 제2조에 규정하고 있는 신체손해배상책임 특별약관의 손해액 산정기준을 사망, 부상, 후유장해별로 약술하시오. (6점)

문제 2   각 보험사의 피해자별 보상책임 여부에 대하여 설명하시오. (6점)

문제 3   각 피해자에 대한 보험사별 지급보험금을 산출하시오. (13점)

풀이

문제 1 화재보험법 시행규칙 제2조에 규정하고 있는 신체손해배상책임 특별약관의 손해액 산정기준을 사망, 부상, 후유장해별로 약술하시오. (6점)

1. 사망

① 화재로 인하여 사망한 때의 월급액이나 월실수입액 또는 평균임금에 장래의 취업 가능기간을 곱한 금액
② 남자 평균임금의 100일분에 해당하는 장례비

2. 부상

화재로 인하여 신체에 부상을 입은 경우에 그 부상을 치료하는데 드는 모든 비용

3. 후유장해

화재로 인하여 발생한 장해로 인하여 노동능력상실 정도에 따라 피해를 입은 당시의 월급액이나 월실수입액 또는 평균임금에 장래의 취업 가능기간을 곱한 금액

문제 2 각 보험사의 피해자별 보상책임 여부에 대하여 설명하시오. (6점)

1. A 보험사

화재보험 신배책 특별약관상 갑은 피보험자 본인이므로 타인에 해당하지 않아 보상책임 없으며, 직원 병은 타인에 해당하나 종업원 배상책임 부보장 특별약관을 가입하여 보상책임을 부담하지 않는다. <u>사실혼 배우자 정은 법적으로 배우자가 아니므로 직계가족에 해당되지 않아 타인에 해당하므로 보상책임</u>을 부담한다.

2. B 보험사

국내근재보험 사용자배상책임 특별약관상 갑은 피보험자 본인이므로 보상책임이 없으며, 직원 병은 갑 소속 근로자로서 갑이 화재발생에 일부 과실이 있는 것으로 인정되었으므로 안전배려의무 위반에 따른 보상책임을 부담한다. 갑의 사실혼 배우자 정은 갑의 근로자가 아니므로 보상책임을 부담하지 않는다.

3. C 보험사

가해자 을의 고의행위에 의하여 화재가 발생했으며 시설과 관련된 화재에도 해당하지 않으므로, C보험사는 갑, 병, 정에 대하여 보상책임을 부담하지 않는다.

문제 3 각 피해자에 대한 보험사별 지급보험금을 산출하시오. (13점)

1. 갑에 대한 지급보험금

A, B, C 보험사 모두 보상책임 없음.

2. 병(근로자)에 대한 지급보험금

(1) A 보험사

종업원 배상책임 부보장 추가 특별약관 가입하여 보상책임 없음.

(2) B 보험사

상기 사고와 관련하여 사용자 갑의 '안전배려의무' 위반이 확인되므로, 사용자배상책임 특별약관에서 산재보험금을 초과하는 민사 손해배상금을 보상한다.

1) 손해배상금

　① 치료비 : 산재보험 요양급여로 지급됨.

　② 치료기간 일실수익 : 2,000만원 − 1,500만원(휴업급여) = 500만원

　③ 사망 일실수익 : 1.5억원 − 1억원(유족급여) = 5,000만원

　④ 위자료 : 8,000만원

　⑤ 합계 : 1.35억원

2) 지급보험금

　Min [손해배상금 1.35억원, 1인당 보상한도 2억원] = 1.35억원

(3) C 보험사

을의 고의행위에 의한 화재로서 면책사유에 해당하여 보상책임 없음.

3. 정(사실혼 배우자)에 대한 지급보험금

(1) A 보험사

1) 화보법 기준 손해액

① 치료비 3,000만원 : 부상 보험금으로 보상

② 부상 일실수익 2,000만원 : 화보법상 보상대상 아님.

③ 장해 일실수익 5,000만원 : 장해 보험금으로 보상

④ 위자료 3,000만원 : 화보법상 보상대상 아님.

⑤ 합계 : 8,000만원

2) 지급보험금

① 부상 : Min [치료비 3,000만원, 8급 보상한도 300만원] = 300만원

② 장해 : Min [장해 일실수익 5,000만원, 12급 보상한도 1,900만원] = 1,900만원

③ 합계 : 2,200만원

(2) B 보험사

정은 피보험자 소속 근로자가 아니므로 보상대상 아님.

(3) C 보험사

을의 고의행위에 의한 화재로서 면책사유에 해당하여 보상대상 아님.

41 가스사고 배상책임보험 (2018년 기출문제)

가스공급업자 A는 2018년 1월 22일 행복음식점을 방문하여 가스통 1개를 교체하였다. 이후 행복음식점에서 근무하는 갑(甲)은 주방에서 조리를 위해 가스밸브를 열고 점화하는 순간 폭발하며 건물이 붕괴되었다. 갑(甲)은 무너진 건물에 매몰되었다가 구조되어 병원으로 이송되었다. 동 사고의 원인은 불상의 가스누출에 의한 폭발사고로 확인되었다.

아래 〈별표〉의 내용을 참고하여 각각의 질문에 답하시오. (15점)

【별표】

[가스공급업자 A의 보험가입사항]
- 가스사고 배상책임보험 / 액화석유가스 소비자보장 특별약관
  • 보상한도 : 의무보상한도액

[전제조건]
- 피해자 : 甲
- 직   업 : 행복음식점 조리사
- 월 소득액 : 2,900,000원
- 진단명 : 목 부위 3도 화상
- 노동능력상실률(%) : 추상장해 10%
- 호프만(H) 계수(계산 편의를 위한 계수임)
  • 사고일~퇴원일 : 3개월(H : 3)
  • 사고일~가동종료일 : 25개월(H : 23)
- 피해자의 부상급수 1급, 장해급수 14급
- 손해발생내역

치료비	향후 치료비	응급처치 및 호송비용	구조비용
4,000,000원	2,000,000원	200,000원	500,000원

문제 1 가스사고 배상책임보험에서 보험을 가입해야 하는 사업자 및 담보하는 가스사고는 무엇인지 약술하시오. (5점)

문제 2 상기 〈별표〉의 내용을 참고하여 갑(甲)의 지급보험금을 산정하고, 그 산출과정을 기재하시오. (10점)

> 풀이

문제 1 가스사고 배상책임보험에서 보험을 가입해야 하는 사업자 및 담보하는 가스사고는 무엇인지 약술하시오. (5점)

1. 가입 의무자

(1) 가스사업자

가스사업자란 가스 제조업자와 판매업자를 말한다. 구체적으로 도시가스사업자, 도시가스 도매사업자, 액화석유가스 제조·충전·판매업자, 액화석유가스 집단공급업자, 고압가스 일반 제조자·냉동제조자를 말한다. 담보하는 위험은 시설소유(관리)자 위험, 도급업자 위험, 제조물책임 및 완성작업위험을 보장한다.

(2) 가스용기 등 제조업자

가스용기 등 제조업자란 가스용기 제조업자, 냉동기 제조자, 특정설비 제조자를 말한다.
피보험자가 제조·판매 또는 대여한 가스용기, 냉동기, 특정설비, 가스용품이나 그에 부수되는 작업의 결함으로 인하여 피보험자의 점유를 벗어난 이후에 발생한 가스사고를 담보한다. 담보하는 위험은 제조물책임 또는 완성작업위험을 보장한다.

(3) 가스사용자

가스사용자란 음식점 등 다중이 이용하는 시설에서 가스를 사용하는 자를 말하며, 도시가스 사용자, 액화석유가스 사용자, 고압가스 사용자, 액화석유가스 또는 저장소 설치자를 말한다. 피보험자가 보험증권에 기재된 시설 내에서 가스를 소유, 사용 또는 관리하는 중 발생한 가스사고를 담보한다. 담보위험은 시설소유(관리)자 위험을 보장한다.

2. 가스사고

가스사고란 가스로 인한 폭발, 파열, 화재 및 가스 누출로 인해 타인의 신체에 상해(사망과 유독가스를 일시에 흡입, 흡수, 섭취하여 발생한 중독증상 포함)를 입히거나 재물의 멸실, 훼손 또는 오손케 하는 것을 말한다.

문제 2 상기 〈별표〉의 내용을 참고하여 갑(甲)의 지급보험금을 산정하고, 그 산출과정을 기재하시오. (10점)

1. 보상책임 검토

액화석유가스 소비자보장특별약관은 소비자 또는 타인의 과실여부를 불문하고 보상하는 보상책임주의를 규정하고 있는바, 상기 사고에서 피보험자의 과실여부를 묻지않고 약관상 보상한도 내에서 보상책임을 부담한다.

2. 손해배상금

(1) **치료비** : 기발생 치료비 4,000,000원 + 향후 치료비 2,000,000원 = 6,000,000원

(2) **입원기간 일실수입** : 2,900,000원 × 100% × 3(H) = 8,700,000원

(3) **장해기간 일실수입** : 2,900,000원 × 10% × (23 − 3)(H) = 5,800,000원

(4) **합계** : 20,500,000원

3. 비용손해

응급처치 및 호송비용 200,000원 + 구조비용 500,000원 = 700,000원

응급처치 및 호송비용과 구조비용은 손해방지비용에 해당하므로, 보상한도를 초과하더라도 전액 지급한다.

4. 지급보험금 산정

(1) **부상 보험금**

Min [(치료비 6,000,000원 + 입원기간 일실수입 8,700,000원), 보상한도 1급 1,500만원]
= 14,700,000원

(2) **장해 보험금**

Min [장해기간 일실수입 5,800,000원, 보상한도 14급 500만원] = 5,000,000원

(3) **비용손해** : 700,000원

(4) **합계** : 20,400,000원

> **착안점**

① 가스사고배상책임보험 '액화석유가스 소비자보장특별약관'이 '보상책임주의'에 따라 보상되는 특별약관임을 이해한다. 따라서 피해자 과실상계 하지 않음.
　▶가스사고배상책임보험 보통약관은 '과실책임주의'임을 유의할 것
② 가스사고 배상책임보험의 의무보상한도액을 암기한다.
　• 사망 : 8,000만원
　• 부상 : (1급) 1,500만원~(14급) 20만원
　• 후유장해 : (1급) 8,000만원~(14급) 500만원
③ 갑(甲)은 행복음식점 소속 근로자이며, 가스공급업자 A 소속의 근로자가 아니므로 피용인 면책조항이 적용되지 않음을 유의한다.

42 가스사고 배상책임보험 + 영업배상책임보험 (2015년 기출문제)

2015년 7월 30일 11시경 경기도 소재 ○○LPG 충전소에서 가스 폭발사고가 발생하여 충전소 고객인 이○○가 사망하였다. 아래에 주어진 내용을 참고하여 보험계약별로 분담할 지급보험금을 산정하고, 그 산출과정을 기재하시오. (15점)

【별표】

[LPG 충전소 보험가입사항]

보험사	구분	보상한도액	자기부담금
A보험사	가스사고 배상책임보험 액화석유가스 소비자보장 특별약관	의무보상한도액	없음
B보험사	국문 영업배상책임보험 시설소유(관리)자 특별약관	1사고당 50,000,000원	1사고당 1,000,000원
C보험사	국문 영업배상책임보험 시설소유(관리)자 특별약관	1사고당 1,000,000,000원	1사고당 20,000,000원

[전제조건]

- 피해자 : 이○○
- 일실수입(현가) : 200,000,000원
- 일실퇴직금(현가) : 28,000,000원
- 피해자 과실 : 50%
- 위자료는 사망 또는 100% 장해 시 기준금액 80,000,000원을 적용
- 장례비는 고려하지 않음.

> 풀이

1. 보험사별 보상책임

(1) 가스사고 배상책임보험(A보험사)

액화석유가스 소비자보장특별약관은 소비자의 과실여부를 불문하고 가스사고로 인한 타인의 신체손해를 보상하므로, 사례에서 A보험사는 폭발사고로 인해 발생한 고객 이○○에 대하여 보상책임을 부담한다.

(2) 영업배상책임보험(B, C보험사)

시설소유(관리)자 특별약관은 시설의 하자 또는 업무 수행상의 과실로 인한 손해배상책임을 보장한다. 사례에서 가스 폭발사고의 원인이 명시되어 있지 않아 LPG 충전사업자의 과실 유무에 대한 판단이 어려우나, 피보험자의 약관상 보상책임이 인정됨을 전제로 풀이한다.

2. 손해배상금 산출

(1) 일실수입 : 200,000,000원 × (1 − 50%) = 100,000,000원

(2) 일실퇴직금 : 28,000,000원 × (1 − 50%) = 14,000,000원

(3) 위자료 : 80,000,000원 × 100% × [1 − (50% × 0.6)] = 56,000,000원

(4) 합계 : 100,000,000원 + 14,000,000원 + 56,000,000원 = 170,000,000원

− 피해자 과실상계 미적용 시 손해배상금은 308,000,000원 (LPG 소비자보장특약)

3. 지급보험금 산출

가스사고 배상책임보험과 2개의 영업배상책임보험 시설소유관리자특별약관이 존재하므로, 먼저 의무보험인 가스사고배상책임보험의 보상한도까지 먼저 보상하고, 이를 초과하는 손해배상금은 독립책임액 분담방식에 따라 비례보상한다.

(1) 가스사고배상책임보험(A보험사)

Min [손해배상금 308,000,000원, 사망 보상한도 8,000만원] = 8,000만원

액화석유가스 소비자보장특약은 손해배상금 산정 시 피해자 과실상계 적용하지 아니하므로 손해액은 308,000,000원으로 산정함.

(2) 영업배상책임보험(B, C보험사)

1) 초과 손해액 : 1억 7,000만원 − 8,000만원 = 9,000만원

    영업배상책임보험은 과실상계를 적용한 손해배상금을 기준으로 지급보험금을 산정한다. 따라서 초과 손해액 1.7억원에서 LPG 소비자보장특약의 지급보험금을 차감한다.

2) 독립책임액 산출

    ① B보험사 : Min[(9,000만원 − 자기부담금 100만원), 보상한도 5,000만원] = 5,000만원

    ② C보험사 : Min[(9,000만원 − 자기부담금 2,000만원), 보상한도 10억원] = 7,000만원

    ③ 독립책임액의 합산액 1.2억원 > 손해배상금 9,000만원이므로 중복보험에 해당함.

3) 각사의 지급보험금

    ① B보험사 : 9,000만원 × (5,000만원 / 1억 2,000만원) = 37,500,000원

    ② C보험사 : 9,000만원 × (7,000만원 / 1억 2,000만원) = 52,500,000원

> **착안점**
>
> ① LPG 소비자보장특별약관은 보상책임주의에 따라 손해배상금 산출 시 피해자 과실상계를 하지 않으나, 그 효력은 의무 보상한도내에서만 유효하므로 영업배상책임보험의 보험금 산출 시에는 피해자 과실상계를 실시한 금액을 기준으로 손해배상금을 산출한다.
> ② 의무보험의 보상한도액은 지문에서 주어지지 않는 경우가 많으므로, 사전에 암기하고 있어야 한다. <u>사망, 부상, 후유장해 시 최고 보상한도액 및 부상, 후유장해 최저 보상한도액을 암기하도록 한다.</u>

43 가스사고 배상책임보험 (연습문제)

강원도 철원시 소재 '인스가스판매(주)'로부터 LPG 가스통을 배달받아 사용하는 '○○음식점'에서 2021년 12월 23일 17시경 음식점 직원 '갑(甲)'이 저녁장사 준비를 위해 가스렌지를 점화하는 순간 가스가 폭발하면서 음식점 직원 '갑(甲)'이 중상해를 입고, 때마침 음식점 옆을 지나가던 행인 '을(乙)'이 그 파편에 머리를 맞아 현장에서 사망하는 사고가 발생하였다. 사고원인 조사결과, '인스가스판매(주)'의 가스설비 관리 하자와 '○○음식점' 주인 '병(丙)'이 부주의가 경합하여 사고가 발생한 것으로 확인되었다.

【별표】

[보험가입사항]

보험사	구분	보험계약자/피보험자	보상한도액	자기부담금
A	가스사고 배상책임보험 LPG 소비자보장 특별약관	인스가스판매(주)	의무보상 한도액	없음
B	국문 영업배상책임보험 시설소유관리자 특별약관	○○음식점	1인당 3억원 1사고당 5억원	1사고당 200만원

[전제조건]

1. 피해자 : 직원 '갑(甲)'
- 부상 급수 : 5급 (보상한도 : 800만원)
- 장해 급수 : 6급 (보상한도 : 4,000만원)
- 병원 치료비 : 10,000,000원
- 치료기간 동안 일실수익 : 15,000,000원 (현가)
- 치료종결 후 후유장해로 인한 일실수익 : 80,000,000원 (현가)
- 위자료는 제반사정을 고려하여 당사자간에 80,000,000원에 합의함.

2. 피해자 : 행인 '을(乙)'
- 사망으로 인한 일실수입 : 200,000,000원(현가)
- 일실퇴직금 : 15,000,000원(현가)
- 위자료는 제반사정을 고려하여 당사자간에 80,000,000원에 합의함.
- 장례비는 고려하지 않음.

※ '○○음식점'은 가스사고 배상책임보험 의무가입 시설에 해당되지 아니함
※ 인스가스판매(주)와 ○○음식점의 내부 책임비율 : 인스가스판매 30% / ○○음식점 70%

문제1 가스사고 배상책임보험의 부상등급 조정기준에 대하여 약술하시오. (6점)

문제2 각 보험사의 피해자별 보상책임 여부에 대하여 설명하시오. (4점)

문제3 각 보험회사의 피해자별 지급보험금을 산출하고 산출과정을 기재하시오. (10점)

> **착안점**
>
> ① 본 문제는 중복보험의 문제가 아니라 공동불법행위 사고사례이므로, 각 피해자별 손해액에 대하여 각 공동불법행위자인 인스가스판매(주)와 ㅇㅇ음식점의 책임비율에 따라 지급보험금을 산출한다.
> ② 동일한 피보험자의 위험을 담보하는 의무보험과 임의보험이 주어진다면 의무보험에서 먼저 보상하고 초과 손해액을 임의보험에서 보상하는 것이지만, 본 문제는 공동불법행위자 각자가 가입한 보험이므로 각자의 책임비율에 따른 손해액을 각자가 가입한 보험에서 보상하면 되는 것이다.

풀이

문제 1 가스사고 배상책임보험의 부상 등급 조정기준에 대하여 약술하시오. (6점)

(1) 2급부터 11급까지의 부상 내용 중 개방성 골절은 해당 등급보다 한 등급 높은 금액으로 배상한다.
(2) 2급부터 11급까지의 부상 내용 중 단순성 선상골절로 인한 골편의 전위가 없는 골절은 해당 등급보다 한 등급 낮은 금액으로 배상한다.
(3) 2급부터 11급까지의 부상 중 2가지 이상의 부상이 중복된 때에는 가장 높은 등급에 해당하는 부상 등급으로부터 하위 3등급 사이의 부상이 중복된 때에 한하여 가장 높은 부상 내용의 등급보다 한 등급 높은 금액으로 배상한다.
(4) 일반 외상과 치아 보철이 필요한 부상이 중복된 경우 1급의 금액을 초과하지 않는 범위에서 부상등급별로 해당하는 금액의 합산액을 배상한다.

문제 2 각 보험사의 피해자별 보상책임 여부에 대하여 설명하시오. (4점)

1. A 보험사 (가스사고 배상책임보험)

'인스가스판매(주)'가 가입한 액화석유가스 소비자보장특별약관은 소비자의 과실 여부를 불문하고 가스사고로 인한 타인의 신체손해를 보상하는 보상책임주의에 따르고 있고, 사례에서 인스가스판매(주)와 ○○음식점의 과실이 경합하여 사고가 발생하였으므로, 공동불법행위책임을 부담하며 A보험사는 음식점 직원 갑과 행인 을에 대하여 보상책임을 부담함.

2. B 보험사 (국문 영업배상책임보험)

시설소유(관리)자 특별약관은 시설의 하자 또는 업무 수행상의 과실로 인한 손해배상책임을 보장하는데, ○○음식점의 업무상 과실이 경합하여 폭발사고가 발생하였으므로 B보험사는 보상책임을 부담하며, 직원 '갑'은 피용인 면책조항에 따라 보상하지 않고 행인 '을'에 대해서는 보상책임을 부담한다.

문제 3 각 보험회사의 피해자별 지급보험금을 산출하고 산출과정을 기재하시오. (10점)

1. 근로자 갑

(1) A 보험사(가스사고 배상책임보험)

인스가스판매(주)의 책임비율에 따른 손해배상금의 30%에 대하여 지급보험금을 산정함.
갑은 '인스가스판매(주)'의 근로자가 아니므로 피용인 면책조항이 적용되지 않는다.

1) 부상보험금
   ① 손해배상금 : (치료비 1,000만원 + 치료기간 일실수익 1,500만원) × 30% = 750만원
   ② 지급보험금 : Min [손해배상금 750만원, 부상 5급 보상한도 800만원] = 750만원
2) 장해 보험금
   ① 손해배상금 : (장해 일실수익 8,000만원 + 위자료 6,000만원) × 30% = 4,200만원
   ② 지급보험금 : Min [손해배상금 4,200만원, 장해 6급 보상한도 4,000만원] = 4,000만원
3) 합계 : 4,750만원

(2) B 보험사(영업배상책임보험)

갑은 시설소유관리자 특별약관의 피보험자인 'ㅇㅇ음식점' 소속의 근로자이므로 피용인 면책조항에 의하여 지급보험금 없음.

2. 행인 을

(1) A 보험사(가스사고 배상책임보험)

인스가스판매(주)의 책임비율에 따른 손해배상금의 30%에 대하여 지급보험금을 산정함.
① 손해배상금 : (일실수익 2억원 + 일실퇴직금 1,500만원 + 위자료 8,000만원) × 30%
   = 88,500,000원
② 지급보험금 : Min [손해배상금 88,500,000원, 사망 보상한도 8,000만원] = 8,000만원

(2) B 보험사(영업배상책임보험)

ㅇㅇ음식점의 책임비율에 따른 손해배상금의 70%에 대하여 지급보험금을 산정함.
① 손해배상금 : (일실수익 2억원 + 일실퇴직금 1,500만원 + 위자료 8,000만원) × 70%
   = 206,500,000원
② 지급보험금 : Min [손해배상금 206,500,000원 − 자기부담금 200만원, 1인당 보상한도
   3억원] = 204,500,000원

44 유·도선사업자 배상책임보험 (2022년 기출문제)

유·도선사업자 '갑'은 승선정원 50명의 선박에 80명의 승객을 승선시키고 운행을 하였으며, 운항을 마치고 접안 중 운전부주의로 선박이 접안시설과 충돌하는 사고가 발생하였다. 이 사고로 갑판에 있던 승객 김○○과 접안시설 위에서 사진을 찍던 관광객 이○○가 바다에 빠져 함께 실종되었다. 수색과정에서 김○○과 이○○를 구조하여 병원으로 후송하였으며, 김○○은 치료 후 상태가 호전되었으나 이○○는 치료 중 사망하였다.

아래 〈별표〉의 내용을 참고하여, 다음의 질문에 답하시오. (10점)

【별표】

[보험가입사항]
- 피보험자 : 유·도선사업자 '갑'
- 보험종목 : 유·도선사업자배상책임보험 (보상한도액 : 1인당 2억원)
  - 구조비 담보 특별약관 (보상한도액 : 1천만원)
  - 승객외 제3자 담보 특별약관 (보상한도액 : 1인당 2억원)
  - 관습상의 비용담보 특별약관

[손해사항]
- 사고선박 예인비 : 10,000,000원
- 수색 구조비 : 2,000,000원
- 피해자
  ① 승객 김○○
     - 병원치료비 : 10,000,000원
     - 상실수익 : 3,000,000원
     - 위 자 료 : 3,000,000원
     - 휴대품 수리비용 : 1,000,000원
  ② 접안시설 관광객 이○○
     - 병원치료비 : 10,000,000원
     - 상실수익 : 50,000,000원
     - 위 자 료 : 100,000,000원
     - 카메라 수리비용 : 1,000,000원

문제 1 보험회사가 지급할 담보별 보험금을 산출과정을 기재하여 산정하시오. (7점)

문제 2 "관습상의 비용담보 특별약관"에서 보상하는 손해를 약술하시오. (3점)

> 풀이

문제 1 보험회사가 지급할 담보별 보험금을 산출과정을 기재하여 산출하시오. (7점)

1. 보상책임 검토

(1) 피해자별 보상책임

상기 사고는 유·도선사업자 '갑'의 업무상 과실에 의하여 발생한 사고로서, 유도선사업자 배상책임보험에서 보상하는 사고에 해당한다.

승객 김○○의 손해는 유·도선사업자 배상책임보험 보통약관에서 보상하는 손해이며, 접안시설에 있던 관광객 이○○은 승객이 아니므로 승객 외 제3자 배상책임 특별약관에서 보상된다. 또한, 실종자에 대한 수색 구조비는 구조비 특별약관 보상한도 내에서 보상한다.

(2) 승선정원 초과에 따른 보상책임

유·도선사업자 배상책임보험 약관상 승선정원 초과가 사고의 직접 원인이 아닐 경우에는 승선정원 초과 시 승선정원을 한도로 보상한다고 규정하고 있으며, 상기 사고에서 승선인원 중 사고 당사자가 1인이므로 1인당 보상한도에 따라 보상한다.

2. 피해자별 지급보험금

(1) 승객 김○○

김○○은 승객이므로 보통약관의 보상한도 내에서 보상한다.

1) 손해배상금

　① 신체손해 : 병원 치료비 1,000만원 + 상실수익액 300만원 + 위자료 300만원
　　= 1,600만원

　② 재물손해 : 휴대품 수리비용 100만원은 재물손해로서, 약관에 따라 보상하지 않는다.

2) 지급보험금

Min [손해배상금 1,600만원, 보통약관 보상한도 1인당 2억원] = 1,600만원

(2) 관광객 이○○

관광객 이○○은 승객이 아니므로 승객 외 제3자 배상책임 특별약관에서 보상한다.

1) 손해배상금

　① 신체손해 : 병원 치료비 1,000만원 + 상실수익액 5,000만원 + 위자료 1억원 = 1.6억원

　② 재물손해 : 카메라 수리비용 100만원은 재물손해로서, 약관에 따라 보상하지 않는다.

2) 지급보험금

　　Min [손해배상금 1.6억원, 승객외 제3자 담보 특약 보상한도 1인당 2억원] = 1.6억원

3. 수색 구조비

수색 구조비 200만원은 구조비 담보 특별약관 보상한도 1천만원 이내이므로 보상한다.

4. 사고선박 예인비

사고 선박과 관련된 재물손해이므로 보상하지 않는다.

5. 지급보험금 합계

　　(1) 승객 김○○ : 1,600만원

　　(2) 관광객 이○○ : 1.6억원

　　(3) 수색 구조비 : 200만원

　　(4) 합계 : 178,000,000원

문제 2　'관습상의 비용담보 특별약관'에서 보상하는 손해를 약술하시오. (3점)

선박사고와 관련하여 피보험자에게 배상책임이 없는 경우에 보험자의 동의를 얻어 지출한 아래의 관습상의 비용을 승객 1인당 30만원 한도 내에서 보상한다.

① 승객 또는 그 유족에게 지급하는 조의금이나 위로금
② 승객의 친족에게 지급하는 식대, 숙박비 및 교통

> **착안점**
> ① 유·도선사업자 배상책임보험은 보통약관에서 승객 및 승무원의 신체손해만을 보상하며, 승객외 제3자의 신체손해는 별도의 승객외 제3자 특별약관을 가입하여야 함을 숙지한다.
> ② 유·도선사업자 배상책임보험의 3대 특별약관은 시험에 빈출하는 내용이므로 그 내용을 충분히 학습하여 둔다.
> 　▶ 구조비 특별약관, 관습상의 비용담보 특별약관, 승객 외 제3자 담보 특별약관

45 선주 배상책임보험 (2022년 기출문제)

여객선 '○○호'가 백령도 선착장에 진입하던 중 갑작스런 파도로 접안시설에 충돌하여, 갑판에 미리 나와 있던 여객 수명이 넘어지고 1명이 해상으로 추락하였으며, 선착장에 나와 있던 주민 수명이 부상을 입는 사고가 발생하였다. 추락한 여객은 구조되었다.

아래의 〈별표〉를 참고하여 각각의 질문에 답하시오. (10점)

【별표】

[여객선 '○○호' 보험가입사항]
– 보험종목 : 선주 배상책임보험 보통약관 / 구조비 특별약관
– 보상한도액 : 1인당 2억원 / 1사고당 10억원

[손해사항]
– 추락 승객의 구조비 : 3,000,000원
– 부상 승객의 긴급 후송비 : 2,500,000원
– 부상 주민의 응급 치료비 : 20,000,000원
– 파손된 접안시설의 복구비 : 20,000,000원
– 탑승 승객의 소화물 파손 손해 : 5,000,000원

문제 1 상기 보험계약의 보통약관과 구조비 특별약관에서 보상하는 손해를 약술하시오. (5점)

문제 2 상기 손해사항에 항목별 보상여부를 기술하고, 지급보험금을 계산하시오. (5점)

> 풀이

문제 1 상기 보험계약의 보통약관과 구조비 특별약관의 보상하는 손해를 약술하시오. (5점)

1. 보통약관의 보상하는 손해

피보험자가 보험기간 중에 발생된 보험사고로 인하여 선박에 탑승한 승객의 신체에 장해를 입혀 법률상 배상책임을 부담함으로써 입은 손해를 보상한다.

(1) 법률상 손해배상금

신체손해만 보상하고, 재물손해는 보상하지 않는다.

(2) 비용손해

① 손해방지비용, ② 대위권 보전비용, ③ 협조비용, ④ 소송비용, ⑤ 공탁보증보험료

2. 구조비 특별약관에서 보상하는 손해

피보험자가 여객을 구조 또는 수색하기 위하여 소요되는 필요비용을 보험증권에 기재된 보상한도액 내에서 보상한다.

문제 2 상기 손해사항에 항목별 보상여부를 기술하고, 지급보험금을 계산하시오. (5점)

1. 항목별 보상여부

(1) 추락 승객의 구조비

구조비 특별약관을 가입하였고, 보상한도 이내이므로 3,000,000원 보상한다.

(2) 부상 승객의 긴급 후송비

긴급 후송비는 손해방지비용에 해당하므로, 보상한도를 초과하더라도 2,500,000원을 보상한다.

(3) 부상 주민의 응급 치료비

선착장에 나와 있는 주민은 승객이 아니므로 보상범위에서 제외되어 그 응급 치료비도 면책이다.

(4) 파손된 접안시설의 복구비

선주 배상책임보험은 신체손해만 보상하므로, 재물 관련 배상책임은 면책이다.

(5) 탑승 승객의 소화물 파손손해

선주 배상책임보험은 신체손해만 보상하므로, 재물 관련 배상책임은 면책이다.

2. 지급보험금

3,000,000원 + 2,500,000원 = 5,500,000원 < 1인당 보상한도 2억원

46 낚시어선 배상책임보험 (연습문제)

2021년 3월 2일 20시경 제주도 연안 해상에서 밤 낚시를 위해 이동하던 '승리호'가 인근해상에서 운항 중이던 '주용호'와 부딪치면서 '승리호' 승객 김○○과 이○○ 및 '주용호' 승객 박○○이 각각 바다에 빠져 사망하는 사고가 발생하였다. 사고원인 조사결과, '승리호' 선장 '甲'이 야간 운행임에도 전방 주시 의무 위반으로 인해 충돌 사고가 발생한 것으로 확인되었다.

다음의 〈별표〉를 참고하여 아래의 각 질문에 답하시오. (15점)

【별표】

[보험 가입사항]
- 보험종목 : 낚시어선 배상책임보험 보통약관
  - 계약자/피보험자 : 甲(승리호 선박 소유자)
  - 부보 선박 : 승리호(승선 정원 : 10명)
  - 보상한도 : 1인당 300,000,000원(자기부담금 없음)

[전제조건]
- 피해자별 손해발생 내역(피해자 과실상계 반영한 금액임)

피해자	일실수입(현가)	위자료	장례비	수색 구조비
김○○	189,000,000원	80,000,000원	4,000,000원	2,000,000원
이○○	225,000,000원	74,000,000원	3,000,000원	2,000,000원
박○○	104,000,000원	86,000,000원	4,400,000원	2,600,000원

[기타사항]
- 사고 당시 '승리호'에 실제 탑승한 승객은 15명이었던 것으로 확인됨.
- 관할 해경의 사고원인 조사결과, '승리호'의 100% 과실에 의한 사고임이 확인됨.

문제 1 낚시어선배상책임보험의 보상하는 손해, 가입대상, 보상한도에 대해 약술하시오. (4점)

문제 2 보험사의 피해자별 보상책임에 대하여 설명하시오. (4점)

문제 3 보험사의 피해자별 지급보험금을 산출하고, 산출과정을 설명하시오. (7점)

> 풀이

문제 1 낚시어선배상책임보험의 보상하는 손해, 가입대상, 보상한도에 대해 약술하시오. (4점)

1. 보상하는 손해

피보험자가 보험사고로 인하여 보험증권에 기재된 낚시어선에 승선한 승객에게 신체장해를 입혀 부담하는 법률상 손해배상책임을 보장한다.

2. 가입대상

낚시어선업자와 낚시터업자

3. 보상한도

자동차손해배상보장법 시행령 제3조 1항 각호에 따른 금액 이상을 가입하여야 하며, 부상 또는 장해 급수별 보상한도는 별도로 정해져 있지 않다.
따라서, 사망 1.5억 이상, 부상 3,000만원 이상, 후유장해 1.5억원 이상 가입하여야 한다.

문제 2 보험사의 피해자별 보상책임에 대하여 설명하시오. (4점)

1. 피해자 김○○과 이○○

'승리호' 선장이자 선주인 甲이 전방주시의무 위반으로 타 선박과 충돌하여 발생한 사고이므로 법률상 배상책임을 부담하며, 피해자 김○○과 이○○은 승리호의 승객으로 낚시어선배상책임보험에서 보상하는 보상하는 사고에 해당되므로 약관상 보상책임을 부담한다.

2. 피해자 박○○

'승리호' 선장이자 선주인 甲이 전방주시의무 위반으로 인해 발생한 사고이므로, 甲은 피해자 박○○에 대하여 법률상 배상책임을 부담하나, 박○○은 '승리호'에 탑승한 승객이 아니므로 약관상 보상책임을 부담하지 않는다.

문제 3 보험사의 피해자별 지급보험금을 산출하고, 산출과정을 설명하시오. (7점)

1. 피해자 김○○

(1) **손해배상금** : 일실수입 1.89억 + 위자료 8,000만원 + 장례비 400만원 = 273,000,000원

(2) **수색 구조비** : 구조비 담보 특별약관을 가입하지 않았으므로 보상하지 않는다.

(3) **지급보험금** : Min [273,000,000원, 1인당 보상한도 300,000,000원] = 273,000,000원

2. 피해자 이○○

(1) **손해배상금** : 일실수입 2.25억 + 위자료 7,400만원 + 장례비 300만원 = 302,000,000원

(2) **수색 구조비** : 구조비 담보 특별약관을 가입하지 않았으므로 보상하지 않는다.

(3) **지급보험금** : Min [302,000,000원, 1인당 보상한도 300,000,000원] = 300,000,000원

3. 지급보험금(비례보상)

상기 사례에서 승리호의 승선 정원을 초과하였으나, 정원 초과가 직접적인 사고원인에 해당하지 않으므로 약관상 명시된 산식에 따라 비례 보상한다.

(273,000,000원 + 300,000,000원) × (승선 정원 10인/실제 탑승객 15인) = 382,000,000원

착안점

① 낚시어선 배상책임보험은 의무보험이나 등급별 보상한도가 정해져있지 않으며, 자배법 시행령 제3조 1항에 따른 의무가입금액 이상을 가입하면 된다.
② 낚시어선 배상책임보험도 유·도선사업자배상책임보험 및 선주배상책임보험과 유사한 구조를 가지고 있으나, 면책사유 중 승선 정원 초과 시 보험금 산출방식이 명시적으로 규정되어 있다는 점에서 차이가 있다.

※ 낚시어선 배상책임보험 약관상 승선정원 초과 시 보험금 산출식
　피해자별 실제 손해액에 인당 보상한도액을 적용하여 계산한 지급보험금의 합계액 × (계약체결 시 승선 정원 수 ÷ 사고 발생 시 승선승객 수)

※ '승선정원'의 개념
　승선정원이란 낚시어선의 선박검사증상의 최대 승선인원에서 선장 및 승무원의 수를 차감한 낚시어선 승객의 수를 말한다.

47 체육시설업자 배상책임보험 (2021년 기출문제)

2021년 7월 1일 ○○수영장에서 강습을 받던 김○○은 입수가 금지된 풀장에 들어갔다가 수영 미숙으로 의식을 잃게 되는 사고가 발생하였다. 그러나 안전요원의 신속한 응급조치가 지연되어 김○○은 후유장해가 발생하였다.

아래의 〈별표〉를 참고하여 보험회사가 지급해야할 지급보험금을 산정하고 그 산출과정을 기재하시오. (15점)

【별표】

[보험가입사항]
– 보험조건 : 체육시설업자 배상책임보험
– 피보험자 : ○○ 수영장
– 보험기간 : 2020년 12월 31일~2021년 12월 31일
– 보상한도액 : 1인당 5억원
– 자기부담금 : 1사고당 100,000원

[전제조건]
– 성 명 : 김○○
– 생년월일 : 1991년 7월 1일(사고당시 : 30세)
– 기대여명 : 이 사고로 잔존여명이 10년으로 단축됨
– 직 업 : 회사원(정년 60세)
– 월 소득액 : 월 6,000,000원
– 시중 노임단가 : 보통인부 월 3,000,000원
– 노동능력상실률 : 두부, 뇌, 척수 Ⅸ-B-4항 100%
– 개호 : 사고일로부터 여명기간까지 월 3,000,000원 인정
– 피보험자 책임범위 : 30%
– 발생치료비(대법원 2018다287935 판례. 최근 판례기준으로 산정할 것)

항목	요양급여		비급여	총치료비
	공단부담금	본인부담금		
금액	30,000,000원	20,000,000원	10,000,000원	60,000,000원

– 향후 치료비 및 보조구 구입비(현가) : 100,000,000원
– 위자료 : 50,000,000원(피보험자의 책임범위를 고려함)

- 호프만 계수(계산상 편의를 위한 임의계수임)
  - 사고일~기대여명까지 : 120개월(H계수 : 90)
  - 사고일~정년퇴직 60세까지 : 360개월(H계수 : 220)
  - 사고일~가동연한까지 : 420개월(H계수 : 242)

풀이

1. 법률상 배상책임

상기 사고는 수영장 강습생 김○○의 부주의와 수영장 안전요원의 응급조치가 지연되어 발생한 사고로서, ○○수영장은 피해자에 대하여 민법 제756조의 사용자책임을 부담하며, 안전요원은 민법 제750조의 불법행위책임을 부담한다.

2. 약관상 보상책임

상기 사고는 체육시설업자 배상책임보험에서 보상하는 사고에 해당하며, 면책사유에 해당하는 내용은 없으므로 보상책임을 부담한다.

3. 손해배상금 산출

(1) 기발생 치료비

(총 치료비 6,000만원 − 공단 부담금 3,000만원) × 30% = 9,000,000원

최근 대법원 판례에 따라, 총 치료비에서 공단부담금을 공제한 금액에 대하여 피보험자의 책임범위를 고려하여 산출함.

(2) 향후치료비 및 보조구비 : 1억원(현가) × 30% = 30,000,000원

(3) 개호비 : 300만원 × 90(H) × 30% = 81,000,000원

(4) 일실수입

① 사고일~기대여명까지

600만원 × 100% × 90(H) × 30% = 162,000,000원

② 기대여명 종료 시~정년까지

600만원 × 100% × (1 − 1/3) × (220 − 90)(H) × 30% = 156,000,000원

③ 정년 시~가동연한까지

300만원 × 100% × (1 − 1/3) × 20(H) × 30% = 12,000,000원

과잉배상 제한 원칙에 따라 H계수를 240으로 제한하여 산출함.

④ 소계 : 330,000,000원

(5) 위자료 : 50,000,000원

(6) 합계 : 500,000,000원

4. 지급보험금

Min [(손해배상금 5억원 − 자기부담금 10만원), 보상한도 5억원] = 499,900,000원

> **착안점**
> ① 체육시설업자 배상책임보험은 의무보험이나, 부상 및 후유장해 급수별 한도가 별도로 정해져 있지 않음을 유의한다.
> ② 기대여명 종료 이후 가동기간 종료 시까지 일실수입 산정 시 생계비 공제한다.
> ③ 중간이자 공제 시 과잉배상 제한을 위해 월간 호프만(H) 계수가 240을 초과하지 않도록 계수를 조정하여 일실수입을 산출한다.
> ▶ 사고일로부터 가동기간 종료 시까지 전체 총 H계수가 240을 초과하지 않도록 한다.
> ④ 피해자 과실이 제시되었을 때 과실상계하는 방법과 피보험자 책임범위로 주어졌을 때 공제하는 방법을 혼동하지 않도록 한다.
> ⑤ 손해배상금 중 기발생 치료비 산출과 관련하여 건강보험공단 부담금 공제 시 최근 대법원 판례의 변경 내용을 숙지한다.
> ▶ 변경 전 산식[과실상계 후 공제설] : [총 치료비×(1 − 피해자 과실(%))] − 건강보험공단 부담금
> ▶ 변경 후 산식[공제 후 과실상계설] : (총 치료비 − 건강보험공단 부담금)×(1 − 피해자 과실(%))

48 체육시설업자배상책임보험＋영업배상책임보험 시설소유관리자특약＋일상생활배상책임보험 (연습문제)

2023년 9월 20일 충청남도 소재 '○○골프장'에서 골프장 고객 '김○○'이 친 골프공이 날아가 화장실 가기위해 보행로로 이동하던 골프장 방문객 '박○○'의 눈 부위를 충격하여 한눈이 실명되고, 넘어지면서 손목이 골절되는 사고가 발생하였다. 피해자 '박○○'은 '○○골프장'과 '김○○'을 상대로 손해배상청구소송을 제기하였으며, 법원은 '○○골프장'의 안전관리 부실 책임과 '김○○'의 일상생활 중의 주의의무 위반을 인정하여 박'○○에 대해 공동불법행위책임을 부담하도록 했다.

아래의 〈별표〉를 참고하여 각 질문에 답하시오. (20점)

【별표】

[보험가입사항]

보험사	보험종목	피보험자	보상한도액	자기부담금
A 보험사	체육시설업자배상책임보험	○○골프장	1인당 2억원	없음
B 보험사	국문 영업배상책임보험 시설소유관리자 특별약관	○○골프장	1인당 1억원 1사고당 3억원	자기부담금 100만원
C 보험사	일상생활배상책임 특별약관	김○○	1사고당 2억원	대물 20만원
D 보험사	가족일상생활배상책임 특별약관	이○○	1사고당 1억원	대인 20만원

＊ '이○○'은 가해자 '김○○'과 별거중인 배우자임.

[전제조건]
- 피해자 : '박○○' (직업: 중견기업 CEO)
- 맥브라이드식 노동능력 상실률(%)
  - 한 눈 실명 : 30%
  - 손목 골절 : 20% (기왕증 기여도 25%)
  - 기왕장해 : 슬관절 동요장해 10%
- 피해자의 손해내역(노동능력 상실률이 반영된 금액임)

치료비	간병비(치료기간)	부상 일실수익	장해 일실수익
30,000,000원	10,000,000원	50,000,000원	550,000,000원

- 공동불법행위자간 내부책임비율 : '○○골프장' 40% / '김○○' 60%
- 위자료는 고려하지 아니함.

문제 1 피해자 '박○○'의 복합장해율을 산정하시오. (4점)

문제 2 각 보험사의 피해자 '박○○'에 대한 보상책임에 대하여 설명하시오. (6점)

문제 3 각 보험사의 피해자 '박○○'에 대한 지급보험금을 산출하시오. (10점)

풀이

문제 1 피해자 '박○○'의 복합장해율을 산정하시오. (4점)

1. 부위별 장해율

  (1) 한 눈 실명 : 30%

  (2) 손목 골절 : 20% × (100 − 25)% × = 15%

  (3) 슬관절 기왕장해 : 10%

2. 복합장해율

  (1) 눈 + 손목 : 30% + (100 − 30)% × 15% = 40.5%

  (2) 슬관절 기왕장해 반영 : 40.5% × (100 − 10)% = 36.45%

문제 2 각 보험사의 피해자 '박○○'에 대한 보상책임에 대하여 설명하시오. (6점)

1. A 보험사

본 건 사고와 관련하여 '○○골프장'의 안전관리 부실의 책임이 인정되었으며, 체육시설업자 배상책임보험에서 보상하는 손해에 해당하므로 '○○골프장'의 책임비율에 따른 손해배상금을 먼저 보상한다.

2. B 보험사

본 건 사고와 관련하여 '○○골프장'의 안전관리 부실의 책임이 인정되었으며, 시설소유관리자 특별약관에서 보상하는 손해에 해당하므로, '○○골프장'의 책임비율에 따른 손해배상금 중 의무보험에서 보상하는 손해를 초과하는 손해를 보상한다.

3. C 보험사

김○○은 일상생활 중 주의의무위반에 따른 사고로 박○○에 대하여 신체손해를 입혔으므로, 김○○이 가입한 일상생활배상책임 특별약관에 보상책임을 부담한다.

4. D 보험사

김○○은 이○○의 배우자로서 동거여부를 불문하고 이○○이 가입한 가족일상생활배상책임 특별약관의 피보험자에 포함되므로, 김○○의 피해자에 대한 보상책임을 부담한다.

문제 3 각 보험사의 피해자 '박○○'에 대한 지급보험금을 산출하시오. (10점)

1. 손해배상금

치료비 + 간병비 + 부상 일실수익 + 장해 일실수익 : 6.4억

2. 공동불법행위자별 손해배상금 안분

(1) ○○골프장 : 6.4억×40%=2.56억

(2) 김○○ : 6.4억×60%=3.84억원

3. 지급보험금

(1) A, B 보험사

○○골프장의 배상책임을 담보하는 체육시설업자 배상책임보험과 시설소유관리자 특별약관은 중복보험에 해당하므로, 체육시설업자 배상책임보험에서 먼저 보상하고 시설소유관리자 특별약관에서 초과 손해액을 보상한다.

1) 체육시설업자 배상책임보험

   Min [손해배상금 2.56억원, 1인당 보상한도 2억원] = 2억원

2) 시설소유관리자 특별약관

   ① 초과손해액: 2.56억원 − 2억원 = 5,600만원

   ② 지급보험금: Min[5,600만원 − 100만원(자기부담금), 1인당 1억원] = 5,500만원

(2) C, D 보험사

김○○의 일상생활 중 발생한 법률상 배상책임을 담보하는 두 개의 보험이 존재하나 김○○이 부담하는 손해배상금은 3.84억원으로, 두 개의 일상생활배상책임보험의 보상한도 3억원을 초과하므로 '병존보험'에 해당하여 각각의 일상생활배상책임 특별약관에서 각각 보상한도까지 보상한다.

1) 일상생활배상책임 특별약관

   Min [손해배상금 3.84억원, 1사고당 보상한도 2억원] = 2억원

2) 가족 일상생활배상책임 특별약관

   Min [손해배상금 3.84억원 − 20만원(Ded), 1사고당 보상한도 1억원] = 1억원

> **착안점**
>
> 하나의 피보험자의 동일한 사고를 담보하는 두 개 이상의 보험이 있을 경우, 그 보험들의 지급보험금의 합산액(독립책임액)이 손해배상금을 초과하는 경우에는 '중복보험'이라고 하고 독립책임액 분담방식 등의 방법으로 보험금 분담 절차를 다시 해주어야 한다.
> 그러나, 그 보험들의 지급보험금의 합산액(독립책임액)이 손해배상금에 미달하는 경우에는 이를 '병존보험'이라고 한다. 각 보험계약의 지급보험금을 각각 모두 지급하더라도 피해자에게 초과 이득이 발생하지 아니하므로 보험금 분담의 절차를 다시 할 필요가 없는 것이다.

49. 수련시설업자 배상책임보험 (연습문제)

2023년 11월 10일 14시경 제주도 소재 '○○청소년 수련관'에서 진행중인 '○○고등학교' 수학여행 프로그램 진행 중 '○○청소년 수련관' 숙소동 건물 1층 로비의 천정에 매달려 있던 대형 조형물이 떨어지면서 그 아래에 있던 사람들을 충격하여 '○○고등학교' 교사 '김○○'이 치료 중 사망하고 학생 '이○○'은 현장에서 사망하였다. 사고원인 조사결과, '○○청소년 수련관'의 조형물에 대한 안전관리 소홀에 따른 사고로 확인되었다.

아래의 〈별표〉를 참고하여 다음의 질문에 답하시오. (25점)

【별표】

['○○ 청소년 수련관' 보험가입내역]

1. 수련시설업자 배상책임보험
- 보험사 : H 손해보험(주)
- 보험종목 : 수련시설업자 배상책임보험
- 가입금액 : 의무보상한도액
- 자기부담금 : 없음

2. 국문 영업배상책임보험
- 보험사 : D 손해보험(주)
- 보험종목 : 국문 영업배상책임보험 / 시설소유관리자 특별약관
- 가입금액 : 1인당 3억원 / 1사고당 5억원
- 자기부담금 : 1사고당 100만원

[전제조건]

1. 피해자 교직원 '김○○' (만 50세)
- 월급여 : 450만원 (정년 만 60세)
- 교직원 '김○○'의 수련시설 배상책임보험 부상등급 : 1급
- 병원 치료비 : 2,000만원
- 호프만(H) 월 계수 (계산 편의상 계수임)
  • 사고일~사망일 : 3개월 (H계수 : 3)
  • 사고일~정년시 : 120개월 (H계수 : 103)
  • 사고일~가동기간 종료시까지 : 180개월 (H계수 : 143)

2. 피해자 고등학생 '이○○' (여자, 만 17세)
- 월급여 : 90만원 (사고당시 프랜차이즈 음식점 '햄버거 King'의 단시간 근로자)
  [성년 시까지 근무하는 것으로 '햄버거 King'과 근로계약 체결되어 있었음]
- 호프만(H) 월 계수 (계산 편의상 계수임)
  • 사고일~성년 시까지 : 24개월 (H계수 : 20)
  • 사고일~가동기간 종료 시까지 : 576개월 (H계수 : 290)

[관련 사항]
- 피보험자 책임제한 : 80%
- 도시근로자 보통인부 노임단가 : 일 150,000원 (월 가동일수 22일 가정)
- 장례비는 판례의 관행에 따라 500만원 기준으로 산출할 것.
- 위자료는 제반사정을 모두 고려하여 피해자와 각각 7,000만원에 합의함.
- 일실퇴직금은 고려하지 아니함.
- 교직원 '김○○'의 손해배상금 산정시 관련 법률 따른 재해보상금은 고려하지 아니함.

문제 1 국문 영업배상책임보험 시설소유관리자특별약관에 규정되어 있는 '구내치료비 추가 특별약관'의 보상하는 손해와 치료비의 범위, 보상하지 않는 손해 3가지 이상 약술하시오. (6점)

문제 2 피해자 교직원 '김○○'의 보험사별 지급보험금을 산출하시오. (10점)

문제 3 피해자 학생 '이○○'의 보험사별 지급보험금을 산출하시오. (9점)

> 풀이

문제 1 국문 영업배상책임보험 시설소유관리자특별약관에 규정되어 있는 '구내치료비 추가 특별약관'의 보상하는 손해와 치료비의 범위, 보상하지 않는 손해 3가지 이상 약술하시오. (6점)

1. 보상하는 손해

피보험자의 시설 구내에서 발생한 제3자의 신체장해에 대하여 피보험자의 법률상 배상책임 없는 경우에 치료비를 보상한다.

2. 치료비 항목

치료비란 응급치료비, 치료, 수술, 영상촬영 등 제반검사, 보철치료를 포함한 치과치료, 구급차, 입원, 병원이 실시한 전문간호 및 장례에 소요되는 비용을 말하며, 국민건강보험법 적용대상인 한방치료비를 포함한다.

3. 보상하지 않는 손해

① 사고일로부터 1년 후에 발생한 치료비
② 타인의 신체장해에 대하여 법률상 배상책임 있는 치료비
③ 피보험자 구내에서 시설의 관리, 개축, 철거, 수리 또는 신축하는 업무에 종사하는 사람이 입은 신체장해에 대한 치료비
④ 피보험자나 피보험자의 동업자, 임차인, 기타 피보험자의 구내에서 상주자 또는 이들의 근로자가 입은 신체장해에 대한 치료비
⑤ 각종 신체 훈련, 운동경기 또는 시합에 참가 도중 입은 신체장해에 대한 치료비

문제 2 피해자 교직원 '김○○'의 보험사별 지급보험금을 산출하시오. (10점)

1. 보상책임 검토

'○○청소년 수련관'의 시설물 보존상 하자에 따른 사고로 김○○을 사망에 이르게 하였으므로 민법 제758조에 따른 공작물책임을 부담하며, '○○청소년 수련관'이 가입한 수련시설 배상책임보험과 영업배상책임보험에서 보상하는 사고에 해당하므로 보상책임을 부담한다.

2. 손해배상금

   (1) 병원 치료비 : 20,000,000원×80% = 16,000,000원

   (2) 장례비 : 5,000,000원×80% = 4,000,000원

   (3) 일실수익

   ① 사고일~사망 시까지

   4,500,000원×100%×3(H)×80% = 10,800,000원

   ② 사망 시~정년 시

   4,500,000원×100%×2/3×(103−3)(H)×80% = 240,000,000원

   ③ 정년 시~가동기간 종료 시

   150,000원×22일×100%×2/3×(143−103)(H)×80% = 70,400,000원

   ④ 합계 : 321,200,000원

   (4) 위자료 : 70,000,000원

   (5) 합계 : 411,200,000원

3. 지급보험금

의무보험인 수련시설배상책임보험에서 먼저 보상하고 초과손해액을 임의보험인 영업배상책임보험 시설소유관리자 특별약관에서 보상한다.

   (1) 수련시설 배상책임보험 (H 손해보험)

   1) 부상 보험금

   ① 치료비 16,000,000원 + 치료기간 일실수익 10,800,000원 = 26,800,000원

   ② Min [부상 손해액 2,680만원, 부상 1급 한도 3,000만원] = 26,800,000원

   2) 사망 보험금

   ① 장례비 400만원 + 사망 일실수익 310,400,000원 + 위자료 70,000,000원

   = 380,400,000원

② Min [사망 손해액 380,400,000원, 사망 보상한도 1.5억원] = 1.5억원
  3) 합계 : 176,800,000원

(2) 국문 영업배상책임보험 (D 손해보험)
  1) 초과 손해액 : 411,200,000원 − 176,800,000원 = 234,400,000원
  2) 지급보험금
     Min [234,400,000원 − 자기부담금 1,000,000원, 1인당 보상한도 3억원] = 233,400,000원

문제 3 피해자 학생 '이○○'의 보험사별 지급보험금을 산출하시오. (9점)

1. 보상책임 검토

'○○청소년 수련관'의 시설물 보존상 하자에 따른 사고로 이○○을 사망에 이르게 하였으므로 민법 제758조에 따른 공작물책임을 부담하며, '○○청소년 수련관'이 가입한 수련시설 배상책임보험과 영업배상책임보험에서 보상하는 사고에 해당하므로 보상책임을 부담한다.

2. 손해배상금

(1) 장례비 : 500만원 × 80% = 4,000,000원

(2) 일실수입
  ① 사고일~성년 시 : 90만원 × 100% × 2/3 × 20(H) × 80% = 9,600,000원
     원칙적으로 미성년자는 성년시까지 일실수입이 인정되지 않으나, 실제 근로 등을 통하여 소득이 발생하는 경우에는 예외적으로 해당기간의 일실수입을 산정하여야 한다.
  ② 성년 시~가동기간 종료 시
     15만원 × 22일 × 100% × 2/3 × 220(H) × 80% = 387,200,000원
     H계수는 270(290 − 20)이나, 과잉배상금지 원칙에 따라 일실수입이 인정되는 기간의 합산 H계수가 240을 초과하지 않도록 220으로 조정함.
  ③ 합계 : 396,800,000원

(3) 위자료 : 70,000,000원

(4) 합계 : 470,800,000원

3. 지급보험금

(1) 수련시설배상책임보험
Min [손해배상금 470,800,000원, 사망 보상한도 1.5억원] = 1.5억원

(2) 국문 영업배상책임보험
① 초과손해액 : 470,800,000원 - 150,000,000원 = 320,800,000원
② 지급보험금 : Min [320,800,000원, 1인당 보상한도 3억원] = 3억원
  자기부담금은 1사고당 1회 공제하므로, '이○○'에 대하여 공제하지 않음.
③ 교사 김○○에게 233,400,000원 지급되었으므로, 학생 이○○에게는 1사고당 보상한도 5억원의 잔여한도 266,600,000원 지급함.

50 승강기사고 배상책임보험 (2022년 기출문제)

서울 종로구에 소재한 △△병원에서 근무 중이던 간호사 김○○과 외래 환자 이○○가 병원 승강기 탑승 중, 오작동된 승강기가 추락하면서, 부상을 입고 그 부상으로 인해 후유장해가 남았다.

아래 〈별표〉의 내용을 참고하여 보험종목별 및 피해자별로 지급할 보험금을 각각 산정하고, 그 산출과정을 기재하시오. (15점)

【별표】

[보험가입사항] – 피보험자 : △△병원

보험종목	승강기사고 배상책임보험	영업배상책임보험 시설소유(관리)자 특별약관	국내근로자 재해보장책임보험 사용자배상책임 특별약관
보상한도	법정 보험금액	대인 1사고당 1억원	1사고당 1억원
자기부담금		1사고당 10만원	

[전제조건]

- 간호사 김○○
  - 승강기사고 배상책임보험 장해등급 : 손가락 13급, 치아 14급
  - 상실수익 : 2,000만원
  - 위자료 : 500만원
  - 산재보험 장해급여 수령액 : 1,000만원
- 외래환자 이○○
  - 승강기사고 배상책임보험 장해등급 : 팔 12급, 다리 13급, 눈 14급
  - 상실수익 : 4,000만원
  - 위자료 : 1,000만원

* 승강기사고 배상책임보험 후유장해 등급별 보상한도

장해등급	10급	11급	12급	13급	14급
장해일시보상금	1,500만원	1,200만원	1,000만원	800만원	500만원

- 승강기사고배상책임보험에서 상기 피해자들의 등급별 부상은 고려하지 않는 것으로 한다.
- 상실수익 및 위자료 금액은 계산 편의상 산정한 금액임.
- 피해자들의 과실은 없는 것으로 한다.

풀이

1. 법률상 배상책임

상기사고는 △△병원이 관리하는 승강기 오작동으로 인한 사고로서, △△병원은 간호사 김○○과 외래환자 이○○에 대하여 민법 제758조의 공작물 책임 또는 안전배려의무 위반에 따른 민법 제390조의 채무불이행책임을 부담한다.

2. 보험종목별 보상책임

(1) 승강기 배상책임보험

상기사고는 승강기사고 배상책임보험에서 보상하는 사고에 해당하며, 외래환자 이○○에 대해서는 보상책임을 부담하나, 간호사 김○○은 피보험자의 근로자이므로 보상책임이 없다.

(2) 영업배상책임보험

상기사고는 영업배상책임보험 시설소유관리자 특별약관에서 보상하는 사고에 해당하며, 외래환자 이○○에 대하여 보상책임을 부담하나, 간호사 김○○은 피보험자의 근로자이므로 보상책임이 없다.

(3) 국내 근로자재해보장책임보험

간호사 김○○은 △△병원의 근로자로서, 국내근재보험 사용자배상책임특별약관에서 보상하는 사고에 해당하며, 산재보험금을 초과하는 민사 손해배상금을 보상한다.

3. 간호사 김○○에 대한 지급보험금

(1) 손해배상금

1) 상실수익액 : 2,000만원 − 1,000만원(산재보험 장해급여) = 1,000만원
2) 위자료 : 500만원
3) 합계 : 1,500만원

(2) 지급보험금(국내 근재보험)

Min [손해배상금 1,500만원, 보상한도 1인당 1억원] = 1,500만원

4. 외래환자 이○○에 대한 지급보험금

의무보험인 승강기사고 배상책임보험에서 먼저 보상하고, 보상한도를 초과하는 손해배상금은 영업배상책임보험에서 보상한다.

(1) 승강기사고 배상책임보험

1) 장해급수 : 11급

   2가지 이상의 장해 발생시 심한 장해등급 12급 보다 한등급 높은 11급으로 산정

2) 손해배상금 : 상실수익액 4,000만원 + 위자료 1,000만원 = 5,000만원

3) 지급보험금

   Min [손해배상금 5,000만원, 11급 장해 보상한도 1,200만원] = 1,200만원

(2) 영업배상책임보험

의무보험인 승강기사고 배상책임보험의 보상한도를 초과하는 손해를 보상한다.

1) 초과 손해배상금 : 5,000만원 − 1,200만원 = 3,800만원

2) 지급보험금

   Min [(초과 손해배상금 3,800만원 − 자기부담금 10만원), 보상한도 1억원] = 3,790만원

51. 승강기 사고 배상책임보험 + 국문 영업배상책임보험 (연습문제)

2021년 11월 7일 '○○빌딩'에 설치된 엘리베이터가 갑자기 추락하여 탑승중이던 방문객 '박○○'의 대퇴골과 발목이 골절되는 중상해를 입게 되었다. 사고원인 조사결과, ○○빌딩 건물주 '甲'이 기존 승강기 보수업체 '○○승강기(주)'와 계약 해지하고 새로운 승강기 보수업체를 선정하지 않은 상태에서 정기점검이 이루어지지 않아 사고가 발생한 것으로 확인되었다.

아래 〈별표〉의 내용을 참고하여 각각의 질문에 답하시오. (20점)

【별표】

[○○빌딩 보험가입사항]

보험사	보험종목	계약자/피보험자	보상한도액	자기부담금
A	승강기사고 배상책임보험	甲	의무보상한도액	없음
B	국문 영업배상책임보험 시설소유(관리)자 특별약관	甲	1사고당 200,000,000원	1사고당 1,000,000원
C	장기 재물보험 시설소유(관리)자 특별약관	甲	1사고당 100,000,000원	1사고당 500,000원
D	승강기사고 배상책임보험	○○승강기(주)	의무보상한도액	없음

[전제조건]

- 피해자 : 박○○
- 치료비 : 30,000,000원
- 개호비 : 100,000,000원(현가)
- 장해 일실수입 : 400,000,000원(현가)
- 위자료 : 제반사정을 고려하여 당사간에 40,000,000원에 합의함.
- 피해자 과실 : 30%
- 피해자 부상급수 : 1급
- 피해자 장해급수 : 1급
- 위자료를 제외한 모든 손해 항목에 대하여 기왕증 기여도 20% 공제할 것.
- 개호비는 치료 종결 이후 발생한 것으로 가정함.

문제 1 승강기사고 배상책임보험의 의의, 보상하는 손해와 가입대상을 약술하시오. (5점)

문제 2 상기 사고와 관련하여 각 보험사의 보상책임에 대하여 설명하시오. (3점)

문제 3 각 보험사가 지급해야 할 지급보험금을 산정하고, 그 산출과정을 기재하시오. (12점)

풀이

문제 1 승강기사고 배상책임보험의 의의, 보상하는 손해와 가입대상을 약술하시오. (5점)

1. 의의

승강기사고 배상책임보험이란 '승강기 안전관리법'에 따라 승강기 소유자 등 관리주체의 승강기 관련 사고로 인해 발생한 타인에 대한 손해배상책임을 보장하는 보험이다.

2. 보상하는 손해

피보험자가 소유, 사용, 관리하는 승강기로 생긴 우연한 사고로 발생한 타인의 생명, 신체나 재산상의 손해에 대하여 피보험자가 부담하는 법률상 배상책임을 보상한다.

3. 가입대상

(1) 승강기 소유자
(2) 다른 법령에 따라 승강기 관리자로 규정된 자
(3) 승강기 소유자 또는 관리자와 계약에 따라 승강기를 안전하게 관리할 책임과 권한을 부여 받은 자

문제 2 상기 사고와 관련하여 각 보험사의 보상책임에 대하여 설명하시오. (3점)

1. A보험사

건물주 甲의 승강기 관리 부실에 따른 사고에 해당하므로 민법 제758조의 공작물 보존상의 하자에 따른 공작물 책임을 부담하며, A보험사에 가입한 승강기사고 배상책임보험에서 보상책임을 부담한다.

2. B, C보험사

건물주 甲의 승강기 관리 부실에 따른 사고에 해당하므로 민법 제758조의 공작물 보존상의 하자에 따른 공작물 책임을 부담하며, B와 C보험사에 가입한 시설소유자 특별약관에서 보상책임을 부담한다.

3. D보험사

상기 사고는 건물주 甲과 승강기 보수업체 ㅇㅇ승강기(주)와 계약 해지 후 점검 미이행으로 인하여 발생한 사고이므로 ㅇㅇ승강기(주)는 법률상 배상책임을 부담하지 않으므로 C보험사는 보상책임을 부담하지 않는다.

문제 3 각 보험사가 지급해야 할 지급보험금을 산정하고, 그 산출과정을 기재하시오. (12점)

1. 손해배상금 산정

(1) **치료비**: 30,000,000원×(1−20%)×(1−30%)=16,800,000원

(2) **개호비**: 100,000,000원×(1−20%)×(1−30%)=56,000,000원

(3) **장해 일실수입**: 400,000,000원×(1−20%)×(1−30%)=224,000,000원

(4) **위자료**: 40,000,000원

(5) **합계**: 336,800,000원

2. 지급보험금 산정

건물주 甲이 A, B, C보험사에 가입한 보험계약은 중복보험에 해당하므로, 의무보험인 승강기사고 배상책임보험에서 먼저 보상한도까지 보상한 후, 초과 손해액은 각 시설소유관리자 특별약관에서 독립책임액 분담방식에 따라 비례 보상한다.

(1) **A보험사 지급보험금**

① 부상 보험금

　Min [16,800,000원(치료비), 1급 보상한도 1,500만원]=1,500만원

② 장해 보험금

　Min [320,000,000원(개호비+장해 일실수입+위자료), 1급 보상한도 8,000만원]
　=8,000만원

(2) **B, C보험사의 독립책임액 산출**

① 잔존 손해배상금: 336,800,000원−95,000,000원=241,800,000원

② B사의 독립책임액: Min [(241,800,000원−100만원), 보상한도 2억원]=200,000,000원

③ C사의 독립책임액: Min [(241,800,000원−50만원), 보상한도 1억원]=100,000,000원

(3) B, C보험사의 지급보험금 산출

① B사의 지급보험금 : 241,800,000원×(2억원/3억원)=161,200,000원

② C사의 지급보험금 : 241,800,000원×(1억원/3억원)=80,600,000원

> **착안점**
>
> ① 기왕증 기여도 20% 공제하도록 문제에서 제시되었으므로, 위자료를 제외한 전 손해항목에 대하여 기왕증 기여도 공제 실시한다. 단, 기왕증 기여도가 노동능력상실률 부분에만 부속하여 제시된 경우에는 노동능력 상실률 계산 시에만 적용한다.
> ② 개호비는 '치료기간의 개호비'와 '치료종결 후 개호비'로 나눌 수 있으며, 치료기간의 개호비는 부상 손해액으로 분류하고, 치료 종결 후 개호비는 장해 관련 손해액으로 분류한다.

52 야영장사고 배상책임보험 + 국문 영업배상책임보험 (연습문제)

2022년 1월 2일 22시경 경기도 가평에서 '김○○'이 운영하는 '○○야영장'에서 '김○○'이 직접 바베큐용 화로에 사용할 자연숯을 만드는 작업 중 강풍에 불씨가 대량으로 날아가면서 근처에 있던 텐트에 화재가 발생하여서 텐트 안에서 취침하고 있던 야영장 이용객 '갑(甲)'이 현장에서 사망하는 사고가 발생하였다.

아래의 〈별표〉를 참고하여 각 질문에 답하시오. (20점)

【별표】

[보험계약사항]

1. 보험계약자/피보험자 : ○○야영장

보험사	보험종목	보험기간	보상한도액	자기부담금
A	야영장 배상책임보험 종업원 배상책임 부보장 특약	2021.1.1.~ 2021.12.31.	의무보상한도액	없음

2. 보험계약자/피보험자 : ○○야영장

보험사	보험종목	보험기간	보상한도액	자기부담금
B	국문 영업배상책임보험 시설소유관리자 특별약관	2022.1.1.~ 2022.12.31.	1인당 5억원 1사고당 10억원	1사고당 50만원

[전제조건]

○ 피해자 : 갑(甲) (생년월일 : 1972년 1월 2일)
 - 직 업 : IT 대기업 차장(정규직)
 - 입사일 : 2012년 1월 2일
 - 정년일 : 2032년 1월 2일(만 60세)
 - 월 소득액 : 7,500,000원
 - 평균임금 : 200,000원
 - 통상임금 : 150,000원
 - 피보험자의 책임범위 : 80%
 - 호프만(H) 계수(계산 편의상 계수임)
   • 사고일~정년 시 : 120개월(H계수 : 90)
   • 사고일~가동기간 종료 시 : 180개월(H계수 : 140)

- 장례비는 판례상 관행에 따라 5,000,000원 기준으로 산출함.
- 위자료는 제반 사정을 모두 고려하여 6,000만원에 합의함.

[기타사항]
- 도시 보통인부 일용노임 : 150,000원(월 가동일수 20일)
- 일실퇴직금 산정 시 현가율은 [1/(1+0.05×잔여재직기간)]으로 계산할 것.
- 'ㅇㅇ야영장' 사업주 '김ㅇㅇ'은 야영장 배상책임보험 보험기간 종료 후 업무누락으로 2022년 보험 계약 갱신하지 못함.

문제 1 야영장 배상책임보험의 의무 보상한도에 대하여 설명하시오. (3점)

문제 2 각 보험회사의 피해자 '갑(甲)'에 대한 보상책임 여부에 대하여 설명하시오. (3점)

문제 3 피해자 '갑(甲)'의 일실퇴직금을 산출하시오. (6점)

문제 4 각 보험사의 피해자 '갑(甲)'에 대한 지급보험금을 산출하시오. (8점)

풀이

문제 1 야영장 배상책임보험의 의무 보상한도에 대하여 설명하시오. (3점)

(1) **사망** : 1억원 내에서 피해자에게 발생한 손해액. 단, 손해액이 2천만원 미만 시 2천만원

(2) **부상** : 1급 2천만원~14급 80만원 한도 내에서 피해자에게 발생한 손해액

(3) **후유장해** : 1급 1억원~14급 630만원 한도 내에서 피해자에게 발생한 손해액

문제 2 각 보험회사의 피해자 '갑(甲)'에 대한 보상책임 여부에 대하여 설명하시오. (3점)

1. A보험사(야영장 배상책임보험)

'○○야영장' 사업주 김○○의 업무상 과실로 화재사고가 발생하였으므로, 야영장 사업주 김○○은 피해자에 대하여 민법 제750조의 불법행위책임을 부담하며, 야영장 배상책임보험에서 보상하는 손해에 해당하나, 보험기간 만료 후 발생한 사고이므로 보상책임을 부담하지 않는다.

2. B보험사(시설소유관리자 특별약관)

'○○야영장' 사업주 김○○의 업무상 과실로 화재사고가 발생하였으므로, 야영장 사업주 김○○은 피해자에 대하여 민법 제750조의 불법행위책임을 부담하며, 영업배상책임보험 시설소유관리자 특별약관에서 보상하는 손해에 해당하나, 의무보험인 야영장 배상책임보험의 보상한도를 초과하는 손해에 대해서만 보상책임을 부담한다.

문제 3 피해자 '갑(甲)'의 일실퇴직금을 산출하시오. (6점)

1. 일실퇴직금 산식

[(예상 총 퇴직금×현가율)−사고당시 퇴직금]×노동능력상실률(%)×(1−피해자 과실)

2. 기본조건 산출

① 예상 총 퇴직금 : 평균임금 20만원×30일×20년=1.2억원

② 사고당시 퇴직금 : 평균임금 20만원×30일×10년=6,000만원

③ 현가율 : $1/(1+0.05 \times 10\text{년}) = 2/3$

3. 일실퇴직금 산출

[(1.2억원×2/3)−6,000만원]×100%×80%＝1,600만원

문제 4　각 보험사의 피해자 '갑(甲)'에 대한 지급보험금을 산출하시오. (8점)

1. 이용객 甲에 대한 손해배상금

(1) **치료비** : 현장 사망하였으므로 발생하지 않음

(2) **장례비** : 5,000,000원×80%＝4,000,000원

(3) **사망 일실수입**

① 사고일~정년 시

750만원×100%×(1−1/3)×90(H)×80%＝360,000,000원

② 정년 시~가동연한 종료 시

(15만원×20일)×(1−1/3)×(140−90)(H)×80%＝80,000,000원

③ 합계 : 440,000,000원

(4) **일실퇴직금** : 16,000,000원

(5) **위자료** : 60,000,000원에 합의함.

(6) **손해배상금 합계** : 520,000,000원

2. 지급보험금

(1) **A보험사(야영장 배상책임보험)**

보험기간 만료 후 사고로 지급보험금 없음

(2) **B보험사(국문 영업배상책임보험)**

① 초과손해액 : 5.2억원−1억원(야영장사고 배상책임보험 면책 대상금)＝4.2억원

피해자 갑은 현장사망하였으므로, 야영장사고 배상책임보험에서 사망 보상한도 1억원이 면책대상 금액임.

② Min [420,000,000원−자기부담금 50만원, 1인당 보상한도 5억원]＝419,500,000원

53 야영장사고 배상책임보험 + 영업배상책임보험 + 근재보험 (연습문제)

2023년 7월 7일 강원도 홍천군에서 '김○○'이 운영하는 '○○야영장' 옆의 돌산이 폭우에 의해 무너져 내리면서 야영장에서 숙박하던 야영객 '이○○'이 현장사망하고 야영장 소속 근로자 '박○○'이 치료 중 사망하는 사고가 발생하였다. 사고원인 조사결과, 사고 전날 해당 지역 산사태 경보가 발령되면서 홍천군에서 긴급 대피명령을 내렸으나, '김○○'은 이를 무시하고 어떠한 조치도 취하지 않은 상태에서 야영장 영업을 강행하던 중에 사고가 발생한 사실이 확인되었다.

아래의 〈별표〉를 참고하여 각 질문에 답하시오. (15점)

【별표】

['○○야영장'의 보험가입사항]

보험사	보험종목	계약자/피보험자	보상한도	자기부담금
A	야영장사고 배상책임보험 종업원 배상책임 부보장 특약	○○야영장	의무보상한도액	없음
B	국내근로자 재해보장책임보험 사용자배상책임 특별약관	○○야영장	1인당 2억원 1사고당 3억원	없음
C	국문 영업배상책임보험 시설소유관리자 특별약관	○○야영장	1인당 5,000만원 1사고당 1억원	1사고당 50만원

[전제조건]

— 피해자별 손해내역(피해자 과실상계 반영 전)

피해자	치료비	장례비	사망 일실수익	위자료
이○○	–	500만원	2억원	8,000만원
박○○	1,000만원	500만원	1.5억원	8,000만원

— 피해자 과실 : ① 이용객 이○○ : 과실 없음 / ② 근로자 박○○ : 20%
— 근로자 '박○○'의 산재보험금 수령내역

요양급여	장례비	유족급여
1,000만원	1,500만원	1억원

문제 1 각 보험사의 피해자별 보상책임 여부에 대하여 설명하시오. (5점)

문제 2 각 보험사의 야영객 '이○○'에 대한 지급보험금을 산출하시오. (5점)

문제 3 각 보험사의 근로자 '박○○'에 대한 지급보험금을 산출하시오. (5점)

풀이

문제 1   각 보험사의 피해자별 보상책임 여부에 대하여 설명하시오. (5점)

1. 법률상 배상책임

사례에서 야영장 운영자 김○○은 산사태 대피명령을 무시하고 야영장 영업을 강행하였으므로, 피해자들에 대하여 민법 제750조의 불법행위책임 및 안전배려의무 위반에 따른 민법 제390조의 채무불이행책임을 진다.

2. 약관상 보상책임

(1) 야영장사고 배상책임보험

○○야영장측의 업무상 과실에 따른 사고이므로, 본 보험계약에서 야영객 김○○에 대하여 약관상 보상책임을 부담한다. 단, 근로자 박○○에 대해서는 종업원 부보장 특별약관에 따라 보상책임을 부담하지 않는다.

(2) 국내 근재보험

○○야영장측의 안전배려의무위반이 인정되므로, 본 보험계약의 사용자배상책임 특별약관에서 보상하는 사고에 해당하며, 근로자 박○○에 대하여 산재보험금을 초과하는 민사 손해배상금을 보상한다.

(3) 시설소유관리자 특별약관

○○야영장측의 업무상 과실에 따른 사고이므로, 본 보험계약에서 야영객 이○○에 대하여 의무보험의 보상한도를 초과하는 손해에 대하여 보상책임을 부담한다. 단, 근로자 박○○에 대해서는 피용인 면책조항을 따라 보상책임을 부담하지 않는다.

문제 2 각 보험사의 야영객 이○○에 대한 지급보험금을 산출하시오. (5점)

1. 야영장사고 배상책임보험

(1) **손해배상금** : 장례비 + 사망 일실수익 + 위자료 = 2.85억원

(2) **지급보험금** : Min [2.85억, 사망 보상한도 1억원] = 1억원

2. 시설소유관리자 특별약관

(1) **초과 손해액** : 2.85억 − 1억원 = 1.85억

(2) **지급보험금**
Min [1.85억원 − 50만원(자기부담금), 1인당 보상한도 5,000만원] = 5,000만원

문제 3 각 보험사의 근로자 박○○에 대한 지급보험금을 산출하시오. (5점)

1. 손해배상금

최근 대법원 판례에 따라 '공제 후 과실상계설'로 풀이함.

(1) **치료비** : 요양급여로 지급됨.

(2) **장례비** : [500만원 − 1,500만원(산재 장례비)] × (1 − 20%) = 0(음수)

(3) **사망 일실수익** : [1.5억원 − 1억원(유족급여)] × (1 − 20%) = 4,000만원

(4) **위자료** : 8,000만원 × [1 − (20% × 0.6)] = 7,040만원

(5) **합계** : 110,400,000원

2. 지급보험금(국내 근재보험)

Min [손해배상금 110,400,000원, 1인당 보상한도 2억원] = 110,400,000원

54. 영문 영업배상책임보험(C.G.L) (2018년 기출문제)

甲은 乙 소유의 건물에 사무실을 임차하여 사용 중이다. 2018년 5월 10일 甲의 사무실 내에서 화재사고가 발생하였으며, 외국인 내방객(A, B, C)이 대피하는 과정에서 상해를 입었다.

아래 〈별표〉를 참고하여 각각의 질문에 답하시오. (15점)

【별표】

[보험가입사항]

1. Commercial General Liability Insurance
2. Insured : 갑(甲)
3. Limit of Insurance
   - General Aggregate Limit : $ 500,000
   - Each Occurrence Limit : $ 500,000
   - Fire Damage Limit : $ 100,000(any one fire)
   - Medical Expense Limit(any one person) : $ 5,000
   - All Cost & Expense Limit $ 20,000
   ※ All Cost & Expense are included within the L.O.L
      : 방어비용 등 모든 비용손해는 총 보상한도 내에서 보상

문제 1 피해자 A는 임차인 甲을 상대로 응급치료비 $ 3,000을 청구하였다. 피해자 B는 $ 1Milion의 손해배상 청구의 소를 제기하였고, 임차인 갑은 변호사를 선임하여 변론한 결과 배상판결금 $ 200,000과 변호사 비용 $ 25,000이 발생하였다. 이 경우 지급보험금을 산정하고, 그 산출과정을 기재하시오.

문제 2 피해자 A와 B의 보험금이 지급된 후, 보험자는 갑과 을간의 합의된 건물 화재손해 $ 135,000에 대하여 증권상 보험금을 지급하였다. 이후 피해자 C는 $ 2Milion의 손해배상 청구의 소를 제기하였고, 임차인 갑은 변호사를 선임하여 변론한 결과 배상판결금 $ 300,000과 변호사 비용 $ 40,000이 발생하였다. 이 경우 지급보험금을 산정하고, 그 산출과정을 기재하시오.

> 풀이

문제 1 피해자 A는 임차인 甲을 상대로 응급치료비 $ 3,000을 청구하였다. 피해자 B는 $ 1Milion의 손해배상 청구의 소를 제기하였고, 임차인 갑은 변호사를 선임하여 변론한 결과 배상판결금 $ 200,000과 변호사 비용 $ 25,000이 발생하였다. 이 경우 지급보험금을 산정하고, 그 산출 과정을 기재하시오.

1. 피해자 A에 대한 지급보험금

응급치료비 $ 3,000은 치료비 보상한도 $ 5,000 이내이므로 $ 3,000 전액 지급한다.

2. 피해자 B에 대한 지급보험금

(1) 손해배상금

피해자 B와 관련된 배상 판결금 $ 200,000은 1사고당 보상한도 $ 500,000 이내이므로 $ 200,000 전액 지급한다.

(2) 비용손해

변호사 비용 $ 25,000은 비용손해 보상한도 $ 20,000을 초과하므로 $ 20,000 지급한다.

(3) 소결

손해배상금 $ 200,000 + 비용손해 $ 20,000 = $ 220,000

문제 2 피해자 A와 B의 보험금이 지급된 후, 보험자는 갑과 을 간의 합의된 건물 화재손해 $ 135,000에 대하여 증권상 보험금을 지급하였다. 이후 피해자 C는 $ 2Milion의 손해배상 청구의 소를 제기하였고, 임차인 갑은 변호사를 선임하여 변론한 결과 배상판결금 $ 300,000과 변호사 비용 $ 40,000이 발생하였다. 이 경우 지급보험금을 산정하고, 그 산출과정을 기재하시오.

1. 임대인 乙에 대한 지급보험금

화재손해 $ 135,000은 화재손해 보상한도 $ 100,000을 초과하므로, $ 100,000 지급한다.

2. 피해자 C에 대한 지급보험금

(1) 법률상 손해배상금

① 피해자 C에 대한 배상판결금 : $ 300,000

② 잔존 보상한도 : Agg. $ 500,000 − ($ 223,000 + $ 100,000) = $ 177,000
문제에서 비용손해도 총보상한도 내에서 보상하도록 제시되었으므로, 총 보상한도에서 차감한다.

③ Min [피해자 C에 대한 배상판결금 : $ 300,000, 잔존 보상한도 $ 177,000]
= $ 177,000

(2) 비용손해

변호사 비용 $ 40,000이 발생하였으나, 이미 총 보상한도가 모두 소진되었으므로 지급보험금은 없다.

(3) 소결

피해자 C에 대한 지급보험금은 $ 177,000이다.

55 C.G.L + 다중이용업소 화재배상책임보험 (2019년 기출문제)

2019년 7월 8일 19시경 서울 종로구에 소재한 ○○빌딩(10층) 지하 1층 '을'이 임차한 대중목욕탕 기계실에서 화재가 발생하여 미처 대피하지 못한 입욕객 김○○이 연기에 질식하여 사망하는 사고가 발생하였다. 1개월 전 종로소방서 소방점검에 대비하여 건물소유주 '갑'과 임차인 '을'은 임대차 계약규정에 따라 연대하여 시설점검을 실시한 바 있다.

아래 〈별표〉의 내용을 참고하여 각각의 질문에 답하시오. (15점)

【별표】

[보험가입사항]

1) A보험회사
  - 피보험자 : '갑'(건물 소유자)
  - 보험종목 : Comercial General Liability Insurance
  - 보상한도액
    • Bodily Injury : 1인당 1억원 / 1사고당 5억원
    • Property Damage : 1사고당 10억원
  - 자기부담금
    • Bodily Injury : 1사고당 1천만원
    • Property Damage : 1사고당 3천만원

2) B보험회사
  - 피보험자 : 임차인 '을'
  - 보험종목 : 다중이용업소 화재배상책임보험
  - 보상한도액 : 의무보상한도액

[전제조건]
  - 피해자 : 김○○
  - 생년월일 : 1963년 6월 30일
  - 직 종 : 전기기사(정규직)
  - 월급여 : 3,000,000원
  - 정 년 : 만 60세
  - 피해자 과실 : 20%
  - 호프만(H) 계수(계산 편의상 계수임)
    • 사고일~정년까지 : 48개월(H계수 : 40)
    • 사고일~65세까지 : 108개월(H계수 : 90)

- 기타
    - 도시 보통인부 일용노임 : 90,000원(月 가동일수 22일)
    - 민사판결사례에 따른 장례비는 4,000,000원 기준으로 산정함.
    - 위자료는 100,000,000원을 기준으로 산정함.
    - 퇴직금 손실은 고려하지 아니함.

※ 상기사고에 대하여 건물소유자 '갑'과 임차인 '을'은 공동으로 연대책임을 부담하며, 지급보험금은 독립책임액 분담방식에 따라 계산한다.

문제 1 피해자 김○○에 대한 법률상 손해배상금을 계산하고, 산출과정을 기재하시오. (5점)

문제 2 A, B보험회사가 지급해야 할 보험금을 계산하고, 그 산출과정을 기재하시오. (10점)

> **착안점**
> 본 사례문제는 동일한 피보험자를 담보하는 두 개의 보험이 제시된 경우가 아니므로 중복보험에 해당하는 문제가 아님에도 불구하고, 사례문제의 전제조건에서 중복보험의 보험금 산출방식인 '독립책임액 분담방식'으로 풀이하라고 제시되었다. 따라서, 일종의 오류문제라고 해석할 수 있으나 실전에서는 주어진 조건대로 풀이하여야 한다.

> 풀이

문제 1 피해자 김OO에 대한 법률상 손해배상금을 계산하고, 산출과정을 기재하시오. (5점)

(1) 장례비 : 4,000,000원 × (1 − 20%) = 3,200,000원

(2) 사망 일실수입

   1) 사고일~정년 시 : 3,000,000원 × 100% × (1 − 1/3) × 40(H) × (1 − 20%) = 64,000,000원

   2) 정년 시~가동 종료 시 : (90,000원 × 22일) × (1 − 1/3) × (90 − 40)(H) × (1 − 20%)
      = 52,800,000원

   3) 소계 : 116,800,000원

(3) 위자료 : 100,000,000원 × 100% × [1 − (20% × 0.6)] = 88,000,000원

(4) 합계 : 3,200,000원 + 116,800,000원 + 88,000,000원 = 208,000,000원

문제 2 A, B보험회사가 지급해야 할 보험금을 계산하고, 그 산출과정을 기재하시오. (10점)

(1) 보험금 분담방식

   사례는 동일한 피보험자가 두 개 이상의 보험을 가입한 경우가 아니므로 중복보험의 요건을 충족하지 못하나, 문제의 풀이조건에 따라 독립책임액 분담방식에 따라 보험금 분담한다.

(2) 각사의 독립책임액

   1) A보험사(C.G.L)

     Min [(손해배상금 208,000,000원 − 자기부담금 1,000만원), (1인당 보상한도 : 1억원 − 1,000만원)] = 90,000,000원

   2) B보험사(화재배상책임보험)

     Min [손해배상금 208,000,000원, 사망 보상한도 1억 5,000만원] = 150,000,000원

(3) 각사의 지급보험금

   1) A보험사(C.G.L)

     208,000,000원 × [90,000,000원 / (90,000,000원 + 150,000,000원)] = 78,000,000원

   2) B보험사(화재배상책임보험)

     208,000,000원 × [150,000,000원 / (90,000,000원 + 150,000,000원)] = 130,000,000원

56. 영문 전문인배상책임보험 (2021년 기출문제)

2021년 2월 1일 서울 OO요양원에 입소중인 중증치매환자 '갑'을 요양보호사 '을'이 부축하여 복도를 지나다가 요양보호사 '을'의 부주의로 인하여 함께 넘어져 '갑'이 대퇴부 골절상해를 입고 인근 병원으로 이송되어 장기간 입원치료를 받았다.

아래 〈별표〉의 내용을 참고하여 각각의 질문에 답하시오. (10점)

【별표】

[보험가입사항]
- 보험회사 : A 보험회사
- 보험종목 : Professional Indemnity Errors & Omissions Insurance Policy
- 보험계약자 : 서울 OO요양원
- 피보험자 : 서울 OO요양원 / 요양보호사 '을' 외 200명
- 보험기간 : 2020.7.1. ~ 2021. 7.1.
- 담보위험 : 노인요양시설 전문직업인의 업무
- Terms & Condition
  - LOL : 1억원/1인당, 5억원/1사고당
  - Deductible : 500만원/any one claim
  - Co-Insurance of Insured Clause

지급보험금 구간	공동보험 분담비율
2,000만원 이하	지급보험금의 10%
2,000만원 초과	200만원 + 2,000만원 초과하는 지급보험금의 20%

  - Claim Control Clause

[전제조건]
- 피해자 : '갑'
- 사고일자 : 2021년 2월 1일(배상청구일)
- 피해자 과실 : 20%
- 손해내용
  - 실제치료비 : 19,500,000원
  - 간병비 : 7,000,000원
  - 향후치료비 : 8,500,000원
  - 위자료는 감안하지 않음

문제 1 A보험회사가 피해자 "갑"에게 지급해야할 지급보험금을 산정하고, 그 산출과정을 기재하시오. (5점)

문제 2 상기 〈별표〉의 보험가입사항에서 "Claim Control Clause"에 대하여 약술하시오. (5점)

> **착안점**
> ① Professional Indemnity Errors & Omissions Insurance Policy은 영문 전문인 배상책임보험으로서, 요양보호사의 업무상 과실로 인한 법률상 손해배상책임을 담보하는 보험이며, 국문 배상책임보험 중 요양사 배상책임보험 또는 사회복지시설배상책임보험과 유사한 형태라고 할 수 있다. 이러한 영문 배상책임보험이 나올 경우, 국문 배상책임보험과 기본적으로 동일한 구조로 보고 풀이한다.
> ② Co-insurance of Insured Clause(피보험자 공동보험조항)은 자기부담금 제도와 별도로 보험자와 피보험자가 손해를 공동으로 부담하는 취지의 조항으로, 문제에서 주어진 공동보험 조건에 따라 피보험자의 부담분을 공제하여 최종 보험금을 산출한다. 즉, <u>보상한도 및 자기부담금을 먼저 적용하여 보험금을 산출한 뒤에 '공동보험조항'을 적용하여 최종 보험금을 산출한다.</u>
> ③ Claim Control Clause(클레임 통제조항)은 재보험자가 해당 사고건의 손해사정에 관한 전면적인 통제권한을 갖는 조항이나, 사례문제 풀이와 직접적인 관련은 없다.

> 풀이

문제 1 A보험회사가 피해자 '갑'에게 지급해야 할 지급보험금을 산정하고, 그 산출과정을 기재하시오. (5점)

1. 보상책임 검토

사례에서 피보험자인 요양보호사 '을'의 업무상 과실로 보험기간중에 사고가 발생하고, 서울 OO 요양원이 가입한 영문 전문인배상책임보험에서 보상하는 사고에 해당하며, 배상청구일도 보험기간중에 존재하므로 A 보험사는 피해자 '갑'에 대하여 약관상 보상책임을 부담한다.

2. 손해배상금

(1) **치료비** : 19,500,000원 × (1 − 20%) = 15,600,000원

(2) **간병비** : 7,000,000원 × (1 − 20%) = 5,600,000원

(3) **향후 치료비(현가)** : 8,500,000원 × (1 − 20%) = 6,800,000원

(4) **합계** : 28,000,000원

3. 지급보험금

(1) Min [28,000,000원 − 500,000원(Ded), 1인당 보상한도 1억원] = 27,500,000원

(2) Co-Insurance of Insured Clause 적용

　　27,500,000원 − [200만원 + (750만원 × 20%)] = 24,000,000원

[참고]

* Co-insurance of Insured Clause(피보험자 공동보험 조항) 2021 기출

회사는 각 청구건에 대하여 보상한도 및 자기부담금 등의 보험조건에 따라 산출된 금액에서 이에 대한 피보험자의 공동부담비율(보험증권에 기재된 Co-Insurance of Insured Clause에서 정한 비율을 말합니다) (　　)%에 해당하는 금액을 공제하고 보상한다.

문제 2 상기 〈별표〉의 보험가입사항에서 'Claim Control Clause'에 대하여 약술하시오. (5점)

Claim Control Clause(클레임 통제조항)은 원보험자가 보유금액이 적거나 없는 경우에 재보험자가 해당 사고건의 손해사정업무에 대한 전면적 통제권을 행사할 수 있는 특별약관이다. 세부적인 내용은 아래와 같다.

(1) 재보험자의 피보험자(원보험자)는 해당 보험증권에 대한 사고가 발생한 것을 안 때로부터 48시간 이내에 재보험자에게 통지하여야 한다.

(2) 재보험자의 피보험자(원보험자)는 재보험자에게 청구 또는 청구와 관련된 모든 정보를 제공한다.

(3) 재보험자는 자신을 대신하여 업무를 수행할 손해사정사 또는 대리인을 임명할 권리를 갖으며, 이러한 청구 또는 청구와 관련된 모든 협상, 조정 및 합의를 통제한다.

57 영문 영업배상책임보험 (2022년 기출문제)

고객 홍○○은 SUN 가구마트에서 안락의자를 구입하기 위해 안락의자가 편한지 앉아보는 과정에서, 갑자기 안락의자 등받이가 분리되어, 요추골절상을 입었다. 홍○○은 SUN 가구마트를 상대로 손해배상청구소송을 제기하였다. 한편 SUN 가구마트는 아래 2개의 보험을 가입하고 있다.

【별표】

− Commercial General Liability Policy
  (Cover for Premises & Operation Policy)

− Product/Completed Operation Liability Policy

문제 1 SUN 가구마트가 가입한 보험에서 홍○○이 제기한 손해배상청구소송이 담보되는지 여부에 대하여 각각 약술하시오. (5점)

문제 2 미주지역에 수출하여 소비자에게 판매된 상기 제품의 결함과 관련한 손해배상청구 소송사건에서 원고는 청구원인으로 피고의 Negligence, Breach of Warranty, Strict Liability를 주장하고 있다. 이에 대하여 각각 약술하시오. (5점)

> 풀이

문제 1 SUN 가구마트가 가입한 보험에서 홍○○이 제기한 손해배상청구소송이 담보되는지 여부에 대하여 각각 약술하시오. (5점)

1. C.G.L Policy – Cover for Premises & Operation Policy

(1) 보상하는 손해

피보험자가 소유, 사용, 관리하는 시설 및 그 시설의 용도에 따른 업무의 수행으로 생긴 사고로 타인에게 법률상 배상책임을 부담함으로써 입은 손해를 보상한다.

(2) 손해배상 소송 담보여부

SUN 가구마트에서 판매하는 안락의자 또한 피보험자의 시설에 포함된다고 할 수 있으며, 안락의자의 하자에 의하여 홍○○이 신체손해를 입은 사고이므로 상기 손해배상청구소송의 결과에 대하여 담보한다.

2. Product/Completed Operation Liability Policy

(1) 보상하는 손해

피보험자가 제조, 가공 또는 판매한 제조물의 결함에 의해 타인의 신체나 재물에 피해를 입힌 경우, 피보험자가 부담하는 법률상 배상책임을 담보하는 보험이다. 타인에게 양도된 후 그 제조물로 발생한 사고를 담보한다.

(2) 손해배상 소송 담보여부

SUN 가구마트에서 판매하는 안락의자는 아직 홍○○에게 판매되지 않은 가구마트의 전시품 상태에서 사고가 발생하였으므로, Product/Completed Operation Liability Policy에서 보상책임을 부담하지 않는다.

문제 2 미주지역에 수출하여 소비자에게 판매된 상기 제품의 결함과 관련한 손해배상청구 소송사건에서 원고는 청구원인으로 피고의 Negligence, Breach of Warranty, Strict Liability를 주장하고 있다. 이에 대하여 각각 약술하시오. (5점)

(1) Negligence : 과실책임

불법행위책임과 관련된 법원리로서, 상기 사례와 관련하여 제조업자 또는 판매업자가 통상 갖추어야 할 주의의무를 이행하지 않은 것을 의미한다. 피해자는 Negligence를 근거로 제조업자 또는 판매업자에게 손해배상을 청구할 수 있다.

(2) Breach of Warranty : 담보 위반

계약관계에서 발생하는 명시적 또는 묵시적 보증책임으로서, 매매계약 등 계약관계에서 담보 위반이 발생하는 경우에는 환불, 교환, 수리 또는 손해배상 청구가 가능한 책임을 말한다.

(3) Strict Liability : 엄격책임주의

제조업자 또는 판매업자의 과실여부를 불문하고 ① 제조물의 결함 존재, ② 손해의 발생, ③ 결함과 손해와의 인과관계 존재라는 요건이 충족되는 경우, 제조업자 등에게 법률상 책임이 인정되는 책임주의를 말한다.

58 영문 영업배상책임보험(C.G.L) (연습문제)

2020년 12월 25일 15시 30분경 제주도에 소재한 외국계 '○○리조트'를 방문한 '최○○'이 리조트 1층 현관문을 통과하던 중 갑작스런 강풍에 의해 현관문이 떨어지면서 '최○○'의 안면부를 강타하여 안와골절 및 한쪽 눈이 실명되는 중상해를 입게 되었다. 사고원인 조사 결과, 사고 당일 리조트 소속 관리직원이 현관문 수리 후 부주의로 위쪽 고정나사를 풀어놓은 사실이 확인되었다.

아래의 〈별표〉를 참고하여 각 질문에 답하시오. (20점)

【별표】

[보험가입사항]

- 보험종목 : Commercial General Liability Insurance
- Insured : ○○리조트
- Limit of Insurance
  (1) General Aggregate Limit : KRW 1,000,000,000.
  (2) Each Occurrence Limit : KRW 200,000,000. (Ded : KRW 3,000,000.)
    • Fire Damage Limit : KRW 50,000,000. (Ded : KRW 5,000,000.) – a. o. o
    • Medical Payments Limit : KRW 10,000,000. – a. o. p
  (3) Supplementary Payments는 보상한도액을 초과하더라도 보상한다.

[전제조건]

- 피해자 : 최○○(여, 만 44세)
- 피해자 손해발생 내역(피해자 과실상계 전)

기왕 치료비	일실수입(현가)	일실퇴직금(현가)	합계
15,000,000원	250,000,000원	40,000,000원	305,000,000원

- 피해자 과실 : 20%
- 위자료는 고려하지 않음.
- 보험자의 요청에 의하여 피보험자가 협조비용 900,000원 지출함.

문제 1 C.G.L 약관상 Supplementary Payments(추가지급 조항)에 대하여 약술하시오. (8점)

문제 2 상기 사고에서 피해자 '최○○'에 대한 지급보험금을 산출하시오. (12점)

풀이

문제 1 C.G.L 약관상 Supplementary Payments(추가지급 조항)에 대하여 약술하시오. (8점)

1. 의의

Supplementary Payments는 보험사고로 인한 법률상 손해배상금 이외에 발생하는 비용손해를 담보하는 조항으로, 보상한도액을 초과하더라도 보상한다.

2. Supplementary Payments의 종류

(1) 보험자가 지출한 비용
보험사고 처리와 관련하여 보험자가 지출한 비용은 약관규정 유무와 관계없이 당연히 보험자가 부담하는 비용이다.

(2) 보석 보증보험료
신체장해 배상책임 담보가 적용되는 차량 사용에 기인하는 사고 또는 도로교통법규 위반으로 필요한 보석보증보험료를 250달러 한도 내에서 실손보상한다. 그러나, 회사는 보석보증을 제공할 의무는 없다.

(3) 차압해제 보증보험료
피보험자의 재산에 대한 차압해제를 위하여 공탁하여야 하는 금액에 대한 보증보험료를 보상하되 보험증권상 보상한도액 이내의 금액에 대한 차압해제보증보험료를 보상한다.

(4) 피보험자 협력비용 및 소득손실
보험회사는 사고처리에 관하여 피보험자에게 협조를 요청할 수 있으며, 협조에 소요된 비용은 보험회사가 보상한다. 또한 피보험자가 보험회사에 협조함에 따라 발생한 소득손실을 하루당 100 달러 한도내에서 보상한다.

(5) 소송상 피보험자에게 부과된 모든 비용
소송상 피보험자에게 부과된 모든 비용을 보상한다.

(6) 예비 판결이자
보험회사가 지급하는 판결액에 대하여 피보험자에게 부과되는 예비판결의 이자. 다만, 회사가 이 보험에서 보상되는 금액을 지급할 것을 통지하였다면 통지 후의 예비판결 이자는 보상하지 않는다.

(7) 판결이자

판결확정 후에 발생하는 판결액에 대한 이자. 다만, 보험회사가 이 보험의 보상한도액 내에서 판결액의 일부를 법원에 지급, 지급제의, 공탁할 때까지 발생한 것에 한한다.

문제 2 상기 사고에서 피해자 최○○에 대한 지급보험금을 산출하시오. (12점)

1. 법률상 손해배상책임

리조트 방문객 최○○은 리조트 시설물 보존상 하자에 의하여 현관문이 떨어지면서 상해를 입었으므로, ○○리조트는 방문객 최○○에 대하여 민법 제758조의 공작물 점유자 책임 조항에 근거하여 법률상 손해배상책임을 부담한다.

2. 약관상 보상책임

상기 사고는 C.G.L 보험계약상 Coverage A에서 보상하는 사고에 해당하며, 면책사유에 해당하는 사항은 없으므로 약관상 보상책임을 부담한다.

3. 지급보험금 산출

C.G.L에서 치료비는 피보험자의 과실여부를 불문하고 Medical payments 담보에서 먼저 보상하고 초과금액에 대해서는 Coverage A 담보에서 보상한다.

(1) Medical Payments 담보

Min [기왕 치료비 15,000,000원, MP 보상한도 10,000,000원] = 10,000,000원

(2) 신체 손해

C.G.L은 신체손해와 재물손해를 1사고당 보상한도(Each Occurrence Limit)에서 자기부담금(Ded)을 공제한 금액을 한도로 보상한다. 단, Medical Payments 담보도 1사고당 보상한도(Each Occurrence Limit)에 포함되므로 해당 금액을 공제한다.

1) 손해배상금

① 기왕 치료비 : [15,000,000 × (1 − 20%)] − 1,000만원(MP) = 2,000,000원

② 일실수입 : 250,000,000원 × (1 − 20%) = 200,000,000원

③ 일실퇴직금 : 40,000,000원 × (1 − 20%) = 32,000,000원

④ 합계 : 234,000,000원

2) 지급보험금

　① 보상한도

　　2억원(Each Occurrence Limit) − 300만원(Ded) − 1,000만원(MP 지급보험금)
　　= 187,000,000원

　② 지급보험금

　　Min [손해배상금 2억 3,400만원 − 300만원(Ded), 보상한도 187,000,000원]
　　= 187,000,000원

(3) **Supplementary Payments 담보**

보험자 협력비용은 Supplementary Payments 담보에서 1사고당 보상한도를 초과하더라도 보장되므로 900,000원 지급한다.

(4) 합계

　① Medical Payments : 10,000,000원
　② Bodily Injury : 187,000,000원
　③ Supplementary Payments : 900,000원
　④ 합계 : 197,900,000원

59. 영문 영업배상책임보험(C.G.L) (연습문제)

경기도 광명시에 소재하는 대형 할인마트 'ㅇㅇMart' 내방객 '황ㅇㅇ'은 내부에서 쇼핑 중 바닥에 남아있는 물기에 의해 넘어지면서 슬개골 등이 골절되는 부상을 당하여 치료하였으나 후유장해가 남았다. 피해자 '황ㅇㅇ'과 'ㅇㅇMart'는 소송 전 합의에 이르지 못하고 법원의 손해배상 청구소송 결과에 따라 아래와 같은 손해배상금 및 관련 비용손해가 인정되었다.

아래의 〈별표〉를 참고하여 아래의 보험계약상 지급보험금을 산출하시오. (15점)

【별표】

['ㅇㅇMart' C.G.L 보험가입내역]

– Insured : 'ㅇㅇMart'
– Limit of Insurance
  • General Aggregate Limit : 5억원
  • Each Occurrence Limit : 2억원 (Ded. 5,000만원)
  • Medical Payments Limit : 1,000만원 – a.o.p
    (Medical Payments 보상한도는 1사고당 보상한도 내 포함된다.)
  • Supplementary Payments

[전제조건]
– 피해자 : '황ㅇㅇ'
– 피해자 과실 : 30%
– 병원 치료비 : 20,000,000원
– 일실수입 : 130,000,000원
– 일실퇴직금 : 40,000,000원
– 위자료는 고려하지 아니함.
– 보험사의 동의를 얻어 'ㅇㅇMart'가 지출한 소송비용 : 10,000,000원
– 판결확정 후 지급일까지 발생한 판결액에 대한 이자 : 4,000,000원
– 피해자 '황ㅇㅇ'의 보험회사 협조로 인한 3일간 소득상실분 : 1,000,000원
– 환율 : 1달러=1,000원

풀이

1. 보상책임 검토

본건 사고의 피해자 '황○○'은 '○○Mart' 바닥 물기에 의하여 신체손해를 입었으므로, '○○Mart'는 '황○○'에 대하여 민법 제758조의 공작물 책임을 부담하며, C.G.L 보험 Coverage A와 C에서 보상하는 사고에 해당하므로, 약관상 보상책임을 부담한다.

2. 지급보험금

C.G.L 보험에서 치료비는 피보험자의 과실여부를 불문하고 Medical Payments 담보에서 먼저 보상하고, 초과금액은 Coverage A에서 보상한다.

(1) Medical Payments

[병원 치료비 2,000만원, Medical Payments 보상한도 1,000만원] = 1,000만원

(2) Coverage A

신체 및 재물손해를 1사고당 보상한도에서 자기부담금을 공제한 금액을 보상한다. 단, 치료비(MP) 담보도 1사고당 보상한도 내에 포함되므로 1사고당 보상한도에서 해당 금액을 공제한다.

1) 손해배상금

① 치료비 : [2,000만원 × (1 − 30%)] − MP 지급금액 1,000만원 = 400만원

② 일실수입 : 1.3억원 × (1 − 30%) = 9,100만원

③ 일실퇴직금 : 4,000만원 × (1 − 30%) = 2,800만원

④ 합계 : 1억 2,300만원

2) 지급보험금

① 1사고당 보상한도

2억원 − 5,000만원(Ded) − MP 지급금액 1,000만원 = 1.4억원

C.G.L 보험은 보상한도에서 자기부담금을 공제한 금액을 최대한도로 보상한다.

② 지급보험금

123,000,000원 − 5,000만원(Ded) = 7,300만원 < 1사고당 보상한도 1.4억원

(3) Supplementary Payments

　① 소송비용 : 1,000만원

　② 판결이자 : 400만원

　③ 피해자의 보험회사 협조로 인한 소득상실분은 보상대상에 해당되지 아니함.

　④ 소계 : 1,400만원

(4) **지급보험금 합계** : 9,700만원

60. 국내 근재보험 (기본 연습문제)

2023년 5월 1일 'ㅇㅇ건설(주)' 소속 근로자 '김ㅇㅇ'이 대구광역시 소재 아파트 신축 공사현장 2층에서 미끄러져 넘어지면서 추락하여 흉추 12번과 대퇴골 간부가 골절되는 중상해를 입었다. 사고원인 조사 결과, 비온 뒤에 현장 바닥에 물기가 남아있었던 것으로 확인되었다.

아래의 〈별표〉를 참고로 하여 각 질문에 답하시오. (15점)

【별표】

[보험가입사항]

계약자/피보험자 : ㅇㅇ건설(주)

보험사	보험종목	보상한도액	자기부담금
A	국내근로자 재해보장책임보험 사용자배상책임 특별약관	1인당 3억원 1사고당 5억원	없음

[전제조건]

- 재해자 : 김ㅇㅇ
- 생년월일 : 1980년 5월 1일
- 직   업 : 작업반장 (정년 60세)
- 월 소 득 : 4,500,000원
- 도시 보통인부 일용노임 : 150,000원(월 가동일수 20일)
- 치료기간 : 사고일~2023년 11월 30일(7개월)
- 기발생 치료비 : 17,000,000원(비급여 치료비 제외)
- 비급여 치료비 : 3,000,000원
- 향후 성형 치료비 : 5,000,000원(현가)
- 맥브라이드 노동능력상실률(%)
  - 척추부위 : 40% 영구장해 (기왕증 기여도 25%)
- 피해자 과실 : 30%
- 호프만(H) 월 계수(계산 편의상 계수임)
  - 사고일~치료종결일 : 7개월(H계수 : 6)
  - 사고일~정년까지 : 204개월(H계수 : 136)
  - 사고일~가동기간 종료시 : 264개월(H계수 : 186)
- 위자료는 사망 또는 100% 후유장해시 100,000,000원 기준으로 산정함
- 일실퇴직금은 고려하지 아니함
- 손해배상금 산출 시 '공제 후 과실상계설' 적용할 것.

– 산재보험금 지급내역

요양급여	휴업급여	장해급여	합계
17,000,000원	20,000,000원	100,000,000원	137,000,000원

문제 1 보험사의 재해자 '김○○'에 대한 보상책임에 대하여 설명하시오. (5점)

문제 2 보험사의 재해자 '김○○'에 대한 지급보험금을 산출하시오. (10점)

풀이

문제 1 보험사의 재해자 '김○○'에 대한 보상책임에 대하여 설명하시오. (5점)

1. 법률상 배상책임

재해자 김○○은 공사현장에서 작업 중 물기에 의하여 넘어져서 사고가 발생하였으므로, 업무상 재해에 해당하며, ○○건설(주)는 공사 시설물 관리하자에 따른 758조의 공작물 책임을 부담하고, 사용자의 근로자에 대한 '안전배려의무' 위반에 따른 민법 제390조의 채무불이행책임도 부담한다.

2. 약관상 보상책임

상기사고는 근재보험 사용자배상책임특약에서 보상하는 사고에 해당하므로, 보험사는 재해자에 대하여 산재보험금을 초과하는 민사 손해배상금을 보상할 책임을 부담한다.

문제 2 보험사의 재해자 김○○에 대한 지급보험금을 산출하시오. (10점)

1. 손해배상금 산정

(1) **기발생 치료비** : 요양급여로 지급됨.

(2) **비급여 치료비** : 3,000,000원×(1−30%)=2,100,000원

(3) **향후 성형 치료비** : 5,000,000원×(1−30%)=3,500,000원

(4) **치료기간 일실수입**
   ① 4,500,000원×100%×6(H)=27,000,000원
   ② 공제 후 과실상계
   [27,000,000원−20,000,000원(휴업급여)]×(1−30%)=4,900,000원

(5) **노동능력상실률** : 40%×(100−25)%=30%

(6) **장해기간 일실수입**
   ① 치료종결일~정년시
   4,500,000원×30%×(136−6)(H)=175,500,000원

② 정년시~가동기간 종료시

　　15만원×20일×30%×(186−136)(H)=45,000,000원

③ 공제 후 과실상계

　　[(175,500,000원+45,000,000원)−1억원(장해급여)]×(1−30%)=84,350,000원

(7) 위자료：1억원×30%×[1−(30%×0.6)]=24,600,000원

(8) 합계：119,450,000원

4. 지급보험금

Min [119,450,000원, 1인당 보상한도 3억원]=119,450,000원

61 국내 근재보험 (2015년 기출문제 변형)

△△건설(주) 소속 굴삭기 운전기사 '허○○'이 2010년 11월 17일 10시 30분경 경기도 용인에 소재한 건설현장에서 굴삭기로 송수관을 들어 올리다가 굴삭기와 송수관을 연결했던 밴드로프가 절단되면서 송수관이 관로 하부에서 작업중이던 같은 회사소속 '박○○'의 복부를 충격한 사고로 '박○○'이 다발성 골절 및 비장파열 등의 상해를 입었다.

아래의 〈별표〉에 주어진 내용을 참고하여 아래의 각 질문에 답하시오. (15점)

【별표】

[△△건설(주) 보험가입사항]
- 국내 근로자재해보장책임보험 / 사용자배상책임 특별약관
  • 보상한도 : 1인당 100,000,000원 / 1사고당 200,000,000원

[전제조건]
- 피해자 : 박○○
- 향후 성형수술비 : 8,000,000원
- 일실수입
  • 사고일부터 치료 종결일까지의 일실수입(현가) : 50,000,000원
  • 치료 종결일로부터 가동기간 종료시까지의 일실수입(현가) : 150,000,000원
- 피해자 과실율 : 20%
- 후유장해 및 노동능력 상실률(%)
  • 요추 방출성 골절 : 50%(기왕증 기여도 : 20%)
  • 슬관절 골절 : 30%(기왕증 기여도 : 50%)
  • 비장 결손 : 10%
- 산재보험 지급내역

보상항목	요양급여	휴업급여	장해급여
보상금액	10,000,000원	30,000,000원	45,000,000원

- 위자료는 고려하지 않음.

문제 1 재해자 '박○○'의 복합장해율을 산출하시오. (5점)

문제 2 보험사의 지급보험금을 산출하고, 그 산출과정을 기재하시오. (10점)

풀이

문제 1   재해자 '박○○'의 복합장해율을 산출하시오. (5점)

1. 부위별 장해율

   ① 요추 부위 : 50%×(1－20%)＝40%

   ② 슬관절 부위 : 30%×(1－50%)＝15%

   ③ 비장결손 : 10%

2. 복합장해율 산정

   ① 요추＋슬관절 복합장해율 : 40%＋[(100－40)%×15%]＝49%

   ② 비장결손 합산 복합장해율 : 49%＋[(100－49)%×10%]＝54.1%

   ③ 최종 복합장해율 : 54.1%

문제 2   보험사의 지급보험금을 산출하고, 그 산출과정을 기재하시오. (10점)

1. 법률상 배상책임

   피해자 박○○은 업무중 동료직원의 부주의로 재해를 입었으므로 △△건설(주)는 박○○에 대하여 민법 제756조에 근거한 사용자책임 또는 사용자의 안전배려의무 위반에 따른 민법 제390조의 채무불이행책임을 부담한다.

2. 약관상 보상책임

   △△건설(주)는 근재보험 사용자배상책임 특별약관에 가입하였는바, 보험사는 근로자 박○○에 대하여 산재보험에서 지급하는 보상금을 초과하는 손해배상금을 지급하여야 한다.

3. 손해배상금 산출

   최근 대법원 판례에 따라 '공제 후 과실상계설'에 따라 풀이함.

   (1) 향후 성형 수술비 : 8,000,000원×(1－20%)＝6,400,000원

   향후 성형 수술비는 산재보험에서 보상하지 아니하므로 손해배상금에 산입함.

(2) 치료기간 일실수입

[50,000,000원 − 30,000,000원(휴업급여)] × (1 − 20%) = 16,000,000원

(3) 장해기간 일실수입

[150,000,000원 − 45,000,000원(장해급여)] × (1 − 20%) = 84,000,000원

(4) 합계 : 106,400,000원

4. 지급보험금

Min [손해배상금 106,400,000원, 1인당 보상한도 1억원] = 1억원

> **착안점**
> ① 복합장해율 문제는 신체 부위별 장해율을 먼저 산출한 뒤에 복합장해율을 계산한다.
> ② 향후 성형 치료비는 산재보험에서 보상하지 아니하므로, 사용자 배상책임 특별약관에서 보상한다.
> ③ 국내 근재보험 산재보험금 산출 시, 최근 대법원 판례에 따라 '공제 후 과실상계설'을 적용한다.

61-1 국내 근재보험 (2003년 기출문제 변형)

2020년 8월 1일 15시경 △△건설(주) 소속 일용직 보통인부 '신○○'은 회사가 시공중인 도로개설 공사장에서 작업을 하다가 회사가 임차한 인천건기(주) 소속 '김○○'이 운전하는 굴삭기에 치어 골반과 척추부분의 상해를 입고, 2021년 12월 31일까지 치료를 받고 근로복지공단에서 7등급의 장해 승인 후 회사를 상대로 손해배상청구를 하였다. 사고원인과 관련하여 △△건설(주)는 소속 근로자에 대한 안전교육을 소홀히 한 사실이 확인되었다.

아래 〈별표〉를 참고로 신○○에 대한 보험사의 지급보험금을 산출하시오. (10점)

【별표】

[보험계약사항]
- 보험종목 : 국내근로자 재해보장책임보험 / 사용자 배상책임 특별약관
- 보험계약자/피보험자 : △△건설(주)
- 보상한도액 : 1인당 100,000,000원 / 1사고당 200,000,000원

[전제조건]
- 피해자명 : 신○○
- 생년월일 : 1975년 1월 10일
- 직 종 : 보통인부
- 보통인부 일용노임 : 100,000원(月 가동일 수 20일)
- 노동능력상실률(%)
  • 골반골절 : 20%(영구장해)
  • 척추손상 : 50%(5년간 한시장해)
- 피해자 과실 : 20%
- 호프만(H) 계수(계산을 위한 편의상 계수임)
  • 사고일로부터 치료 종결일까지 H계수 : 15
  • 사고일로부터 복합장해 종료일까지 H계수 : 55
  • 사고일로부터 가동기간 종료일까지 H계수 : 155
- 산재보험 보상내역

구분	요양급여	휴업급여	장해급여
금액	20,000,000원	25,000,000원	60,000,000원

- 위자료는 고려하지 않음.

풀이

1. 법률상 배상책임

△△건설(주) 소속 근로자 신○○은 업무상 재해로 인하여 신체장해를 입었으며, △△건설(주)는 근로자에 대한 안전교육을 소홀히 하였으므로 '안전배려의무' 위반에 따른 민법 제390조의 채무불이행책임이 인정되는바, 재해보상책임과 함께 손해배상책임을 부담한다.

2. 약관상 보상책임

△△건설(주)는 근재보험 사용자 배상책임특약을 가입하였으므로, 상기 사고는 약관상 보상하는 손해에 해당하며 산재보험금을 초과하는 민사 손해배상금을 보상한다.

3. 손해배상금 산출

최근 대법원 판례에 따라 공제 후 과실상계설에 따라 풀이함.

(1) **치료비** : 산재보험에서 요양급여로 보상됨.

(2) **치료기간 일실수입**
　① (100,000원 × 20일) × 100% × 15(H) = 30,000,000원
　② [30,000,000원 − 25,000,000원(휴업급여)] × (1 − 20%) = 4,000,000원

(3) **복합장해율**
　① 치료종결일~복합장해 종료일 : 20% + (100 − 20)% × 50% = 60%
　② 복합장해 종료일~가동기간 종료 시 : 20%

(4) **장해기간 일실수입**
　① 치료종결일~복합장해 종료일
　　(100,000원 × 20일) × 60% × (55 − 15)(H) = 48,000,000원
　② 복합장해 종료일~가동기간 종료일
　　(100,000원 × 20일) × 20% × (155 − 55)(H) = 40,000,000원
　③ (48,000,000원 + 40,000,000원) − 60,000,000원(장해급여) = 28,000,000원
　④ 과실상계 : 28,000,000원 × (1 − 20%) = 22,400,000원

(5) **합계** : 26,400,000원

4. 지급보험금

Min [손해배상금 26,400,000원, 1인당 보상한도 100,000,000원] = 26,400,000원

62 국내 근재보험 (2014년 기출문제) - 소멸시효

건물신축공사 현장에서 2014년 5월 8일 근로자 갑(甲)은 5m 높이의 벽체 미장작업 중 사다리에서 미끄러져 추락하여 상해를 입었다. 갑(甲)은 산재보상을 청구하였으며, 2017년 12월 22일 산재보상이 종료되었다. 그 후 사용자를 상대로 손해배상을 청구하고 있다.

문제 1 위와 같이 근로자 갑(甲)이 손해배상을 청구하는 경우, 민법상 손해배상청구권의 소멸시효와 사용자 배상책임 특별약관의 소멸시효 관련 내용을 기술하시오. (5점)

문제 2 위 사례의 경우, 보험금 청구권 소멸시효의 기산점에 대하여 설명하고, 그 사유를 약술하시오. (5점)

> 풀이

문제 1 위와 같이 근로자 갑(甲)이 손해배상을 청구하는 경우 민법상 손해배상청구권의 소멸시효와 사용자 배상책임 특별약관의 소멸시효 관련 내용을 기술하시오. (5점)

1. 소멸시효의 의의

소멸시효란 일정한 권리의 권리자가 그 권리를 행사할 수 있음에도 일정기간 동안 권리를 행사하지 않는 상태가 계속되는 경우, 그 권리를 처음부터 없었던 것으로 인정하는 제도를 말한다.

2. 민법상 손해배상청구권의 소멸시효

(1) 불법행위에 기한 손해배상청구권

피해자가 손해 및 가해자를 알았거나 알 수 있었던 날로부터 3년, 불법행위를 한 날로부터 10년간 손해배상청구권을 행사하지 않으면 시효가 완성된다.

(2) 채무불이행책임에 기한 손해배상청구권

민법상 채무불이행을 원인으로 하는 손해배상청구권의 소멸시효는 10년이나, 판례에서는 회사와 근로자간 체결하는 근로계약을 상법 제64조에서 정하는 상행위에 포함된다고 해석하면서 상사채권 소멸시효 5년이 적용된다고 판시하였다.

3. 사용자 배상책임 특별약관상의 소멸시효

사용자 배상책임 특별약관은 재해보상책임 특별약관 또는 산업재해보상보험법에 의한 급부가 이루어진 경우에만 보상되므로, 소멸시효의 기산점은 해당 급부가 이루어진 시점부터 시작된다고 보는 것이 타당하다. 그러나 사용자 배상책임 특별약관의 '보상하지 않는 손해'에 소멸시효를 '재해발생일'로부터 3년으로 규정하고 있어 해당 약관의 개정이 필요할 것으로 보인다.

문제 2 위 사례의 경우, 보험금 청구권 소멸시효의 기산점에 대하여 설명하고, 그 사유를 약술하시오. (5점)

사용자배상책임 특별약관 규정상 소멸시효의 기산점은 해당 근로자의 '재해발생일'로부터 시작된다고 명시하고 있으나, 해당 약관을 기계적으로 적용할 경우 3년 이상의 장기간의 치료를 요하는 재해 근로자의 경우에는 부당하게 사용자 배상책임 특별약관상 보험금 청구권이 소멸되는 경우가 발생하게 된다.

따라서, 해당 약관의 규정에도 불구하고 사용자배상책임 특별약관상 보험금 청구권의 소멸시효의 기산점은 재해보상책임 특별약관 또는 산재보험의 급부가 모두 이루어진 시점부터 시작된다고 해석하는 것이 타당하다. 근재보험 보상실무에서는 '요양 종결일'을 소멸시효 기산점으로 해석하고 있다.

63. 국내 근재보험 (2022년 기출문제)

2015년 4월 1일 16시경 OO건설(주)의 SRF 신규설비 설치공사 현장에서 최OO과 보조작업자가 슈트 인양작업을 하던 중 높이 3m 가량의 성형기 철골구조물 위에서, 최OO이 보조작업자가 넘겨주던 배출 슈트를 받다가 무게중심을 잃고 낙상하는 사고를 당했다.

아래 〈별표〉의 내용을 참고하여 다음의 질문에 답하시오. (15점)

【별표】

[보험가입사항]
- 피보험자 : OO건설(주) 및 협력업체
- 보험종목 : 국내근로자재해보장책임보험
  • 사용자배상책임 특별약관
  • 보상한도 : 1인당 1억원 / 1사고당 5억원

[전제조건]
- 피해자 : 최OO
  • 생년월일 : 1962년 4월 1일
  • 직책 : 용접공(협력업체 소속 일용직)
  • 평균임금(일) : 150,000원
  • 도시 일용임금 : 100,000원
- 피해자 과실 : 20%
- 후유장해(노동능력상실률)
  • 흉추 골절 : 25%(영구)
  • 요추 횡돌기 골절 : 20%(한시 5년)
  • 슬관절 동요장해 : 10%(기왕장해)
- 산재보험 급여액
  • 요양급여 지급액(2015년 4월 1일~2018년 3월 31일) : 74,000,000원
  • 휴업급여 지급액(2015년 4월 1일~2018년 3월 31일) : 73,000,000원
  • 장해급여 지급액(결정일 : 2018년 3월 31일) : 40,000,000원(장해 7등급)
- 호프만 계수

개월	계수	개월	계수
36	30	96	80
84	70	144	130

- 위자료는 고려하지 않음

문제 1 보험회사가 지급할 보험금을 산정하고, 그 산출과정을 기재하시오. (10점)

문제 2 기왕장해가 존재하는 경우와 기왕증 기여도가 존재하는 경우, 복합장해율을 산정하는 방식을 비교하여 약술하시오. (5점)

> 📖 **착안점**
> - 손해배상금 중 일실수입 산정시 '용접공'의 일용노임이 주어져야 하는데, 용접공의 일용노임이 주어지지 않아 불분명하므로, 차선책으로 문제에서 주어진 '도시 일용임금'을 적용하여 일실수입을 산정할 수 밖에 없다.
> - 본 문제 출제위원은 '용접공' 일용노임도 정확히 제시하지 않고, 대체하여 적용할 수 있는 '월 평균임금'도 명확히 제시하지 않아 도대체 어떤 임금을 가져다 문제를 풀라는 것인지 불분명하게 출제한 아주 좋지 않는 문제라고 할 수 있다.
> - 출제당시, 호프만 계수 오류로 정확한 풀이를 할 수 없는 문제였음. 보험개발원에서 출제 오류임을 인정하여 기본점수 부여됨. 호프만 계수 수정함.

풀이

문제 1 보험회사가 지급할 보험금을 산정하고, 그 산출과정을 기재하시오. (10점)

1. 보상책임 검토

협력업체 근로자 최○○이 작업현장에서 업무상 재해를 입었으므로, ○○건설 및 협력업체를 피보험자로 하는 국내근재보험에서 보상하는 사고에 해당하며, 사용자 배상책임 특별약관에서 산재보험금을 초과하는 민사 손해배상금에 대한 보상책임을 부담한다.

2. 손해배상금 산정

최근 대법원 판례에 따라 '공제 후 과실상계설'에 따라 풀이함.

(1) **치료비** : 요양급여로 지급됨

(2) **치료기간 일실수입**
  ① 10만원×20일×100%×30(H)=60,000,000원
  ② [60,000,000원−74,000,000원(휴업급여)]×(1−20%)=0 (음수)

(3) **노동능력상실률**
  ① 치료종결일~한시장해 종료일
   가. 흉추골절+횡돌기 골절 : 25%+(100−25)%×20%=40%
   나. 슬관절 기왕장해 반영 : [40%+(100−40)%×10%]−10%=36%
  ② 한시장해 종료일~가동기간 종료일
   [25%+(100−25)%×10%]−10%=22.5%

(4) **장해기간 일실수입**
  ① 치료종결일~한시장해 종료일
   10만원×20일×36%×(80−30)(H)=36,000,000원
  ② 한시장해 종료일~가동기간 종료일
   10만원×20일×22.5%×(130−80)(H)=22,500,000원
  ③ 공제 후 과실상계
   [58,500,000원−40,000,000원(장해급여)]×(1−20%)=14,800,000원

(5) **합계 : 14,800,000원**

3. 지급보험금

14,800,000원 < 1인당 보상한도 1억원

문제 2 기왕장해가 존재하는 경우와 기왕증 기여도가 존재하는 경우, 복합장해율을 산정하는 방식을 비교하여 약술하시오. (5점)

1. 기왕장해가 존재하는 경우 복합장해율 산정방식

최종 장해율 = [금번 장해율 + (100 − 금번장해율) × 기왕장해율] − 기왕장해율

금번장해와 기왕장해를 복합장해율 산정방식에 따라 합산한 후에 기왕장해를 차감하는 방식으로 산출한다.

2. 기왕증 기여도가 존재하는 경우 복합장해율 산정방식

최종 장해율 = 금번장해율 × (100 − 기왕증 기여도(%))

복합장해율을 먼저 산정한 후에 복합장해율에서 기왕증 기여율을 공제하여 산출한다.

64 국내 근재보험(연습문제) – 외국인 근로자 1

중국 헤이룽장성에서 한국에 취업비자로 2021년 9월 1일 입국한 중국 국적의 조선족 동포 '김석봉'은 'ㅇㅇ건설(주)' 소속하에 2021년 11월 1일 16시경 경기도 김포의 아파트 건설현장에서 시멘트 운반을 위해 4층에서 5층으로 올라가는 중 임시 철제 계단이 무너져 내리면서 1층으로 추락하여 무릎 슬개골 및 상완골이 골절되는 상해를 입게 되었다. 사고원인 조사결과, 철제 계단 설치 시 볼트가 제대로 고정되지 않아 발생한 사고로 확인되었다.

아래의 〈별표〉를 참고하여 각 질문에 답하시오. (15점)

【별표】

[OO건설(주) 보험가입사항]

보험사	보험종목	보상한도액	자기부담금
D	국내 근로자재해보장책임보험 사용자배상책임 특별약관	1인당 3억원 / 1사고당 10억원	없음

[재해자 김석봉의 취업비자 유효기간 및 근로 계약기간]
- '김석봉'의 취업비자 유효기간 : 2021년 9월 1일~2024년 8월 31일(36개월)
- '김석봉'의 근로 계약기간 : 2021년 10월 1일~2023년 12월 31일(27개월)

[전제조건]
- 재해자 : '김석봉'
- 생년월일 : 1991년 11월 1일
- 사고일자 : 2021년 11월 1일
- 직 종 : 보통인부
- 한국 도시 보통인부 노임 : 月 3,000,000원
- 중국 도시 보통인부 노임 : 月 5,000 元(위안)(환율계산 시 1元(위안)＝200원으로 함)
- 요양기간 : 사고일~2021년 4월 30일(6개월)
- 비급여 치료비 : 300만원(산재보험에서 미지급)
- 향후 성형 치료비 : 400만원(현가)
- 피해자 과실 : 20%
- 맥브라이드식 노동능력상실률(%)
  • 슬관절 운동제한 : 20% 영구장해

- 호프만(H) 월 계수(계산 편의상 계수임)
  - 사고일~치료종결 시 : 6개월(H계수 : 5)
  - 사고일~근로계약 종료 시 : 26개월(H계수 : 25)
  - 사고일~취업비자 유효기간 만료 시 : 34개월(H계수 : 30)
  - 사고일~가동기간 종료 시 : 420개월(H계수 : 300)
- 위자료는 사망 또는 100% 노동능력 상실 시 80,000,000원 기준으로 산정함.
- 산재보험금 지급내역

급여항목	요양급여	휴업급여	장해급여
보상금	10,000,000원	12,000,000원	30,000,000원

[기타사항]
※ 일실수익 산출 시 재해자 '김석봉'의 취업비자 유효기간 만료 이후에는 재해자의 본국 소득을 적용할 것.

문제 1 외국인의 소득 인정기준(합법 체류자, 불법 체류자)에 대하여 설명하시오. (4점)

문제 2 보험회사의 재해자 '김석봉'에 대한 보상책임에 대하여 설명하시오. (4점)

문제 3 보험회사의 재해자 '김석봉'에 대한 지급보험금을 산출하시오. (12점)

풀이

문제 1 외국인의 소득 인정기준(합법 체류자, 불법 체류자)에 대하여 설명하시오. (4점)

1. 합법 체류자

해당 외국인이 국내에서 취업 가능한 기간 또는 체류 가능한 기간 동안의 일실수익은 국내에서의 소득을 기준으로 산정하고, 그 이후에는 출국 예정 국가의 소득 기준으로 산정한다.

2. 불법 체류자

불법체류 외국인의 경우에는 견해의 대립이 있으나, 통상적인 취업기간에 대해서는 국내에서의 소득을 인정하고, 그 이후에는 출국 예정 국가의 소득을 기준으로 한다. 통상적인 취업기간은 일률적으로 결정할 수 없으며 사안별로 결정될 것이다.

문제 2 보험회사의 피해자 '김석봉'에 대한 보상책임에 대하여 설명하시오. (4점)

1. 법률상 배상책임

재해자 김석봉은 업무 중 철제 계단의 하자로 인해 재해를 입었으므로, 업무상 재해에 해당하며 'ㅇㅇ건설(주)'은 김석봉에 대하여 공작물 보존상 하자에 따른 민법 제758조의 공작물 책임을 부담하며, 안전배려의무 위반에 따른 민법 제390조의 채무불이행책임도 부담한다.

2. 약관상 보상책임

상기 사고는 'ㅇㅇ건설(주)'이 가입한 국내근재보험 사용자배상책임 특별약관에서 보상하는 손해에 해당하며, 산재보험금을 초과하는 민사 손해배상금에 대하여 보상책임을 부담한다.

문제 3 보험회사의 피해자 '김석봉'에 대한 지급보험금을 산출하시오. (12점)

1. 손해배상금

(1) 치료비 : 요양급여로 지급함.

(2) 비급여 치료비 : 3,000,000원 × (1 − 20%) = 2,400,000원

(3) 향후 성형 치료비 : 4,000,000원 × (1 − 20%) = 3,200,000원

(4) 일실수입

최근 대법원 판례에 따라 '공제 후 과실상계설'에 따라 풀이함.

1) 사고일~치료종결일

① 300만원 × 100% × 5(H) = 15,000,000원

② 15,000,000원 − 12,000,000원(휴업급여) = 3,000,000원

③ 과실상계 : 3,000,000원 × (1 − 20%) = 2,400,000원

2) 치료종결일~가동기간 종료일

① 치료종결일~취업비자 유효기간 종료 시

300만원 × 20% × (30 − 5)(H) = 15,000,000원

② 취업비자 유효기간 종료 시~가동기간 종료 시

100만원 × 20% × 210(H) = 42,000,000원

월소득은 중국 보통인부 월 5,000위안 × 환율 200원 = 월 100만원 적용하여 산출함. 취업비자 유효기간 종료일부터 가동 종료일까지 H계수 270이나, 과잉배상 제한을 위해 H계수를 총 240으로 제한하여 적용함.

③ (15,000,000원 + 42,000,000원) − 30,000,000원(장해급여) = 27,000,000원

④ 과실상계 : 27,000,000원 × (1 − 20%) = 21,600,000원

3) 일실수입 합계 : 24,000,000원

(5) 위자료 : 80,000,000원 × 20% × [1 − (20% × 0.6)] = 14,080,000원

(6) 손해배상금 합계 : 43,680,000원

2. 지급보험금

Min [손해배상금 43,680,000원, 1인당 보상한도 3억원] = 43,680,000원

> **착안점**
> ① 치료비는 근로복지공단에서 요양급여로 지급하나, 근로복지공단에서 지급하지 않는 비급여 치료비와 향후 치료비는 손해배상금으로 별도로 산출한다.
> ② 외국인의 경우 불법체류자라 하더라도 일정기간(통상 3년) 국내 소득을 인정하는 것이 판례의 태도이다. 단, 문제에서 주어지는 조건이 있다면 그에 따라 풀이한다.

64-1 국내 근재보험(연습문제) – 외국인 근로자

2022년 6월 1일 한국에 입국한 베트남 국적의 '응우엔'은 '○○건설(주)' 소속 근로자로서 2022년 8월 1일 경기도 용인시 소재 반도체 공장 건설현장에서 작업 중 현장 임시 구조물의 설치 하자 및 본인의 작업 부주의로 5m 아래로 추락하는 산재사고를 당하여 근로복지공단으로부터 산재보험금을 수령하고 '○○건설(주)'에 대하여 민사 손해배상금을 추가로 청구하였다.

아래의 〈별표〉를 참고하여 각 질문에 답하시오. (20점)

【별표】

['○○건설(주)' 보험가입사항]
– 보험종목 : 국내근로자재해보장책임보험 (보험사 : S 손해보험(주))
  • 사용자배상책임 특별약관 (보상한도 : 1인당 3억원 / 1사고당 5억원)

['응우엔' 취업비자 유효기간 및 근로 계약기간]
– 취업비자 유효기간 : 2022년 6월 1일~2025년 5월 31일(3년)
– '○○건설(주)'와 근로 계약기간 : 2022년 7월 1일~2024년 12월 31일(30개월)

[전제조건]
– 재해자 : '응우엔' (베트남 국적, 만 40세, 생년월일 : 1982년 8월 1일)
– 사고발생일 : 2022년 8월 1일
– 직무 : 보통인부
– 치료기간 : 2022년 8월 1일~2022년 12월 31일 (5개월)
– 한국 보통인부 일용노임 (月 가동일수는 20일로 가정함)
  • 2022년 하반기(7월~12월) : 12만원
  • 2023년 상반기(1월~7월) : 15만원
– 베트남 보통인부 일용노임 : 月 6,000,000 동 ('동'은 베트남 화폐 단위임)
  (환율 계산 시 베트남 화폐 '10동' = 대한민국 화폐 '1원'으로 가정함)
– 향후 성형치료비 : 300만원(현가)
– 비급여 치료비 : 500만원
– 맥브라이드식 노동능력상실률(%)
  • 척추부위 : 영구장해 40% (기왕증 기여도 50%)
  • 족관절 : 5년 한시장해 25%
– 피해자 과실 : 10%
– 월간 호프만(H) 계수(계산 편의상 계수임)

- 사고일~치료 종결일 : 5개월 (H계수 : 5)
- 사고일~근로계약 종료일 : 29개월 (H계수 : 26)
- 사고일~취업비자 유효기간 종료일 : 34개월 (H계수 : 30)
- 사고일~복합장해 종료일 : 65개월 (H계수 : 60)
- 사고일~가동기간 종료일 : 300개월 (H계수 : 230)

– 근로복지공단의 산재보험금 지급내역

요양급여	휴업급여	장해급여
1,800만원	1,000만원	4,000만원

[기타사항]
– 위자료는 고려하지 아니함.
– 일실수익 산출시 재해자 '응우엔'의 취업비자 유효기간 만료 이후에는 재해자의 본국 소득을 적용할 것.

문제 1 근로계약의 부수적 주의의무인 사용자의 '안전배려의무'의 개념, 법적근거, 위반 시 효과에 대하여 약술하시오. (5점)

문제 2 보험회사의 재해자 '응우엔'에 대한 보상책임에 대하여 설명하시오. (2점)

문제 3 재해자 '응우엔'의 복합장해율을 산출하시오. (3점)

문제 4 보험회사의 재해자 '응우엔'에 대한 지급보험금을 산출하시오. (10점)

> **풀이**

문제 1 근로계약의 부수적 주의의무인 사용자의 '안전배려의무'의 개념, 법적근거, 위반 시 효과에 대하여 약술하시오. (5점)

1. 안전배려의무의 개념

안전배려의무란 근로계약에서 파생하는 신의칙상 부수적 주의의무로서, 사용자는 근로자가 노무를 제공하는 과정에서 생명, 신체, 건강 등에 피해를 입지 않도록 인적, 물적 환경을 정비하는 등의 필요한 조치를 하여야 할 의무를 말한다.

2. 안전배려의무의 법적근거

(1) 판례

안전배려의무에 대한 명시적 규정은 없으나, 판례이론을 통하여 인정되고 있다. 근로계약에서 파생하는 부수적 주의의무로서, 안전배려의무를 위반했을 경우에 사용자는 근로자에 대하여 민법 제390조의 채무불이행책임을 부담한다.

(2) 산업안전보건법

산업안전보건법에서 사업주의 근로자에 대한 안전조치, 보건조치 등의 의무를 규정하고 있으므로, 해당 법률 위반시 안전배려의무 위반 여부를 판단하는 기준이 될 수 있다.

3. 위반 시 효과

안전배려의무 위반으로 근로자에게 사고가 발생한 경우, 사용자는 근로자에 대하여 민법 제390조의 채무불이행책임을 부담한다.

문제2 보험회사의 재해자 '응우엔'에 대한 보상책임에 대하여 설명하시오. (2점)

1. 법률상 배상책임

재해자 '응우엔'은 작업 중 임시 구조물의 설치 하자로 인해 사고가 발생하였으므로 업무상 재해에 해당하며, ○○건설(주)는 응우엔에 대하여 민법 제758조의 공작물 책임을 부담하며, '안전배려의무' 위반에 따른 민법 제390조의 채무불이행책임도 부담한다.

2. 약관상 보상책임

상기사고는 ○○건설(주)가 가입한 국내근재보험 사용자배상책임 특별약관에서 보상하는 손해에 해당하므로, 산재보험금을 초과하는 민사 손해배상금에 대하여 보상책임을 부담한다.

문제3 재해자 '응우엔'의 복합장해율을 산출하시오. (3점)

1. 치료종결일~한시 5년

  (1) 부위별 장해율

   ① 척추부위 : $40\% \times (1-50\%) = 20\%$

   ② 족관절 : 25%

  (2) 복합장해율 : $20\% + (100-20)\% \times 25\% = 40\%$

2. 5년 이후~가동종료일 : 20%

문제 4   보험회사의 재해자 '응우엔'에 대한 지급보험금을 산출하시오. (10점)

1. 손해배상금 산출

   (1) **향후 성형치료비** : 3,000,000원 × (1 − 10%) = 2,700,000원

   (2) **비급여 치료비** : 5,000,000원 × (1 − 10%) = 4,500,000원

   (3) **치료기간 일실수입**

   ① (12만원 × 20일) × 100% × 5(H) = 12,000,000원

   2022년 하반기 도시 보통인부 일용노임 단가 12만원 적용함.

   ② 공제 후 과실상계: [1,200만원 − 1,000만원(휴업급여)] × (1 − 10%) = 1,800,000원

   (4) **장해기간 일실수입**

   ① 치료종결일~취업비자 유효기간 종료일

   (15만원 × 20일) × 40% × (30 − 5)(H) = 30,000,000원

   2023년 상반기 도시 보통인부 일용노임 단가 15만원 적용함.

   ② 취업비자 유효기간 종료일~복합장해 종료일

   60만원 × 40% × (60 − 30)(H) = 7,200,000원

   베트남 보통인부 월 600만동을 원화로 환산하여 월 60만원 적용함.

   ③ 복합장해 종료일~가동기간 종료일

   60만원 × 20% × 170(H) = 20,400,000원

   ④ 공제 후 과실상계

   [57,600,000원 − 40,000,000원(장해급여)] × (1 − 10%) = 15,840,000원

   (5) **손해배상금 합계** : 24,840,000원

2. 지급보험금 산출

   Min [손해배상금 24,840,000원, 1인당 3억원] = 24,840,000원

65 국내 근재보험(연습문제)

2021년 8월 1일 14시경 ○○건설(주)로부터 건물 내부 인테리어 공사를 수주한 하도급업체 △△인테리어(주) 소속 근로자 '박○○'이 5층에서 작업 중 실수로 건물에 붙어있던 작업 시설물이 무너져 내리면서 1층에서 보행중이던 같은 회사 소속 근로자 '김○○'의 머리에 맞아 5개월간의 치료 중 사망하는 사고가 발생하였다. 사고당시 '김○○'은 내근업무를 담당하는 관리직원으로 안전모를 착용하지 않았던 것으로 확인되었으며, 이는 △△인테리어(주)의 안전교육 미비에 따른 것으로 확인되었다.

아래의 〈별표〉를 참고로 하여 각 질문에 답하시오. (15점)

【별표】

[보험가입사항]

1. 보험계약자/피보험자 : ○○건설(주)

보험사	보험종목	보상한도액	자기부담금
A	국내근로자 재해보장책임보험 사용자배상책임 특별약관	1인당 500,000,000원 1사고당 2,000,000,000원	없음

2. 보험계약자/피보험자 : △△인테리어(주)

보험사	보험종목	보상한도액	자기부담금
C	국내근로자 재해보장책임보험 사용자배상책임 특별약관	1인당 400,000,000원 1사고당 1,000,000,000원	없음

* △△인테리어(주)는 ○○건설(주)로부터 건물 내부 인테리어 공사를 수주한 도급업자임

[전제조건]
- 피해자 : 김○○
- 생년월일 : 1981년 8월 1일
- 직 종 : 관리과장(정규직)
- 정 년 : 만 60세
- 월소득 : 4,500,000원
- 도시 보통인부 노임 : 月 3,000,000원
- 치료기간 : 사고일~2021년 12월 31일(5개월)
- 비급여 치료비 : 5,000,000원
- 피해자 과실 : 30%

- 호프만(H) 월 계수(계산 편의상 계수임)
  - 사고일~사망 시 : 5개월(H계수 : 4)
  - 사고일~정년 시 : 240개월((H계수 : 154)
  - 사고일~가동기간 종료 시 : 300개월(H계수 : 194)
- 위자료는 사망 또는 100% 노동능력 상실 시 100,000,000원 기준으로 산정함.
- 일실퇴직금은 고려하지 아니함.
- 장례비는 500만원 기준으로 산출함
- 산재보험금 지급내역

요양급여	휴업급여	유족급여(일시금 기준)	장례비
30,000,000원	13,000,000원	160,000,000원	14,000,000원

※ '김○○'의 손해배상금 산출 시 최근 대법원 판례에 따라 '공제 후 과실상계설'에 의하여 산출할 것.
〈대법원 전원합의체 판결 [사건번호 : 2021 다 241618 구상금]〉

문제 1 상기 사례와 관련하여 피해자 김○○에 대한 각 보험사별 보상책임 여부에 대하여 설명하시오. (5점)

문제 2 김○○에 대한 보험사별 지급보험금을 산출하고, 그 산출과정을 기재하시오. (10점)

> 풀이

문제 1 상기 사례와 관련하여 피해자 '김○○'에 대한 각 보험사별 보상책임 여부에 대하여 설명하시오. (5점)

1. A보험사

피해자 김○○은 업무상 재해로 인해 신체손해를 입었으나, △△인테리어(주) 소속 직원으로서 ○○건설(주)의 근로자가 아니므로 A보험사는 보상책임을 부담하지 않는다.

2. B보험사

△△인테리어(주)는 금번사고와 관련하여 안전교육 미비에 따른 사용자의 안전배려의무 위반으로 인한 민법 제390조의 채무불이행책임 또는 '박○○'의 사용자로서 민법 제756조의 사용자책임을 부담한다. 또한, B보험사는 사용자배상책임 특별약관에서 피해자 김○○에 대하여 산재보험금을 초과하는 손해배상금을 보상할 책임을 부담한다.

문제 2 '김○○'에 대한 보험사별 지급보험금을 산출하고, 그 산출과정을 기재하시오. (10점)

1. 손해배상금 산출

(1) 비급여 치료비: 5,000,000원 × (1−30%) = 3,500,000원

(2) 장례비: [5,000,000원 − 14,000,000원(산재보험 장례비)] × (1−30%) = 0(음수)

(3) 일실수입

  1) 사고일~사망 시
     ① 4,500,000원 × 100% × 4(H) = 18,000,000원
     ② [18,000,000원 − 13,000,000원(휴업급여)] × (1−30%) = 3,500,000원

  2) 사망 시~가동기간 종료 시
     ① 사망 시~정년 시 : 4,500,000원 × 100% × 2/3 × 150(H) = 450,000,000원
     ② 정년 시~가동기간 종료 시 : 3,000,000원 × 100% × 2/3 × 40(H) = 80,000,000원
     ③ (450,000,000원 + 80,000,000원) − 160,000,000원(유족급여) = 370,000,000원
     ④ 과실상계 : 370,000,000원 × (1−30%) = 259,000,000원

  3) 일실수입 합계 : 3,500,000원 + 259,000,000원 = 262,500,000원

(4) **위자료** : 1억원×100%×[1−(30%×0.6)]=82,000,000원

(5) **합계** : 348,000,000원

2. 지급보험금(B보험사)

Min [348,000,000원, 1인당 보상한도 4억원]=348,000,000원

66　국내 근재보험 (2015년 기출문제)

2020년 3월 1일 16시경 △△병원 소속 설비기사인 김○○은 병원 내에서 가스설비 점검작업을 하던 중 가스폭발로 현장에서 사망하였다. 국립과학수사연구소의 사고원인 감정 결과, △△병원의 관리상의 하자와 설비기사 본인의 부주의가 결합하여 사고가 발생한 것으로 밝혀졌다. 김○○의 유족들은 산업재해보상보험에서 보상을 받은 후 △△병원에 민사 손해배상금을 청구하였다.

아래의 〈별표〉 내용을 참고하여 보험금을 산정하고, 그 산출과정을 기재하시오. (15점)

【별표】

[△△병원 보험가입사항]
- 근로자 재해보장책임보험 / 사용자배상책임 특별약관
  • 보상한도 : 1인당 300,000,000원 / 1사고당 400,000,000원
- 가스사고 배상책임보험 보통약관
  • 보상한도 : 의무보상한도액

[전제조건]
- 피해자 김○○ 인적사항
  • 생년월일 : 1970. 3. 1.
  • 입사일자 : 2000. 3. 1.(정년 만 60세)
- 사고일자 : 2020. 3. 1.
- 피해자 과실 : 20%
- 월 소득액 : 3,000,000원
- 평균임금 : 100,000원
- 도시 보통인부 일용노임 : 80,000원(月 가동일수 22일)
- 호프만(H) 계수
  • 사고일~정년 60세(120개월) : 100
  • 사고일~가동기간 종료 시까지(180개월) : 130
- 민사 판례에 따른 장례비 5,000,000원 가정
- 일실 퇴직금 산정 시 현가율은 「1/(1+0.05×잔여 재직가능기간)」으로 함.
- 위자료는 사망 또는 100% 장해 시 기준금액 80,000,000원 적용함.

* 산재보험금 산출 시 유족급여는 일시금 기준으로 산출할 것.

풀이

1. 법률상 배상책임

김○○은 △△병원 직원으로서 업무 중 재해를 입었으며, 사고 발생과 관련하여 △△병원의 관리상 하자가 인정되므로, △△병원은 소속 직원 김○○에 대하여 '안전배려의무' 위반에 따른 민법 제390조의 손해배상책임을 부담한다.

2. 약관상 보상책임

(1) 가스사고 배상책임보험

피보험자의 근로자가 업무 종사 중에 사고로 입은 신체장해에 대한 손해배상책임은 가스사고 배상책임보험의 면책사유에 해당하므로 보상책임을 부담하지 않는다.

(2) 근로자 재해보장책임보험

△△병원은 근재보험 사용자배상책임 특약을 가입하였으므로, 보험사는 김○○에 대한 법률상 손해배상금 중 산재보험에서 보상하는 금액의 초과분을 보상할 책임을 부담한다.

3. 산재보험금 산출

(1) **장례비** : 100,000원 × 120일 = 12,000,000원

(2) **유족급여** : 100,000원 × 1,300일 = 130,000,000원

4. 손해배상금

최근 대법원 판례에 따라 '공제 후 과실상계설'로 풀이함.

(1) **장례비** : [5,000,000원 − 12,000,000원(산재보험 장례비)] × (1−20%) = 0원(음수)

(2) **사망 일실수입**

① 사고일로부터 정년 시까지

3,000,000원 × 100% × (1−1/3) × 100(H) = 200,000,000원

② 정년 시부터 가동기간 종료 시까지

(80,000 × 22일) × 100% × (1−1/3) × (130−100)(H) = 35,200,000원

③ (200,000,000원 + 35,200,000원) − 130,000,000원(유족급여) = 105,200,000원

④ 과실상계 : 105,200,000원 × (1−20%) = 84,160,000원

(3) 일실퇴직금

1) 기본조건 산출

① 예상 총 퇴직금 : 10만원×30일×30년=90,000,000원

② 기근속 퇴직금 : 10만원×30일×20년=60,000,000원

③ 현가율 : 1/(1+0.05×10)=2/3

2) 일실퇴직금 산출

[(90,000,000원×2/3)−60,000,000원]×100%×(1−20%)=0

(4) 위자료 : 80,000,000원×100%×[1−(20%×0.6)]=70,400,000원

(5) 합계 : 일실수입 84,160,000원+위자료 70,400,000원=154,560,000원

5. 지급보험금

Min [손해배상금 154,560,000원, 1인당 보상한도 3억원]=154,560,000원

67 국내 근재보험 (연습문제) – 장해의 가중

2021년 1월 5일 13시경 '△△건설(주)'로부터 경기도 소재 건물 철거공사를 수주한 'ㅇㅇ철거(주)'에서 해당 건축물 철거작업 중 건물이 무너져 내리면서 현장에서 근무하던 'ㅇㅇ철거(주)' 소속 작업반장 '甲'이 중상해를 당하는 사고가 발생하였다. 사고원인 조사결과, 'ㅇㅇ철거(주)'의 업무 규정 위반에 따른 사고로 판명되었다.

아래의 〈별표〉를 참조하여 아래의 질문에 각각 답하시오. (20점)

【별표】

[보험계약사항] 계약자/피보험자 : ㅇㅇ철거(주)

보험사	보험종목	보상한도액	자기부담금
A	국내근로자 재해보장책임보험 사용자배상책임 특별약관	1인당 300,000,000원 1사고당 500,000,000원	없음

[전제조건]
- 피해자 : 甲 (남, 만 48세)
- 직업 : 'ㅇㅇ철거(주)' 소속 작업반장 (정년 만 60세)
- 月 현실 소득액 : 4,000,000원
- 평균임금 : 150,000원
- 도시 보통인부 일용노임 : 100,000원 (月 가동일수 20일)
- 기발생 치료비 : 요양보상으로 지급됨 (치료기간 7개월)
- 향후 성형 치료비 : 3,000,000원 (현가)
- 피해자 과실 : 20%
- 산재 장해판정 : 4급(피해자 乙은 2년전에 동일부위에 7급 장해로 보상받음)
- 산재 장해등급별 보상일수(계산 편의상 일수임)

3급	4급	5급	6급	7급
1,000일	900일	800일	700일	600일

- 노동능력 상실률 : 슬관절 부위 30% (기왕장해를 반영한 최종 장해율임)
- 위자료는 80,000,000원 기준으로 산출함
- 일실 퇴직금은 고려하지 않음
- 호프만(H) 계수 (계산 편의상 계수임)
  • 사고일~퇴원일 : 7개월 (H계수 : 6)
  • 사고일~정년일 : 144개월 (H계수 : 106)

- 사고일~가동기간 종료일 : 204개월 (H계수 : 146)
- 산재보험 처리내역

요양급여	휴업급여	장해급여	합계
30,000,000원	20,000,000원	심사 중	50,000,000원

문제 1 산재보험법 시행령 제53조에 규정되어 있는 '장해의 가중'의 개념과 장해급여 산출방법에 대하여 설명하고, 피재자 '甲'의 장해급여를 일시금 기준으로 산출하시오. (6점)

문제 2 산재보험법 시행령 제53조에 규정되어 있는 '장해의 조정'에 대하여 설명하시오. (4점)

문제 3 피재자 '甲'에 대한 보험사의 보상책임을 검토하고, 지급보험금을 산정하시오. (10점)

> 풀이

문제 1 산재보험법 시행령 제53조에 규정되어 있는 '장해의 가중'의 개념과 장해급여 산출방법에 대하여 설명하고, 피재자 '甲'의 장해급여를 일시금 기준으로 산출하시오. (6점)

1. 개념

장해의 가중이란 이미 장해가 있던 사람이 업무상 재해로 같은 부위에 장해의 정도가 심해져 장해 등급의 기준상 현존하는 장해가 기존장해보다 중하게 된 경우를 말한다.

2. 산출방법

가중된 장해에 해당하는 보상일수에서 기존 장해에 해당하는 보상일수를 공제한 보상일수에 평균임금을 곱해서 보상한다.

3. 장해급여 산출

(1) 금번 장해 4급 900일 – 기존 장해 7급 600일 = 300일
(2) 평균임금 150,000원 × 300일 = 45,000,000원

문제 2 산재보험법 시행령 제53조에 규정되어 있는 '장해의 조정'에 대하여 설명하시오. (4점)

1. 원칙

장해등급표에 기재된 신체장해가 둘 이상 있을 경우에는 중한 신체장해에 해당하는 등급을 적용하여 보상한다.

2. 예외

다음의 경우에는 장해등급을 1~3등급 인상하며, 그 조정된 등급이 제1급을 초과하는 경우에는 제1급으로 한다.
① 5급 이상의 신체장해가 2 이상 있는 경우에는 심한 장해보다 3개 등급 인상
② 8급 이상의 신체장해가 2 이상 있는 경우에는 심한 장해보다 2개 등급 인상
③ 13급 이상의 신체장해가 2 이상 있는 경우에는 심한 장해보다 1개 등급 인상

문제 3 피재자 '甲'에 대한 보험사의 보상책임을 검토하고, 지급보험금을 산정하시오. (10점)

1. 법률상 배상책임

○○철거(주) 소속 근로자 甲은 공사 현장에서 업무 수행중 사고가 발생했으므로 업무상 재해에 해당하며, ○○철거(주)의 업무규정 위반으로 사고가 발생하였으므로 피재자 甲에 대하여 '안전배려의무' 위반에 따른 민법 제390조의 채무불이행책임을 부담한다.

2. 약관상 보상책임

상기사고는 '○○철거(주)'에서 A보험사에 가입한 근재보험 사용자배상책임 특별약관상 보상하는 사고에 해당하며, 산재보험금을 초과하는 민사 손해배상금을 보상한다.

3. 손해배상금 산정

(1) 기발생 치료비 : 요양보상으로 지급됨

(2) 향후 성형 치료비 : 3,000,000원×(1−20%)=2,400,000원

(3) 입원기간 일실수입

① 4,000,000원×100%×6(H)=24,000,000원

② [24,000,000원−20,000,000원(휴업급여)]×(1−20%)=3,200,000원

(4) 장해기간 일실수입

① 퇴원일~정년 시 : 4,000,000원×30%×100(H)=120,000,000원

② 정년 시~가동기간 종료 시 : 2,000,000원×30%×40(H)=24,000,000원

③ (120,000,000원+24,000,00원)−45,000,000원(장해급여)=99,000,000원

④ 과실상계 : 99,000,000원×(1−20%)=79,200,000원

(5) 위자료 : 80,000,000원×30%×[1−(20%×0.6)]=21,120,000원

(6) 합계 : 105,920,000원

4. 지급보험금

105,920,000원 < 보상한도 1인당 3억원

68 국내 근재보험 (2019년 기출문제)

A 건설회사의 전공 보조직원(정규직)인 피해자 '김○○'은 2016년 12월 1일 11시경 회사가 시행하는 전신주 공사현장에서 동료직원 '박○○'이 약 16m 높이의 전신주 위에서 작업 도중 떨어뜨린 약 3kg 정도의 전류방지 커버에 머리 부분을 충격 당하여 두개골 함몰골절, 뇌실질내 출혈 및 두개골 결손상태의 재해를 입었다. 피해자 '김○○'은 사전에 안전교육을 받은 바 없었고, 사고 당시 안전모를 착용하지 않았다. 피해자 '김○○'은 치료종결 후 다음 날부터 일실수익과 개호비를 회사에 청구하였다.

아래 〈별표〉의 내용을 참고하여 각각의 질문에 답하시오. (30점)

【별표】

[보험가입사항]
– 계약자/피보험자 : A 건설회사
– 국내근로자재해보장책임보험 / 사용자배상책임 특별약관
  • 보상한도 : 1인당 2억원 / 1사고당 4억원

[전제조건]
– 피 해 자 : 김○○
– 생년월일 : 1961년 12월 1일
– 입사일자 : 2010년 12월 1일
– 사고일자 : 2016년 12월 1일
– 정   년 : 만 60세
– 월 급 여 : 3,300,000원
– 평균임금 : 100,000원
– 기대여명 : 치료 종결일로부터 20년
– 개   호 : 치료 종결일로부터 여명기간까지 1일 8시간의 개호가 필요함.
– 치료기간 : 사고일~2019년 3월 31일(28개월)
– 노동능력상실률(%)
  • 우측 상하지 강직성 부전편마비 : 50%
  • 기질성 인격장해 : 20%
– 근로복지공단 지급내역

보상항목	요양급여	휴업급여	장해급여
보상금액	72,000,000원	56,000,000원	60,000,000원

- 피해자 과실 : 30%
- 호프만(H) 월 계수
    - 사고일~치료 종결일 : 28개월(H계수 : 20)
    - 사고일~정년 : 60개월(H계수 : 50)
    - 사고일~가동시간 : 120개월(H계수 : 100)
    - 사고일~여명기간 : 268개월(H계수 : 180)
- 기타사항
    - 도시 보통인부 일용노임 : 80,000원(月 가동일수 20일)
    - 일실 퇴직금 산정 시 현가율은 [1/(1+0.5×잔여재직기간)]으로 계산
    - 위자료는 고려하지 아니함.
    - 개호비 계산 시 1개월은 30일로 가정하여 산출할 것.

문제 1 복합장해율을 계산하고, 그 산출과정을 기재하시오. (3점)

문제 2 사고일 이후의 일실수익을 계산하고, 그 산출과정을 기재하시오. (5점)

문제 3 일실퇴직금을 계산하고, 그 산출과정을 기재하시오. (10점)

문제 4 개호비를 계산하고, 그 산출과정을 기재하시오. (5점)

문제 5 보험사가 지급해야 할 보험금을 산출하시오. (2점)

> 풀이

문제 1 복합장해율을 계산하고, 그 산출과정을 기재하시오. (3점)

1. 부위별 장해율

① 우측 상하지 강직성 부전편마비 : 50%

② 기질성 인격장해 : 20%

2. 복합장해율 산출

50% + [20% × (100 − 50)%] = 60%

문제 2 사고일 이후의 일실수익을 계산하고, 그 산출과정을 기재하시오. (5점)

1. 사고일~치료종결일까지 일실수익

최근 대법원 판례에 따라 '공제 후 과실상계설'을 적용하여 풀이함.

① 3,300,000원 × 100% × 20(H) = 66,000,000원

② [66,000,000원 − 56,000,000원(휴업급여)] × (1 − 30%) = 7,000,000원

2. 치료종결일~가동기간까지의 일실수익

최근 대법원 판례에 따라 '공제 후 과실상계설'을 적용하여 풀이함.

① 치료종결일~정년 시

　3,300,000원 × 60% × (50 − 20)(H) = 59,400,000원

② 정년~가동기간 종료 시

　(80,000원 × 20일) × 60% × (100 − 50)(H) = 48,000,000원

③ (59,400,000원 + 48,000,000원) − 60,000,000원(장해급여) = 47,400,000원

④ 과실상계 : 47,400,000원 × (1 − 30%) = 33,180,000원

3. 일실수익 합계

7,000,000원 + 33,180,000원 = 40,180,000원

문제 3 일실퇴직금을 계산하고, 그 산출과정을 기재하시오. (10점)

1. 산정기준

[(예상 총 퇴직금×현가율)−기근속 퇴직금]×노동능력상실률(%)×(1−피해자 과실)

① 예상 총 퇴직금＝평균임금×30일×총 재직 가능기간
② 기근속 퇴직금＝평균임금×30일×기 근속기간
③ 현가율＝1/(1＋0.05×잔여 재직기간)

2. 전제조건 산출

① 예상 총 퇴직금 : 평균임금 100,000원×30일×11(년)＝33,000,000원
② 기근속 퇴직금 : 평균임금 100,000원×30일×6(년)＝18,000,000원
③ 현가율 : 1/(1＋0.05×5년)＝0.8

3. 일실퇴직금 산출

[(33,000,000원×0.8)−18,000,000원]×60%×(1−30%)＝3,528,000원

문제 4 개호비를 계산하고, 그 산출과정을 기재하시오. (5점)

1. 의의

개호란 피해자가 중상을 입어 그 치료기간 동안 또는 치료가 종료된 이후에도 후유장해로 인하여 일정기간 또는 여명까지 타인의 조력을 받아야 하는 경우로서, 이에 필요한 비용을 개호비라고 한다.

2. 개호비의 산정

치료종결일로부터 여명기간까지 1일 8시간의 개호가 필요하다고 하였으므로,
(80,000원×30일)×1(인)×(180−20)(H)×(1−30%)＝268,800,000원이다.

문제 5   보험사가 지급해야할 보험금을 산출하시오. (2점)

1. 손해배상금

  (1) 일실수익 : 40,180,000원

  (2) 일실퇴직금 : 3,528,000원

  (3) 개호비 : 268,800,000원

  (4) 합계 : 312,508,000원

2. 지급보험금

  Min [손해배상금 312,508,000원, 1인당 보상한도 2억원] = 2억원

69. 근재보험+건설기계업자 특별약관+도급업자 특별약관 (연습문제)

2023년 7월 1일 경기도 성남시 소재 아파트 리모델링 건설현장에서 '○○종합중기(주)' 소속 굴삭기 운전자 '김○○'이 운전 부주의로 코너에서 나오던 '○○건설(주)' 소속 근로자 '이○○'을 충격하여 두개골 함몰 골절 및 외상성 뇌출혈로 치료 중 사망하는 사고가 발생하였다. 사고원인 조사결과, '김○○'의 운전 부주의와 '○○건설(주)'의 현장 안전관리자 미배치 등 안전조치 미흡에 따른 공동불법행위책임이 인정되었고, 재해자 '이○○'의 유족은 두 회사를 상대로 산재보험금을 초과하는 민사 손해배상금을 청구하였다.

아래의 〈별표〉를 참고하여 다음의 물음에 답하시오. (25점)

【별표】

[보험가입사항]

1. A 보험사 (보험계약자/피보험자 : '○○종합중기(주)')
   (1) 국문 영업배상책임보험 / 건설기계업자 특별약관
      - 보상한도 : CSL 1사고당 3억원
      - 자기부담금 : 100만원

2. B보험사 (보험계약자/피보험자 : '○○건설(주)')
   (1) 국내 근로자재해보장책임보험 / 사용자배상책임 특별약관
      - 보상한도 : 1인당 1억원 / 1사고당 3억원
   (2) 국문 영업배상책임보험 / 도급업자 특별약관 / 일부공사 추가 특별약관
      - 보상한도 : 1인당 2억원 / 1사고당 5억원
      - 자기부담금 : 200만원

[전제조건]
- 재해자 : 이○○
- 직종 : 현장소장 (정년 만60세)
- 생년월일 : 1973년 7월 1일
- 입사일자 : 2013년 1월 1일
- 사고일자 : 2023년 7월 1일
- 월급여 : 800만원
- 평균임금 : 30만원(월 평균임금 900만원)
- 통상임금 : 20만원(월 통상임금 600만원)
- 병원 치료비 : 근로복지공단에서 요양급여로 지급됨 (치료기간 3개월)
- 비급여 치료비 : 5,000,000원

- 피해자 과실 : 20%
- 호프만(H) 계수
  - 사고일~사망일 : 3
  - 사고일~가동기간 종료시 : 93
- 장례비는 500만원 기준으로 산출함
- 위자료는 고려하지 아니함.

[기타사항]
- 공동불법행위자간 내부 책임비율 : ㅇㅇ건설(주) 50% / ㅇㅇ종합중기(주) 50%
- 일실퇴직금 산출시 현가율은 「1/(1+0.05×잔여재직기간)」으로 산출할 것
- 산재보험금 중 장례비는 최대 지급액은 2,000만원으로 제한됨
- 정년 이후 재해자 이ㅇㅇ의 월 소득 변화 없는 것으로 풀이할 것
- 'ㅇㅇ건설(주)'과 'ㅇㅇ종합중기(주)' 굴삭기 장비 임대차 계약을 체결한 상태임

문제 1 재해자 이ㅇㅇ의 산재보험금(휴업급여, 유족급여, 장례비)을 산출하시오. (3점)

문제 2 재해자 이ㅇㅇ의 일실퇴직금을 산출하시오. (5점)

문제 3 각 보험사의 재해자 이ㅇㅇ에 대한 보상책임에 대하여 설명하시오. (3점)

문제 4 각 보험사의 재해자 이ㅇㅇ에 대한 지급보험금을 산출하시오. (9점)

> 풀이

문제 1 재해자 이○○의 산재보험금(휴업급여, 유족급여, 장례비)를 산출하시오. (3점)

① 휴업급여 : 900만원×70%×3(개월)=18,900,000원

② 유족급여 : 30만원×1,300일=3.9억원

③ 장례비 : 30만원×120일=36,000,000원>최대 한도 20,000,000원

산재보험금 중 장례비는 최대한도를 초과하므로, 장례비는 2,000만원임.

문제 2 재해자 이○○의 일실퇴직금을 산출하시오. (5점)

1. 산식

[(총 예상퇴직금×현가율)−기근속퇴직금]×노동능력상실률×(1−피해자 과실)

2. 전제조건 산출

① 총 예상퇴직금 : 30만원×30일×(20+6/12)=184,500,000원

② 기근속 퇴직금 : 30만원×30일×(10+6/12)=94,500,000원

③ 잔여재직기간 : 10년

3. 일실 퇴직금 산출

[184,500,000원×[1/(1+0.05×10)]−94,500,000원]×100%×(1−20%)
=22,800,000원

문제 3 각 보험사별 재해자 이○○에 대한 보상책임에 대하여 설명하시오. (3점)

1. A 보험사

○○종합중기(주) 소속 지게차 운전기사 김○○의 운전 부주의로 이○○에게 신체손해가 발생하였으므로, 건설기계업자 특별약관에서 보상하는 손해에 해당하며 A보험사는 약관상 보상책임을 부담한다.

2. B 보험사

(1) 국내 근재보험

재해자 이○○은 업무상 재해를 입었으며, ○○건설(주)의 안전배려의무 위반에 따른 사고에 해당하므로, 사용자배상책임 특별약관에서 산재보험금을 초과하는 민사 손해배상금을 보상한다.

(2) 도급업자 특별약관

재해자 이○○은 ○○건설(주) 소속 근로자로서, 피용인 면책조항에 따라 도급업자 특별약관 및 일부공사 추가 특별약관에서 보상책임을 부담하지 않는다.

문제 4 각 보험사별 재해자 이○○에 대한 지급보험금을 산출하시오. (9점)

1. 손해배상금

(1) **치료비** : 요양급여로 보상됨

(2) **비급여 치료비** : 5,000,000원 × (1 − 20%) = 4,000,000원

(3) **장례비** : [5,000,000원 − 20,000,000원(장례비)] × (1 − 20%) = 0(음수)

(4) **치료기간 일실수입**

① 8,000,000원 × 100% × 3(H) = 24,000,000원

② 공제 후 과실상계

[24,000,000원 − 18,900,000원(휴업급여)] × (1 − 20%) = 4,080,000원

(5) 사망 일실수입

① 8,000,000원×100%×2/3×90(H)=4.8억원

② 공제 후 과실상계

[4.8억원-3.9억원(유족급여)]×(1-20%)=72,000,000원

(6) 일실퇴직금 : 22,800,000원

(7) 합계 : 102,880,000원

2. 공동 불법행위자간 손해배상금 안분

(1) ○○건설(주) 50%

102,880,000원×50%=51,440,000원

(2) ○○종합중기(주) 50%

102,880,000원×50%=51,440,000원

3. 보험사별 지급보험금

(1) A 보험사(건설기계업자 특별약관)

51,440,000원-100만원(자기부담금)=50,440,000원<1사고당 3억원

(2) B 보험사(국내 근재보험)

51,440,000원<1인당 보상한도 1억원

70. 국내 근재보험 (2018년 기출문제) – 유족급여 상속 후 공제설

○○건설(주) 소속 근로자 '갑'은 5층 높이의 비계 위에서 철골절단 작업 중 추락하여 병원으로 이송하였으나 사망하였으며, 근로복지공단은 유족급여를 산재보험법상 수급권자에게 지급하였다. 이후 유족인 배우자와 성년의 자녀 1인은 사용자를 상대로 각자 손해배상을 청구하였다.

아래 〈별표〉의 내용을 참고하여 지급 보험금을 산정하고, 산출과정을 기재하시오. (15점)

【별표】

[○○건설(주) 보험가입사항]
− 국내근로자재해보장책임보험 / 사용자배상책임 특별약관
  • 보상한도액 : 1인당 100,000,000원 / 1사고당 200,000,000원

[전제조건]
− 피해자 : 갑
− 사고일자 : 2018년 3월 5일
− 직   업 : 철골공(일용직)
− 임   금 : 월 3,000,000원
− 근로복지공단 지급내역

요양급여	휴업급여	유족급여(일시금)	장례비	기타
1,000,000원	없음	100,000,000원	12,000,000원	없음

* 유족급여는 일시금으로 환산한 금액임.

− 피해자 과실 : 40%
− 장례비는 민사 법원 판결례에 따라 5,000,000원 기준으로 산정함.
− 호프만(H) 계수(계산상 편의를 위한 임의 계수임)
  • 사망일~가동기간 종료 시 : 120개월(H계수 : 100)
− 위자료 : 유족들과 50,000,000원에 합의함.

풀이

1. 보상책임 검토

○○건설(주) 소속 근로자 갑은 작업현장에서 추락하였으므로 업무상 재해에 해당되며, 안전배려의무 위반에 따른 사용자의 손해배상책임이 인정되는바, 사용자배상책임 특별약관에서 보상하는 손해에 해당하므로 보험사는 산재보험금을 초과하는 민사 손해배상책임에 대한 보상책임을 부담한다.

2. 손해배상금 산출

최근 대법원 판례에 따라 '공제 후 과실상계설'에 따라 풀이함.

(1) 치료비 : 산재보험에서 요양급여로 전액 지급됨.

(2) 장례비 : [5,000,000원 − 12,000,000원(산재보험 장례비)] × (1 − 40%) = 0(음수)

(3) 사망 일실수입

  1) 3,000,000원 × 100% × (1 − 1/3) × 100(H) = 200,000,000원

  2) 손해배상금 상속 후 유족급여 공제

    유족급여 수급권자와 손해배상금의 상속권자가 일치하지 않으므로, 대법원 판례 입장인 '상속 후 공제설'에 따라 풀이함.

    가. 상속인별 사망 일실수입 상속

      ① 배우자 : 200,000,000원 × (3/5) = 120,000,000원

      ② 자녀 : 200,000,000원 × (2/5) = 80,000,000원

    나. 유족급여 공제

      산재보험법상 유족급여 수급권자 순위는 배우자 1순위로 유족급여 전액 수령함.

      ① 배우자 : 120,000,000원 − 100,000,000원(유족급여) = 20,000,000원

      ② 자녀 : 80,000,000원(유족급여 수령액 없음)

  3) 과실상계

    ① 배우자 : 20,000,000원 × (1 − 40%) = 12,000,000원

    ② 자녀 : 80,000,000원 × (1 − 40%) = 48,000,000원

  4) 합계 : 60,000,000원

(4) 위자료 : 유족들과 50,000,000원에 합의하였으므로 50,000,000원으로 산정함.

(5) 합계 : 일실수입 60,000,000원 + 위자료 50,000,000원 = 110,000,000원

3. 지급보험금 산출

Min [손해배상금 110,000,000원, 1인당 보상한도 100,000,000원] = 100,000,000원

> **착안점**
> ① 문제풀이 시, 대법원 판례 입장인 '상속 후 공제설'과 '공제 후 과실상계설'이 모두 적용된 문제이므로 혼동하지 않도록 유의한다.
> ② 민법상 상속순위와 상속인별 상속비율에 대한 내용을 사전에 숙지하여야 한다.
> ③ 산재보험법상 유족급여 수급권자 1순위는 배우자이며, 배우자가 전액 수령한다.

70-1 국내 근재보험(연습문제) – 유족급여 상속 후 공제설

'○○건설(주)'로부터 건물 철거작업을 수주한 '○○철거(주)'는 야간 철거작업을 무리하게 강행하다가 2023년 2월 1일 22시경 철거작업 중이던 5층 건물이 무너지면서 '○○철거(주)' 소속 근로자 '甲'이 중상해를 입고 병원에서 치료 중 사망하는 사고가 발생하였다. 이후 '甲'의 유족들은 근로복지공단으로부터 유족급여 등 산재보험금을 수령하고 '○○철거(주)'에 대하여 민사 손해배상금을 추가로 청구하였다.

아래의 〈별표〉를 참고하여 각 질문에 답하시오. (20점)

【별표】

[보험가입사항]

보험사	보험종목	계약자/피보험자	보상한도
A	국문 영업배상책임보험 발주자 미필적 배상책임 특별약관	○○건설(주)	1인당 3억원 1사고당 10억원
B	국내근로자 재해보장책임보험 사용자배상책임 특별약관	○○철거(주)	1인당 2억원 1사고당 3억원

[전제조건]
- 재해자 : '甲'(만 53세)
- 직업 : 보통인부(일용직)
- 도시 보통인부 일용노임 : 15만원(월 가동일수 22일)
- 치료기간 : 2023년 2월 1일~2023년 6월 30일(5개월)
- 병원 치료비 : 3,000만원(비급여 치료비 1,000만원 포함)
- 사망일자 : 2023년 7월 1일
- 피해자 과실 : 30%
- '甲'의 유족 : 사실혼 배우자 '乙', 자녀 '丙'과 '丁', 모친 '戊'가 있음.
- 위자료는 사망 또는 100% 노동능력 상실시 1억원 기준으로 산출할 것.
- 장례비는 판례의 관행에 따라 500만원 기준으로 산출할 것.
- 월간 호프만(H) 계수(사고일 기준)

경과월수	H 계수	경과월수	H 계수
5개월	5	84개월	75
144개월	125	204개월	165

– '甲'에 대한 산재보험금 지급내역

요양급여	휴업급여	유족급여	장례비
2,000만원	1,000만원	1.5억원	1,300만원

[기타사항]
– 재해자 '甲'에 대한 손해배상금 산출시 최근 대법원 판례에 따라 '공제 후 과실상계설'에 의하여 산출할 것. [2021 다 241618 구상금 판결]

문제 1 산재보험법 제65조 제1항에 규정되어 있는 유족급여(일시금 기준) 수급권자 순위에 대하여 약술하시오. (5점)

문제 2 각 보험사의 재해자 '甲'에 대한 보상책임을 검토하시오. (3점)

문제 3 재해자 '甲'에 대한 지급보험금을 산출하시오. (12점)

풀이

문제 1 산재보험법 제65조 제1항에 규정되어 있는 유족급여(일시금 기준) 수급권자 순위에 대하여 약술하시오. (5점)

유족급여 수급권자의 순위는 다음 각 호의 순위에 의하되, 각 호의 사람 사이에서는 각각 그 적힌 순서에 따른다. 이 경우 같은 순위의 수급권자가 2명 이상이면 그 유족에게 똑같이 나누어 지급한다. 배우자는 사실혼 배우자를 포함한다.

1. 근로자가 사망할 당시 그 근로자와 생계를 같이하고 있던 배우자·자녀·부모·손자녀 및 조부모
2. 근로자가 사망할 당시 그 근로자와 생계를 같이하고 있지 아니하던 배우자·자녀·부모·손자녀 및 조부모 또는 근로자가 사망할 당시 근로자와 생계를 같이하고 있던 형제자매
3. 형제자매

문제 2 각 보험사의 재해자 '甲'에 대한 보상책임을 검토하시오. (3점)

1. A 보험사

갑은 철거작업 중 건물이 무너져서 사망하였으므로 업무상 재해에 해당하나, 'ㅇㅇ건설(주)'는 발주자(도급인)로서 도급과 관련하여 감독 부주의한 사실도 확인되지 않으며, 수급인의 근로자가 하도급 작업에 종사 중 입은 신체손해이므로 보상책임을 부담하지 않는다.

2. B 보험사

갑은 'ㅇㅇ철거(주)' 소속 근로자로서, 업무상 재해를 입었으며 'ㅇㅇ철거(주)'의 무리한 철거작업 강행에 따른 안전배려의무 위반이 인정되므로, 사용자배상책임 특별약관에서 산재보험금을 초과하는 민사 손해배상금에 대하여 보상책임을 부담한다.

문제 3 재해자 '甲'에 대한 지급보험금을 산출하시오. (12점)

1. 손해배상금

(1) 치료비 : 비급여 치료비 제외한 2,000만원은 요양급여로 지급됨

(2) 비급여 치료비 : 1,000만원 × (1 − 30%) = 7,000,000원

(3) 장례비 : [500만원 − 1,300만원(산재보험 장례비)] × (1 − 30%) = 0원

(4) 치료기간 일실수익

① 15만원 × 22일 × 5(H) = 16,500,000원

② 공제 후 과실상계 : [1,650만원 − 1,000만원(휴업급여)] × (1 − 30%) = 4,550,000원

(5) 사망 일실수익

1) 15만원 × 22일 × 2/3 × (125 − 5)(H) = 264,000,000원

2) 손해배상금 상속 후 유족급여 공제

유족급여 수급권자와 손해배상금 상속권자가 일치하지 아니하므로, 대법원 판례 입장인 '상속 후 공제설'에 따라 풀이함.

가. 상속인별 사망 일실수익 상속

사실혼 배우자 '을'은 상속권이 없으며, 자녀 '병'과 '정'은 이 민법상 상속순위 1순위로서 공동 상속하며 상속비율은 동일하다.

① 사실혼 배우자 '을' : 상속권 없음

② 자녀 '병' : 264,000,000원 × (1/2) = 132,000,000원

③ 자녀 '정' : 264,000,000원 × (1/2) = 132,000,000원

나. 유족급여 공제

유족급여는 사실혼 배우자 을이 단독 수령하며, 자녀들은 유족급여 수령액이 없으므로 공제할 금액이 없다.

① 배우자 '을' : 상속권이 없으며, 유족급여 1억원을 단독 수령함.

② 자녀 '병' : 132,000,000원 (유족급여 미수령으로 공제금액 없음)

③ 자녀 '정' : 132,000,000원 (유족급여 미수령으로 공제금액 없음)

3) 과실상계

① 배우자 '을' : 유족급여 1억원 수령하고 종결

② 자녀 '병' : 132,000,000원 × (1 − 30%) = 92,400,000원

③ 자녀 '정' : 132,000,000원 × (1 − 30%) = 92,400,000원

4) 소계 : 184,800,000원

(6) 위자료 : 1억원×100%×[1−(30%×0.6)]=82,000,000원

(7) 합계 : 278,350,000원

2. 지급보험금

Min [손해배상금 278,350,000원, 1인당 보상한도 2억원]=2억원

71 선원 근재보험(2007년 기출문제 변형) – 행방불명보상

2019년 2월 1일 새벽 5시경 ○○수산(주) 소속의 대한민국 국적선인 '승리호'가 화물을 운송하기 위해 두바이항으로 항해 중 선박의 조리사 '고길동'이 아침식사 식재료를 가져오기 위해 이동하던 중 실족하여 바다에 빠져 행방불명되었다. '고길동'은 2개월 후 두바이 연안 해역에서 사망한 상태로 발견되었다.

아래의 〈별표〉를 참고하여 '고길동'에 대한 지급보험금을 산출하시오. (10점)

【별표】

[○○수산(주) 보험 가입사항]
- 보험종목 : 선원 근로자재해보장책임보험
  - 재해보상책임 특별약관
  - 비업무상재해 확장 추가 특별약관
- 보험기간 : 2019년 1월 1일~2019년 12월 31일

[전제조건]
- 피해자 : 고길동
- 생년월일 : 1969년 3월 1일
- 직   종 : 조리사
- 월 고정급 : 1,800,000원
- 월 통상임금 : 2,100,000원
- 월 승선평균임금 : 3,000,000원
- 1개월은 30일로 가정함.

> 풀이

1. 재해보상책임 검토

고길동은 조리사로서 식재료 이동과정에서 실종되어 사망한 채로 발견되었는바, 직무상 재해에 해당되므로 선박회사 ○○수산(주)은 고길동에 대하여 재해보상책임을 부담한다.

2. 행방불명 시 보상기준

선원이 해상에서 행방불명된 경우에는 피부양자에게 1개월분의 통상임금과 3개월분의 승선평균임금에 상당하는 금액을 지급하여야 한다. 또한, 선원의 행방불명 기간이 1월을 지났을 때에는 유족보상과 장제비를 추가로 지급하여야 한다.

3. 지급보험금 산출

(1) **행방불명 보상** : (2,100,000원×1월)+(3,000,000원×3월)=11,100,000원
(2) **유족보상** : 100,000원×1,300일=130,000,000원
(3) **장제비** : 100,000원×120일=12,000,000원
(4) **합계** : 153,100,000원

> **착안점**
> ① 행방불명보상은 1개월분의 통상임금과 3개월분의 승선 평균임금을 보상한다.
> ② 행방불명기간이 1개월을 경과하는 경우에는 유족보상과 장제비를 추가 지급한다.
> ③ 행방불명보상이 지급되기 위해서는 선원이 해상에서 행방불명 되어야 한다.

72. 선원 근재보험 (연습문제) – 행방불명보상 + 사용자배상책임 특약

2021년 10월 31일 17시경 북대서양에서 참치잡이를 하는 ○○수산(주) 소속 '인스호'에서 근무하는 갑판원 '이○○'은 선박 점검을 위하여 선박 난간에서 몸을 기울이다가 선박 난간이 휘어져 파손되면서 바다에 떨어져 실종되었다. '이○○'은 3개월 뒤에 인근 해안 바닷가에서 사망한 상태로 발견되었다. 사고원인 조사결과, ○○수산(주) '인스호' 선장 '석○○'은 1개월 전에 해당 난간 시설에 하자가 있었다는 것을 보고 받았으나, 수리 지시를 내리지 않은 사실이 확인되었다.

아래의 〈별표〉를 참고하여 각 질문에 답하시오. (20점)

【별표】

[보험계약사항]
- 보험계약자/피보험자 : ○○수산(주)
- 보험종목 : 선원근로자재해보상책임보험
  - 재해보상책임 특별약관 / 비업무상재해 확장 추가특별약관
  - 사용자배상책임 특별약관(가입금액 : 1인당 3억원 / 1사고당 5억원)

[전제조건]
- 피재자 : 이○○(사고 당시 만 48세)
- 직 업 : 갑판원
- 정 년 : 만 60세
- 통상임금 : 월 2,700,000원
- 승선 평균임금 : 월 3,600,000원
- 월 소득액 : 4,500,000원
- 도시 보통인부 일용노임 : 150,000원(月 가동일수 22일)
- 호프만 계수(계산 편의상 계수임)
  - 사고일로부터 정년까지 H계수 : 150
  - 사고일로부터 가동기간 종료일까지 H계수 : 190
- 위자료는 사망 또는 100% 노동능력상실 시 100,000,000원 기준으로 산출함.
- 피보험자의 책임범위 : 60%
- 장례비는 판례상 관행에 따라 5,000,000원 기준으로 산출함.
- 일실퇴직금은 고려하지 아니함.
- 한달 일수 계산시 30일로 가정함.

문제 1 선원법 제96조에서 규정하고 있는 '상병보상' 지급기준에 대하여 약술하시오. (4점)

문제 2 피재자 이○○에 대한 '재해보상책임 특별약관'상 보상책임을 검토하고, 지급보험금을 산출하시오. (6점)

문제 3 피재자 이○○에 대한 '사용자배상책임 특별약관'상 보상책임을 검토하고, 지급보험금을 산출하시오. (10점)

풀이

문제 1 선원법 제96조에서 규정하고 있는 '상병보상' 지급기준에 대하여 약술하시오. (4점)

1. 직무상 재해

선원이 직무상 부상을 당하거나 질병으로 요양 중인 선원에게 4개월의 범위에서 그 부상이나 질병이 치유될 때까지 매월 1회 통상임금에 상당하는 금액의 상병보상을 지급한다. 단, 4개월이 지나도 치유되지 아니하는 경우에는 치유될 때까지 매월 1회 통상임금의 100분의 70에 상당하는 금액의 상병보상을 지급한다.

2. 승무 중 직무 외 재해

선원에게 요양기간 중 3개월의 범위 내에서 매월 1회 통상임금의 100분의 70에 상당하는 금액의 상병보상을 지급한다.

문제 2 피재자 이○○에 대한 '재해보상책임 특별약관'상 보상책임을 검토하고, 지급보험금을 산출하시오. (6점)

1. 보상책임 검토

피재자 이○○은 선박 점검을 위해 작업 중 시설물 하자에 의해 떨어져 해상에서 실종되어 3개월 후에 사망한 상태로 발견되었는바, 직무상 재해에 해당하며 행방불명보상 및 유족보상, 장제비를 지급하여야 한다.

2. 행방불명 보상

행방불명 보상은 1개월분 통상임금 + 3개월분 승선 평균임금을 지급한다.
(2,700,000원 × 1개월) + (3,600,000원 × 3개월) = 13,500,000원

3. 유족보상

승선 평균임금 120,000원 × 1,300일 = 156,000,000원

4. 장제비

승선 평균임금 120,000원×120일=14,400,000원

5. 합계 : 183,900,000원

문제 3 피재자 이○○에 대한 '사용자배상책임 특별약관'상 보상책임을 검토하고, 지급보험금을 산출하시오. (10점)

1. 법률상 배상책임 검토

피재자 이○○의 사망사고와 관련하여 선장 석○○은 시설물의 하자를 인지하였으나, 이에 대한 안전관리 소홀이라는 '안전배려의무' 위반이 확인되었는바, ○○수산(주)는 이○○에 대하여 민법 제390조의 채무불이행책임 또는 민법 제758조의 공작물책임을 부담한다.

2. 약관상 보상책임 검토

상기사고는 선원근재보험 사용자배상책임 특별약관상 보상하는 사고에 해당하며, 면책사유에 해당하는 사항은 없으므로 약관상 보상책임을 부담한다.

3. 손해배상금 산출

최근 대법원 판례에 따라 '공제 후 과실상계설'에 따라 풀이함.

(1) **장례비** : [5,000,000원-14,400,000원(장제비)]×60%=0(음수)

(2) **일실수입**

  1) 사고일~정년 시까지
  4,500,000원×100%×(1-1/3)×150(H)=450,000,000원

  2) 정년 시~가동기간 종료 시
  (150,000원×22일)×100%×(1-1/3)×(190-150)(H)=88,000,000원

  3) 유족보상 공제
  (450,000,000원+88,000,000원)-156,000,000원(유족보상)=382,000,000원

  4) 과실상계
  382,000,000원×60%=229,200,000원

(3) 위자료 : 100,000,000원×100%×[1−(40%×0.6)]=76,000,000원

(4) 합계 : 229,200,000원+76,000,000원=305,200,000원

4. 지급보험금

Min [305,200,000원, 1인당 보상한도 3억원]=3억원

73 선원 근재보험 (2017년 기출문제)

2016년 3월 10일 남대서양 해역에서 오징어 채낚기 조업 중이던 △△수산(주) 소속 선원 '강○○'은 조타기 유압라인이 파열되어 이를 수리하던 중 기상악화로 인한 선체의 롤링으로 유압파이프에 안면부와 무릎을 부딪히는 사고를 입었다. 당시 충격으로 치아가 파절되고 슬관절부에 통증이 있어 병원에서 치료를 받았다.

아래의 〈별표〉의 내용을 참고하여 각각의 질문에 답하시오. (15점)

【별표】

[보험가입사항]
- 계약자/피보험자 : △△수산(주)
- 선원 근로자재해보장책임보험
  • 재해보상책임 특별약관
  • 비업무상재해 확장 추가특별약관

[전제조건]
- 피해자 : 강○○
- 상병명 : 치아파절 및 상실(장해등급 11급) / 슬관절 손상(장해등급 12급)
- 입원 치료비(2016년 5월 1일~2016년 11월 30일) : 5,000,000원
- 통원 치료비(2016년 12월 1일~2016년 12월 31일) : 1,000,000원(요양종료)
- 임금현황
  • 고정급 : 월 2,000,000원
  • 통상임금 : 월 2,700,000원(한달은 30일로 가정함)
  • 승선 평균임금 : 월 3,300,000원(한달은 30일로 가정함)
- 장해등급별 장해급여표(평균임금 기준)

구분	근로기준법	산업재해보상보험법
9급	350일	385일
10급	270일	297일
11급	200일	220일
12급	140일	154일

문제 1 둘 이상의 장해가 있는 경우에 적용하는 장해등급의 조정방법에 대해 약술하시오. (5점)

문제 2 보험회사가 지급해야 할 재해보상금을 산정하고, 그 산출과정을 기재하시오. (10점)

> 풀이

문제 1 둘 이상의 장해가 있는 경우에 적용하는 장해등급의 조정방법에 대해 약술하시오. (5점)

1. 장해등급 조정

(1) 원칙

장해등급표에 기재된 신체장해가 둘 이상 있을 경우에는 중한 신체장해에 해당하는 등급을 적용하여 보상한다.

(2) 장해등급의 조정

다음의 경우에는 장해등급을 1~3등급을 인상하며, 그 조정된 등급이 제1급을 초과하는 때에는 제1급으로 한다.

① 5급 이상에 해당하는 신체장해가 2 이상 있는 경우에는 심한 장해보다 3개 등급 인상
② 8급 이상에 해당하는 신체장해가 2 이상 있는 경우에는 심한 장해보다 2개 등급 인상
③ 13등급 이상에 해당하는 신체장해가 2 이상 있는 경우에는 심한 장해보다 1개 등급 인상

문제 2 보험회사가 지급해야 할 재해보상금을 산정하고, 그 산출과정을 기재하시오. (10점)

1. 보상책임 검토

선원 강○○은 직무 중 재해를 입었으므로, 선원법상 직무 중 재해 시 선원법상 지급기준에 따라 재해보상책임 특별약관에서 보상책임을 부담한다.

2. 지급보험금 산출

(1) 요양보상

입원 치료비 5,000,000원 + 통원 치료비 1,000,000원 = 6,000,000원

(2) 상병보상

직무 중 재해의 경우에는 요양 개시일로부터 4개월까지는 통상임금 100%를 지급하고, 4개월 이후부터 요양 종료 시까지 통상임금의 70%를 지급한다.

1) 5월~8월 : 통상임금 2,700,000원 × 100% × 4개월 = 10,800,000원
2) 9월~12월 : 통상임금 2,700,000원 × 70% × 4개월 = 7,560,000
3) 합계 : 10,800,000원 + 7,560,000원 = 18,360,000원

(3) 장해보상

1) 장해등급의 조정 : 치아파절 장해 11급+슬관절 장해 12급=장해 10급
2) 장해 보상일수 : 산재보험법상 장해 10급 보상일수 297일 적용
3) 장해보상금 산출 : (승선 평균임금 월 3,300,000원 / 30일)×297일=32,670,000원

(4) 합계

요양보상 6,000,000원+상병보상 18,360,000원+장해보상 32,670,000원=57,030,000원

> **착안점**
> ① 산재보험법상 장해등급의 조정기준에 대하여 암기한다.
> ② 선원근재보험은 '휴업보상'을 '상병보상'으로 표현하며, '통상임금' 기준으로 산출한다.
> ③ 선원근재보험 장해보상 기준일수는 산재보험법과 동일하다는 사실을 숙지한다.
> ④ 상병보상의 기산점은 사고일이 아니라 요양 개시일임을 유의한다.★
>   ▶선박에서 재해 발생 시 즉각적인 치료가 어려우며, 하선하여 요양 개시한다.

74 선원 근재보험 (2023년 기출문제)

남태평양 해역에서 조업중이던 ○○수산(주) 소유의 대한민국 국적 어선에 승선하여 근무 중이던 '김○○' 갑판장은 2021년 1월 30일 갑판에서 작업중 추락하여 부상을 입게되었다. '김○○' 갑판장은 인근 항구의 병원으로 후송되었으나 현지에서 수술이 어렵다는 의사 소견에 따라 혼자 움직일 수가 없어서 동료선원 1명의 호송을 받아 한국으로 귀국한 후 치료를 받았다.

아래 〈별표〉의 내용을 참고하여 다음 질문에 답하시오. (25점)

【별표】

[보험가입사항]
- 보험회사 : '갑' 보험회사
- 피보험자 : ○○수산 ㈜
- 보험종목 : 선원근로자 재해보장책임보험
  • 재해보상책임 특별약관
  • 비업무상재해 확장 추가 특별약관
  • 사용자배상책임 특별약관(보상한도액 : 1인당 1억원 / 1사고당 2억원)
- 보험기간 : 2020년 4월 25일~2021년 4월 25일

[전제조건]
- 피재자명 : '김○○' 갑판장
- 근로계약기간 : 2020년 5월 1일~2021년 7월 31일
- 이송비(사고와 상당인과관계 있는 손해로 인정됨)
  • 항공운임 : 피재자 및 호송선원 합계 5,000,000원(1인당 2,500,000원)
  • 구급차 병원 이송비 : 500,000원
- 치료관계비
  • 입원치료비 : 7,000,000원
  • 향후 반흔제거술 : 4,500,000원(현가액)
- 장해등급 / 노동능력상실률
  • 우측 슬관절 부전강직(장해 10급) / 슬관절 부전강직 20%(영구장해)
  • 좌측 엄지발가락 절단(장해 12급) / 족지절단 5%(영구장해)
- 사고 당시 선원 임금 등
  • 통상임금 : 월 4,000,000원
  • 승선평균임금 : 월 6,000,000원(1개월은 30일로 본다.)
  • 도시일용임금 : 월 2,000,000원

- 피재자 과실 : 50%
- 호프만 계수 (계산상 편의를 위한 계수임)
  • 사고일~입원 종료일 : 6개월(H계수 : 5)
  • 사고일~가동 종료일 : 27개월(H계수 : 25)
- 위자료와 일실퇴직금은 고려하지 아니함
- 장해 급여표 (평균임금 기준)

등급	근로기준법	산업재해보상보험법
제8급	450일분	495일분
제9급	350일분	385일분
제10급	270일분	297일분
제11급	200일분	220일분
제12급	140일분	154일분

문제 1 '갑' 보험사의 보험계약에서 특약별 '보상하는 손해'에 대하여 약술하시오.(5점)

문제 2 '갑' 보험회사에서 '김○○' 갑판장에게 지급할 보험금을 산정하고, 그 산출과정을 기재하시오. (20점)

풀이

문제 1 '갑' 보험사의 보험계약에서 특약별 '보상하는 손해'에 대하여 약술하시오.(5점)

1. 재해보상책임 특별약관

(1) 회사가 부담하는 손해는 아래의 재해보상책임으로 인한 손해를 말한다.
   ① 선원법 제94조 내지 제101조에 정한 재해보상금액
   ② 사업장 내, 선박 내에서의 간이치료비용 및 그 기간의 휴업급여는 제외한다.

(2) 재해보상책임에 관하여 피보험자가 회사의 동의를 받아 지출한 소송비용

(3) 재해를 입은 근로자가 국외지역에서 요양기관으로 이송되거나 본국으로 송환되는 경우의 이송비용은 보상하지 아니한다. 그러나, 거동이 불가능하여 호송을 요하는 중환자, 유해의 송환비용 또는 요양기관으로 긴급히 이송을 요하는 경우의 이송비용은 적절한 운송용구에 의한 편도에 한하여 실비 1인당 5백만원을 한도로 보상하여준다. 다만, 어떠한 경우에도 호송인에 대한 비용은 보상하지 아니한다.

2. 비업무상 재해 확장 추가 특별약관

회사는 재해보상책임 특별약관 제1조의 규정에도 불구하고 피보험자의 근로자에게 생긴 비업무상의 신체의 상해 또는 질병에 대해서도 업무상 재해와 동일한 방법으로 보상한다. 선원근재보험 보상 실무상 선원의 '승무 중 직무외 재해'로 인한 손해를 본 특별약관에서 보상하고 있다.

3. 사용자 배상책임 특별약관

(1) 보험회사가 부담하는 재해보상책임 특별약관 및 재해보상 관련 법령에 따라 보상되는 재해보상금액을 초과하여 피보험자가 법률상의 배상책임을 부담함으로써 입은 손해를 보상한다.

(2) 위 손해액은 재해보상책임 특별약관 및 산업재해보상보험법에 의한 급부가 이루어진 경우에 한하여 보상한다.

문제 2 '갑' 보험회사에서 '김○○' 갑판장에게 지급할 보험금을 산정하고, 그 산출과정을 기재하시오. (20점)

1. 재해보상책임 특별약관상 지급보험금

(1) 보상책임 검토

'김○○'은 갑판에서 작업중 추락하여 업무상 재해를 입었으므로, ○○수산(주)가 가입한 선원근재보험 재해보상책임 특별약관에서 선원법에 따른 재해보상책임을 부담한다.

(2) 요양보상

① 입원 치료비 : 7,000,000원

② 항공운임 : 2,500,000원 (호송인 비용은 어떠한 경우에도 보상하지 않음)

③ 구급차 병원 이송비 : 500,000원

④ 소계 : 10,000,000원

(3) 상병보상

① 2월~5월 : 통상임금 4,000,000원×100%×4개월=16,000,000원

② 6월~7월 : 통상임금 4,000,000원×70%×2개월=5,600,000원

③ 소계 : 21,600,000원

(4) 장해보상

① 장해등급 : 10급, 12급

   13급 이상의 장해가 2 이상 있는 경우이므로, 중한 등급보다 1등급 상향하여 9급

② 장해보상 : 승선 평균임금 20만원×385일(9급)=77,000,000원

(5) 합계 : 108,600,000원

2. 사용자배상책임 특별약관상 지급보험금

(1) 보상책임 검토

'김○○'은 갑판에서 작업중 추락하여 업무상 재해를 입었고, ○○수산(주)의 안전배려의무 위반에 따른 민법 제390조의 법률상 손해배상책임이 인정되므로, ○○수산(주)가 가입한 선원근재보험 사용자배상책임 특별약관에서 재해보상책임을 초과하는 민사 손해 배상책임을 부담한다.

(2) 손해배상금

1) 향후 반흔 치료비 : 4,500,00원×(1-50%)=2,250,000원

2) 호송선원 이송비 : 2,500,000원×(1-50%)=1,250,000원

호송선원 이송비는 재해보상책임 특별약관에서 보상하지 않는 손해이나, 사고와 상당인과관계 있는 손해로 명기되어 있으므로, 본 특별약관에서 지급함.

3) 복합장해율 : 20% + (100 − 20)% × 5% = 24%

4) 일실수익

최근 대법원 판례에 따라 '공제 후 과실상계설'로 풀이함.

가) 사고일 ~ 입원 종료일
① 600만원 × 100% × 5(H) = 30,000,000원
② [30,000,000원 − 21,600,000원(상병보상)] × (1 − 50%) = 4,200,000원

나) 입원 종료 시 ~ 가동기간 종료 시
① 200만원 × 24% × (25 − 5)(H) = 9,600,000원
② [9,600,000원 − 77,000,000원(장해보상)] × (1 − 50%) = 0(음수)

다) 소계 : 4,200,000원

5) 손해배상금 합계 : 7,700,000원

(3) 지급 보험금

Min [7,700,000원, 1인당 보상한도 1억원] = 7,700,000원

> **착안점**
> ① 선원근재보험 사용자배상책임 특약상 보험금 산출 시, 최근 대법원 판례의 취지에 따라 '공제 후 과실상계설'을 적용하여 산출한다.
> ② 호송인 비용은 재해보상책임 특별약관상 어떠한 경우에도 보상하지 않으나, 사고와 인과관계 있는 손해로 인정되는 경우에는 손해배상금에 해당되므로, 사용자 배상책임 특별약관에서 보상한다.

75. 선원 근재보험 (2021년 기출문제) – 해외선원 특별보상금

김○○은 이탈리아 선주의 상선에 선원으로 취업하여 직무수행 중 기상악화로 인해 선박이 좌초되어 중상해를 입고 5개월간 치료를 받았으나 부상악화로 사망하여 해외 현지에 매장되었다.

아래의 〈별표〉 내용을 참고하여 각각의 질문에 답하시오. (15점)

【별표】

[보험가입사항 및 손해내역]

보험가입사항	치료기간 및 치료비	임금현황
선원근로자재해보장책임보험 – 해외취업선원재해보상 추가 특별약관	– 치료기간 5개월 : (2021.2.1.~2021.6.30.) – 치료비 : $ 4,000	– 월 통상임금 : $ 3,000($100/일) – 월 승선평균임금 : $ 3,600($120/일)

[김○○의 부양중인 가족관계]
– 사실혼 배우자 갑(甲)
– 미성년 자녀 을(乙)
– 모친 병(丙)
– 조모 정(丁)

문제 1 보험회사가 지급해야 할 지급보험금을 산정하고 그 산출과정을 기재하시오. (10점)

문제 2 김○○의 부양중인 가족관계를 토대로 선원법에 따른 각 상속인의 상속비율을 기재하시오. (5점)

풀이

문제 1 보험회사가 지급해야 할 지급보험금을 산정하고 그 산출과정을 기재하시오. (10점)

1. 보상책임 검토

김○○은 해외취업선원으로서 직무상 재해를 입었으므로 직무상 재해에 따른 재해보상금 및 해외취업선원 특별약관에서 특별 보상금이 추가 지급되어야 한다.

2. 지급보험금

(1) **요양보상** : 치료비 $ 4,000

(2) **상병보상**

① 요양 개시일~4개월까지 : $ 3,000 × 100% × 4개월 = $ 12,000

② 4개월 이후 : $ 3,000 × 70% × 1개월 = $ 2,100

③ 합계 : $ 14,100

(3) **유족보상**

① 기본 재해 보상금 : $ 120 × 1,300일 = $ 156,000

② 해외 취업선원 특별 보상금(상선) : $ 40,000

③ 합계 : $ 196,000

(4) **장제비** : $ 120 × 120일 = $ 14,400

(5) **현지 매장 특별 위로금** : $ 120 × 90일 = $ 10,800

(6) **합계** : $ 239,300

착안점

① 선원법상 유족보상 수급권자의 순위는 산재보험법과 달리 배우자, 자녀, 부모가 1순위이다.
  (※ 배우자는 사실혼 배우자를 포함한다.)
② 해외취업선원에 대한 특별보상금 산정기준을 숙지한다. 2021 사례 기출

문제 2 김○○의 부양중인 가족관계를 토대로 선원법에 따른 각 상속인의 상속비율을 기재하시오. (5점)

1. 선원법상 수급권자

선원법 시행령 제29조 1호에 따르면, 선원의 사망 당시 그에 의하여 부양되고 있던 배우자(사실혼 포함), 자녀, 부모, 손 및 조부모로 규정되어 있다.

또한, 수급권자의 순위는 같은 호에 규정된 자 사이에 있어서는 그 기재된 순서에 의하되 배우자, 자녀 및 부모는 같은 순위로 한다. 동순위자가 2인 이상 있는 경우에는 그 지급받을 사람의 수에 의하여 등분하여 지급한다.

2. 사례의 적용

사례에서 사실혼 배우자 '갑'과 미성년 자녀 '을', 모친 '병'이 동순위자이며, 동순위자 사이에서는 등분하여 지급하므로 갑, 을, 병에게 재해보상금을 각각 1/3씩 지급한다.

76 선원 근재보험(연습문제) – 유족보상 상속 후 공제설

2021년 3월 5일 대서양 해상에서 컨테이너 운반선 '프린스호'에 근무중이던 ○○해운(주) 소속 기관사 '황○○'이 엔진룸에서 수리작업 중 엔진룸 상부에 설치되어 있던 대형 파이프가 떨어지면서 두개골 함몰골절 및 외상성 뇌출혈로 인하여 현장에서 사망하였다. 사고원인 조사결과, 선박 시설물 안전관리 소홀로 인하여 사고가 발생한 사실이 확인되었다. 이후 '황○○'의 유족인 사실혼 배우자 '甲'과 성인 자녀 '乙'과 '丙'은 재해보상금을 수령한 후, ○○해운(주)을 상대로 민사 손해배상을 청구하였다.

아래 〈별표〉의 내용을 참고하여 아래의 각 질문에 답하시오. (20점)

【별표】

[○○해운(주) 보험가입사항]
- 선원근로자 재해보장책임보험
  - 재해보상책임 특별약관
  - 비업무상재해 확장 추가특별약관
  - 사용자 배상책임 특별약관(가입금액 : 1인당 4억원, 1사고당 8억원)

[전제조건]
- 피재자 : 황○○
- 직   업 : 기관사(정년 60세)
- 임금현황
  - 통상임금 : 월 3,600,000원(일 120,000원)
  - 승선평균임금 : 월 4,500,000원(일 150,000원)
  - 월 현실 소득액 : 6,000,000원
  - 도시 보통인부 일용노임 : 150,000원(月 가동일수 20일)
- 피해자 과실 : 20%
- 호프만(H) 계수 : 계산상 편의상 임의 계수임.
  - 사망일~정년 시 : 120개월(H : 100)
  - 사망일~가동기간 종료 시 : 180개월(H : 140)
- 위자료 : 유족들과 70,000,000원에 합의함.
- 장례비는 500만원 기준으로 산출함.

문제 1 선원법 시행령에 규정되어 있는 유족보상 수급권자 순위에 대하여 약술하시오. (5점)

문제 2 보험사의 피재자 황○○에 대한 보상책임에 대하여 설명하시오. (3점)

문제 3 재해보상책임 특별약관 및 사용자배상책임 특별약관상 지급보험금을 산출하시오. (12점)

> 풀이

문제 1 선원법 시행령에 규정되어 있는 유족보상 수급권자 순위에 대하여 약술하시오. (5점)

유족보상의 수급권자의 순위는 다음 각 호의 순서에 의하며, 같은 호에 규정된 자 사이에 있어서는 그 기재된 순서에 의하되 배우자, 자녀 및 부모는 같은 순위로 한다.

(1) 선원의 사망 당시 그에 의하여 부양되고 있던 배우자(사실혼 포함), 자녀, 부모, 손 및 조부모
(2) 선원의 사망 당시 그에 의하여 부양되고 있지 아니한 배우자(사실혼 포함) 자녀, 부모, 손 및 조부모
(3) 선원의 사망 당시 그에 의하여 부양되고 있던 형제자매
(4) 선원의 사망 당시 그에 의하여 부양되고 있지 아니한 형제자매
(5) 선원의 사망 당시 그에 의하여 부양되고 있던 배우자의 부모, 형제자매의 자녀 및 부모의 형제
(6) 선원의 사망 당시 그에 의하여 부양되고 있지 아니한 배우자의 부모, 형제자매의 자녀 및 부모의 형제자매

문제 2 보험사의 피재자 황○○에 대한 보상책임에 대하여 설명하시오. (3점)

1. 재해보상책임 특별약관

○○해운(주) 소속 기관사 황○○은 엔진룸에서 작업 중 사망하였으므로 선원법상 직무상 재해 당되므로 보험사는 재해보상책임 특별약관상 보상책임을 부담한다.

2. 사용자 배상책임 특별약관

사고원인 조사결과에 따르면, ○○해운(주)의 선박 시설물 관리하자로 인한 '안전배려의무' 위반이 확인되는바, 피재자에 대하여 민법 제390조의 채무불이행책임을 부담하므로 보험사는 사용자배상책임 특별약관상 보상책임을 부담한다.

문제 3 재해보상책임 특별약관 및 사용자배상책임 특별약관상 지급보험금을 산출하시오. (12점)

1. 재해보상책임 특별약관상 지급보험금

(1) **유족보상** : 승선 평균임금 150,000원 × 1,300일 = 195,000,000원

사실혼 배우자 甲과 자녀 乙, 丙은 동순위 수급권자로서, 등분하여 지급한다.

甲과 자녀 乙, 丙에게 각 65,000,000원 지급한다.

(2) **장제비** : 승선 평균임금 150,000원 × 120일 = 18,000,000원

(3) **합계** : 213,000,000원

2. 사용자배상책임 특별약관상 지급보험금

(1) **손해배상금**

최근 대법원 판례에 따라 '공제 후 과실상계설' 적용하여 풀이함.

1) 장례비 : [5,000,000원 − 18,000,000원(장제비)] × (1 − 20%) = 0(음수)

2) 사망 일실수입

가. 사고일~정년 시

600만원 × 100% × (1 − 1/3) × 100 = 400,000,000원

나. 정년~가동기간 종료 시

300만원 × 100% × (1 − 1/3) × 40 = 80,000,000원

다. 소계 : 480,000,000원

라. 손익상계

선원법상 유족보상 수급권자와 손해배상금 상속권자가 일치하지 않으므로, 대법원 판례 입장인 '상속 후 공제설'에 따라 손익상계 적용함.

A. 사망 일실수입 상속권자별 안분

① 사실혼 배우자 甲 : 상속권 없음

② 자녀 乙 : 480,000,000원 × (1/2) = 240,000,000원

③ 자녀 丙 : 480,000,000원 × (1/2) = 240,000,000원

B. 유족보상금 공제

상속인별 안분한 일실수입에서 유족보상금을 각각 공제한다.

① 사실혼 배우자 甲 : 손익상계 대상금액 없음

② 자녀 乙 : 240,000,000원 − 65,000,000원(유족보상) = 175,000,000원

③ 자녀 丙 : 240,000,000원 − 65,000,000원(유족보상) = 175,000,000원

마. 과실상계
① 자녀 乙 : 175,000,000원×(1-20%)=140,000,000원
② 자녀 丙 : 175,000,000원×(1-20%)=140,000,000원
바. 일실수입 합계 : 280,000,000원
3) 위자료 : 유족들과 70,000,000원에 합의
4) 합계 : 일실수입 280,000,000원 + 위자료 70,000,000원 = 350,000,000원

(2) 지급보험금
Min [손해배상금 350,000,000원, 1인당 보상한도 400,000,000원] = 350,000,000원

77 해외 근재보험 (2020년 기출문제)

A건설(주)는 베트남 하노이 인근 ○○쇼핑센터 신축공사를 수주하여 공사를 진행하던 중 2018년 4월 11일 현장근로자 '김○○'은 지하 1층 기계실 내에서 발판이 설치된 사다리 위에 올라가 펌프배관 용접 작업을 하던 중 발을 헛디뎌 중심을 잃고 바닥에 떨어지는 사고로 허리 및 손가락 부위에 큰 부상을 입었다. 사고 이후 "김○○"은 현지 병원에서 응급치료 시행 후 국내로 긴급 이송되어 입원치료를 받았으며, 이후 영구후유장해 판정을 받았다.

아래 〈별표〉의 내용을 참고하여 각각의 질문에 답하시오. (20점)

【별표】

[보험가입사항]
- 계약자/피보험자 : A건설(주)
- 보험종목 : 해외근로자재해보장책임보험
  - 재해보상책임 특별약관
  - 재해보상확장 추가특별약관
  - 비업무상재해확장 추가특별약관

[전제조건]
- 재해자 : 김○○
- 담당직무 : 용접공
- 근로계약 : 2018년 4월 1일~2018년 9월 30일(6개월)
- 지급된 임금총액 : 2,000,000원(2018년 4월 1일~2018년 4월 10일)
- 피해자 과실율 : 30%
- 손해사항
  - 현지에서 국내 요양기관으로의 긴급이송비용 : 3,500,000원
    (재해자 이송비용 2,500,000원, 동행 간호인 호송비용 1,000,000원)
  - 현지/국내 병원치료비 : 15,000,000원
  - 향후 치료비 : 2,000,000원(현가액)
  - 사고일~요양종료일 : 200일
- 영구 후유장해 판정사항
  - 요추부 장해 : 산재법 제8급 제2호 판정
  - 손가락 장해 : 산재법 제14급 제6호 판정
  - 재해사고 이전 요추부 수술에 따른 기왕증 기여도 50%

- 근로기준법상 신체 장해등급과 재해보상표

장해등급	제7급	제8급	제13급	제14급
장해보상 일시금	560일	450일	90일	50일

문제 1 근로기준법에서 정하고 있는 '요양의 범위' 7가지를 기재하시오. (5점)

문제 2 재해자 '김○○'의 요양보상을 산정하고, 그 산출과정을 기재하시오. (5점)

문제 3 재해자 '김○○'의 휴업보상을 산정하고, 그 산출과정을 기재하시오. (3점)

문제 4 재해자 '김○○'의 장해보상을 산정하고, 그 산출과정을 기재하시오. (7점)

풀이

문제 1 근로기준법에서 정하고 있는 "요양의 범위" 7가지를 기술하시오. (5점)

가. 진찰
나. 약제 또는 진료 재료의 지급
다. 의지 또는 그 밖의 보조기의 지급
라. 처치, 수술, 그 밖의 치료
마. 입원
바. 간병
사. 이송

문제 2 재해자 "김○○"의 요양보상을 산정하고 그 산출과정을 기재하시오. (5점)

1. 현지/국내 병원치료비 : 15,000,000원
2. 향후 치료비 : 보상하지 않음
3. 긴급 이송비 : 2,500,000원(간호인 호송비용 100만원은 어떠한 경우에도 보상되지 않음)
4. 요양보상 합계 : 17,500,000원

문제 3 재해자 "김○○"의 휴업보상을 산정하고 그 산출과정을 기재하시오. (3점)

1. 산식 : 평균임금×70%×요양일수
2. 평균임금 : 산정일수가 3개월 미만이므로 해당기간의 임금 총액을 근무일수로 나누어 산정
   2,000,000원 / 10일 = 200,000원
3. 휴업보상 : 200,000원×70%×200일 = 28,000,000원

문제 4 재해자 "김○○"의 장해보상을 산정하고 그 산출과정을 기재하시오. (7점)

1. 장해등급 판정

8급, 14급은 장해등급 조정의 요건을 충족하지 못하므로 중한 등급인 8급 적용한다.

2. 장해등급 일수

문제에서 주어진 8급 450일은 근로기준법 기준이므로, 재해보상확장 추가특별약관이 적용되어 산재보험법 기준으로 산출하므로, 근로기준법 기준일수보다 10% 추가 지급한다.
450일 × 110% = 495일

3. 기왕증 기여도 반영 여부

대법원 판례에 따라 재해보상금 산정 시 기왕증 기여도는 적용하지 않는다.

4. 장해보상금 산출

200,000원 × 495일 = 99,000,000원

착안점

① 재해보상책임 특별약관에서 향후 치료비는 보상하지 않는다. 사용자 배상책임 특별약관에서 보상 가능하나, 본 문제에서 사용자 배상책임 특별약관은 가입하지 않음.
② 국외 긴급 이송비는 예외적으로 보상 가능하나, 그 경우에도 호송인에 대한 비용은 재해보상책임 특별약관에서 어떠한 경우에도 보상하지 않는다. 단, 호송인 비용이 사고와 인과관계 있는 손해일 경우에는 사용자 배상책임 특별약관에서 보상한다. (2023년 사례 출제)
③ 평균임금은 원칙적으로 3개월 간의 총임금을 해당기간의 근로일수로 나누어 산출한다.
    단, 사고 발생 이전 근로기간이 3개월에 이르지 못할 경우에는 해당 기간에 총임금을 해당 기간의 근로일수로 나누어 산출한다.
④ 산재보험법의 장해급여 지급일수는 근로기준법의 장해보상 지급일수보다 10% 추가 지급한다는 사실을 숙지한다.
⑤ 장해보상금 산출 시 기왕증 기여도는 반영하지 않는다.

78 해외 근재보험 (기출문제 변형)

(주)신아 소속 일용직 목수인 홍길동은 2018년 5월 31일 아프리카 이집트 건설현장에서 골재창고로 현장소장 김OO와 함께 차량으로 이동하던 중, 짙은 안개로 인하여 도로 벽면에 부딪히며, 차량이 전복되어 보조석에 탑승중인 홍길동이 좌측 하지 슬관절 상부절단상과 구강절단 등의 상해를 입고, 현지 병원과 국내 병원에서 5개월간 입원치료를 받았으나 영구장해를 갖게 되었다.

아래 〈별표〉를 참고하여 각각의 질문에 답하시오. (20점)

【별표】

[보험계약사항]
- 계약자/피보험자 : (주)신아
- 보험종목 : 근로자재해보장책임보험
  - 재해보상책임 특별약관
  - 재해보상확장 추가특별약관
  - 비업무상 재해확장 추가특별약관
  - 사용자배상책임 특별약관(보상한도 : 1인당 2억원 / 1사고당 5억원)

[재해보상 관련 손해사항]
- 현지 및 국내병원 치료비 : 20,000,000원
- 피해자의 국내병원 이송 시 항공비 : 6,000,000원
- 피해자 부인의 현지방문 왕복 항공비 : 8,000,000원(사고와 인과관계 있는 손해임)
- 피해자의 치아 관련 향후 치료비 : 10,000,000원(현가)
- 장해등급
  - 좌측 하지 슬관절 상부 절단(장해등급 4급)
  - 말하는 기능과 저작기능 장해(장해등급 9급)

[전제조건]
- 피해자 : 홍길동
- 생년월일 : 1968년 5월 31일
- 노임단가 : 목수 / 일 100,000원(月 가동일수 : 20일)
- 평균임금 : 100,000원(한달은 30일로 가정함)
- 피해자 과실 : 20%

- 맥브라이드식 노동능력상실률
  - 하지절단 : 50%
  - 언어 및 저작기능 장해 : 20%
- 호프만(H) 계수(계산 편의상 계수임)
  - 사고일~퇴원일까지 H계수 : 4
  - 사고일~가동기간 종료 시까지 H계수 : 154
- 위자료는 고려하지 않음.
- 장해보상일수

2등급	3등급	4등급	5등급
1,309일분	1,155일분	1,012일분	896일분

문제 1 재해보상책임특약 및 재해보상 확장 추가특약에서 보상되는 보험금을 산출하시오.

문제 2 사용자 배상책임 특별약관에서 보상되는 보험금을 산출하시오.

풀이

문제 1 재해보상책임특약 및 재해보상 확장 추가특약에서 보상되는 보험금을 산출하시오.

1. 보상책임 검토

홍길동은 해외에서 근무하던 중 업무상 재해를 입었으므로 해외근재보험의 재해보상책임 특별약관 및 재해보상 확장 추가특별약관에서 보상하는 손해에 해당한다.

2. 재해보상금

(1) **요양보상** : 해외 현지 및 국내 병원치료비 20,000,000원

(2) **휴업보상** : 평균임금 월 3,000,000원 × 요양기간 5개월 × 70% = 10,500,000원

(3) **장해보상**

① 장해등급의 조정 : 4급, 9급

13급 이상의 장해 2이상 있는 경우에 해당하므로 중한 등급보다 1등급 상향하여 3급

② 장해보상금 : 100,000원 × 1,155일(3급) = 115,500,000원

(4) **이송비** : 5,000,000원

국외지역에서 요양기관으로 이송하는 비용은 원칙적으로 보상하지 않으나, 호송을 요하는 중환자를 이송하기 위한 비용은 편도 1인당 5백만원 한도로 보상한다. 단, 호송인에 대한 비용은 어떠한 경우에도 부담하지 않는다. 따라서, 사례에서 이송비용은 5,000,000원 보상한다.

(5) **합계** : 151,000,000원

문제 2 사용자 배상책임 특별약관에서 보상되는 보험금을 산출하시오.

1. 손해배상금 산출

(1) **기발생 치료비** : 재해보상책임 특별약관에서 보상됨

(2) **향후 치료비** : 10,000,000원(현가) × (1 − 20%) = 8,000,000원

(3) **본인 이송비 초과분** : [6,000,000원 − 5,000,000원] × (1 − 20%) = 800,000원

(4) **호송인(부인)의 항공비** : 8,000,000원 × (1 − 20%) = 6,400,000원

사고와 인과관계 있는 손해이므로, 사용자 배상책임 특약에서 보상 가능하다.

(5) 일실수입

최근 대법원 판례에 따라 '공제 후 과실상계설' 적용하여 풀이함.

1) 입원 일실수입

① (100,000원×20일)×100%×4(H)=8,000,000원

② 손익상계 : 8,000,000원−10,500,000원(휴업보상)=0(음수)

2) 복합 장해율 : 50%+[(100−50)%×20%]=60%

3) 장해 일실수입

① (100,000원×20일)×60%×(154−4)(H)=180,000,000원

② 손익상계 : 180,000,000원−115,500,000원(장해보상)=64,500,000원

③ 과실상계 : 64,500,000원×(1−20%)=51,600,000원

4) 소계 : 51,600,000원

(6) 합계 : 8,000,000원+800,000원+6,400,000원+51,600,000원=66,800,000원

2. 지급보험금 산출

Min [손해배상금 66,800,000원, 1인당 보상한도 2억원]=66,800,000원

79 해외 근재보험 (연습문제) – 비업무상재해 확장 추가 특별약관

인도네시아 자카르타 현지 110층 고층빌딩 건설현장에 파견된 'ㅇㅇ건설(주)' 소속 근로자 '박ㅇㅇ'은 2021년 8월 1일 20시경 근무를 마치고 퇴근 후에 현지에서 알게된 한국인 교포여성 '한ㅇㅇ'과 저녁식사 후 강변을 산책하던 중 갑자기 달려든 현지 괴한들에 의한 집단폭행으로 왼쪽 눈이 실명되고 오른손 엄지손가락이 골절되는 중상해 사고가 발생하였다. 사고 이후 '박ㅇㅇ'은 현지 병원에서 응급치료 후 국내병원으로 긴급 이송되어 치료를 받았으나 영구 후유장해 판정을 받았다.

아래의 〈별표〉를 참고하여 각 질문에 답하시오. (15점)

【별표】

[보험가입사항]
- 계약자/피보험자 : ㅇㅇ건설(주)
- 보험종목 : 해외근로자재해보장책임보험
  - 재해보상책임 특별약관
  - 재해보상 확장 추가특별약관
  - 간병보상 추가특별약관
  - 비업무상재해 확장 추가특별약관

[전제조건]
- 재해자 : 박ㅇㅇ
- 담당직무 : 철근공
- 근로계약 : 2021년 1월 1일~2023년 12월 31일(3년)
- 통상임금 : 120,000원
- 평균임금 : 150,000원(월 평균임금 4,500,000원)
- 철근공 일용노임 : 200,000원(월 가동일수 22일)
- 피해자 과실 : 10%
- 요양기간 : 2021년 8월 1일~2022년 1월 31일(6개월)
- 치료비 및 이송비 내역
  - 현지/국내 병원치료비 : 30,000,000원
  - 현지에서 국내 대학병원으로 긴급 이송비용 : 8,000,000원
    (재해자 호송비용 6,000,000원 / 동행 보호자 '한ㅇㅇ' 항공비용 2,000,000원)
- 후유장해 판정사항
  - 한눈 실명 : 8급 판정
  - 손가락 장해 : 10급 판정
- 근로기준법상 장해등급과 재해보상표

장해등급	제6급	제7급	제8급	제10급
장해보상 일시금	670일	560일	450일	270일

문제 1 보험회사의 재해자 '박○○'에 대한 보상책임에 대하여 설명하시오. (4점)

문제 2 재해자 '박○○'의 요양보상금을 산정하고, 그 산출과정을 기재하시오. (3점)

문제 3 재해자 '박○○'의 휴업보상금을 산정하고, 그 산출과정을 기재하시오. (3점)

문제 4 재해자 '박○○'의 장해보상금을 산정하고, 그 산출과정을 기재하시오. (5점)

> 풀이

문제 1 보험회사의 재해자 '김○○'에 대한 보상책임 여부에 대하여 설명하시오. (4점)

(1) ○○건설(주) 소속 근로자 '박○○'은 퇴근 후에 괴한에 의한 집단폭행에 의하여 중상해를 입었으므로 업무상 재해에 해당하지 않으며, 사용자의 법률상 책임도 존재하지 않는다.

(2) 그러나, 상기사고는 ○○건설(주)가 가입한 해외근로자 재해보장책임보험의 '비업무상재해 확장 특별약관'에서 보상하는 사고에 해당하므로, 보험회사는 박○○에 대하여 약관상 보상책임을 부담한다. 또한, 해외근재보험에서는 비업무상 재해에 대하여도 업무상 재해와 동일한 기준으로 보상한다.

문제 2 재해자 '김○○'의 요양보상을 산정하고, 그 산출 과정을 기재하시오. (3점)

1. 현지/국내 병원치료비 : 30,000,000원

2. 긴급 이송비 : 5,000,000원

피해자 본인의 긴급이송비만 500만원 한도로 보상되며, 보호자 호송비용은 어떠한 경우에도 보상되지 않는다.

3. 요양보상 합계 : 35,000,000원

문제 3 재해자 '김○○'의 휴업보상금을 산정하고, 그 산출 과정을 기재하시오. (3점)

1. 산식 : 평균임금×70%×요양기간

2. 휴업보상 : 월 평균임금 4,500,000원×70%×6개월=18,900,000원

재해보상 확장 추가특별약관이 적용되어 산재보험법 기준으로 산출함.

문제 4 재해자 '김○○'의 장해보상금을 산정하고, 그 산출 과정을 기재하시오. (5점)

1. 장해등급 판정

8급, 10급은 13급 이상의 장해가 두 개 이상 있는 경우에 해당하므로 심한 장해보다 한등급 상향하여 7급을 적용한다.

2. 장해등급 일수

문제에서 주어진 7급 560일은 근로기준법 기준이므로, 재해보상 확장 추가특별약관이 적용되어 산재보험법 기준으로 산출하므로, 근로기준법 기준 일수보다 10% 추가 지급한다.
560일×110%＝616일

3. 장해보상금 산출

150,000원×616일＝92,400,000원

80 해외 근재보험 (연습문제) – 비업무상재해 확장 추가 특별약관

UAE(아랍에미리에이트) 두바이시 소재 대형 복합 쇼핑몰 건설현장에 파견된 국내 '○○건설(주)' 소속 근로자 '박○○'이 2022년 11월 4일 작업을 마치고 퇴근하여 두바이 시내 헬스크럽에서 운동을 하던 중 원인미상의 폭발사고가 발생하여 좌측 상지가 절단되고 안면부 화상 및 치아가 파절되는 중상해를 입었다. '박○○'은 치료를 위해 국내병원으로 긴급 이송되어 치료를 받았으나 후유장해가 남았다. 상기 사고와 관련하여 '○○건설(주)'의 '안전배려의무' 위반사실은 확인되지 않았다.

아래의 〈별표〉를 참고하여 각 질문에 답하시오. (15점)

【별표】

['○○건설(주)' 보험가입사항]
– 보험종목 : 해외근로자재해보장책임보험
- 재해보상책임 특별약관
- 재해보상 확장 추가 특별약관
- 비업무상재해 확장 추가 특별약관
- 간병보상 추가 특별약관
- 사용자배상책임 특별약관(보상한도 : 1인당 3억원 / 1사고당 10억원)

[전제조건]
– 피해자 : '박○○' (만 44세)
– 직무 : 현장소장
– 월 급여 : 800만원
– 통상임금 : 월 500만원
– 평균임금 : 월 750만원
– 국내외 병원 치료비 : 3,500만원
– 향후치료비(현가) : 2,000만원
– 요양일수 : 150일
– 피해자 과실 : 10%
– 국내 긴급 이송비용
- 재해자 본인 이송비 : 400만원
- 국내 호송을 위한 회사 동료직원 항공비용 : 200만원
– 재해자 '박○○'의 장해 급수
- 좌측 상지절단 4급 / 추상장해 12급 / 치아 결손 13급

[근로기준법상 장해 등급별 보상일수]

등급	장해보상	등급	장해보상
제1급	1,340일분	제8급	450일분
제2급	1,190일분	제9급	350일분
제3급	1,050일분	제10급	270일분
제4급	920일분	제11급	200일분
제5급	790일분	제12급	140일분
제6급	670일분	제13급	90일분
제7급	560일분	제14급	50일분

[기타사항]
- '박○○'은 3년전 산재사고로 우측 하지 관련 장해 9급으로 판정받아 해당 급수에 따른 장해급여를 받은 사실이 있음.
- 한달은 30일로 계산함.

문제 1 '박○○'의 요양보상금을 산출하고 그 산출과정을 기재하시오. (5점)

문제 2 '박○○'의 휴업보상금을 산출하고 그 산출과정을 기재하시오. (3점)

문제 3 '박○○'의 장해보상금을 산출하고 그 산출과정을 기재하시오. (7점)

풀이

문제 1 '박○○'의 요양보상금을 산출하고 그 산출과정을 기재하시오. (5점)

1. 치료비

① 국내외 병원 치료비 : 3,500만원

    재해보상금 산정 시 피해자 과실상계는 적용하지 않는다.

② 향후 치료비 : 재해보상책임 특별약관에서 지급하지 않는다.

2. 이송비

원칙적으로 근로자를 국외지역에서 본국으로 송환하는 이송비용은 보상하지 않으나, 요양기관으로 긴급히 이송을 요하는 경우에는 예외적으로 보상한다. 이송비용은 적절한 운송수단에 의한 편도에 한하여 실비로 1인당 500만원 한도로 보상한다. 다만, 어떠한 경우에도 호송인에 대한 비용은 보상하지 않는다.

① 본인 이송비용 : 400만원 보상

② 동료직원(호송인) 항공비용 : 어떠한 경우에도 보상하지 않는다.

3. 합계 : 3,500만원 + 400만원 = 3,900만원

문제 2 '박○○'의 휴업보상금을 산출하고 그 산출과정을 기재하시오. (3점)

1. 평균임금 : 월 평균임금 750만원 ÷ 30일 = 25만원

전제조건에서 한달은 30일로 계산하도록 주어졌으므로 이에 따라 산출함.

2. 휴업보상 : 평균임금 25만원 × 70% × 요양일수 150일 = 2,625만원

재해보상 확장 추가 특별약관을 가입하였으므로 평균임금의 70%를 보상한다.

문제 3 '박○○'의 장해보상금을 산출하고 그 산출과정을 기재하시오. (7점)

1. 장해급수

(1) 4급＋12급＋13급＝3급

13급 이상의 장해가 2 이상 있는 경우에는 중한 장해보다 1등급 인상한다.

(2) 과거 우측 하지 장해 9급 반영 여부

이미 장해가 있던 사람이 새로 업무상 재해로 계열이 다른 새로운 장해가 발생한 경우에는 장해등급을 조정하지 않고 새로 발생한 장해등급으로 지급한다.

2. 장해 보상일수

장해 3급의 근로기준법상 보상일수는 1,050일이나, 산재보험법상 장해 3급 보상일수는 근로기준법보다 10% 가산하여 지급한다.

1,050일×110%＝1,155일

3. 장해보상금

평균임금 25만원×1,155일＝288,750,000원

CHAPTER 03

약술 80제

01 약술 기출문제 및 2025년 약술 대비 문제

I 책임법리 및 손해배상금

1. 약술 기출문제

- 일반불법행위의 성립요건에 대하여 약술하시오. 2014/2023 5점
- 영업배상책임보험 시설소유관리자특별약관의 보상하는 손해에 대하여 설명하고, 일반 불법행위책임의 성립요건에 대하여 기재하시오. 2023 10점
- 민법상 특수불법행위책임을 열거하고, 내용을 약술하시오. 2016 10점
- 우리나라 제조물책임법상 제조물책임의 의의와 제조물의 결함에 대하여 서술하시오. 2015 10점
- 제조물의 결함의 의미와 징벌적 손해배상책임에 대하여 설명하시오. 2024 10점
- 2018년 4월 19일 시행된 제조물책임법의 개정취지, 주요개정내용(제조업자의 책임, 결함의 추정)을 약술하시오. 2018 10점
- 제조물 '결함 등의 추정'을 위하여 피해자가 증명하여야 하는 사실의 내용을 열거하시오. 2024 5점
- 제조물책임법에서 규정하고 있는 제조업자의 면책사유를 약술하시오. 2021 4점
- 계약상 가중책임에 대하여 약술하시오. 2005 10점
- 배상책임보험에서 일실수입의 개념 및 산정요인을 약술하고, 취업형태별로 손해배상금을 산출하는 방식에 대하여 기술하시오. 단, 취업형태는 급여소득자, 개인사업자, 무직자로 구분한다. 2014 15점
- 불법행위로 인한 법률상 손해배상액 산정에서 사업소득자의 수입, 필요경비, 그리고 기여도 등에 대한 객관적 자료가 없는 경우에 일실수익 산정방법에 대하여 설명하시오. 2023 10점
- 책임보험에서 담보하는 피보험자의 법률상 손해배상금 중 위자료에 대한 법률적 근거와 산정기준에 대하여 설명하시오. 2024 10점

2. 2025년 약술 대비 문제

- 징벌적 손해배상책임의 개념 및 기능, 적용법률에 대해 약술하시오.
- 민법 제755조와 관련하여 책임무능력자의 손해배상책임에 대해 약술하시오.
- 불법행위책임과 채무불이행책임에 대하여 비교하여 약술하시오.
- 민법 제758조의 공작물 등의 점유자·소유자 책임에 대하여 약술하시오.
- 입증책임 전환이론에 대하여 설명하고, 민법상 특수 불법행위 중 입증책임이 전환된 조항에 대하여 설명하시오.
- 불법행위 성립요건 중 위법성 조각사유에 대하여 약술하시오.
- '과실책임주의'와 '무과실책임주의'를 비교하여 설명하시오.
- 의사의 설명의무의 개념 및 위반 시 효과에 대해 약술하시오.
- 중간이자 공제의 취지와 공제하는 방식에 대하여 설명하시오.
- 과실상계와 손익상계를 비교하여 설명하시오.
- 소멸시효제도의 의의와 그 중단사유에 대하여 설명하시오.

Ⅱ. 배상책임보험 총론

1. 약술 기출문제

- 배상책임보험에서 제3자에 대한 보험자 대위를 설명하고, 국문 영업배상책임보험약관에서 규정하고 있는 대위권에 대하여 약술하시오. 2021 15점
- '수개의 책임보험'에 대한 상법규정을 약술하고, 국문 영업배상책임보험 보통약관에서 규정하고 있는 보험금의 분담조항에 대하여 기술하시오. 2022 10점
- 국문 영업배상책임보험에서 보험계약자 및 피보험자가 부담하는 손해방지의무에 대하여 약술하시오. 2015 10점
- 국문 영업배상책임보험 보통약관에서 보험회사의 방어의무에 대하여 약술하고, 이와 관련하여 추가로 지급하는 비용에 대하여 설명하시오. 2013 10점
- 국문 영업배상책임보험에서 피보험자가 피해자로부터 손해배상청구 소송을 받고 보험회사회사에 대행을 요청하는 경우, 보험회사가 대행하는 업무의 범위를 약술하고, 피보험자의 의무와 보험회사가 소송을 대행하지 않는 경우를 기술하시오. 2017 10점

- 배상책임보험의 담보기준(Coverage Trigger)을 대하여 약술하고, 국문 영업배상책임보험과 국문 의사 및 병원 배상책임보험을 예시하여 설명하시오. `2014` `10점`

- 생산물배상책임보험의 보고연장기간에 대하여 설명하고, 보고기간이 자동으로 연장되는 경우를 기술하시오. `2010` `10점`

- 손해사고기준 배상책임보험과 배상청구기준 배상책임보험의 의의 및 장단점을 비교 약술하시오. `2016` `10점`

- 피해자 직접청구권의 법적 성질에 대하여 약술하시오. `2014` `10점`

- 보험회사가 피보험자의 보험금 청구서류를 접수한 때에 약관에서 규정하고 있는 보험회사의 보험금 지급절차에 대하여 설명하시오. `2024` `7점`

- 피해자가 보험금 청구권을 행사한 때에 약관에서 규정하고 있는 보험회사와 피보험자의 권리와 의무에 대하여 설명하시오. `2024` `8점`

2. 2025년 약술 대비 문제

- 기초, 초과, 포괄 배상책임보험과 DIC Policy에 대하여 설명하시오.

- 손해사고기준 증권과 배상청구기준 증권을 비교하여 설명하시오.

- 배상청구기준증권의 보고연장기간의 개념과 종류 및 보고기간이 자동으로 연장되는 3가지 경우에 대하여 약술하시오.

- 소급담보일자(R/D)의 정의와 기능에 대하여 약술하시오.

- 영업배상책임보험 보통약관에서 규정되어 있는 '사고 발생 및 배상청구사실 통지의무'에 대하여 약술하시오.

- 국문 영업배상책임보험에서 보험계약자 및 피보험자가 부담하는 손해방지의무에 대하여 약술하시오.

- 장기축적사고(Long-tail Loss)의 개념과 이러한 사고에 적합한 담보기준에 대하여 설명하시오.

- 국문 영업배상책임보험과 영문 영업배상책임보험의 보상한도(L.O.L)와 자기부담금(Ded)에 대하여 설명하시오.

- 배상책임보험의 공통면책사항 5가지 이상 약술하시오.

- 계약상 가중책임의 개념에 대하여 설명하고, 영업배상책임보험에서 담보여부에 관하여 약술하시오.

Ⅲ 배상책임보험 주요약관

1. 약술 기출문제

- 국문 영업배상책임보험 학교경영자 특별약관에서 보상하는 손해와 학교업무의 범위에 대하여 서술하시오. 2015 10점

- 국문 영업배상책임보험의 발주자 미필적 배상책임특별약관에 대하여 설명하시오. 2010 10점

- 국문 영업배상책임보험의 인격침해(Personal Injury) 특별약관에 대하여 기술하시오. 2006 10점

- 장기종합보험 가족일상생활배상책임 특별약관에서 피보험자의 범위를 열거하고, 책임능력 없는 미성년자의 불법행위에 대한 책임법리를 약술하시오. 2017 10점

- 의사 및 병원배상책임보험 보통약관의 '의료과실 배상책임 담보조항'에서 말하는 담보하는 의료과실의 정의, 의료과실의 판단기준, 보상하지 아니하는 손해(일반조항의 보상하지 아니하는 손해 제외)에 대하여 약술하시오. 2018 10점

- 의사 및 병원배상책임보험 약관의 담보위험에 대하여 약술하시오. 2023 5점

- 가스사고배상책임보험에서 보험을 가입해야 하는 사업자 및 담보하는 가스사고는 무엇인지 약술하시오. 2018 5점

- 가스사고배상책임보험의 액화석유가스 소비자보장특별약관에서 보상하는 손해와 보상하지 아니하는 손해를 약술하시오. 2018 5점

- 가스사고배상책임보험에서 피해자의 후유장해가 1등급일 경우, 그에 따른 신체장해 유형 9가지 및 1인당 지급 가능한 보험금액을 약술하시오. 2019 10점

- 재난 및 안전관리 기본법에 따라 의무적으로 가입해야 하는 재난배상책임보험의 의무가입대상 시설과 가입의무 면제시설을 열거하고, 담보위험과 대인사고에 대한 보상한도를 기술하시오. 2017 10점

- 어린이 놀이시설배상책임보험의 가입대상별 담보위험과 보상한도액을 기재하고, 이 보험에 적용되는 손해배상책임 법리에 대하여 약술하시오. 2020 10점

- 국문 영업배상책임보험의 '구내치료비담보 추가특별약관'의 도입취지, 담보위험 및 주요면책위험을 영문약관인 C.G.L policy의 'Medical Payment'와 비교하여 설명하시오. 2008 10점

- 영문 배상책임보험 C.G.L(Commercial General Liability policy)약관의 'Medical Payment'와 비교하여 설명하시오. 2023 10점

- 배상책임보험의 보상하는 손해 및 보험금의 지급한도에 대하여 국문 영업배상책임보험 보통약관과 Commercial General Liability Policy를 비교하여 서술하시오. 2014 10점

○ 아래의 C.G.L(Commercial General Liability policy) 보험의 특별약관에 대하여 약술하시오. 2024 10점

  (1) Waiver of Subrogation Clause(대위권 포기 특별약관)

  (2) Additional Insured Clause(추가 피보험자 특별약관)

2. 2025년 약술 대비 문제

(1) 임의 배상책임보험

○ 국문 영업배상책임보험에서 도급업자 특별약관과 발주자 미필적배상책임 특별약관의 담보위험을 비교하여 설명하시오.

○ 국문 영업배상책임보험 도급업자 특별약관의 보상하는 손해와 일부공사 추가특별약관에 대하여 약술하시오.

○ 국문 영업배상책임보험 약관상 보장지역과 소재지에 대하여 설명하시오.

○ 국문 영업배상책임보험 약관상 구내 치료비 추가특별약관의 개념과 치료비의 범위, 보상하지 않는 손해를 약술하시오.

○ 국문 영업배상책임보험 시설소유관리자 특별약관의 '비행 추가 특별약관'에 대하여 설명하시오.

○ 제조물책임법상의 '제조물'과 생산물배상책임보험의 '생산물'의 차이점을 설명하시오.

○ 생산물배상책임보험 판매인 추가 특별약관에서 판매인의 정의 및 취지와 보상하지 않는 손해에 대하여 서술하시오.

○ 생산물배상책임보험에서 제조물위험과 완성작업위험의 법적근거 및 담보하는 위험을 비교하여 설명하시오.

(2) 의무 배상책임보험

○ 다중이용업소 안전관리에 관한 특별법에 따른 화재배상책임보험의 개념 및 책임법리에 대하여 설명하시오.

○ 특수건물 신체손해배상책임 특별약관의 보상하는 손해와 실손해의 보상범위 및 타인의 개념에 대하여 설명하시오.

○ 재난배상책임보험의 책임법리와 의무 가입대상 시설에 대하여 약술하시오.

○ 다중이용업소 화재배상책임보험과 재난배상책임보험의 보상하는 손해, 담보위험 및 보상한도, 책임법리에 대하여 비교하여 설명하시오.

○ 유·도선사업자 배상책임보험의 구조비 특별약관, 관습상의 비용담보 특별약관, 승객 외 제3자 특별약관에 대하여 설명하시오.

○ 유·도선사업자 배상책임보험과 선주배상책임보험을 비교하여 설명하시오.

○ 환경오염배상책임보험과 영업배상책임보험의 오염사고추가 특별약관의 보상하는 손해를 비교하여 설명하시오.

○ 환경오염배상책임보험의 보상하는 손해와 책임법리, 의무 가입대상, 보상한도에 대하여 약술하시오.

○ 체육시설업자 배상책임보험의 의무가입 대상에 대하여 설명하시오.

○ 수련시설 배상책임보험의 보상하는 손해와 의무 가입대상과 보상한도에 대하여 설명하시오.

○ 승강기사고 배상책임보험의 개념, 가입대상, 보상하는 손해, 보상한도에 대하여 설명하시오.

○ 사회복지시설 배상책임보험의 가입대상 및 담보위험, 보상하는 손해와 보상하지 않는 손해에 대하여 설명하시오.

(3) 영문 영업배상책임보험(C.G.L)

○ 국문 영업배상책임보험과 C.G.L Policy의 보상하는 비용손해 항목을 비교하여 설명하시오.

○ 국문 영업배상책임보험의 '구내 치료비 추가특별약관'의 도입취지, 담보위험 및 주요 면책위험을 영문약관인 C.G.L policy의 'Medical payment'와 비교하여 설명하시오.

Ⅳ 근재보험

1. 약술 기출문제

○ 사용자의 '안전배려의무'를 설명하고, 위반 시 효과에 대하여 설명하시오. 2016 10점

○ 통상임금과 평균임금에 대하여 약술하고 근로자재해보상책임보험의 재해보상책임 특별약관에서 규정하고 있는 휴업보상(상병보상)의 기준을 기술하시오. 2014 10점

○ 근로기준법에서 정의하고 있는 평균임금에 대하여 설명하고, 동법 시행령의 평균임금 계산에서 제외되는 기간과 임금에 대하여 기재하시오. 2023 15점

○ 근로자재해보상책임보험의 사용자배상책임 특별약관에서 보상되는 사용자의 법률상 배상책임의 발생요건과 보상하는 손해의 범위에 대하여 설명하시오. 2013 10점

○ 국문 영업배상책임보험 보통약관과 근로자재해보장책임보험 '사용자배상책임 특별약관'에서 법률상 손해배상금 외에 추가로 지급되는 비용손해에 대하여 설명하시오. 2006 10점

○ 선원근재보험에서 보상하는 급여의 종류와 그 내용에 대하여 설명하시오. 2012 10점

○ 근로자재해보장책임보험의 보상내용 중 일시보상의 의의, 요건 및 효과에 대하여 설명하시오. 2011 10점

○ 산업재해보상보험법에서 정하고 있는 특수형태근로종사자의 개념과 범위를 설명하고, 그 적용특례에 대하여 약술하시오. 2017 10점

○ 해외 근로자재해보장책임보험에 첨부되는 특별약관을 중심으로 보상하는 손해의 종류와 내용을 약술하시오. 2016 10점

○ 선원 근재보험에서 둘 이상의 장해가 있는 경우에 적용하는 장해등급의 조정방법에 대하여 설명하시오. 2017 5점

○ 해외근로자재해보장책임보험의 '비업무상재해 확장담보 추가 특별약관'에 대하여 설명하시오. 2024 10점

○ '중대재해 처벌 등에 관한 법률'에서 규정하고 있는 중대재해에 대하여 기술하고, '기업중대사고 배상책임보험(특별약관 포함)'에서 보상하는 손해를 약술하시오. 2022 10점

2. 2025년 약술 대비 문제

○ 산업재해보상보험법상 '노무제공자'의 개념과 '노무제공자'의 범위와 관련하여 최근 개정사항에 대하여 설명하고 그 적용특례에 대하여 설명하시오. ★★

○ 비업무상 재해 확장추가특별약관의 보상하는 손해와 보상하지 않는 손해에 대하여 약술하시오.

○ 산업재해보상보험법상 '상병보상연금'에 대하여 약술하시오.

○ 산업재해보상보험법상 업무상 재해 유형 중 '출퇴근 재해'에 대하여 약술하시오.

○ 선원법상 유족보상 수급권자와 민법상 상속권자를 비교하여 설명하시오.

○ 근재보험의 '재해보상책임 특별약관'과 '사용자배상책임 특별약관'의 보상하는 손해와 책임 법리에 대하여 비교하여 약술하시오.

○ 해외취업선원의 특별보상금 지급기준에 대하여 설명하시오.

○ 간병보상 추가 특별약관의 취지와 보상기준에 대하여 설명하시오.

약술 80제 목차

01 민법 제750조의 일반 불법행위책임에 대하여 설명하시오. ——— 403
02 민법 제755조의 책임 무능력자의 감독자책임에 대하여 설명하시오. ——— 405
03 민법 제756조의 사용자 배상책임에 대하여 설명하시오. ——— 406
04 민법 제758조의 공작물 등의 점유자·소유자 책임에 대하여 설명하시오. ——— 408
05 불법행위 성립요건 중 고의·과실의 입증책임과 관련하여 입증책임 전환이론(중간책임주의)에 대하여 설명하고, 입증책임 전환이론(중간책임주의)이 적용된 민법상 특수불법행위 조항에 대하여 설명하시오. ——— 409
06 민법 제760조의 공동불법행위책임에 대하여 설명하시오. ——— 410
07 민법상 채무불이행책임에 대하여 설명하고, 불법행위책임과 비교하여 설명하시오. ——— 412
08 소멸시효의 의의 및 효과, 소멸시효의 중단사유에 대하여 설명하시오. ——— 414
09 제조물 책임법상 '제조물 책임'에 대하여 설명하시오. ——— 415
10 의료과실(과오)책임의 개념과 그 책임법리에 대하여 설명하시오. ——— 418
11 의료과실책임과 관련하여 '의사의 설명의무'에 대하여 설명하시오. ——— 420
12 징벌적 배상책임(Punitive Damage)에 대하여 설명하시오. ——— 421
13 법률상 손해배상금 산출 시 '일실수입(수익)'의 본질과 산정요소에 대하여 설명하시오. ——— 422
14 불법행위로 인한 법률상 손해배상액 산정에서 사업소득자의 수입, 필요경비 그리고 기여도 등에 대한 객관적 자료가 없는 경우에 일실수익 산정방법에 대하여 설명하시오. ——— 423
15 법률상 손해배상금 산출 시 '중간이자 공제'에 대하여 설명하시오. ——— 424
16 손해배상금 산정시 배상의무자의 책임 제한사유에 대하여 약술하시오. ——— 425
16-1 법률상 손해배상금 산출 시 '피해자 과실상계'에 대하여 설명하시오. ——— 427
16-2 법률상 손해배상금 산출 시 '손익상계'에 대하여 설명하시오. ——— 428
17 책임보험에서 담보하는 피보험자의 법률상 손해배상금 중 위자료에 대한 법률적 근거와 산정기준에 대하여 설명하시오. ——— 429
18 기초, 초과, 포괄배상책임 보험 및 DIC Policy에 대하여 설명하시오. ——— 430
19 손해사고기준 증권(Occurrence basis policy)에 대하여 설명하시오. ——— 432
20 배상청구기준증권(Claim-made Basis Policy)에 대하여 설명하시오. ——— 433

Chapter 03 약술 80제 **399**

21 배상책임보험의 보상한도액(L.O.L)에 대하여 설명하시오. ——————————— 435

22 배상책임보험에서 자기부담금(Deductible)에 대하여 설명하시오. ——————— 436

23 국문 영업배상책임보험에서 보상하는 비용에 대하여 설명하시오. ——————— 437

24 상법 제724조 제2항의 '피해자 직접청구권'에 대하여 설명하시오. ——————— 439

25 상법 및 국문 영업배상책임보험 보통약관에 규정되어 있는 보험계약자와 피보험자의
   '사고발생 통지의무'와 '배상청구사실 통지의무'에 대하여 약술하시오. ——————— 441

26 배상책임보험의 중복보험 시 보험금 분담에 대하여 약술하시오. ——————— 442

27 '수개의 책임보험'에 대한 상법 규정을 약술하고, 국문 영업배상책임보험 보통약관에서 규정하고
   있는 보험금의 분담조항에 대하여 기술하시오. ——————— 444

28 상법 제682조의 '보험자의 대위권'에 대하여 설명하시오. ——————— 445

29 영업배상책임보험 시설소유(관리)자 특별약관의 담보위험과 책임법리에 대하여 설명하시오. —— 447

30 영업배상책임보험 시설소유(관리)자 특별약관의 구내치료비 추가특별약관에 대하여 설명하시오. — 448

31 국문 영업배상책임보험의 구내치료비 추가 특별약관과 영문 영업배상책임보험의
   Medical Payments 담보와 비교하여 설명하시오. ——————— 449

32 영업배상책임보험 시설소유(관리)자 특별약관의 '비행담보 추가특별약관'에 대하여 설명하시오. — 450

33 영업배상책임보험 '도급업자 특별약관'에 대하여 설명하시오. ——————— 451

34 영업배상책임보험의 '시설소유자(관리)자 특별약관'과 '도급업자 특별약관'을 비교하여
   설명하시오. ——————— 453

35 영업배상책임보험 '발주자 미필적 배상책임 특별약관'에 대하여 설명하시오. ——————— 454

36 영업배상책임보험 '학교경영자 특별약관'에 대하여 설명하시오. ——————— 456

37 영업배상책임보험 '임상시험 배상책임 특별약관'에 대하여 설명하시오. ——————— 459

38 국문 영업배상책임보험 '오염사고 특별약관'에 대하여 설명하시오. ——————— 461

39 국문 영업배상책임보험 '오염사고 추가 특별약관'과 '환경오염 배상책임보험'을 비교하여
   설명하시오. ——————— 462

40 국문 영업배상책임보험에 규정되어 있는 아래의 특별약관에 대하여 각각 설명하시오. ——— 463

41	일상생활 배상책임보험에 대하여 설명하시오.	465
42	'생산물 배상책임보험'에 대하여 설명하시오.	467
43	생산물 배상책임보험의 '판매인 특별약관'에 대하여 설명하시오.	470
44	의사 및 병원 배상책임보험에 대하여 설명하시오.	471
45	화재보험법에 따른 '특약부 화재보험'에 대하여 설명하시오.	475
46	다중이용업소 화재배상책임보험에 대하여 설명하시오.	478
47	재난안전 기본법에 근거한 '재난배상책임보험'에 대하여 설명하시오.	480
48	다중이용업소 화재배상책임보험의 부상 및 장해등급 조정기준에 대하여 약술하시오. (재난배상책임보험을 제외한 다른 의무배상책임보험도 동일 기준 적용)	483
49	재난배상책임보험의 부상 및 장해등급 조정기준에 대하여 약술하시오.	484
50	가스사고 배상책임보험에 대하여 설명하시오.	485
51	액화석유가스 소비자보장 특별약관에 대하여 설명하시오.	487
52	유·도선 사업자 배상책임보험에 대하여 설명하시오.	489
53	체육시설업자 배상책임보험에 대하여 설명하시오.	491
54	수련시설 배상책임보험에 대하여 설명하시오.	493
55	야영장 사고 배상책임보험에 대하여 설명하시오.	494
56	승강기 사고 배상책임보험에 대하여 설명하시오.	496
57	환경오염 배상책임보험의 법적근거, 책임법리, 가입대상, 보상하는 손해, 보상한도, 보상하지 않는 손해에 대하여 설명하시오.	498
58	맹견배상책임보험의 보상하는 손해, 맹견의 범위, 보상한도, 보상하지 않는 손해 3가지 약술하시오.	500
59	옥외광고물 배상책임보험에 대하여 설명하시오.	501
60	영문 영업배상책임보험(C.G.L)에 대하여 설명하시오.	503
60-1	아래의 C.G.L(Commercial General Liability Policy)보험 특별약관에 대하여 설명하시오.	508

61	근로자해재보장책임보험의 약관 체계에 대하여 설명하시오.	512
61-1	근로자재해보장책임보험의 책임법리 및 사용자의 '안전배려의무'에 대하여 설명하시오.	514
62	근로자의 개념과 요건, 노무제공자에 대하여 설명하시오.	516
63	근재보험에서 '업무상 재해'에 대하여 설명하시오.	517
64	산재보험법상 업무상 재해의 유형 중 '출퇴근 재해'의 개념과 '출퇴근 경로 일탈 또는 중단 중 사고'의 처리기준과 '출퇴근 경로 일탈 또는 중단'의 예외사유에 대하여 설명하시오.	519
65	근재보험에서 인정되는 임금의 개념과 요건, 범위에 대하여 설명하시오.	520
66	평균임금의 개념 및 적용범위, 산정 제외기간에 대하여 설명하시오.	521
66-1	산재법상 일용근로자의 평균임금 산정시 적용하는 통상근로계수의 개념을 설명하고 통상근로계수 적용을 제외하는 3가지 경우에 대하여 약술하시오.	522
67	통상임금의 개념 및 요건, 적용범위에 대하여 설명하시오.	523
68	'근로기준법'상 재해보상 규정에 대하여 설명하시오.	525
69	'산재보험법'상의 재해보상 규정에 대하여 설명하시오.	527
70	'선원법'상의 재해보상 규정에 대하여 설명하시오.	529
71	근재보험 '사용자배상책임 특별약관'에 대하여 설명하시오.	532
72	근로기준법상 유족보상의 수급권자의 순위에 대하여 설명하시오.	534
72-1	민법상 상속 순위에 대하여 설명하시오.	535
73	유족급여 수급권자와 손해배상청구권의 상속인이 다른 경우, 손해배상금 산출방법에 대하여 설명하시오.	536
74	근재보험의 '비업무상재해 확장 추가특별약관'에 대하여 설명하시오.	537
75	근재보험 '간병보상 추가 특별약관'에 대하여 설명하시오.	538
76	근로기준법과 선원법상 일시보상에 대하여 설명하시오.	539
77	재해보상 관련법에서 규정하고 있는 장해보상과 관련하여 '장해등급의 조정'과 '장해의 가중'에 대하여 설명하시오.	541
78	근재보험의 '해외취업선원 재해보상 추가특별약관'에 대하여 설명하시오.	542
79	2022년 1월 시행된 '중대재해 처벌법'의 의의와 '중대산업재해'의 범위, 처벌기준, 징벌적 배상책임규정, 적용대상 및 시행일에 대하여 설명하시오.	544
80	기업중대사고 배상책임보험에 대하여 약술하시오.	545

02 2025년 약술 대비 80제

01 민법 제750조의 일반 불법행위책임에 대하여 설명하시오.

1. 의의

민법 제750조는 '고의 또는 과실로 인한 위법행위로 타인에게 손해를 가한 자는 그 손해를 배상할 책임을 진다'고 규정하여 일반 불법행위책임을 규정하고 있다.

2. 성립요건

(1) 고의 또는 과실

불법행위가 성립하기 위해서는 가해자의 '고의' 또는 '과실'로 인한 것이어야 한다. 이를 '과실책임의 원칙'이라고 하고, 타인의 행위에 대해서는 책임을 지지 않는다는 점에서 '자기책임의 원칙'이라고도 한다.

(2) 책임능력

책임능력이란 자기의 행위의 결과가 위법한 것으로서 법률상 비난받을 것임을 인식하는 정신능력을 말한다. 행위 시에 책임능력 없었음은 가해자가 스스로 입증해야 한다.

민법 제753조에서 미성년자가 그 행위의 책임을 변식할 지능이 없을 때에는 타인에 대한 손해배상책임이 없다고 규정하고 있다.

대법원 판례 기준으로 만 12세 이하에서는 책임능력이 없다고 보고 있으며, 만 13세에서 만 14세 사이에서는 해당 사례에 따라 책임능력이 인정여부가 달라지며, 만 15세 이상에서는 책임능력을 인정하고 있다.

또한, 심신상실 중에 타인에게 손해를 가한 자는 배상책임이 없다(민법 제754조). 그러나 고의 또는 과실로 인하여 심신상실을 초래한 경우에는 그러하지 아니하다.

(3) 위법행위

1) 의의

위법행위란 비난가능성 있는 반사회적 행위를 말한다. 반사회적인 가행행위가 있을 경우 위법성은 추정되고, 불법행위책임을 피하기 위해서는 가해자가 스스로 자기의 행위가 위법성 조각사유에 해당됨을 입증해야 한다. 즉, 위법성 조각사유의 입증책임은 가해자에게 있다.

2) 위법성 조각사유

일정한 가해행위가 존재한다 하더라도 특별한 사유가 있으면 그 '위법성'이 배제되는 경우가 있는데, 이를 위법성 조각사유라고 한다. 민법에서는 정당방위와 긴급피난을 위법성조각사유로 규정하고 있고, 해석론으로 피해자의 승낙, 정당행위, 자력구제가 인정된다.

(4) 손해의 발생

불법행위가 성립하기 위해서는 위법행위로 인하여 손해가 발생하여야 한다. 손해는 법적으로 보호할 가치가 있는 이익에 대한 침해로 생긴 불이익을 의미한다. 손해의 발생에 대한 입증책임은 피해자에게 있다.

(5) 인과관계

가해자의 위법행위로 인하여 손해가 발생하여야 한다. 즉, 위법행위와 손해 사이에 인과관계가 있어야 한다. 인과관계에 대해서는 조건설, 원인설, 상당인과관계설 등이 있으나, 통설과 판례는 상당인과관계설을 취하고 있다.

3. 효과

피해자는 가해자에 대해 민법 제750조에 기하여 손해배상청구권이 발생한다.

기출문제 2014/2023 약술 5점/약술 10점

1. 일반 불법행위의 성립요건에 대하여 약술하시오. (5점)
2. 영업배상책임보험 시설소유관리자 특별약관의 보상하는 손해에 대하여 설명하고, 일반 불법행위 성립요건에 대하여 기재하시오. (10점)

02 민법 제755조의 책임 무능력자의 감독자책임에 대하여 설명하시오.

1. 의의

미성년자, 심실상실자와 같이 책임능력이 없는 자가 위법하게 타인에게 손해를 가한 경우에는 불법행위책임을 물을 수가 없는데, 이러한 경우 친권자, 후견인 등과 같이 책임무능력자를 감독할 지위에 있는 자에게 손해배상책임을 부담하도록 규정하고 있다.

2. 성립요건

(1) 책임무능력자의 위법행위가 있을 것

책임무능력자의 위법행위가 있어야 하며, 이로 인하여 타인에 대한 손해가 발생해야 한다. 즉, 불법행위 성립요건 중 책임능력을 제외하고 다른 요건을 모두 충족하여야 한다.

(2) 감독의무자 또는 대리감독 하는 자의 감독의무 태만이 있을 것

감독의무자 또는 대리감독자가 책임무능력자에 대한 감독의무를 소홀히 하지 않았다는 입증을 하지 못하는 한 면책될 수 없도록 하여 과실에 대한 입증책임 전환하는 중간책임주의를 채택하고 있다. 법정감독자로는 친권자, 후견인 등을 들 수 있으며, 대리감독자는 정신병원의 의사, 어린이집 교사, 학원의 원장 등이 대리감독자가 될 수 있을 것이다.

3. 효과

미성년자 또는 심신상실자가 타인에게 손해를 가하였으나 책임무능력을 이유로 손해배상책임을 부담하지 않는 경우에도 그 감독자가 타인에 대해 손해배상책임을 부담한다.

4. 책임능력 있는 미성년자의 감독자 책임

책임능력 있는 미성년자가 불법행위를 한 경우, 민법 규정상 그 부모 등 감독자는 어떠한 법률상 책임도 부담하지 않게 되는데, 이러한 경우 피해자에 대한 배상이 이루어지지 않는 문제점이 발생하였으며, 이에 대해 그 감독자에게 책임을 인정하는 판례이론이 형성되었다.

판례에 따르면, 부모 등 감독자가 책임능력 있는 미성년자에 대한 감독을 게을리하였을 경우에는 그 부모 등 감독자는 민법 제750조에 따른 불법행위책임을 부담할 수 있다는 것이다.

즉, 감독자 스스로 관리감독 소홀의 과실에 따른 본인의 일반 불법행위책임을 부담하는 것이다. 단, 이 이론에 의할 경우 감독자가 감독의무를 위반했다는 사실에 대한 입증책임은 피해자 측에 있으며 민법 제755조와 같이 입증책임이 전환되지 않는다.

03 민법 제756조의 사용자 배상책임에 대하여 설명하시오.

1. 의의

사용자 책임이란 피용자가 업무 수행과정에서 타인에게 손해를 가한 경우에 사용자 또는 사용자에 갈음하여 그 사무를 감독하는 자가 손해배상을 책임지도록 하는 것으로서, 민법 제756조에서 규정하고 있다.

2. 책임법리

사용자 책임은 사용자의 피용자에 대한 선임 및 감독상의 과실을 이유로 하는 점에서 '과실책임주의'의 범주에 속하는 것이다. 다만, 사용자에게 과실에 대한 입증책임이 전환되어 '중간책임주의'가 적용되었다. 판례에서는 이러한 사용자의 면책주장을 인정한 예가 거의 없어 사실상 무과실책임주의에 가깝게 처리되고 있다.

3. 성립요건

(1) 사무집행을 위하여 '타인을 사용' 할 것

사용자와 피용자 간에 사무에 종사하는 사용관계가 있어야 한다. 사용관계란 고용계약 등에 의하여 형성되며, 사실상의 지휘·감독관계에 있었는지가 사용관계 유무의 판단기준이다.

(2) 피용자가 '사무집행'에 관하여 제3자에게 손해를 주었을 것

피용자의 모든 행위로 인한 손해에 대해 사용자 책임을 부담하는 것이 아니라, 피용자의 사무집행과 관련한 손해에 대해서만 사용자 책임을 부담한다. 판례는 피용자의 행위가 외형상 또는 객관적으로 보아서 사무집행으로 볼 수 있다면 사무집행에 관하여 한 행위로 본다.

(3) 피용자의 불법행위가 있을 것

피용자의 행위가 민법 제750조의 불법행위책임 발생요건을 갖추어야 한다. 즉, 고의·과실, 책임능력, 위법행위, 손해의 발생 및 인과관계를 충족하여야 한다.

(4) 사용자가 면책사유를 입증하지 못할 것

사용자가 피용자의 선임 및 그 사무 감독에 상당한 주의를 하였음을 입증한 경우에는 사용자 책임을 면할 수 있다. 이 규정은 피해자의 입증책임을 사용자에 전환시킨 중간책임주의가 적용된 것이다.

4. 효과

사용자는 피용자의 제3자에 대한 가해행위에 대하여 손해배상책임을 부담한다. 사용자에 갈음하여 피용자를 감독하는 대리감독자도 배상책임을 진다.

가해행위를 한 피용자는 독립적으로 민법 제750조의 일반불법행위책임을 진다. 피해자는 사용자와 피용자에 대하여 각각 손해배상청구권을 행사할 수 있다.

기출문제 2016 약술 10점

민법상 특수 불법행위책임을 열거하고, 그 내용을 약술하시오.

04 민법 제758조의 공작물 등의 점유자·소유자 책임에 대하여 설명하시오.

1. 의의

민법 제758조에 따라 공작물의 설치·보존상의 하자로 인하여 타인에게 손해를 가한 때에는 공작물 점유자가 손해를 배상할 책임이 있다. 그러나 점유자가 손해의 방지에 필요한 주의를 해태하지 아니한 때에는 그 소유자가 손해를 배상할 책임이 있다.

2. 책임법리

공작물 점유자 또는 소유자의 책임을 인정하는 이유는 '위험책임'의 법리에 있다. 즉, 위험성이 많은 공작물을 점유하거나 소유하는 자는 위험의 방지에 충분한 주의를 하여야 한다는 것이다. 특히, 공작물 소유자책임은 무과실책임에 해당함에 유의하여야 한다.

3. 성립요건

(1) 공작물의 설치·보존상에 하자가 있을 것

공작물이란 인공적인 작업에 의하여 만들어진 물건을 의미하는 것으로, 공작물 책임이 인정되기 위해서는 이러한 공작물의 설치 또는 보존상의 '하자'가 있어야 한다. '하자'란 공작물이 '그 용도에 따라 본래 갖추어야 할 안전성을 갖추지 못한 상태'에 있음을 말하는 것으로, 공작물의 하자에 대한 입증책임은 피해자에게 있다.

(2) 공작물의 '하자'와 '손해' 발생 사이에 인과관계가 있을 것

공작물의 설치 또는 보존상의 하자로 인하여 손해가 발생하여야 한다. 자연재해 등 불가항력 또는 제3자의 행위로 인해 손해가 발생한 경우에는 공작물 책임이 발생하지 않는다.

(3) 공작물 점유자에게 면책사유가 없을 것

공작물 점유자가 손해 발생의 방지를 위하여 주의의무를 다하였다는 사실을 입증한다면 배상책임을 면할 수 있으며, 점유자가 입증책임을 이행한 경우에는 공작물 소유자가 무과실책임을 진다.

4. 효과

상기 요건을 모두 갖춘 경우에는 공작물 점유자가 1차 책임을 지고, 공작물 점유자가 손해방지에 필요한 주의의무를 다했음을 입증한 경우에는 공작물 소유자가 2차 책임을 진다. 공작물 소유자책임은 무과실 책임에 해당되어 공작물의 설치·보존상의 하자의 발생에 공작물 소유자의 과실이 없더라도 책임을 져야 한다.

05. 불법행위 성립요건 중 고의·과실의 입증책임과 관련하여 입증책임 전환이론(중간책임주의)에 대하여 설명하고, 입증책임 전환이론(중간책임주의)이 적용된 민법상 특수불법행위 조항에 대하여 설명하시오.

1. 입증책임의 전환(중간책임주의)

불법행위책임의 입증책임과 관련하여 원칙적으로 불법행위의 성립요건 중 가해자의 고의·과실에 대한 입증책임은 피해자에게 있으나, 그 입증책임을 가해자에게 전환하여 가해자가 스스로 고의·과실 없음을 증명하지 못하면 손해배상책임을 부담하도록 하는 것을 입증책임의 전환 또는 중간책임주의라고 한다.

2. 민법상 중간책임주의가 적용된 조항

(1) 민법 제755조 책임무능력자의 감독자 책임

책임능력 없는 미성년자 또는 심신상실자와 같이 책임능력이 없는 자가 위법하게 타인에게 손해를 가한 경우에 그 감독자가 손해배상책임을 부담하도록 규정하고 있는데, 그 책임을 면하기 위해서는 감독자가 스스로 감독의무를 소홀히 하지 않았음을 입증하도록하고 있다.

(2) 민법 제756조 사용자 책임

피용인이 제3자에게 손해를 가한 경우, 그 피용인의 사용자가 손해배상책임을 부담하도록 하고 있으며, 그 책임을 면하기 위해서는 사용자가 피용인의 선임 및 사무감독의무를 소홀히 하지 않았음을 입증하여야 한다.

(3) 민법 제758조 공작물 점유자 책임

공작물 점유자는 공작물의 설치·보존상의 하자로 인한 손해배상책임을 부담하는데, 그 책임을 면하기 위해서는 점유자 스스로 그 손해방지를 위한 주의의무를 소홀히 하지 않았음을 입증하여야 한다.

(4) 민법 제759조 동물 점유자 책임

동물의 점유자나 보관자는 그 동물이 타인에게 가한 손해를 배상할 책임이 있다고 규정하면서 동물의 성질에 따라 그 보관에 상당한 주의를 해태하지 아니한 때에는 손해배상책임을 면하도록 규정하고 있는바, 동물의 점유자 또는 보관자는 스스로 주의의무를 다했음을 입증해야 한다.

06 민법 제760조의 공동불법행위책임에 대하여 설명하시오.

1. 의의

여러 사람이 공동으로 불법행위를 함으로써 타인에게 손해를 발생한 경우를 공동불법행위라고 한다. 공동불법행위가 성립하는 경우에는 각 수인의 행위자가 연대책임을 지며, 피해자는 각각의 행위자에게 손해배상금 전액을 청구할 수 있다.

또한, 공동불법행위책임은 '부진정 연대책임'으로서 채무자 1인에 대하여 생기는 사유 중 변제 등 채무가 소멸하는 사유를 제외하고는 절대적 효력이 없이 상대적 효력만 발생하므로, 공동불법행위자는 다른 공동불법행위자에게 발생한 사유로 피해자에게 항변하지 못한다. (판례)

2. 공동불법행위의 유형

(1) 협의의 공동불법행위(제760조 제1항)

수인이 공동의 불법행위로 타인에게 손해를 가한 경우를 말한다. 예를 들어, 수인이 1인을 동시에 집단 폭행하는 경우가 이에 해당한다.

(2) 가해자 불명의 공동불법행위(제760조 제2항)

공동 아닌 수인의 행위 중 어느 자의 행위가 손해를 가한 것인지를 알 수 없는 때에도 각 행위자는 공동불법행위책임을 진다.

(3) 불법행위의 교사·방조자(제760조 제3항)

불법행위의 교사자와 방조자는 공동불법행위자로 본다. 교사란 타인에게 불법행위 실행의 의사결정을 하게 하는 것을 말하며, 방조란 불법행위의 실행을 용이하게 할 수 있도록 보조 내지 조력하는 행위를 말한다.

3. 공동불법행위자의 책임

상기 세 가지 유형에 속하는 공동불법행위자는 연대하여 배상책임을 부담하므로 피해자는 각 공동불법행위자에 대하여 손해배상금 전액을 청구할 수 있다.

통설과 판례는 공동불법행위자 간의 연대채무의 성질을 주관적 공동성이 없는 '부진정 연대채무'로 보아 채무자 1인에게 발생한 사유 중 변제, 대물변제 등 채권의 목적을 달성하는 사유 이외에는 다른 채무자에게 효력을 없는 것으로 보아 피해자의 보호를 강화하였다.

4. 구상관계

부진정 연대채무는 주관적 공동성이 인정되지 않아 원칙적으로 구상권을 행사할 수 없으나, 대법원은 공평한 손해분담의 차원에서 공동불법행위자 상호간에 그 과실비율에 따라 부담부분이 있는 것으로 보아, 다른 공동불법행위자에게 구상권을 행사할 수 있다고 판시하였다.

> **기출문제 2020 약술 10점**
>
> 부진정 연대채무에 대하여 연대채무와 비교하여 설명하고, 판례에서 부진정연대채무관계로 보는 경우에 대한 민법상의 관련 규정 2가지를 기재하시오.

[참고] 판례에서 부진정 연대채무를 인정하는 경우

(1) 민법 제760조 공동불법행위책임에서 공동불법행위자 상호간
(2) 민법 제756조 사용자책임에서 피용자의 불법행위에 대한 사용자와 피용자 상호간
(3) 민법 제755조 책임무능력자의 감독자책임에서 책임무능력자의 행위에 대한 법정감독의무자와 대리감독자 상호간

07 민법상 채무불이행책임에 대하여 설명하고, 불법행위책임과 비교하여 설명하시오.

1. 의의

채무불이행책임이란 민법 제390조에 근거하고 있으며, 일정한 계약 관계를 전제로 인정되는 법률상 책임으로 채무자가 계약의 내용에 좇은 이행을 하지 아니하여 채권자가 입은 손해를 배상하여야 하는 책임을 말한다.

2. 성립요건

(1) 채무불이행

이행지체, 이행불능, 불완전이행과 같은 채무불이행 상태가 존재하여야 한다.

1) 이행지체

채무의 이행기가 경과하였음에도 채무자의 책임있는 사유로 채무를 이행하지 아니하는 경우를 말한다. 배상책보험에서 담보하는 영역에 해당하지 않으며 보증보험의 담보 대상에 해당된다.

2) 이행불능

계약 성립 후 채무자의 책임있는 사유로 채무를 이행할 수 없게 된 경우를 말한다. 부동산 매매 계약 후, 해당 부동산이 화재로 전소된 경우가 그 예이다.

3) 불완전 이행

채무자가 채무를 이행하였으나, 채무 이행에 흠결이 있는 경우를 말한다. 식재료 공급계약에 있어서 일부 식재료가 변질된 상태로 납품된 경우를 예로 들 수 있다.

(2) 고의·과실

채무불이행 행위가 고의·과실로 인한 것이어야 한다. 고의·과실에 대한 입증책임이 채무자에게 있다는 점에서 일반 불법행위책임과 다르다. 즉, 채무자가 자신에게 채무불이행 상태에 대한 고의·과실이 없음을 입증해야 한다.

(3) 손해의 발생

채무불이행으로 인하여 일정한 경제적 손해가 발생하여야 한다.

(4) 인과관계

채무불이행과 손해 사이에 인과관계가 있어야 하며, 인과관계는 상당인과관계를 의미한다.

3. 효과

채무자는 채권자에 대하여 민법 제390조에 기한 손해배상책임을 진다.

4. 소멸시효

채무불이행에 기한 손해배상청구권의 소멸시효는 10년이다.
불법행위에 기한 손해배상청구권의 소멸시효가 3년 또는 10년인 점에서 구별하여야 한다.

5. 불법행위책임과 채무불이행책임의 비교

민법에서 규정하고 있는 손해배상책임의 발생근거 두 가지가 불법행위책임과 채무불이행책임이다. 아래와 같이 양자를 비교할 수 있다.

(1) 근거조항

불법행위책임의 법적근거는 민법 제750조, 채무불이행책임의 법적근거는 민법 제390조이다.

(2) 고의·과실에 대한 입증책임

불법행위책임에서는 피해자가 가해자의 고의·과실을 입증해야 하나, 채무불이행책임에서는 채무자 자신이 스스로 고의·과실 없었음을 입증해야 한다.

(3) 소멸시효

불법행위책임의 소멸시효는 손해 및 가해자를 안 날로부터 3년 또는 불법행위를 한 날로부터 10년이나, 채무불이행책임의 소멸시효는 채무불이행한 날로부터 10년이다.

08 소멸시효의 의의 및 효과, 소멸시효의 중단사유에 대하여 설명하시오.

1. 소멸시효의 의의

권리자가 일정한 권리를 행사할 수 있음에도 불구하고 일정한 기간동안 그 권리를 행사하지 않는 경우에 그 권리를 소멸시키는 제도이다.

2. 소멸시효 완성의 효과

소멸시효가 완성되면 기산일에 소급하여 권리가 소멸한다. 소멸시효의 효과에 대해서는 소멸시효의 완성으로 권리는 당연히 소멸한다는 절대적 소멸설과 시효의 이익을 받을 자에게 권리의 소멸을 주장할 수 있는 권리가 발생한다는 상대적 소멸설의 대립이 있으나, 판례의 태도는 절대적 소멸설의 입장이다.

3. 소멸시효의 중단

(1) 의의

소멸시효의 중단이라 함은 소멸시효 진행 중 권리자의 일정한 행위가 있는 경우, 이미 경과한 시효진행을 중단시키고 중단사유가 종료한 때로부터 다시 새로운 시효가 처음부터 진행되도록 하는 제도를 말한다.

(2) 중단사유

1) 청구

일정한 급부를 해야 할 의무가 있는 자에게 그 권리를 주장하는 것을 말한다. 청구로 인정되는 법률행위는 다음과 같다.
① 재판상 청구
② 파산절차 참가
③ 지급명령
④ 화해를 위한 소환
⑤ 임의출석
⑥ 최고

2) 압류, 가압류, 가처분

채권자의 신청으로 채무자의 재산에 대한 강제집행 또는 보전처분 행위를 말한다.

3) 승인 : 채무 일부의 변제, 원본채권에 대한 이자 지급, 담보 제공 등 행위를 말한다.

09 제조물 책임법상 '제조물 책임'에 대하여 설명하시오.

1. 의의

제조물책임이란 제조물의 결함으로 인하여 타인의 생명·신체 또는 재산에 손해를 입은 자에게 그 손해를 배상할 책임을 말한다. 제조물 자체에 대한 손해는 제조물 책임의 대상이 아니며 제조물의 결함으로 인한 확대손해만이 제조물 책임의 대상이 된다.

2. 제조물

제조물이란 '제조되거나 가공된 동산'(다른 동산이나 부동산의 일부를 구성하는 경우를 포함)을 말한다. 부동산이나 무형의 동산은 제조물이 아니다.

3. 법적 근거

2000년 1월에 '제조물 책임법'이 제정되었으며, 2002년 7월 1일부터 시행되었다.

4. 책임법리 : 결함책임주의

결함책임주의란 제조자는 기대 가능한 안전성과 내구성을 갖춘 제품을 제조하여야 하는데, 이러한 안전성과 내구성을 갖추지 못한 결함으로 인하여 소비자에게 손해가 발생한 경우에 부담하는 손해배상책임을 말한다.

결함책임주의는 일반 불법행위책임과 달리 '위법성'과 '고의 또는 과실'을 요구하지 아니하고, 단지 제조물의 결함과 그로 인한 소비자의 손해만을 요구하고 있어 '무과실책임'에 해당된다.

5. 배상책임자

(1) 제조업자 : 제조물의 제조·가공을 업으로 하는 자

(2) 수입업자 : 외국에서 생산된 제품을 국내에 수입한 자

(3) 표시상의 제조업자

제조물에 성명·상호·상표 또는 그 밖에 식별 가능한 기호 등을 사용하여 자신을 제조업자나 수입업자로 표시한 자 또는 제조업자나 수입업자로 오인시킬 수 있는 표시를 한 자도 제조업자와 같은 배상책임을 진다.

(4) 공급업자

영리 목적으로 제조물을 판매·대여 등의 방법으로 공급한 자는 ① 제조업자를 알 수 없는 경우, ② 제조물의 제조한 자를 알았거나 알 수 있었음에도 불구하고 이를 상당기간 내에 피해자에게 알리지 아니한 때에는 제조물 책임을 부담한다.

6. 결함

(1) 결함의 개념

결함이란 해당 제조물에 '통상적으로 기대할 수 있는 안전성이 결여되어 있는 경우'를 말하는 것으로서 결함의 유형에는 제조상, 설계상, 표시상의 결함이 있다.

(2) 결함의 유형

1) 제조상 결함

제조업자가 제조물에 대한 제조·가공상의 주의의무를 이행하였는지에 관계없이 제조물이 원래 의도한 설계와 다르게 제조·가공됨으로써 안전하지 못하게 된 경우를 말한다.

2) 설계상의 결함

제조업자가 합리적인 대체설계를 채용하였더라면 피해나 위험을 줄이거나 피할 수 있었음에도 대체설계를 채용하지 아니하여 해당 제조물이 안전하지 못하게 된 경우를 말한다.

3) 표시상의 결함

제조업자가 합리적인 설명, 지시, 경고 또는 그 밖의 표시를 하였더라면 해당 제조물에 의하여 발생할 수 있는 피해나 위험을 줄이거나 피할 수 있었음에도 이를 하지 아니한 경우를 말한다. 제품 설명서의 오류도 여기에 해당된다.

(3) 결함의 판단기준

결함의 판단기준에 대하여는 ① 소비자 기대기준, ② 표준 일탈기준, ③ 위험과 효용의 비교기준 등이 있는데, 제조물책임법에서는 '소비자 기대기준'을 채택하고 있다. <u>소비자 기대기준이란 통상의 소비자가 예상할 수 없는 위험이 제품에 있는 경우, 결함을 인정하는 설이다.</u>

7. 입증책임

(1) 원칙

피해자는 ① 제품에 결함이 존재한다는 사실, ② 손해가 발생하였다는 사실, ③ 결함과 손해 사이에 인과관계가 있다는 사실을 입증하여야 한다. 제조자는 결함 발생에 대하여 자신에게 과실이 없었음을 입증하더라도 면책 주장은 인정되지 않는다.

(2) 결함의 추정 : 입증책임의 완화(2018. 4. 19일 개정 시행) `2018 기출`

일반적인 피해자가 전문적인 제품의 결함 및 손해, 인과관계를 입증하는 것은 매우 곤란하므로, 제조물 책임법 개정을 통하여 결함의 추정 조항을 신설하여 입증책임을 완화하고 있다. 피해자는 다음의 사실을 증명하면 입증책임을 다한 것으로 추정한다.

1) 해당 제조물이 정상적으로 사용되는 상태에서 피해자 손해가 발생하였다는 사실
2) 제1호의 손해가 제조업자의 실질적 지배영역에 속한 원인으로부터 초래되었다는 사실
3) 제1호의 손해가 해당 제조물 결함 없이는 통상적으로 발생하지 아니한다는 사실

8. 면책사유(제4조) `2021 약술 5점 출제`

(1) 제조업자가 제조물을 공급하지 아니하였다는 사실
(2) 제조업자가 해당 제조물을 공급한 당시의 과학, 기술 수준으로는 결함의 존재를 발견할 수 없었다는 사실
(3) 제조물의 결함이 제조업자가 해당 제조물을 공급한 당시의 법령에서 정하는 기준을 준수함으로써 발생하였다는 사실
(4) 원재료나 부품의 경우에는 그 원재료나 부품을 사용한 제조물 제조업자의 설계 또는 제작에 관한 지시로 인하여 결함이 발생하였다는 사실

다만, 배상책임자가 제조물을 공급한 후에 그 제조물에 결함이 존재한다는 사실을 알았거나 알 수 있었음에도 그 결함으로 인한 손해의 발생을 방지하기 위한 적절한 조치를 하지 않는 경우에는 (2) 내지 (4)의 사유에 의한 면책을 주장할 수 없다. (제4조 제2항)

9. 청구권 소멸시효(제7조)

피해자 또는 그 법정대리인이 손해의 발생 및 손해배상책임을 지는 자를 모두 알게 된 날로부터 3년 또는 제조업자가 그 제조물을 공급한 날로부터 10년간 행사하지 아니하면 시효의 완성으로 소멸한다.

📖 기출문제 `2015, 2018, 2021`

1. 우리나라 제조물 책임법상 제조물책임의 의의와 결함에 대해 서술하시오. (2015년, 10점)
2. 2018년 4월 19일 시행된 제조물책임법의 개정취지, 주요 개정내용(제조업자의 책임, 결함의 추정)을 약술하시오. (2018년, 10점)
3. 제조물책임법에서 규정하고 있는 제조업자의 면책사유를 약술하시오. (2021년, 4점)

10 의료과실(과오)책임의 개념과 그 책임법리에 대하여 설명하시오.

1. 의의

의료과실(과오)책임이란 의료행위 중에 의사 또는 의료인의 과실로 인해서 발생한 환자의 신체손해에 대한 법률상 배상책임을 말한다.

의료인 또는 의료기관은 '진료계약'에 따라 그 당시의 의료수준에 맞게 진료를 하여야 할 채무(진료채무)를 부담하며, 그 의무의 위반으로 인해 손해가 발생한 때에는 채무불이행책임 또는 불법행위책임을 부담하게 되는 것이다.

2. 의료과실의 개념과 판단기준

'의료과실'이란 의료행위 과정에서 발생한 업무상 주위의무위반을 의미하며, 이는 적극적인 의료행위에 의하거나 또는 필요한 의료행위를 하지 않는 부작위에 의해 발생한다.

의료과실이 있는지 여부에 대한 판단은 의사가 의료행위에 대하여 통상적으로 갖추어야 할 의료지식과 기술을 갖추고 의료행위를 함에 있어 '선량한 관리자의 주의의무'를 다했는지 여부에 따라 판단하여야 할 것이다.

3. 책임 법리

(1) 과실책임주의

의사 및 병원은 환자와 의료행위에 대한 진료계약을 맺고 그 채권·채무를 이행하는바, 진료계약에 따른 손해배상책임 성립여부는 민법이 적용되며, 피해자는 민법 제390조의 채무불이행책임 및 제750조의 불법행위책임을 주장할 수 있을 것이다. 피해자인 환자로서는 채무불이행책임에 따른 손해배상책임을 묻는 것이 유리하다고 생각되나 판례에서는 주로 불법행위책임을 청구원인으로 삼는다. 따라서, 의료과실에 대하여 원칙적으로 피해자인 환자측에서 민법 제750조의 요건(의사의 과실있는 의료행위, 손해의 발생, 인과관계)을 입증하여야 한다.

(2) 입증책임의 완화

1) 과실의 추정

의료사고의 피해자인 환자의 입장에서 의사의 업무상 과실을 입증하여야 하는바, 전문적인 의학지식이 없는 일반인으로서 이를 입증하기는 매우 어렵다. 이에 따라 판례는 피해자의 입장에서 의료행위로 인하여 손해가 발생하였음을 입증한 때에는 의사에게 과실이 있는 것으로 추정함으로써 의사의 입장에서 과실이 없음을 입증하지 못하면 손해배상책임을 부담하는 '과실추정의 법리'를 적용하고 있다.

2) 인과관계의 추정

손해배상책임이 인정되기 위해서는 의료인의 업무상 과실과 손해 사이의 인과관계를 피해자인 환자측에서 입증하여야 하는데, 고도의 전문적인 지식을 요하는 의료행위에 있어서 주의의무위반과 손해와의 인과관계를 의학적으로 입증한다는 것은 매우 어려운 일이다. 따라서, 피해자가 의료행위 과정에서 일반인의 상식에 바탕을 둔 의사의 업무상 과실을 입증하고 그 결과와의 사이에 의료행위 외에 다른 원인이 개재될 수 없다는 점을 입증한 경우에는 의료인 측에서 그 결과가 의료상의 과실로 인한 것이 아니라 전혀 다른 원인에 의한 것이라는 입증을 하지 않는 이상, 의료상 과실과 결과 사이의 인과관계를 추정하여 손해배상책임을 지울 수 있도록 입증책임을 완화해야 한다는 것이 대법원 판례의 입장이다.

기출문제 2018 약술 10점

의사 및 병원배상책임보험 보통약관의 의료과실 배상책임 담보조항에서 말하는 담보하는 의료과실의 정의, 법률상 의료과실의 판단기준, 보상하지 아니하는 손해에 대하여 약술하시오.

11 의료과실책임과 관련하여 '의사의 설명의무'에 대하여 설명하시오.

1. 의의

의사의 설명의무란 의사가 환자에게 생명 또는 신체에 중대한 위해를 발생하게 할 우려가 있는 수술, 수혈, 전신마취 등을 하는 경우에 중요사항을 환자에게 설명하고 서면으로 동의를 받아야 할 의무를 말한다(의료법 제24조의2 제1항).

판례는 설명의무에 대해 '환자가 단순한 진료의 객체가 아니라 의사와 대등한 인격적 존재로 인정되어야 마땅한 자기결정권에 대응하여 인정되는 의료인의 의무'라고 판시하였다.

2. 설명의무의 범위(의료법 제24조의2 제2항)

① 환자에게 발생하거나 발생 가능한 증상의 진단명
② 수술 등의 필요성, 방법 및 내용
③ 환자에게 설명을 하는 의사의 성명
④ 수술 등에 따라 전형적으로 발생이 예상되는 후유증 또는 부작용
⑤ 수술 등 전후에 환자가 준수하여야 할 사항

3. 설명의무 위반의 효과

의사의 설명의무 위반은 헌법 제10조에서 규정한 '인격권'과 '행복추구권'에 의하여 파생되는 '자기결정권'을 침해한 것으로서 위법행위가 된다. 따라서, 위법행위로 인한 위자료 등 손해배상청구권을 행사할 수 있다.

(1) 자기결정권 침해에 대한 위자료만 청구하는 경우

환자측에서 의사의 설명의무 미이행으로 치료방법 또는 범위에 대한 선택의 기회를 상실하였다는 사실을 입증하는 것으로 족하고, 발생된 손해와의 인과관계를 증명할 필요는 없다.

(2) 위자료 이외에 손해배상금을 청구하는 경우

의료행위로 발생한 신체손해에 대해 설명의무 위반을 이유로 그 배상을 청구하는 경우, 설명의무를 제대로 이행하였더라면 해당 신체손해가 발생하지 않았으리하는 관계를 증명하여야 신체손해에 대한 손해배상금을 청구할 수 있다.

12. 징벌적 배상책임(Punitive Damage)에 대하여 설명하시오.

1. 의의
징벌적 손해배상이란 가해자의 행위가 악의적인 것으로 인정되는 경우에 피해자에게 실제로 발생한 손해액 이외에 징벌적 손해배상금을 부과하는 것을 말한다. 징벌적 손해배상제도는 영미법계에서 널리 활용되고 있었으나, 대륙법계 국가인 우리나라에서도 제조물책임법 등에서 점차 징벌적 손해배상책임 제도를 채택되고 있다.

2. 목적
(1) 가해자를 민사벌로 제재하므로서 법의 준수 효과를 강화한다.
(2) 전시 효과로 동일하거나 유사한 사고의 재발을 방지하고 억제한다.
(3) 법정 손해배상금 이외에 추가적인 경제적 보상으로 피해자를 위로한다.

3. 성립요건
징벌적 손해배상이 인정되기 위해서는 가해행위에 악의성이 인정되어야 한다. 따라서, <u>가해자에게 고의 또는 중과실을 있는 경우에만 징벌적 손해배상금을 부과할 수 있다.</u>

4. 법률 적용례
(1) 제조물 책임법
제조물책임법 제3조 제2항에서 제조업자가 제조물의 결함을 알면서도 그 결함에 대하여 필요한 조치를 취하지 아니한 결과로 생명 또는 신체에 중대한 손해를 입은 자가 있는 경우에는 그 자에게 발생한 손해의 3배를 넘지 아니하는 범위에서 배상책임을 진다.

(2) 중대재해 처벌법
사업주 또는 경영책임자가 고의 또는 중대한 과실로 안전보건 확보의무를 위반하여 중대재해가 발생한 경우, 사업주 등은 손해액의 5배 이하의 범위에서 손해배상책임을 부담한다.

5. 징벌적 배상책임 부담보 조항(Punitive Damage Exclusion Clause)
본 조항은 피보험자가 부담하는 징벌적 배상책임을 보상하지 않는 조항이다. 영문 영업배상책임보험(C.G.L) 또는 전문인배상책임보험 등에서 주로 사용되고 있다.

기출문제 2003 1종 손사 기출, 약술 10점

Punitive Damage Exclusion Clause에 대하여 약술하시오.

13. 법률상 손해배상금 산출 시 '일실수입(수익)'의 본질과 산정요소에 대하여 설명하시오.

1. 개념

일실수입이란 생명 또는 신체를 침해하는 불법행위에 의하여 노동능력의 전부 또는 일부를 상실 당한 피해자가 입은 손해를 금전적으로 산정한 것을 의미하는 것으로서, 일정한 사고가 없었을 경우에 얻게 되는 이익이라고 할 수 있다.

2. 일실수입의 본질

일실수입 산정 시 실제 소득 감소 여부에 대해 차액설과 평가설의 대립이 있다.

(1) 차액설(소득 상실설)

일실수입은 사고 전후의 수입을 비교하여 산출한 금전적인 수입의 감소만을 손해로 본다. 이 학설에 따르면 사고로 노동능력을 상실하였더라도 실질적인 소득의 감소가 없으면 손해로 인정되지 않는 것이다.

이 학설에 따르면 무직자, 미성년자와 같이 현재 소득이 없는 피해자에 대해서는 일실수입 손해를 인정할 수 없다는 불합리한 결과가 초래된다.

(2) 평가설(노동능력 상실설)

일실수입의 본질을 노동능력 상실 그 자체로 본다. 이 학설에 따르면 실제 수입감소 여부와 관계없이 노동능력 상실이 있다면 손해가 있다고 보는 학설이다.

(3) 판례의 태도

종래 차액설을 인정하여 오다가 평가설에 의한 계산도 가능하다고 판시한 이래로 대체로 평가설에 입장에서 손해배상금을 산정하고 있으나, 당해 사건에 현출된 구체적 사정을 기초로 하여 합리적이고 객관성 있는 기대수익액을 산정할 수 있으면 족한 것이고 반드시 어느 하나의 산정방법만을 정당한 것이라고 고집하여서는 안된다고 하여, 구체적 사정에 따라 양자 중 어느 하나를 취할 수 있다고 본다.

3. 일실수입의 산정요소★

일실수입은 피해자의 ① 소득, ② 가동기간, ③ 노동능력 상실률에 따라 산정되며, ④ 생활비 공제, ⑤ 중간이자 공제, ⑥ 피해자 과실상계를 고려하여야 한다.

14. 불법행위로 인한 법률상 손해배상액 산정에서 사업소득자의 수입, 필요경비 그리고 기여도 등에 대한 객관적 자료가 없는 경우에 일실수익 산정방법에 대하여 설명하시오.

1. 의의

불법행위로 인한 법률상 손해배상액 산정은 객관적 자료를 토대로 검증 가능한 입증자료를 근거로 산정하여야 하는 것이 원칙이다. 그러나, 자영업자, 프리랜서 등의 사업소득자의 경우에 수입액, 필요경비, 기여도 등을 객관적으로 확인하기 어려운 경우가 많다.

2. 객관적 자료가 없는 경우에 일실수익 산정방법

해당 사업체의 업종과 규모와 경영형태, 종업원의 수 경영실적, 해당사업의 영위기간 등을 참작하여 피해자와 비슷한 수준의 학력, 경력, 기술, 경영능력을 가진 사람을 고용하는 경우의 보수 상당액, 즉 대체 고용비를 합리적이고 개연성 있는 방법으로 산출하여 이를 기초로 피해자의 일실수익으로 인정할 수 있다.

또한, 고용노동부 주관하에 발간하는 고용형태별 근로실태조사보고서상의 통계소득을 기초로 하여 피해자와 같은 업종과 경력등을 고려하여 일실수익으로 산정할 수 있다.

단, 여러 가지 방법으로 산출한 소득액이 도시 보통인부 임금보다 적은 경우에는 도시 보통인부 임금을 적용하여 일실수익을 산정한다.

15. 법률상 손해배상금 산출 시 '중간이자 공제'에 대하여 설명하시오.

1. 의의

중간이자 공제란 피해자에게 장래에 지급하여야 할 손해배상금을 합의시점에 배상할 때 이자 상당액을 미리 공제하는 것을 말한다.

2. 중간이자 공제 방법

(1) 호프만식

중간이자를 단리로 계산하여 공제하는 방식으로, 연단위로 발생하는 향후치료비의 현가계산에 사용되는 연간 호프만계수와 월 단위의 일실수입 또는 개호비 등의 현가계산에 사용되는 월간 호프만 계수가 있다. <u>법원에서 손해배상금 산정 시에는 주로 호프만식에 의해서 중간이자를 공제한다.</u>

(2) 라이프니츠식

중간이자를 복리로 계산하여 공제하는 방식으로, 자동차보험 약관상 손해배상금 산출 시 적용되고 있으나, 호프만식에 비하여 중간이자 공제가 많아지게 되므로 피해자에게 불리하다.

3. 중간이자 공제 대상

손해배상금 항목 중 일실수입, 개호비, 향후에 정기적으로 지출될 향후치료비 산정 시 중간이자를 공제하여야 한다. 1회적 향후치료비의 중간이자 공제 여부에 대해 판례의 태도가 일관되지 않는다.

4. 月 호프만 계수가 240을 넘는 경우 일실수입의 산정

피해자가 과잉배상 받는 것을 방지하기 위해 중간이자 공제기간이 414개월을 초과하여 호프만 계수가 240을 넘게 되더라도 240을 적용하여야 한다. 240 이상의 호프만 계수를 적용하여 현가를 산정하게 되면 현가로 받는 금액에 대한 이자만으로도 매월 입게 된 손해액보다 많게 되기 때문이다.

16. 손해배상금 산정시 배상의무자의 책임 제한사유에 대하여 약술하시오.

1. 의의

피해자의 손해배상금을 산정하는 데 있어서, 배상의무자(가해자)의 책임을 제한하는 사유가 있으며, 그 사유로는 ① 기왕증 상계, ② 과실상계, ③ 손익상계가 있다.

2. 기왕증 상계

기왕증이란 피해자가 이미 사고 발생 이전부터 가지고 있었던 퇴행성 병변 등의 지병, 선천성 질환 체질적 소인으로서, 기왕증이 사고로 인한 손해배상금의 확대에 기여하였으면 그 기왕증으로 인하여 증가된 손해만큼 상계하는 것을 말한다.

기왕증 기여도 공제는 원칙적으로 모든 손해항목에 적용하여야 하나, 사례문제에서 노동능력상실률 부분에만 부속하여 주어진다면 노동능력상실률 산출시에만 적용하고, 문제의 전제조건에서 치료비, 보조구비, 개호비 등 다른 손해항목에도 적용하라는 문구가 주어진다면 그에 따라 산출한다.

3. 과실상계

과실상계란 불법행위로 인한 손해배상 청구에 있어서 그 책임 및 금액을 정할 때 피해자의 과실을 참작하는 것을 말한다. 여기서 피해자의 '과실'은 가해자의 '과실'과 같이 주의의무 위반이라는 강력한 과실이 아니고 '사회통념이나 신의성실의 원칙에 따라 공동생활에 있어 요구되는 약한 부주의'를 의미하는 것이다. 즉, 피해자 과실상계에서의 '과실'은 약한 부주의를 의미하는 것으로서, 가해자의 '책임능력'과 달리 '사리변별능력'만 있으면 된다고 하여 만 7세 정도 이상이면 피해자 과실능력을 인정할 수 있다.

4. 손익상계

불법행위로 인한 재산상 손해액을 산정함에 있어서 당해 불법행위를 원인으로 하여 피해자가 불이익을 받음과 동시에 그로 인하여 이익을 얻은 경우에 공평의 관념상 이득 상당액을 배상액에서 공제하는 것을 말한다. 손익상계의 대표적 예로는 ① 생계비 공제와 ② 손해배상금에서 산재보험급여 등 재해보상금을 공제하는 것이 있다.

5. 적용순서

기왕증 상계, 과실상계, 손익상계 사유가 모두 있을 경우, 기왕증 상계를 가장 먼저 실시하고, 그 다음 과실상계를 반영한 후에 마지막으로 손익상계를 실시하는 것이 원칙이다. 단, 근재보험 관련하여 최근 대법원 판례에 따르면, 사용자의 재해 근로자에 대한 손해배상금 산출시 대법원 전원합의체 판결을 통하여 '과실상계 후 공제설'에서 '공제 후 과실상계설'로 변경하였으므로, 근재보험 사례 문제 풀이시에는 손익상계를 먼저 실시한 후에 피해자 과실상계를 반영하게 되는 예외적인 경우로 볼 수 있다.

16-1 법률상 손해배상금 산출 시 '피해자 과실상계'에 대하여 설명하시오.

1. 의의

과실상계란 불법행위로 인한 손해배상 청구에 있어서 그 손해배상금을 정할 때에는 피해자의 과실을 참작하는 것이다. 여기서 피해자의 과실은 가해자의 과실과 같이 '주의의무 위반'이란 강력한 과실이 아니고 사회통념이나 신의성실의 원칙에 따라 공동생활에 있어 요구되는 '약한 부주의'를 말한다.

2. 법적근거

민법 제396조에서 채권자(피해자)에게 과실이 있는 때에는 법원은 이를 참작하도록 규정하고 있으며, 제763조에서 불법행위로 인한 손해배상 청구 시에도 준용하도록 규정하고 있다.

3. 과실능력

피해자 과실상계에서의 '과실'은 약한 부주의를 의미하는 것으로서, 가해자의 '책임능력'과 달리 '사리변별능력'만 있으면 된다고 하여 만 7세 정도 이상이면 피해자 과실능력이 인정할 수 있으나 각 사건의 구체적 사정을 고려하여 판단한다.

4. 피해자측 과실

불법행위의 피해자 본인이 아니더라도 피해자와 동일시 할 수 있는 제3자의 과실이 있는 경우에는 그 제3자의 과실을 과실상계의 참작사유로 삼을 수 있다는 것이다.

예를 들어, 피해자가 만 7세 미만 등의 사유로 과실능력(사리변별능력)이 없으면 부모 등 감독자의 감독의무 태만이라는 과실을 피해자의 과실로 참작할 수 있다.

16-2 법률상 손해배상금 산출 시 '손익상계'에 대하여 설명하시오.

1. 의의

불법행위로 인한 재산상 손해액을 산정함에 있어서 당해 불법행위를 원인으로 하여 피해자가 불이익을 받음과 동시에 그로 인하여 이득을 얻은 경우에는, 공평의 관념상 이득 상당액을 배상액에서 공제하는 것을 말한다.

2. 손익상계의 요건

손익상계에 의하여 손해에서 공제되어야 할 이익을 결정함에 있어서는 다음 두 가지 요건을 충족하여야 한다. 첫째, 그 이익은 손해를 발생시킨 원인사실로부터 발생한 것이어야 하고, 둘째, 이익은 불법행위와 상당인과관계가 있는 것에 한한다.

따라서, 피해자가 사망한 경우 조의금과 같이 증여라는 별개의 원인에 기한 것은 재산상 손해배상액에서 공제되지 않는다. (판례)

3. 손익상계의 유형

(1) 생계비 공제

생명침해로 인한 손해배상금 산정 시 생계비는 사망으로 인해 지출을 면하므로, 이를 손익상계의 원리에 따라 1/3을 공제하여야 한다.

(2) 손해액에서 재해보상금 공제

산재사고에 있어서 '사용자의 근로자에 대한 배상책임' 손해액 산정 시 산재보험 등에서 지급하는 요양급여, 휴업급여, 장해급여, 유족급여, 장의비를 공제하는 것도 손익상계에 해당된다.

4. 과실상계와의 관계

과실상계 사유와 손익상계 사유가 모두 있을 경우, 과실상계 먼저 계산한 후에 손익상계를 적용하여 계산한다. 최근 산재보험 관련 근로복지공단의 제3자에 대한 구상금 산정시 대법원 전원합의체 판결을 통하여 '공제 후 과실상계설'을 적용하도록 판시하였으나, 이는 해당 근재보험금 산정시에 예외적으로 인정되는 것으로, 이 판결이 손해배상금 산정에 있어서 '과실상계 후 손익상계'라는 손해배상금 산정의 원칙을 전체적으로 뒤집은 판결은 아니다.

17. 책임보험에서 담보하는 피보험자의 법률상 손해배상금 중 위자료에 대한 법률적 근거와 산정기준에 대하여 설명하시오. (10점, 2023년 기출)

1. 의의

손해배상금 산정시 피해자의 정신적 고통에 대한 배상으로 위자료 청구권이 인정된다. 위자료의 산정은 법원의 자유재량사항이며, 불법행위 유형에 따라 다양하나 통상적으로 1억원을 기준으로 산정한다.

2. 법률적 근거

민법 제751조는 피해자 본인의 위자료 청구권 근거조항이고, 민법 제752조는 피해자의 사망시 직계존속, 직계비속, 배우자의 위자료 청구권의 근거조항이다.

(1) 민법 제751조
① 타인의 신체, 자유 또는 명예를 해하거나 기타 정신상 고통을 가한 자는 재산 이외의 손해에 대해서도 배상할 책임이 있다.
② 법원은 전항의 손해배상을 정기금채무로 지급할 것을 명할 수 있고 그 이행을 확보하기 위하여 상당한 담보의 제공을 명할 수 있다.

(2) 민법 제752조
타인의 생명을 해한 자는 피해자의 직계존속, 직계비속 및 배우자에 대해서는 재산상의 손해 없는 경우에도 손해배상의 책임이 있다.

3. 위자료의 산정

위자료는 법원에서 피해자의 피해정도, 연령, 직업, 과실 유무 등 제반사정을 고려하여 재량으로 산정할 수 있으며, 노동능력의 상실이 인정되는 사고에 있었서는 해당 노동능력 상실률을 반영하여 산정한다. 위자료 산정은 통상적으로 1억원을 기준금액으로 산정하며, 피해자 과실의 경감을 위하여 피해자 과실비율에 60%를 곱해준다. 위자료 산출식은 다음과 같다.

* 위자료 산출식 : 1억원×노동능력상실률(%)×[1-(피해자 과실×0.6)]

18 기초, 초과, 포괄배상책임 보험 및 DIC Policy에 대하여 설명하시오.

1. 기초 배상책임보험(Primary liability Insurance)

기초배상책임보험이란 보험사고로 인한 손해를 일차적으로 보상하는 보험으로, 일반적인 배상책임보험은 기초배상책임보험에 해당한다. 근로자해재보장책임보험, 자동차배상책임보험, 생산물배상책임보험 등이 이에 해당된다.

2. 초과 배상책임보험(Excess liability Insurance)

기초배상책임보험의 보상한도를 초과할 경우, 보상한도를 초과하는 손해을 보상하는 보험을 초과배상책임보험이라고 한다.

3. 포괄 배상책임보험(Umbrella Liability Insurance)★

(1) 의의

포괄 배상책임보험이란 이미 가입하고 있는 기초 배상책임보험의 보상한도액를 초과하는 손해와 부담보 배상책임 위험을 포괄하여 담보하는 보험을 말한다. 본 약관은 대형 계약자의 개별적인 위험담보에 적합하도록 작성되는 Tailor made policy이기 때문에 보험약관의 내용이 다양하게 만들어질 수 있다.

(2) 기능

1) 기초 배상책임보험의 보상한도를 증액하는 기능을 한다.
2) 기초 배상책임보험에서 담보되지 않는 배상책임위험 보장 기능을 한다.
3) 기초 배상책임보험의 보상한도 소진 시 기초 배상책임보험 기능을 한다.

4. DIC(Difference in Condition) Policy★

기초 배상책임보험과 초과·포괄배상책임보험의 책임법리의 차이 또는 담보범위의 차이로 인해 담보의 공백이 발생하는 경우, 이러한 보장의 사각지대를 담보해 주는 보험을 DIC Policy라고 한다.

(1) 책임법리에 의한 공백

기초배상책임보험이 무과실 책임주의를 적용하고 포괄배상책임보험이 과실책임주의를 적용하는 상황에서, 보험사고가 무과실 사고인 경우에는 포괄배상책임보험에서 보상책임이 없어 담보의 공백이 발생하는 경우가 발생한다면, 이 경우에 DIC Policy에서 기초배상책임보험의 보상한도를 초과하는 손해를 담보하는 것이다.

(2) 담보범위의 차이로 인한 공백

주로 포괄배상책임보험에서 설정된 자기부담금으로 인해 발생한다. 예를 들어, 기초배상책임보험의 보상한도가 5억원이고, 포괄배상책임보험의 보상한도가 30억원에 자기부담금이 1억원 설정되어 있는 상황에서 보험사고로 인한 손해액이 10억원이라면 기초배상책임보험에서 5억원을 보상하고 5억원을 초과하는 손해액 5억 중 자기부담금 1억원을 공제한 4억원을 포괄배상책임보험에서 보상하게 되는데, 이런 경우에 포괄배상책임보험의 자기부담금 1억원은 DIC Policy에서 보상하는 것이다.

19 손해사고기준 증권(Occurrence basis policy)에 대하여 설명하시오.

1. 의의

<u>보험기간 중 발생한 사고를 담보의 기준으로 하는 보험증권을 말한다.</u> 보험사고가 보험기간 중에 발생하기만 하면 피해자의 배상청구 시점과 관계없이 보상처리가 가능하다. 이에 반하여 배상청구기준증권(Claim-made basis policy)은 보험기간 중에 최초의 배상청구가 제기되어야 한다.

2. 적용대상

일반적인 배상책임보험은 통상적으로 손해사고기준증권에 해당한다. 국문 영업배상책임보험이 대표적인 손해사고기준증권이다.

3. 문제점

급격한 사고(Accident)의 경우에는 사고 발생일자가 명확하지만, 사고가 장기간에 걸쳐 계속적, 누적적, 반복적으로 발생하는 장기축적사고인 경우에는 손해사고일자를 특정하는 것이 어려워 보험기간 중에 발생한 사고인지 여부에 대한 논란이 있을 수 있다.

20. 배상청구기준증권(Claim-made Basis Policy)에 대하여 설명하시오.

1. 의의

보험기간 중 발생한 보험사고의 피해자가 피보험자에게 최초로 손해배상 청구한 날짜를 기준으로 담보 여부가 결정되는 보험증권을 말한다. 이 증권에 의하면 보험사고가 보험기간 중에 발생했다 하더라도 보험기간이 지난 이후에 피해자가 최초의 배상청구를 한다면 보상처리가 불가하다.

2. 적용대상

환경오염 사고 등 장기축적 사고와 같이 사고발생과 손해배상청구 사이에 장기의 잠재기간이 있는 경우에 유용하며, 병원 및 의사 배상책임보험 등의 전문인배상책임보험과 생산물배상책임보험, 환경배상책임보험 등에서 주로 사용되고 있다.

3. 소급담보일자(R/D : Retroactive Date)

(1) 의의

배상청구기준 증권은 최초의 배상청구가 보험기간 중에 있어야 함이 원칙인데, 소급담보일자를 설정하여 보험기간 이전이라도 소급담보일 이후에 발생한 사고에 대해서는 보상하도록 하는 제도가 소급담보일자이다.

(2) 기능

배상청구기준 증권은 소급담보일자를 설정하여 보험기간 이전에 발생한 사고의 담보에 관한 시간적 범위의 조정하고 보험자의 위험인수 범위를 제한하는 기능을 한다.

4. 보고 연장기간(ERP : Extended Reporting Period)★ 2019 약술 10점

(1) 의의

배상청구기준 증권은 원칙적으로 보험사고와 최초의 배상청구가 보험기간 중에 있어야 하는데, 보험기간의 종기에 임박하여 사고가 발생하는 경우와 같이 피보험자가 최초의 배상청구를 하지 못하는 상황을 방지하기 위하여 사고의 보고기간을 연장하는 제도이다.

(2) 보고 연장기간이 적용되는 대상계약의 조건

1) 보험료 미납의 경우를 제외하고 이 계약이 해지되거나 갱신되지 않았을 경우
2) 회사가 기존 배상청구기준 증권상의 소급담보일자 이후의 날짜를 소급담보일자로 하는 보험으로 갱신 또는 대체했을 경우

3) 회사가 이 보험증권을 배상청구 기준이 아닌 보험으로 대체했을 경우

(3) 보고 연장기간의 종류

1) 단기 자동연장 담보기간(Mini tail)

   소급담보일자와 보험기간 만기일 사이에 발생된 사고에 대한 손해배상청구가 보험기간 만기일 다음날부터 60일 이내에 제기된 경우에는 그 손해배상 청구가 만기일에 제기된 것으로 간주하여 담보한다.

2) 중기 자동연장 담보기간(Mid tail)

   소급담보일자와 보험기간 만기일 사이에 발생한 사고가 만기일 다음날부터 60일 이내에 통보된 후, 그 사고에 대한 손해배상청구가 보험 만기일 다음날로부터 5년 이내에 제기된 경우에는, 그 손해배상청구가 보험기간의 만기일에 제기된 것으로 간주하여 담보한다.

3) 선택 보고기간 연장담보(Full tail)

   소급담보일자와 보험기간의 만기일 사이에 발생된 사고에 대하여 만기일 다음날 이후에 손해배상청구가 있더라도 기간의 제한 없이 모두 담보한다. 단, 보험계약자는 보험기간 만기일 다음날부터 60일 이내에 보험회사에 신청하고 200% 이내에서 추가보험료를 납부하여야 한다.

기출문제 2014, 2016, 2019 약술

1. 배상책임보험의 담보기준을 약술하고, 국문 영업배상책임보험과 국문 의사배상책임보험을 예시하여 설명하시오. (2014년, 10점)
2. 손해사고기준 배상책임보험과 배상청구기준 보험의 의의 및 장단점을 비교, 약술하시오. (2016년, 10점)
3. 배상책임보험에서 보고기간 연장담보의 종류와 설정 대상계약 조건 및 필요성을 약술하시오. (2019년, 10점)

21. 배상책임보험의 보상한도액(L.O.L)에 대하여 설명하시오.

1. 의의

배상책임보험은 보험계약 체결 시에 보상한도를 설정하여 보험자의 책임을 제한하고, 이에 따른 보험료를 산출하게 된다. 보상한도가 증가할수록 보험료도 많아지므로, 보험계약자는 자신의 재정상태를 감안하여 보상한도를 결정해야 한다.

2. 보상한도 설정 방법

(1) 분할 보상한도(Split Limit)

대인(BI) 보상한도와 대물(PD) 보상한도를 별도로 설정하여 운영하는 방식이다.

대인 보상한도를 설정할 경우에는 ① 피해자 1인당(any one person) 보상한도를 설정하는 방식과 ② 1사고당(any one occurrence) 보상한도를 설정하는 방식이 있으며, 이 두 가지를 혼용하기도 한다.

(2) 포괄 단일 보상한도(CSL : Combined Single Limit)

신체손해, 재물손해를 구별하지 않고 포괄하여 보상한도 내에서 모두 보상하는 방식이다.

(3) 총 보상한도(Aggregate Limit)

해당 보험계약의 보험기간 중 발생한 사고로 인한 보험금을 총 보상한도에서 차감하는 방식으로 총 보상한도가 모두 소진되면 해당 보험계약은 소멸한다. 총 보상한도 내에서 1인당 또는 1사고당 보상한도액을 정할 수 있다.

22. 배상책임보험에서 자기부담금(Deductible)에 대하여 설명하시오.

1. 의의

자기부담금이란 보험사고로 인하여 발생한 손해액 중에서 피보험자 자신이 부담하는 금액을 말한다. 예상되는 사고의 규모와 발생빈도 등을 고려하여 피보험자의 선택에 따라 결정된다. 예를 들어, 국문 영업배상책임보험에서는 약 10만원 선의 자기부담금을 설정하는 경우가 많으나, 의사 및 병원배상책임보험에서는 수백만원에서 천만원 이상을 자기부담금으로 설정하는 경우도 있다.

2. 목적

보험계약자의 ① 보험료 부담을 경감하고, ② 경미사고에 대한 보험자의 사무 번잡 회피, ③ 손해의 일부를 부담하게 함으로서 보험계약자의 적극적인 위험관리를 도모할 수 있어 보험사고 발생의 예방 및 손해 경감에 기여하고자 하는 것이다.

3. 국문약관과 영문약관 비교

국문 영업배상책임보험 약관은 손해액에서 자기부담금을 공제한 금액을 보상한도액까지 전액 지급하는 반면, 영문 영업배상책임보험 약관은 보상한도액에서 자기부담금을 공제한 금액까지만 지급한다.

(1) 국문 영업배상책임보험 : 지급보험금 = 손해액 − 자기부담금 ≤ 보상한도액

(2) 영문 영업배상책임보험 : 지급보험금 = 손해액 − 자기부담금 ≤ 보상한도액 − 자기부담금

23. 국문 영업배상책임보험에서 보상하는 비용에 대하여 설명하시오.

1. 손해방지비용

손해방지비용이란 사고가 발생한 후에 손해의 확대를 방지하거나 경감하는데 필요 또는 소요되는 비용을 말하는 것으로서, 반드시 그 효과가 있어야 인정되는 것은 아니다. 또한, 사고를 예방하기 위하여 지출하는 '손해예방비용'과는 구별하여야 한다. 손해방지비용은 보상한도액을 초과하더라도 전액 보상한다.

2. 대위권 보전비용

사고에 대해 배상책임 있는 타인에 대한 손해배상청구권의 보전을 위한 절차를 취하는데 있어서 필요 또는 유익한 비용을 말한다. 예들 들어, 가해자의 재산을 압류하기 위해서 그 재산을 가압류하는데 피보험자가 비용을 지출하였다면, 그 비용을 보상한다.

3. 협력비용

보험사고와 관련하여 피보험자가 보험자의 요구에 따르기 위하여 지출한 비용을 말한다. 협력비용은 보상한도액을 초과하더라도 보상한다.

4. 소송비용

소송비용은 해당 배상책임 사고와 관련된 민사소송비용을 의미하며 형사소송비용은 보상되지 아니한다. 소송비용 산정 시 민사소송의 종류는 묻지 않으며 중재나 조정 또는 화해에 소요된 비용을 구분하지 않고 보상한다.

5. 공탁보증보험료

소송 시에 책임을 경감하기 위해 법원에 일정금액을 공탁하는 경우가 있는데, 이때 공탁보증보험으로 대신할 수 있으며, 이 경우 발생하는 공탁보증보험료를 보상한다. 공탁보증보험료는 보상한도액 내에서만 보상한다.

> **기출문제** 1996 1종 손사, 약술 10점
>
> 국문영업배상책임보험에서 비용항목에 대한 보상범위와 보상한도를 약술하시오.

(참고) 근재보험 사용자배상책임(E/L) 특별약관의 비용손해
▶ 비용손해 지급과 관련하여 두 가지 약관이 존재한다.

(1) 국문 영업배상책임보험과 동일한 방식
손해방지비용, 대위권보전비용, 협력비용, 소송비용, 공탁보증보험료 모두 지급한다.

(2) 국문 영업배상책임보험과 다른 방식
협력비용과 소송비용만 인정하고, 손해방지비용, 대위권보전비용, 공탁보증보험료는 지급하지 않는다.

24. 상법 제724조 제2항의 '피해자 직접청구권'에 대하여 설명하시오.

1. 의의

피해자가 직접 가해자가 가입한 보험회사에 보험금을 청구를 할 수 있는 권리를 말한다. 가해자인 피보험자가 보험회사에 사고접수를 거부하는 등의 상황에서 피해자가 스스로 보험회사에 그 보험금 청구권을 행사할 수 있는 상법상의 권리이다.

2. 법적 근거

피해자 직접청구권은 상법 제724조 제2항에서 규정하고 있는데, 피해자는 피보험자가 책임질 사고로 입은 손해에 대하여 보험금액의 한도 내에서 보험자에게 직접 보상을 청구할 수 있다고 규정하고 있다.

3. 법적 성질 2014 약술 기출

(1) 손해배상 청구권설

보험자가 피보험자의 손해배상책임을 병존적으로 인수한 것으로 보아서 피해자가 직접 보험자에게 손해배상을 청구할 수 있다는 학설이다. 손해배상 청구권설에 의할 경우, 소멸시효는 손해 및 가해자를 안 날로부터 3년, 불법행위가 있는 날로부터 10년간 행사할 수 있게 된다.

(2) 보험금 청구권설

피해자 직접청구권은 피보험자와 보험자간의 보험계약을 전제로 하는 것으로, 보험회사가 피해자에 대한 손해배상책임을 피보험자와 연대하여 인수하는 것이 아니라, 그 보상을 약정한 것으로 보는 학설이다. 보험금 청구권설에 의할 경우, 소멸시효는 상법 제662조에 따라 보험사고의 발생을 알았거나 알 수 있었던 때로부터 3년에 한정된다.

(3) 판례

대법원 판례는 '손해배상 청구권설'에 입장을 따르고 있다.

4. 보험자의 항변 사유

(1) 피보험자의 제3자에 대한 항변사유

보험자는 피보험자가 그 사고에 관하여 가지는 항변으로써 제3자에게 대항할 수 있다. 즉, 피해자가 보험자에게 손해배상청구권을 행사하더라도 보험자는 손해배상책임의 유무 및 과실상계 등의 항변사유로 피해자에게 대항할 수 있다.

(2) 보험자의 보험계약자 또는 피보험자에 대한 항변사유

보험자는 보험계약자 또는 피보험자에게 가지는 항변사유로 피해자에게 대항할 수 있다. 따라서 보험계약상 면책사유에 해당하거나 계약상 하자로 피보험자에 대한 보상책임이 발생하지 않을 경우에는 피해자의 직접청구권 행사를 거부할 수 있다.

5. 보험자 및 피보험자의 의무

(1) 보험자의 의무

보험자가 피해자로부터 직접청구를 받은 때에는 지체 없이 피보험자에게 이를 통지해야 한다(상법 제724조 제3항).

(2) 피보험자의 협조의무

피보험자는 보험회사의 요청에 따라 증거확보, 권리보전 등에 협력하여야 하며, 피보험자가 정당한 사유없이 협력하지 않은 경우 그로 인하여 늘어난 손해는 보상하지 않는다(상법 제724조 제4항).

기출문제 2014 약술 10점

피해자 직접청구권의 법적 성질에 대하여 약술하시오.

25. 상법 및 국문 영업배상책임보험 보통약관에 규정되어 있는 보험계약자와 피보험자의 '사고발생 통지의무'와 '배상청구사실 통지의무'에 대하여 약술하시오.

1. 상법

(1) 제657조 : 보험사고 발생의 통지의무

① 보험계약자 또는 피보험자는 보험사고 발생사실을 안 때에는 지체 없이 보험자에게 그 통지를 발송하여야 한다.

② 보험계약자 또는 피보험자나 보험수익자가 제1항의 통지의무를 해태함으로 인하여 손해가 증가된 때에는 보험자는 그 증가된 손해를 보상할 책임이 없다.

(2) 제722조 : 배상청구사실 통지의무

① 피보험자가 제3자로부터 배상청구를 받았을 때에는 지체 없이 보험자에게 그 사실을 통지를 발송하여야 한다.

② 피보험자가 제1항의 통지를 게을리하여 손해가 증가된 경우 보험자는 그 증가된 손해를 보상할 책임이 없다. 다만, 피보험자가 제657조의 통지를 발송한 경우에는 그러하지 아니하다.

2. 국문 영업배상책임보험약관상 규정

(1) 계약자 또는 피보험자는 아래와 같은 사실이 있는 경우에는 지체 없이 그 내용을 회사에 알려야 한다.

① 사고가 발생하였을 경우 사고가 발생한 때와 곳, 피해자의 주소와 성명, 사고상황 및 이들 사항의 증인이 있을 경우 그 주소와 성명

② 피해자로부터 손해배상 청구를 받았을 경우

③ 피해자로부터 손해배상책임에 관한 소송을 제기 받았을 경우

(2) 계약자 또는 피보험자가 제1항 각호의 통지를 게을리하여 손해가 증가된 때에는 회사는 그 증가된 손해를 보상하지 않으며, 제1항 3호의 통지를 게을리 한 때에는 소송비용과 변호사비용도 보상하지 않습니다.

다만, 계약자 또는 피보험자가 상법 제657조 제1항에 의해 보험사고의 발생을 회사에 알린 경우에는 손해배상금 및 방어비용 또는 공탁보증보험료에 대하여 보상한도액을 한도로 보상한다.

26. 배상책임보험의 중복보험 시 보험금 분담에 대하여 약술하시오.

1. 의의

동일한 피보험자의 보험사고를 담보하는 두 개 이상의 보험이 존재하고, 이들 보험계약의 지급보험금의 합계액이 손해액을 초과하는 경우에 각 보험계약에서 보험금을 안분하여 지급하는 것을 보험금의 분담이라고 한다. 보험금 분담조항은 영문약관에서 타보험조항(Other insurance clause)이라고도 한다.

2. 보험금 분담방식의 유형

(1) 독립책임액 비례분담방식

국문 영업배상책임보험 약관에서 규정하고 있는 방식으로, 다른 보험계약이 없는 것으로 가정하여 각 보험자가 독립적으로 지급하여야 할 보험금을 산정한 후, 손해액에 대하여 각 보험자가 독립적으로 산정한 지급보험금의 합계액에 대한 각 보험자의 지급보험금의 비율로 분담하는 방식이다.

의무보험과 의무보험 또는 임의보험과 임의보험의 중복보험에 해당하는 경우에 독립책임액 비례분담방식으로 안분하는 것이 일반적이다.

(2) 균등액 분담방식

보험자의 보상한도가 낮은 보험계약의 보상한도금액이 소진될 때까지 순차적으로 균등액을 분담하는 방식이다. 이 방법은 각 보험계약의 보험금 지급조건이 동일하고 약관상 균등액 분담방식을 채택하고 있는 경우에 한하여 적용할 수 있다.

(3) 보험가입금액 분담방식(Contribution by limit)

상법 제725조의 2에서 규정하고 있는 방식으로, 각 보험자가 자기의 계약상 보상한도액이 전체 보험계약의 보상한도액의 합산액에서 차지하는 비율에 따라 보험금을 분담하는 방식이다.

(4) 초과액 분담방식(Contribution by Excess Share)

다른 유효한 보험계약이 존재하는 경우, 해당 보험으로부터 보상한도액까지 우선 보상을 받은 이후에 이를 초과하는 손해액을 지급하는 방식이다. 이때 우선 보상하는 보험을 기초보험이라 하고, 초과액을 지급하는 보험을 초과보험이라고 한다.

예를 들어, 재난배상책임보험과 국문 영업배상책임보험 시설소유(관리)자 특별약관이 가입되어 있는 경우, 의무보험인 재난배상책임보험의 보상한도가 모두 소진되는 경우에 한하여 임의보험인 영업배상책임보험 시설소유(관리)자 특별약관에서 보상한다.

기출문제 2014 신체손사, 약술 10점

타보험조항(Other insurance clause)에 대해 약술하시오.

27 | '수개의 책임보험'에 대한 상법 규정을 약술하고, 국문 영업배상책임보험 보통약관에서 규정하고 있는 보험금의 분담조항에 대하여 기술하시오. (2022년 기출)

1. 상법의 규정

(1) **상법 제725조의 2(수개의 책임보험)**

피보험자가 동일한 사고로 제3자에게 배상책임을 부담함으로써 입은 손해를 보상하는 수개의 책임보험계약이 동시 또는 순차로 체결된 경우에 그 보험금액의 총액이 피보험자의 제3자에 대한 손해배상액을 초과하는 경우에는 상법 제672조와 제673조를 준용하도록 규정하고 있다.

(2) **상법 제672조(가입금액 안분방식)**

동일한 보험계약의 목적과 동일한 사고에 관하여 수개의 보험계약이 동시에 또는 순차로 체결된 경우에 그 보험금액의 총액이 보험가액을 초과하는 때에는 보험자는 각자의 보험금액 한도내에서 연대책임을 진다. 이 경우에 보험자의 보상책임은 각자의 보험금액의 비율에 따른다.

(3) **상법 제673조(중복보험과 보험자 1인에 대한 권리포기)**

제672조의 규정에 의한 수개의 보험계약을 체결한 경우에는 보험자 1인에 대한 권리의 포기는 다른 보험자의 권리·의무에 영향을 미치지 않는다.

2. 국문 영업배상책임보험 보통약관상 보험금 분담조항

(1) 이 계약에서 보장하는 위험과 같은 위험을 보장하는 다른 계약이 있을 경우, 각 계약에 대하여 다른 계약이 없는 것으로 하여 각각 산출한 보상책임액의 합계액이 손해액을 초과할 때에는 독립책임액 안분방식에 따라 보상한다.

(2) **산식**

손해액 × (이 계약의 보상책임액 / 다른 계약이 없는 것으로 하여 각각 계산한 보상책임액의 합계액)

(3) 이 계약이 의무보험이 아니고 다른 의무보험이 있는 경우에는 다른 의무보험에서 보상되는 금액을 차감한 금액을 손해액으로 간주하여 제1항에 의한 보상할 금액을 결정한다.

(4) 피보험자가 다른 계약에 대하여 보험금 청구를 포기한 경우에도 회사의 제1항에 의한 지급보험금 결정에는 영향을 미치지 않는다.

28. 상법 제682조의 '보험자의 대위권'에 대하여 설명하시오. (2021년 기출)

1. 의의

상법 제682조에서 피보험자의 손해가 제3자의 행위로 발생한 경우에 보험금을 지급한 보험자는 지급보험금의 한도에서 제3자에 대한 보험계약자 또는 피보험자의 권리를 취득한다고 규정되어 있는 바, 이를 '청구권 대위'라고 한다. 이는 손해보험의 기본원리 중 하나인 '이득금지의 원칙'을 실현하는 수단이다.

2. 요건

(1) 제3자의 행위에 의한 손해의 발생

보험사고로 인한 손해가 제3자의 행위에 의한 것이어야 한다. 여기서 제3자는 피보험자 본인 이외에 타인을 의미한다. 단, 그 제3자가 피보험자와 '생계를 같이하는 가족'인 경우에 보험자 대위권을 행사한다면, 실질적으로 피보험자는 보험계약에서 보상을 받지 못하는 결과가 되므로 '생계를 같이하는 가족'은 대위권 행사 대상에서 제외한다.

(2) 보험금의 지급

대위권이 발생하려면 보험금의 전부 또는 일부를 지급해야 한다. 재물보험에서 인정되는 '잔존물 대위권'은 보험금 전부를 지급해야 한다는 점에서 차이가 있다.

3. 효과

(1) 제3자에 대한 청구권 취득

보험계약자 또는 피보험자가 제3자에게 갖는 권리는 채권양도 등 별도의 절차 없이 보험자에게 당연히 이전된다.

(2) 권리행사의 범위

제3자는 피보험자에 대한 항변사유로서 보험자에게 대항 할 수 있다. 제3자에 대한 권리는 새로운 권리가 발생한 것이 아니라 기존의 피보험자의 권리를 이전 받은 것이므로 소멸시효 등도 그대로 진행한다.

(3) 대위권 보전의무 부담

피보험자는 보험자가 대위 취득할 제3에 대한 청구권의 행사 및 보전을 위해 필요한 조치를 하여야 할 약관상 의무를 부담하는데, 이를 '대위권 보전의무'라고 한다. 예들 들어, 피보험자가 가해자의 책임재산을 보전하기 위하여 그 재산을 가압류하기 위해서 법무사 비용이 지출되었다면, 그 비용을 '대위권 보전비용'으로 보상한다.

4. 대위권 행사의 제한

(1) 피보험자의 권리 침해 금지

보험자가 보상할 보험금의 일부를 지급한 경우에는 피보험자의 권리를 침해하지 아니하는 범위에서 그 권리를 행사할 수 있다.

(2) 가족에 대한 대위권 행사 금지

보험계약자 또는 피보험자의 권리가 그와 생계를 같이하는 가족에 대한 것인 경우에는 그 권리를 취득하지 못한다. 다만, 손해가 그 가족의 고의로 인하여 발생한 경우에는 대위권을 행사할 수 있다.

29. 영업배상책임보험 시설소유(관리)자 특별약관의 담보위험과 책임법리에 대하여 설명하시오. (2023년 약술기출)

1. 의의

시설소유(관리)자 특별약관은 일정한 사업장 시설의 설치·보존상의 하자 또는 그 시설과 관련된 업무활동으로 인한 손해배상책임을 보장하는 특별약관이다. 국문 영업배상책임보험에서 가장 기본이 되는 특별약관이며, 각종 의무보험의 담보위험은 시설소유자 특별약관의 담보위험을 일부 변형한 형태에 해당하는 경우가 많다.

2. 담보위험

(1) 시설의 설치·보존상의 하자로 인한 손해배상책임

피보험자가 소유, 사용, 관리하는 시설의 하자로 인하여 발생된 사고에 대한 손해배상책임을 보상한다. 시설에는 부동산 뿐만 아니라 기계장치 등 동산을 모두 포함한다.

(2) 시설과 관련된 업무 수행상의 과실로 인한 손해배상책임

영업시설의 용도에 따른 업무 수행과정에서 발생한 사고에 대한 손해배상책임을 보상한다. 예를 들어, 음식점 직원이 뜨거운 화로를 옮기던 중 실수로 손님에게 화상을 입혔다면 그 신체손해에 대해 보상이 가능하다.

3. 책임법리

(1) 시설의 설치·보존상의 하자로 인한 손해배상책임

시설소유(관리)자 특별약관상 담보되는 '시설의 설치·보존상의 하자'로 인한 법률상 손해배상책임은 민법 제758조의 공작물 점유자·소유자책임을 근거로 한다. 공작물 점유자가 1차 책임을 부담하고, 공작물 점유자가 자신에게 과실 없음을 증명하면 공작물 소유자가 무과실 책임을 진다.

(2) 시설과 관련된 업무 수행상의 과실로 인한 손해배상책임

'시설과 관련된 업무 수행상의 과실'로 인한 손해배상책임은 민법 제750조의 일반 불법행위책임 및 제756조의 사용자책임을 근거로 한다.

사업주는 종업원이 업무상 과실로 고객(타인)에게 손해를 발생시킨 경우에는 민법 제756조의 사용자 책임에 근거하여 손해배상책임을 부담하고, 종업원은 피해자에 대하여 제750조의 일반불법행위책임을 부담한다. 피해자는 사업주 및 종업원에 대하여 선택적 또는 동시에 손해배상청구권을 행사할 수 있다.

30. 영업배상책임보험 시설소유(관리)자 특별약관의 구내치료비 추가특별약관에 대하여 설명하시오.

1. 의의

국문 영업배상책임보험 구내치료비 특별약관은 피보험자의 시설 구내에서 발생한 사고에 대해 법률상 배상책임이 없는 경우에 치료비를 보장하는 특약으로서, ① 고객과의 손해배상 여부에 대한 분쟁의 방지, ② 사업체의 이미지 관리, ③ 신속한 사고처리 목적으로 피보험자의 법률상 배상책임 없는 사고에 대하여 피해자의 치료비에 한해서 보상하는 추가 특별약관이다.

2. 보상하는 손해

피보험자의 시설 구내에서 발생한 제3자의 신체장해에 대하여 피보험자의 법률상 배상책임 없는 경우에 치료비를 보상한다.

3. 치료비 항목

치료비란 응급처치비, 치료, 수술, 영상촬영 등 제반검사, 보철치료를 포함한 치과치료, 구급차, 입원(건강보험 기준병실 기준), 병원이 실시한 전문간호 및 장례비를 말하며 국민건강보험법 적용대상인 한방치료를 포함한다.

4. 보상하지 않는 손해

(1) 사고일로부터 1년 후에 발생한 치료비
(2) 타인의 신체장해에 대하여 피보험자에게 법률상의 배상책임 있는 치료비
(3) 피보험자의 구내에서 시설의 관리, 개축, 철거, 수리 또는 신축하는 업무에 종사하는 사람이 입은 신체장해에 대한 치료비
(4) 피보험자나 피보험자의 동업자, 임차인, 기타 피보험자의 구내의 상주자 또는 이들의 근로자가 입은 손해
(5) 각종의 신체적 훈련, 운동경기 또는 시합에 참가 도중 입은 신체장해에 대한 치료비
(6) 국민건강보험법, 산재보험법 등 유사 법률에 의하여 보상되는 신체장해에 대한 치료비

기출문제 2008 1종 손사, 약술 10점

국문 영업배상책임보험의 '구내치료비담보 추가 특별약관'의 도입취지, 담보위험, 주요 면책위험을 영문약관인 C.G.L의 'Medical payment'와 비교 설명하시오.

31. 국문 영업배상책임보험의 구내치료비 추가 특별약관과 영문 영업배상책임보험의 Medical Payments 담보와 비교하여 설명하시오.

1. 담보위험

(1) 국문 영업배상책임보험 구내치료비 담보

피보험자의 시설 구내에서 발생한 사고로 타인이 입은 신체장해에 대한 치료비를 피보험자의 배상책임이 없는 경우에 보상하는 담보이다.

(2) 영문 C.G.L 보험의 Medical Payment 담보

보험기간 중에 담보지역에서 발생한 사고로 인해 제3자가 입은 치료비 손해를 보상하는 담보이다.

2. 담보의 비교

(1) 배상책임 여부

구내치료비 담보는 피보험자의 배상책임이 없는 사고의 경우에만 보상 가능하나, 영문 C.G.L 보험의 Medical Payment 담보는 배상책임 성립 여부와 관계없이 치료비를 보상한다.

(2) 사고장소

구내치료비 담보는 피보험자의 사업장 구내에서 사고가 발생한 경우에만 보상 가능하나, 영문 C.G.L 보험의 Medical Payment 담보는 피보험자의 사업활동과 관련하여 발생한 사고라면 반드시 사업장 구내에서 발생할 것을 요건으로 하지 않는다.

(3) 진단서 제출

구내 치료비 담보는 치료비 인정여부에 진단서 제출에 대한 특별한 제한이 없으나, 영문 C.G.L 보험의 Medical Payment 담보는 보험사가 지정한 의사의 진단서를 제출할 것을 요건으로 하고 있다.

32. 영업배상책임보험 시설소유(관리)자 특별약관의 '비행 추가 특별약관'에 대하여 설명하시오.

1. 의의

국문 영업배상책임보험 시설소유(관리)자 특별약관에서 전문 직업인의 업무행위로 인한 손해배상책임은 원칙적으로 면책사항에 해당하나, 본 추가 특약을 통하여 이용사 및 미용사의 업무상 과실로 인한 손해배상책임을 보장하는 특약이다.

2. 보상하는 손해

피보험자의 구내에서 행하는 업무로 인하여 타인에게 신체장해를 입히는 우연한 사고에 따른 배상책임을 보상한다.

3. 보상하지 않는 손해

(1) 법령에 의하여 금지된 행위나 기구, 기계 또는 장치 등의 도구사용으로 생긴 손해에 대한 배상책임
(2) 법령을 위반하여 고용한 근로자의 행위로 생긴 손해에 대한 배상책임
(3) 얼굴 주름살 펴기, 성형수술, 사마귀, 점 기타 이와 유사한 것의 제거행위로 생긴 손해에 대한 배상책임
(4) 불필요한 머리칼을 제거하기 위한 엑스레이나 전기광선 기구의 사용으로 생긴 손해에 대한 배상책임
(5) 숙련자의 감독하에 2개월 미만의 실습자가 파마기를 사용함에 따른 사고로 생긴 손해에 대한 배상책임
(6) 가연성 빗의 화재, 열 혹은 폭발로 생긴 손해에 대한 배상책임
(7) 가연성 드라이 샴푸의 사용으로 생긴 손해에 대한 배상책임

33. 영업배상책임보험 '도급업자 특별약관'에 대하여 설명하시오.

1. 의의

도급업자 특별약관이란 도급계약상 '수급인'의 작업의 수행 또는 작업을 위해 소유, 사용, 관리하는 시설로 인해 타인에게 입힌 신체손해 및 재물손해를 보장하는 보험을 말한다. 여기서 <u>'도급'이란 계약의 당사자 일방이 어떤 '일의 완성'을 약정하고 상대방이 그 일의 결과에 대하여 '보수'를 지급할 것을 약정하는 민법상의 전형계약 중 하나다</u>(민법 제664조).

2. 보상하는 손해

피보험자가 증권에 기재된 작업의 수행 또는 작업의 수행을 위하여 소유, 사용 또는 관리하는 시설로 생긴 우연한 사고에 의해 타인에게 신체장해 또는 재물손해를 입혀 이를 배상할 책임을 짐으로써 입은 손해를 보상한다.

(1) 법률상 손해배상금
(2) 비용손해

3. 보상하지 아니하는 손해

(1) 피보험자의 수급인(하수급인 등을 포함합니다)이 수행하는 작업으로 생긴 손해에 대한 배상책임. 그러나 아래의 경우에는 보상하여 드립니다.
　가. 계약을 맺을 때 미리 정하여 이에 해당하는 보험료를 받았을 때
　나. 피보험자가 소유·임차한 시설의 관리·수리 또는 그 시설 내에서 피보험자의 수급인이 수행하는 시설의 규모변경이나 이전이 아닌 구조변경작업으로 생긴 배상책임
(2) 피보험자의 수급인의 근로자가 피보험자의 하도급 작업에 종사 중 입은 신체장해에 대한 손해배상책임
(3) 공사의 종료(공사물건의 인도를 요하는 경우에는 인도) 또는 폐기 후 공사의 결과로 부담하는 배상책임
(4) 지하 매설물에 입힌 손해 및 손해를 입은 지하매설물로 생긴 다른 재물의 손해에 대한 배상책임
(5) 피보험자가 수행하는 공사가 전체공사의 일부인 경우 그 전체공사에 참여하고 있는 모든 근로자의 신체장해에 대한 배상책임

4. 추가 특별약관

(1) 일부 공사 추가 특별약관★
도급업자 특별약관에서 면책사항에도 불구하고 피보험자가 수행하는 공사가 전체공사의 일부인 경우, 그 전체공사에 참여하고 있는 모든 근로자에게 입힌 신체장해에 대한 배상책임은 보상한다.

(2) 운송위험 추가 특별약관
도급업자 특별약관에서 면책사유으로 규정하고 있는 자동차 · 선박 · 항공기로 인한 사고 중 피보험자가 소유, 점유, 임차, 사용 또는 관리하는 자동차로 화물 운송(상하역 작업을 포함)하는 도중에 적재된 화물로 인하여 발생한 사고로 발생한 타인에 대한 신체손해나 재물손해에 대한 배상책임을 담보하기 위한 특별약관이다.

(3) 폭발, 붕괴 및 지하 매설물 손해 추가 특별약관
도급업자 특별약관에서 면책사유에 해당하는 ① 지하 매설물 자체에 대한 손해, ② 폭발로 인해 발생하는 재물손해, ③ 토지의 내려앉음, 융기, 진동, 붕괴, 연약화 또는 토사의 유출로 생긴 토지의 공작물, 그 수용물, 식물 또는 토지의 망그러뜨림과 지하수의 증가 등으로 발생하는 손해에 대한 배상책임을 보상한다.

34. 영업배상책임보험의 '시설소유자(관리)자 특별약관'과 '도급업자 특별약관'을 비교하여 설명하시오.

1. 보상하는 손해

시설소유관리자 특별약관은 피보험자가 소유, 사용, 관리하는 시설 및 시설의 용도에 따른 업무의 수행으로 인해 타인에 대하여 발생한 법률상 손해배상책임을 보장하는 반면, 도급업자 특별약관은 피보험자의 작업의 수행 또는 작업을 위하여 소유, 사용, 관리하는 시설로 인해 타인에 대하여 발생한 법률상 손해배상책임을 보장한다.

2. 사고장소

시설소유관리자 특별약관은 보험에 가입한 완성된 시설에서 발생한 사고를 보장하는 반면, 도급업자 특별약관은 신축, 개축, 철거, 수리 등 진행중인 작업현장에서 발생한 사고를 보장한다.

3. 보험기간

시설소유관리자 특별약관은 통상적으로 1년의 연간 계약으로 설정하여 계약이 체결되나, 도급업자 특별약관은 해당 공사, 작업기간에 해당하는 단기 계약으로 체결되는 경우도 있고, 도급업자의 전체 공사, 작업현장을 포괄하여 보장하는 연간 계약으로 체결하기도 한다.

4. 가입대상

시설소유관리자 특별약관은 해당 시설의 소유자, 관리자, 점유자가 가입하는 반면에 도급업자 특별약관은 해당 작업이나 공사를 수주하여 직접 수행하는 도급업자(수급인)가 가입하는 보험이다.

35. 영업배상책임보험 '발주자 미필적 배상책임 특별약관'에 대하여 설명하시오.

1. 의의

도급공사 중 사고로 제3자에게 입힌 손해에 대한 배상책임은 원칙적으로 수급인에게 있지만, 예외적으로, 도급인(발주자)이 도급이나 지시에 관하여 감독부주의가 있으면 책임을 부담하여야 하는데, 이를 담보하는 특별약관이 발주자 미필적 배상책임 특별약관이다.

통상, 보험계약자인 수급인이 도급인을 피보험자로 하여 발주자인 도급인의 손해배상책임 담보하는 특약으로 '타인을 위한 보험'이라고 할 수 있다.

2. 법적근거

민법 제757조에서는 도급계약상 도급공사와 관련하여 발생한 사고로 인한 손해배상책임은 원칙적으로 수급인이 부담하는 것으로 하고 있으나, 예외적으로 도급인(발주자)에게 도급이나 지시에 관하여 중과실이 있으면 도급인에게 그 손해배상책임을 부담하도록 하고 있다.

3. '노무도급'의 책임관계

판례에 따르면, 도급은 수급인(도급업자)일의 완성을 독립적으로 수행하는 것이나, 실제 수급인이 도급인의 실질적인 관리·감독하에 도급업무를 수행하는 '노무도급'의 경우에는 도급인이 수급인의 행위에 대해 민법 제756조의 '사용자 책임'을 진다. 노무도급은 도급계약의 요건을 충족하지 못하므로 도급에 해당하지 않고 민법 제756조의 사용관계에 해당된다고 보는 것이다.

4. 보상하는 손해

수급인의 작업의 수행에 대한 피보험자(도급인)의 감독 부주의로 생긴 우연한 사고로 생긴 법률상배상책임을 부담함으로써 입은 손해를 보상한다.
(1) 법률상 손해배상금
(2) 비용손해

5. 보상하지 않는 손해

(1) 피보험자 또는 피보험자의 수급인(하수급인 등을 포함)의 근로자가 피보험자 또는 수급인의 하도급 작업에 종사 중 입은 신체장해에 대한 손해배상책임

(2) 작업의 종료(작업물건의 인도를 요하는 경우에는 인도) 또는 폐기 후 작업의 결과로 부담하는 손해에 대한 배상책임
(3) 폭발로 생긴 재물손해에 대한 배상책임
(4) 지하자원에 입힌 손해에 대한 배상책임

기출문제 2010 1종 손사, 약술 10점

발주자 미필적 배상책임보험 특별약관에 대하여 설명하시오.

36. 영업배상책임보험 '학교경영자 특별약관'에 대하여 설명하시오.

1. 의의

교육기본법 등에 의한 정규교육기관을 운영하는 피보험자가 학교경영과 관련하여 학교시설 및 학교업무 수행과정에서 발생한 사고로 인하여 발생한 신체장해 또는 재물손해에 대한 법률상배상책임을 보장하는 보험이다.

2. 책임법리

학교경영자 특별약관은 시설소유(관리)자 특별약관과 동일한 위험을 담보하므로 그 책임법리도 동일하다. 민법 제750조의 일반 불법행위책임 및 민법 제758조의 공작물 책임에 근거하며, 교직원이 업무상 과실로 학생 또는 제3자에게 손해를 발생시킨 경우에는 민법 제756조의 사용자 배상책임 조항에 따라 학교 경영자는 손해배상책임을 부담한다.

3. 기본용어 개념

(1) **학교**

교육기본법, 초중등교육법, 고등교육법 등에 의한 정규교육기관을 말하며, 유아 교육기관부터 대학교까지 보험가입의 대상이 된다.

(2) **학교업무의 범위** 2015 약술 기출

학교업무란 학교경영과 관련하여 학교시설 내에서 이루어지는 통상적인 업무활동으로 학교가 주관하는 학교행사의 수행과 관련된 업무를 말한다. 학교의 장이나 그 대리인이 허가하고 학교 교직원이 해당 교외활동 현장에서 인솔·감독하에 이루어지는 교외활동은 학교업무로 본다. 학교업무에는 학교 교육에 직접적으로 관련된 업무 뿐만 아니라 학교시설의 관리에 따르는 필수적, 부수적인 업무를 포함하며 견학, 외부실습, 수학여행 중의 사고도 포함된다.

4. 보상하는 손해

피보험자가 학교경영과 관련하여 소유, 사용, 관리하는 시설 및 학교시설이나 학교업무와 관련된 지역에서 학교업무의 수행으로 생긴 우연한 사고로 인해 법률상 손해배상책임을 부담함으로써 입은 손해를 보상한다.

(1) 법률상 손해배상금
(2) 비용손해

5. 보상하지 않는 손해

(1) 학교시설의 수리, 개조, 신축 또는 철거공사로 생긴 손해에 대한 배상책임. 그러나, 통상적인 유지, 보수작업으로 생긴 손해에 대한 배상책임은 보상합니다.
(2) 교직원이나 학생들의 개인적인 배상책임
(3) 학교의 운동선수로 등록된 자 또는 그의 지도·감독을 위하여 등록된 자가 그 운동을 위한 연습, 경기 또는 지도 중에 생긴 손해에 대한 배상책임
(4) 군사훈련 및 데모로 생긴 손해에 대한 배상책임

6. 추가 특별약관

(1) 치료비 추가 특별약관

1) 보상하는 손해
   학교경영자의 배상책임이 없는 경우에도 학교경영자 특별약관에 기재된 사고로 학생이 입은 신체장해에 대한 치료비를 보상합니다. 학생 이외의 방문객 등 제3자는 보장대상에서 제외된다는 점이 특징이다.

2) 보상하는 손해의 범위
   피해일로부터 180일을 한도로 한다. 시설소유(관리)자 특별약관의 구내치료비 추가특별약관이 사고일로부터 1년을 보장한다는 점에서 차이가 있다.

3) 보상하지 않는 손해
   가. 운동선수로 등록된 학생이 훈련, 연습경기, 시합 중에 입은 신체장해에 대한 치료비
   나. 타인의 신체장해에 대하여 피보험자에게 법률상의 배상책임 있는 치료비
   다. 학생의 신체장해에 대하여 피보험자가 치료하여 발생한 치료비
   다. 피보험자와 타인 간에 치료비에 관한 약정이 있는 경우 약정에 의하여 발생한 치료비
   마. 경주나 속도시합 또는 파괴시합 등 각종 경기나 묘기에 사용되는 운전차량, 제설기 및 여기에 부착되어 사용되는 트레일러로 생긴 신체장해에 대한 치료비

(2) 구내 치료비 추가 특별약관

학교 구내에서 발생한 사고로 학생이 입은 신체장해로 인한 치료비를 담보한다. 따라서 보장지역이 학교 구내인 점을 제외하고 '치료비 추가 특별약관'과 동일하다.

(3) 신입생 추가 특별약관

신입생이 입학식 이전에 학교에서 주최하는 학교행사에 참석 중에 입은 신체장해에 대한 치료비를 보상한다. 반드시 학교측의 인솔이 있어야 하며, 학교행사에 참석하기 위해 이동하거나 학교행사 종료 후에 이동하는 동안은 보상에서 제외된다. 여기서 <u>신입생이란 해당 학교의 입학전형에 합격하여 입학금 및 등록금을 납입한 자로서, 학교가 확정한 자를 말한다.</u>

기출문제 2015 약술 10점

국문 영업배상책임보험 학교경영자 특별약관에서 보상하는 손해와 학교업무의 범위에 대하여 약술하시오.

37. 영업배상책임보험 '임상시험 배상책임 특별약관'에 대하여 설명하시오.

1. 의의

피보험자가 시행한 임상시험에서 연구 시험대상자가 임상시험에 참여함으로써 시험 대상자에게 발생한 사망, 신체장해, 육체적·정신적 질병 등으로 인한 법률상 손해배상책임에 대해 배상청구가 제기된 경우에 법률상 손해배상책임을 보장하는 특별약관이다.

2. 보험가입대상

제약회사, 병원 및 연구기관

3. 담보기준

동 보험은 배상청구기준증권(Claim-made basis policy)에 해당하여 <u>보험증권에 기재된 소급담보일자 이후에 사고가 발생하고 보험기간 중에 처음 손해배상청구가 제기된 경우</u>에 한하여 보상한다.

4. 보상하는 손해

피보험자가 제조 또는 수입한 의약품의 임상시험으로 피험자의 신체에 생긴 우연한 사고로 인한 법률상 손해배상책임을 부담함으로써 입은 손해를 보상한다.
(1) 법률상 손해배상금
(2) 비용손해

5. 보상의 전제조건

(1) 임상시험 의뢰자 및 임상시험 실시기관은 임상시험에 관하여 약사법 기준의 제반 사항을 준수하여야 한다.
(2) 임상시험계약서 및 임상시험계획서를 준수하여야 한다.
(3) 위의 사항을 준수하지 아니하거나 계약 등에 위배되는 경우, 사고의 원인 여부에 관계없이 보상하지 않는다. 단, 직접적인 사고의 원인이 아님을 피보험자가 입증한 경우에는 보상한다.

6. 임상시험 서류작성 및 동의서 확보 의무

임상실험 실시기관은 의약품 등의 안전에 관한 규칙 및 임상시험계약서, 임상시험계획서에 정하고 있는 임상시험에 관한 기록을 철저히 작성, 유지하여야 하며 임상시험동의서를 확보, 유지하여야 한다.

7. 보상하지 아니하는 손해

(1) 임상시험계획서에 임상시험용 의약품으로 표기된 의약품 이외의 의약품 기타 식음료 등으로 생긴 손해에 대한 배상책임. 그러나 비교 임상시험의 경우 사용되는 대조약을 대조군에 사용함으로써 생긴 신체장해에 대한 배상책임은 보상한다.
(2) 피험자 이외의 사람(대조군 제외)에게 입힌 신체장해에 대한 배상책임
(3) 임상시험동의서를 받지 아니한 피험자에게 입힌 신체장해에 대한 배상책임
(4) 동물시험에 사용했던 것과 다르거나 동질성이 인정되지 않는 의약품으로 생긴 배상책임
(5) 보건복지부장관의 제조품목 허가 또는 수입허가를 받지 아니한 의약품으로 생긴 배상책임

8. 보험금 분담조항

(1) 임상시험 특별약관은 기초 보험증권으로서 다른 보험증권이 기초보험이 아니면 다른 보험증권에 우선하여 손해를 보상한다.
(2) 다른 보험증권이 기초 보험증권인 경우에는 독립책임액 비례분담방식에 따른다.

38. 국문 영업배상책임보험 '오염사고 특별약관'에 대하여 설명하시오.

1. 의의

국문 영업배상책임보험의 각 특별약관에서 면책으로 규정하고 있는 오염사고에 대하여 별도의 보험료를 받고 오염사고로 인한 손해배상책임을 보장하는 특약이다. 단, 급격하게 발생한 오염사고만을 담보하며, 장기축적사고(Long-tail loss)는 담보되지 않는다.

2. 보상하는 손해

각 특별약관의 규정에도 불구하고 각 특별약관에 기재된 시설 및 업무와 관련하여 급격하게 발생한 오염사고로 타인에게 손해배상책임을 부담함으로써 입은 손해를 보상한다.
(1) 법률상 손해배상금
(2) 비용손해

3. 보상한도의 특칙

(1) 회사는 보통약관 제3조 및 제8조의 규정에도 불구하고 법률규정 또는 손해방지 목적과 관계없이 손해배상금과 오염제거비용의 합계액을 보상한도액 내에서 보상한다.
(2) 손해배상을 수반하지 아니하는 오염제거비용에 대하여도 보험증권에 기재된 보상한도액 내에서 보상한다.

4. 보상하지 않는 손해

(1) 배출시설에서 통상적으로 배출되는 배수 또는 배기로 생긴 손해에 대한 배상책임 및 오염제거 비용
(2) 급격한 사고가 아닌 오염물질이 서서히, 계속적 또는 반복적으로 누적되어 발생한 사고로 생긴 손해에 대한 배상책임 및 오염제거비용

39. 국문 영업배상책임보험 '오염사고 추가 특별약관'과 '환경오염 배상책임보험'을 비교하여 설명하시오.

1. '보험사고' 개념의 차이

'환경오염 배상책임보험'에서는 급격하게 발생한 오염사고(Accident) 뿐만 아니라 서서히, 계속적, 반복적 또는 누적된 오염사고(Gradual Pollution)에 노출되어 그 결과로 발생한 장기축적사고까지 포함하지만, '오염사고 추가특별약관'에서는 서서히, 계속적, 반복적 또는 누적되어 발생한 사고는 면책사항으로 규정하고 있다.

2. 담보기준의 차이

오염사고 추가특별약관은 사고발생기준증권(Occurrence basis policy)이고, 환경오염배상책임보험은 배상청구기준증권(Claim-made basis policy)에 해당된다.

3. 책임법리

오염사고 추가 특별약관은 '과실책임주의'에 따라 법률상 배상책임 성립여부를 판단하는데 반하여, 환경오염 배상책임보험은 환경오염피해구제법에 근거하여 특정시설의 환경오염사고 발생시 '무과실책임주의'에 따라 배상책임 성립여부를 판단한다.

4. 가입강제 여부

환경오염배상책임보험은 특정시설에 대해 가입이 강제되는 의무보험이고, 오염사고 추가 특별약관은 가입여가 계약자의 선택에 맡겨진 임의보험이다.

40. 국문 영업배상책임보험에 규정되어 있는 아래의 특별약관에 대하여 각각 설명하시오.

문제 1 도급업자 특별약관에 규정되어 있는 '일부공사 추가 특별약관'에 대하여 약술하시오.

문제 2 학교경영자 특별약관에 규정되어 있는 '신입생 추가 특별약관'에 대하여 약술하시오.

문제 3 '교차배상책임 특별약관'에 대하여 약술하시오.

풀이

문제 1 도급업자 특별약관에 규정되어 있는 '일부공사 추가 특별약관'에 대하여 약술하시오.

도급업자 특별약관에서 피보험자가 수행하는 공사가 전체공사의 일부일 경우, 그 공사에 참여하는 모든 근로자에게 입힌 손해배상책임을 보상하지 않는 손해로 규정하고 있다.
이 경우에 '일부공사 추가 특별약관'의 가입을 통하여 그 전체공사에 참여하는 모든 근로자의 신체 장해를 입히는 사고에 대해서도 보상한다. 단, 이 경우에도 피보험자의 근로자에 대해서는 보상하지 않는다.

문제 2 학교경영자 특별약관에 규정되어 있는 '신입생 추가 특별약관'에 대하여 약술하시오.

'신입생 추가 특별약관'은 신입생이 입학 이전에 학교에서 주최하는 학교행사에 참석 중에 학교경영자의 법률상 배상책임 없는 사고로 입은 신체장해에 대한 치료비를 보상한다. 따라서, 신입생의 신체장해에 대하여 학교측의 배상책임 있는 치료비는 보상하지 않는다.
단, 학교행사에는 반드시 학교측의 인솔이 있어야 하며, 학교행사에 참석하기 위해 이동하거나 학교행사 종료 후 이동하는 동안은 보상대상에서 제외된다.

문제 3 '교차배상책임 특별약관(Cross liability clause)'에 대하여 설명하시오.

교차배상책임 특별약관이란 피보험자가 2인 이상인 경우에 피보험자 상호간의 손해배상책임을 담보하는 조항을 말한다.
국문 영업배상책임보험 보통약관의 보상하는 손해의 규정에도 불구하고 보험증권의 공동 피보험자에게 보험계약이 각각 체결된 것으로 간주하여 공동 피보험자 상호간에 입힌 손해를 보상한다. 그러나, 보상한도액은 보험증권에 기재된 가입금액을 초과할 수 없다.

41. 일상생활 배상책임보험에 대하여 설명하시오.

1. 의의

피보험자가 주거용으로 사용하는 주택의 소유, 사용 또는 관리에 기인하는 우연한 사고와 일상생활 중에 타인에게 손해를 입힘으로써 부담하게 되는 법률상 손해배상책임을 담보하는 보험을 말한다. 일상생활 배상책임보험은 단독상품으로 판매하지 않으며, 장기 인보험의 특약으로 탑재되어 있다.

2. 일상생활 배상책임보험의 종류

(1) 일상생활 배상책임보험
(2) 가족 일상생활 배상책임보험
(3) 자녀 배상책임보험

3. 피보험자

(1) 일상생활 배상책임보험

가. 기명 피보험자
나. 기명 피보험자와 동거하는 배우자

(2) 가족 일상생활 배상책임보험 2017 약술 10점

가. 기명 피보험자
나. 기명 피보험자의 배우자(가족관계등록부 또는 주민등록상에 기재된 배우자)
다. 기명 피보험자 또는 배우자와 생계를 같이하고, 보험증권에 기재된 주민등록상 동거중인 친족(* 민법 제777조 : 친족은 8촌 이내의 혈족, 4촌 이내의 인척을 의미한다.)
라. 기명 피보험자 또는 배우자와 생계를 같이하는 별거중인 미혼 자녀

(3) 자녀 배상책임보험

가. 기명 피보험자
나. 기명 피보험자의 법정 감독의무자

4. 보상하는 손해

(1) 법률상 배상책임

피보험자가 아래에 열거한 사고로 타인의 신체 또는 재물에 입힌 손해에 대한 법률상의 배상책임을 담보한다.

① 피보험자가 살고 있는 주택과 주택의 소유자인 피보험자가 임대 등을 통해 거주를 허락한 자가 살고 있는 주택 중 보험증권에 기재된 하나의 소유, 사용 또는 관리로 인한 우연한 사고

② 피보험자의 일상생활에 기인한 우연한 사고

(2) 비용 손해

손해방지비용, 대위권 보전비용, 협조비용, 소송비용, 공탁보증보험료

5. 보상하지 않는 손해

(1) 피보험자의 직무 수행으로 인한 배상책임
(2) 보험증권에 기재된 주택을 제외하고 피보험자가 소유, 사용 또는 관리하는 부동산으로 인한 배상책임
(3) 피보험자의 피용인이 피보험자의 업무에 종사중에 입은 신체장해로 인한 배상책임
(4) 피보험자와 세대를 같이하는 친족에 대한 배상책임
(5) 계약 등에 의해 법률상 배상책임보다 가중된 배상책임
(6) 피보험자가 소유, 사용, 관리하는 재물이 손해를 입었을 경우에 그 재물에 대하여 정당한 권리를 가진 사람에게 부담하는 배상책임. 단, 호텔의 객실이나 객실 내의 동산에 끼친 손해에 대한 배상책임은 보상한다.
(7) 피보험자의 심신상실에 의한 배상책임
(8) 피보험자 또는 피보험자의 지시에 따른 폭행 또는 구타로 인한 배상책임
(9) 항공기, 선박, 차량, 총기의 소유, 사용, 관리에 기인한 배상책임
(10) 폭력행위로 인한 배상책임

기출문제 2017 약술 10점

장기종합보험의 가족일상생활배상책임 특별약관에서 피보험자의 범위를 열거하고, 책임능력 없는 미성년자의 불법행위에 대한 책임법리를 약술하시오.

42. '생산물 배상책임보험'에 대하여 설명하시오.

1. 의의

생산물 배상책임보험이란 생산물의 제조, 공급, 유통, 판매의 일련의 과정에 관여한 자가 그 생산물의 결함에 기인된 사고로 소비자 등 제3자에게 법률상 손해배상책임을 부담함으로써 입은 손해를 보상하는 보험이다. 생산물배상책임보험은 국문·영문 약관 모두 (I), (II)로 구분되며 약관(I)은 손해사고기준증권이고, 약관(II)는 배상청구기준증권이다.

2. 생산물

생산물책임보험의 '생산물'은 제조물책임법상의 제조물을 포함하는 개념으로서 ① 제조물책임법상의 제조물(product)과 ② 완성작업(completed operation)으로 나눌 수 있다.

(1) 제조물 책임법상 '제조물'(product)

제조물이란 '제조되거나 가공된 동산'을 말한다. 제조란 재료에 인력을 가하여 새로운 물품을 만드는 것이고, 가공은 재료에 공작을 가하여 새로운 속성을 부가하거나 가치를 더하는 것을 말한다. 가공되지 않는 1차 생산물인 농수산물 등은 제조물이 아니지만, 여기에 가공력이 가해진 경우에는 다시 제조물이 된다.

(2) 완성작업(completed operation)

완성작업은 무형의 작업 또는 서비스(용역)로서 생산물 배상책임보험의 '생산물'에 해당된다. 예들 들어, <u>정수기 또는 승강기 등 각종의 설치·보수업체에서 수행한 설치·보수업무 자체가 생산물이 되는 것이다.</u>

3. 법적 근거

생산물배상책임보험의 법적근거는 ① 제조물책임법과 ② 민법이다. 제조되거나 가공된 동산의 '제조물 위험(product risk)'으로 인한 손해배상책임에 대해서는 '제조물책임법'이 적용되고 정수기, 승강기 등 각종의 설치·보수업체에서 설치·보수업무를 수행하고 대상물을 인도한 후에 발생하는 '완성작업 위험(completed operation risk)'으로 인한 손해배상책임은 '민법'의 불법행위책임 조항을 근거로 한다.

4. 책임법리

(1) 제조물 : 결함 책임주의(제조물책임법)

제조업자는 제조물의 결함으로 인한 인명피해나 재산손해에 대하여 배상책임을 부담하는바, 제조물의 결함에 대한 제조업자의 과실 여부는 불문한다. 과실 없이도 제품의 결함만으로 배상책임을 인정하므로 무과실책임주의가 적용되었다고 할 수 있다. 그러나, 결함에 대한 입증책임은 원칙적으로 피해자에게 있다.

(2) 완성작업위험 : 과실 책임주의(민법)

정수기, 승강기 등 각종의 설치·보수업체에서 설치·보수업무를 수행하고 대상물을 인도한 후에 발생하는 '완성작업위험(completed operation risk)'으로 인한 손해배상책임은 '무형의 작업에 대한 위험'을 담보하므로 제조물책임법의 결함책임주의가 적용되지 않고, 민법의 과실 책임주의가 적용되므로 피보험자의 업무상 과실이 인정되어야 손해배상책임이 발생한다.

5. 결함의 개념

제조물 책임법은 제조물의 '결함'으로 인한 인명피해나 재산손해에 대하여 배상책임을 부담한다. 여기서 말하는 결함의 유형은 아래와 같다.

(1) 제조상의 결함

제조업자가 제조물에 대한 제조·가공상의 주의의무의 이행 여부와 관계없이 제조물이 원래 의도한 설계와 다르게 제조·가공됨으로써 안전하지 못하게 된 경우를 말한다.

(2) 설계상의 결함

제조업자가 합리적인 대체설계를 하였더라면 피해나 위험을 줄일 수 있었음에도 불구하고 대체설계를 채용하지 아니하여 그 제조물이 안전하지 못하게 된 경우를 말한다.

(3) 표시상의 결함

제조업자가 합리적인 설명, 지시, 경고 기타의 표시를 하였더라면 그 제조물에 의한 피해나 위험을 줄이거나 피할 수 있었음에도 불구하고 이를 하지 않은 경우를 말한다.

6. 피보험자

생산물배상책임보험의 피보험자는 당해 생산물 사고로 인하여 피해자로부터 손해배상청구를 받을 수 있는 자로써, 일반적으로 생산물의 제조, 공급, 판매의 일련의 과정에 관여한 모든 사람이라고 할 수 있다.

(1) **제조업자** : 제조물의 제조·가공을 업으로 하는 자

(2) **수입업자** : 해당 제조물을 해외로부터 수입한 자

(3) **표시상의 제조업자**

제조물에 성명·상호·상표 또는 그 밖에 식별 가능한 기호 등을 사용하여 자신을 제조업자나 수입업자로 표시한 자, 제조업자나 수입업자로 오인시킬 수 있는 표시를 한 자도 제조업자와 같은 배상책임을 진다.

(4) **공급업자**

영리 목적으로 제조물을 판매·대여 등의 방법으로 공급한 자는 ① 제조업자를 알 수 없는 경우 또는 ② 제조물의 제조한 자를 알았거나 알 수 있었음에도 불구하고 이를 상당기간 내에 피해자에게 알리지 아니한 때에는 제조물 책임을 부담한다.

(5) **시설물 설치·보수업자**

7. 보상하는 손해

피보험자가 제조, 판매, 공급 또는 시공한 생산물이 타인에게 양도된 후 그 생산물로 발생한 보험사고로 인하여 피해자에게 신체장해나 재물손해에 대한 법률상 배상책임을 부담함으로써 입은 아래의 손해를 보상합니다.

(1) 법률상 손해배상금

(2) 비용손해

8. 보상하지 않는 손해

(1) 계약자 또는 피보험자가 고의 또는 중대한 과실로 법령을 위반하여 제조, 판매, 공급 또는 시공한 생산물로 생긴 손해에 대한 배상책임

(2) 피보험자의 생산물로 생긴 수질오염, 토지오염, 대기오염 등 일체의 환경오염에 대한 배상책임 및 오염제거비용

(3) 생산물 및 구성요소의 고유의 흠, 마모, 찢어짐, 점진적인 품질하락에 대한 배상책임

(4) 생산물의 성질 또는 하자에 의한 생산물 자체의 손해에 대한 배상책임

(5) 결함있는 생산물 회수, 검사, 수리 대체비용 및 사용손실에 대한 배상책임

43. 생산물 배상책임보험의 '판매인 특별약관'에 대하여 설명하시오.

1. 의의

생산물을 판매하는 도매업자나 소매업자를 피보험자로 추가하여 담보하는 생산물 배상책임보험의 특별약관이다. 이 특약은 생산물 판매업자가 예외적으로 생산물로 인한 손해배상책임이 발생하는 경우를 대비하여 가입하는 특약이다. 판매인 특별약관이 첨부되는 것은 판매인이 제조업자가 가입하고 있는 생산물 배상책임보험의 피보험자로 추가(Additional Insured)되는 것이다.

2. 보상하지 않는 손해

(1) 피보험자가 승인하지 않은 보증서로 생긴 손해에 대한 배상책임
(2) 판매인이 생산물을 물리적 또는 화학적으로 형태를 변경하여 생긴 손해에 대한 배상책임
(3) 생산물을 재포장함으로써 생긴 손해에 대한 배상책임. 그러나 제조업자의 지시에 따라 오로지 부품을 검사, 전시, 시험 또는 대체하기 위하여 포장을 벗긴 후에 원래의 용기에 재포장함으로써 생긴 손해에 대한 배상책임은 보상한다.
(4) 생산물의 전시, 설치 또는 수리작업으로 생긴 손해에 대한 배상책임
(5) 판매인 등이 생산물에 상표를 붙이든지 바꾸거나 생산물을 다른 물건의 용기, 부품 또는 성분으로 사용함으로써 생긴 손해에 대한 배상책임

44 의사 및 병원 배상책임보험에 대하여 설명하시오. (2018, 2023년 약술 10점)

1. 의의

의사 및 병원배상책임보험은 전문인 배상책임보험의 대표적인 보험으로서, 피보험자의 의료과실로 인해 발생한 환자의 신체손해에 대한 법률상 배상책임을 보장하는 보험이다. 의사 및 병원배상책임보험은 의료과실로 인한 사고 뿐만 아니라 병원의 시설과 관련하여 발생한 사고로 인한 배상책임과 병원에서 제조하는 음식물 등 생산물에 의하여 발생한 사고로 인한 배상책임 손해를 보상하는 약관에 선택적으로 가입할 수 있도록 하고 있다.

2. 의료과실

의료과실이란 의료인의 의료행위 과정에서 발생한 업무상의 주위의무위반을 의미하며, 이는 적극적인 행위에 의한 의료과실과 부작위에 의한 의료과실에 의해 발생한다. 의료과실의 있는지 여부에 대한 판단은 의사가 의료행위를 함에 있어 통상적으로 갖추어야 할 의료지식과 기술을 갖추고 선량한 관리자의 주의의무를 다했는지에 따라 판단한다.

3. 책임 법리

(1) 과실책임주의

의사 및 병원은 환자와 의료행위에 대한 일종의 의료계약을 맺고 그 채권·채무를 이행하는 바, 과실책임주의에 따라 민법 제390조의 채무불이행책임 또는 제750조의 불법행위책임을 근거로 손해배상청구권이 발생한다. 피해자인 환자로서는 채무불이행책임에 따른 손해배상책임을 묻는 것이 유리하다고 생각되나 판례에서는 주로 불법행위책임을 청구원인으로 삼는다. 따라서, 피해자인 환자측에서 민법 제750조의 요건(의사의 과실있는 의료행위, 손해의 발생, 인과관계)을 입증하여야 한다.

(2) 입증책임의 완화

1) 과실의 추정

의료사고의 피해자인 환자의 입장에서 의사의 업무상 과실을 입증하여야 하는바, 전문적인 의학지식이 없는 일반인으로서 이를 입증하기는 매우 어렵다. 이에 대해 판례는 피해자의 입장에서 의료행위로 인하여 손해가 발생하였음을 입증한 때에는 의사에게 과실이 있는 것으로 추정함으로써 의사의 입장에서 과실이 없음을 입증하지 못하면 손해배상책임을 부담하는 '과실추정의 법리'를 적용하고 있다.

2) 인과관계의 추정

손해배상책임이 인정되기 위해서는 의료인의 의사의 업무상 과실과 손해 사이의 인과관계를 피해자인 환자측에서 입증하여야 하는데, <u>고도의 전문적인 지식을 요하는 의료행위에 있어서 업무상 과실과 손해와의 인과관계를 의학적으로 입증한다는 것도 매우 어려운 일이다.</u>

따라서, 의료과실의 입증책임은 피해자가 '의료행위 과정에서 일반인의 상식에 바탕을 둔 의사의 업무상 과실을 증명하고 그 의료행위와 결과와의 사이에 일련의 의료행위 외에 다른 원인이 개재될 수 없다는 점을 입증'한 경우에는 의료상 과실과 결과 사이의 인과관계를 추정하여 입증책임을 완화해야 한다는 것이 대법원 판례의 입장이다.

4. 약관체계

의사 및 병원 배상책임보험은 전문직업위험에 대한 ① 의료과실 배상책임조항과 시설과 관련된 위험을 담보하는 ② 일반 배상책임조항 및 ③ 특별약관으로 구성되어 있다.

(1) 일반조항

(2) 의료과실 배상책임 담보조항

(3) 일반 배상책임 담보조항

(4) 특별약관

5. 담보기준

의료사고는 의료행위의 시점과 사고발생이 장기간에 걸쳐 발생하는 경우가 많고, 사고 발생 시점을 특정하기 어려운 경우가 많아 배상청구기준 증권(Claim-made Basis Policy)으로 판매되고 있다.

6. 보장하는 위험의 유형 2023 약술 10점

(1) 의료과실 배상책임조항(필수담보)

의사 및 병원이 행하는 <u>의료행위와 관련하여 타인에게 신체장해를 입혀 발생하는 법률상 배상책임</u>을 담보하는 것으로, 의사 및 병원배상책임보험의 필수 가입담보이다.

1) 보상하는 손해

피보험자가 수행하는 의료과실에 기인된 의료행위로 인해 환자에게 신체장해를 입힌 의료사고로, 보험기간 중 최초로 손해배상청구가 제기됨으로써 발생하는 법률상 손해배상책임을 보상한다. 단, 보험증권상 소급담보일자가 기재되어 있을 경우, 소급담보일자 이전에 생긴 사고에 대한 사고는 보상하지 않는다.

가. 법률상 손해배상금
　　나. 비용손해
　2) 보상하지 않는 손해
　　가. 무면허 또는 무자격자의 의료행위로 생긴 손해에 대한 배상책임
　　나. 의료결과를 보증함으로써 가중된 배상책임
　　다. 피보험자의 친족에 대한 배상책임
　　라. 피보험자의 지시에 따르지 않는 피보험자의 피용인이나 의료기사의 행위로 생긴 손해에 대한 배상책임
　　마. 미용 또는 이에 준한 것을 목적으로 한 의료행위 후 그 결과에 관하여 생긴 손해에 대한 배상책임
　　바. 공인되지 않는 특수 의료행위를 함으로써 생긴 손해에 대한 배상책임

(2) 일반 배상책임조항(선택담보)
　1) 보상하는 손해
　　전문직업배상책임 아닌 일반 영업배상책임보험에서 보장하는 시설, 주차시설 및 생산물배상책임보험에서 보장하는 음식물, 의약품 등의 생산물로 인한 손해배상책임을 담보한다.
　　가. 피보험자가 제조, 판매, 공급하는 재물이 타인에게 양도된 후 그 생산물로 생긴 우연한 사고(생산물 배상책임)
　　나. 피보험자가 소유, 사용 또는 관리하는 시설 및 그 시설의 용도에 따른 업무의 수행으로 생긴 우연한 사고(시설소유(관리)자 배상책임)
　　다. 피보험자가 소유, 사용, 관리하는 주차시설 및 그 시설의 용도에 따른 주차업무의 수행으로 생긴 우연한 사고(주차장 배상책임)
　2) 보상하지 않는 손해
　　국문 영업배상책임보험 및 생산물 배상책임보험의 면책사유와 유사하다.

7. 특별약관

(1) 형사 방어비용 특별약관
　피보험자가 의료과실에 의한 의료사고로 인하여 타인의 신체장해를 입혀 구속되었을 경우 변호사 보수 등 피보험자가 지출한 비용에 대하여 1사고당 가입금액 한도 내에서 보상한다.

(2) 벌금 특별약관
　피보험자가 의료행위 수행 중 과실로 인하여 확정판결에 의하여 피보험자가 부담하는 벌금을 가입금액 한도내에서 보상한다.

(3) 관습상 비용 및 형사합의금 담보 특별약관

의료행위의 결과로 환자가 사망하고 환자의 유족이 피보험자의 과실을 주장하여 의료분쟁을 제기하여 보험회사에 의료분쟁조정이 접수되거나 사법기관에 고소, 고발이 이루어진 건에 한하여 피보험자의 배상책임 유무에 관계없이 관습상 유족에게 지급한 조의금 또는 형사합의금을 보상한다.

(4) 경호비용 담보 특별약관

의료사고의 피해자들이 영업방해, 점거, 난동 및 부당한 보상강요에 대응하기 위하여 필요한 경호비용을 보상한다.

(5) 피보험자 지정 특별약관

기명 피보험자의 지시·감독에 따라 상시적 또는 일시적으로 기명 피보험자의 의료행위를 보조하는 자를 피보험자로 지정하여 보상한다. 단, 기명 피보험자와 동일한 면허 또는 자격을 취득한 의사로서 기명 피보험자에 의해 고용된 자는 제외한다.

(6) 의료사고로 인한 폭행 및 악의적 파괴행위 담보 특별약관

의료사고의 피해자들이 피보험자에게 고의적이고 악의적인 행위로 폭행을 가해 신체장해를 입히거나 피보험자가 소유, 관리하는 시설 또는 재물에 입힌 손해를 보상한다.

기출문제 2018, 2023 약술

1. 의사 및 병원 배상책임보험 보통약관의 의료과실 배상책임담보조항에서 담보하는 의료과실(사고)의 정의, 법률상 의료과실의 판단기준, 보상하지 아니하는 손해(일반조항의 보상하지 아니하는 손해 제외)에 대해 약술하시오. (2018년, 10점)

2. 상기 보험계약에서 피보험자의 범위에 대하여 기재하고, 의사 및 병원 배상책임보험약관의 담보위험에 대하여 약술하시오. (2023년, 10점)

45. 화재보험법에 따른 '특약부 화재보험'에 대하여 설명하시오.

1. 의의

특수건물 소유자는 그 건물의 화재로 인하여 타인의 생명, 신체 또는 재물에 손해가 발생한 경우를 대비하여 '특약부 화재보험'에 의무가입 하도록 하고 있다. 특약부 화재보험은 보상책임주의를 그 특징으로 하며, 별도로 손해액 산정기준이 법령에 규정되어 있다.

2. 법적 근거

특약부 화재보험의 법적 근거는 '화재로 인한 재해보상과 보험가입에 관한 법률' 제5조이다.

3. 의무 가입대상

동 보험은 특수건물의 소유자가 가입해야 하는 보험으로, 특수건물의 범위는 다음과 같다.

(1) 특수건물

① 16층 이상의 아파트, 11층 이상의 건물, 실내사격장
② 바닥면적 3000㎡ 이상 : 대규모점포, 숙박업, 도시철도역사
③ 연면적 3000㎡ 이상 : 공장, 병원, 학교, 방송국, 공연장, 농수산물도매시장, 관광숙박업
④ 바닥면적 2000㎡ 이상 : 학원, 게임제공업, 인터넷게임시설제공업, 음식점, 노래연습장, 단란주점, 유흥주점, 목욕장, 영화상영관
⑤ 연면적 1000㎡ 이상 : 국유건물, 공유건물

(2) 미가입 시 제재

특수건물 소유자는 소유권 취득일 등으로부터 30일 이내에 동 보험에 가입하여야 하며, 특약부 화재보험에 가입하지 않을 경우 500만원 이하의 벌금에 처한다(화보법 제23조).

4. 책임법리

특수건물 소유자는 그 건물의 화재로 타인이 사망하거나 부상을 입었을 경우에 특수건물 소유자에게 과실이 없는 경우에도 법률에서 정한 보상범위 내에서 손해를 배상할 책임이 있다. 손해액 산정기준이 민사 손해배상금 산출기준이 아닌 법령에 별도로 규정되어 있다는 점에서 이는 보상책임주의를 적용한 것이라고 볼 수 있다.

5. 보상하는 손해

특수건물의 화재로 인하여 타인이 사망하거나 부상함으로써 또는 재물의 손해에 대해 법률상 손해배상책임을 보장한다. 단, 실손해액은 화보법 시행령 제5조 및 시행규칙 제2조에 따라 산정된다. 여기서 '타인'이란 특수건물의 소유자 및 그 주거를 같이하는 직계가족(법인의 경우 이사 또는 업무집행기관) 이외의 사람을 말한다. 종업원은 원칙적으로 타인에 해당되나 산재보험에 가입되어 있는 경우에는 '종업원 신체배상책임 부담보 추가특약'에 가입할 수 있다.

6. 보상한도

(1) 신체손해

1) 사망

   피해자 1인당 1억 5,000만원 한도 내에서 피해자에게 발생한 손해액
   단, 손해액이 2,000만원 미만인 경우에는 2,000만원으로 한다.

2) 부상

   피해자 1인당 1급(3,000만원)~14급(50만원) 한도 내에서 발생한 손해액

3) 장해

   피해자 1인당 1급(1억 5,000만원)~14급(1,000만원) 한도 내에서 발생한 손해액

4) 보험금의 병급

   가. 부상 당한 자가 치료 중 그 부상이 원인이 되어 사망한 경우에는 부상에 따른 금액과 사망에 따른 금액의 합산액

   나. 부상 당한 자에게 후유장해가 생긴 경우에는 부상과 후유장해에 따른 금액의 합산액

   다. 후유장해에 따른 금액을 지급한 후 그 부상이 원인이 되어 사망한 경우에는 사망에 따른 금액에서 후유장해에 따른 금액 중 사망한 날 이후의 손해액을 뺀 금액

(2) 재물손해

1사고당 10억원의 한도 내에서 피해자에게 발생한 손해액을 지급한다. 동법 시행령 제5조 제4호에 따른 손해액은 다음 각 호의 금액을 더한 금액으로 한다.

1) 화재로 인하여 피해를 입은 당시의 그 물건의 교환가액 또는 필요한 수리를 하거나 이를 대신할 수리비

2) 수리로 인하여 수입에 손실이 있는 경우에는 수리기간 중 그 손실액

7. 실 손해액 산정기준

(1) 사망
① 화재로 인하여 사망한 때의 월급액이나 월실수입액 또는 평균임금에 장래의 취업가능기간을 곱한 금액(중간이자 공제, 과실상계, 생계비 공제를 적용하지 않는다.)
② 남자 평균임금의 100일분에 해당하는 장례비

(2) 부상
부상 보험금의 손해액은 치료하는데 소요되는 모든 비용을 산정한다. 단, 부상으로 인한 휴업손해 및 위자료 등은 포함하지 않는다.

(3) 장해
장해 보험금의 손해액은 노동능력상실 정도에 따라 피해를 입은 당시의 월급액이나 월 실수입액 또는 평균임금에 장래의 취업가능기간을 곱한 금액으로 하며, 위자료 등 다른 손해액은 포함하지 않는다.

8. 보상하지 않는 손해

(1) 피해자의 고의, 중대한 과실 또는 법령위반으로 생긴 화재로 피해자 본인이 입은 손해
(2) 전쟁, 폭동 및 그 밖의 사변으로 생긴 손해
(3) 핵연료물질 또는 핵연료물질에 의해서 오염된 물질의 방사성, 폭발성, 그 밖의 유해한 특성 또는 이들의 특성에 의한 사고

9. 보험금의 비례배분

피보험자가 둘 이상인 경우에는 회사가 지급할 보험금을 한도로 하여 재해를 입은 특수건물의 소유 지분 비율에 따라 보상한다.

10. 건물소유자의 종업원 배상책임 부담보 추가특약

특수건물 소유자의 종업원이 산재보험에 가입되어 있는 경우에 한하여 동 특약을 첨부하여 부담보 할 수 있다.

46. 다중이용업소 화재배상책임보험에 대하여 설명하시오.

1. 의의

다중이용업소 화재배상책임보험이란 '다중이용업소의 안전관리에 관한 특별법'에 따라 다중이용업소의 화재, 폭발로 인하여 타인에게 신체손해나 재물손해로 인한 손해배상책임을 보장하는 보험이다.

2. 법적근거

2013년 2월 23일 시행된 '다중이용업소의 안전관리에 관한 특별법'이 법적 근거이다.

3. 책임법리

동 보험의 책임법리는 과실책임주의였으나, 2021년 1월에 법률 개정을 통하여 무과실책임주의로 변경되었다. 따라서, 다중이용업주의 과실이 없는 경우에도 사고 발생에 따른 손해배상책임을 부담한다. (단, 개정 법률 시행은 2021년 7월 6일)

4. 가입대상 및 가입면제 대상

(1) 의무가입 대상

휴게음식점, 제과점, 일반음식점(100㎡ 이상), 단란주점, 유흥주점, 영화상영관, 비디오감상실, 학원, 목욕장(찜질방), 게임제공업, 인터넷컴퓨터 게임시설제공업 및 복합유통 게임제공업, 노래연습장, 산후조리원, 고시원, 비디오물 소극장업 및 복합영상물제공업, 권총사격장, 골프연습장, 안마시술소, 전화방, 화상대화방, 수면방, 콜라텍, 키즈카페, 만화카페, 방탈출카페 업종이다.

(2) 가입면제 대상

화재보험법에 의한 '특수건물'에 입점된 다중이용업소는 의무 가입대상이 아니다.

5. 보상하는 손해

피보험자가 소유, 사용, 관리하는 다중이용업소의 화재, 폭발로 인하여 타인의 신체 또는 재물에 대한 법률상의 손해배상책임을 부담함으로써 입은 손해를 보상한다.

(1) 법률상 손해배상금
(2) 비용손해

6. 보상한도 ★ 2019 개정사항

(1) 신체손해

1) 사망 : 피해자 1인당 1억 5천만원(단, 실손해액이 2천만원 미만인 경우에는 2천만원)
2) 부상 : 1급 3천만원~14급 80만원(상해 등급별 한도로 실손해 보상)
3) 후유장해 : 1급 1억 5천만원~14급 1천만원(후유장해 등급별 한도로 실손해 보상)
4) 보험금의 병급
   가. 부상 당한 자가 치료 중 그 부상이 원인이 되어 사망한 경우에는 부상에 따른 금액과 사망에 따른 금액의 합산액
   나. 부상 당한 자에게 후유장해가 생긴 경우에는 부상과 후유장해에 따른 금액의 합산액
   다. 후유장해에 따른 금액을 지급한 후 그 부상이 원인이 되어 사망한 경우에는 사망에 따른 금액에서 후유장해에 따른 금액 중 사망한 날 이후의 손해액을 뺀 금액

(2) 재물손해 : 1사고당 10억원

7. 보상하지 않는 손해

(1) 통상적이거나 급격한 사고에 의한 것인가의 여부에 관계없이 공해물질의 배출, 방출, 누출, 넘쳐흐름 또는 유출로 생긴 손해에 대한 배상책임 및 오염제거비용
(2) 배출시설에서 통상적으로 배출되는 배수 또는 배기로 생긴 손해에 대한 배상책임
(3) 벌과금 및 징벌적 손해에 대한 배상책임
(4) 선박 또는 항공기의 소유, 사용 또는 관리로 인한 손해에 대한 배상책임
(5) 화재, 폭발사고를 수반하지 않은 자동차 사고로 인한 손해에 대한 배상책임

47. 재난안전 기본법에 근거한 '재난배상책임보험'에 대하여 설명하시오.

1. 의의

재난배상책임보험이란 '재난 및 안전관리 기본법'에 따라 재난취약시설의 화재, 폭발, 붕괴 사고로 인하여 타인의 생명, 신체 또는 재물에 대한 손해를 보상하는 의무보험이다.

2. 법적 근거

2017년 1월 8일부터 '재난 및 안전관리 기본법' 제76조 제2항를 근거로 재난사고의 발생 가능성이 높은 19종의 시설에 대하여 본 보험을 의무가입 하도록 규정하고 있다.

3. 책임법리

재난배상책임보험은 피보험자(가해자)의 과실이 없는 경우에도 배상책임을 지는 '무과실책임주의'에 따라 손해배상책임 여부를 결정한다. 다만, <u>가해자인 피보험자의 손해배상책임이 인정되는 경우에도 피해자의 과실이 있는 경우에는 이를 상계한다.</u> (과실상계)

4. 의무 가입대상 [2017 약술 10점]

숙박(관광숙박)시설, 과학관, 물류창고, 박물관 및 미술관, 1층 음식점(100㎡ 이상), 장례식장, 경륜·경정·경마장 및 장외시설, 국제회의시설, 지하상가 및 지하도 상가, 도서관, 주유소, 여객자동차터미널, 전시시설, 15층 이하의 공동주택, 농어촌 민박업

> **15층 이하의 분양아파트·임대아파트, 대규모 연립주택**
> - 300세대 이상의 분양·임대 공동주택
> - 150세대 이상으로 승강기가 설치된 분양 공동주택
> - 150세대 이상으로 중앙난방식 분양 공동주택

5. 가입제외 대상

(1) 다중이용업소의 안전관리에 관한 특별법 제2조 제1호에 따른 다중이용업으로 화재배상책임보험에 가입해야 하는 시설

(2) 화재로 인한 재해보상과 보험가입에 관한 법률 제2조 제3호에 따른 특수건물로서 신체손해배상특약부 화재보험에 가입해야 하는 시설

(3) 국유재산법, 공유재산 및 물품관리법에 따라 보험 또는 공제 등에 가입해야 하는 국·공유 시설

6. 보상하는 손해

보험기간 중에 발생한 피보험자가 소유, 관리 또는 점유하는 시설에서 화재, 폭발, 붕괴로 발생한 타인의 생명·신체, 재산상의 손해에 대하여 피보험자가 부담하는 손해를 보상한다.
(1) 법률상 손해배상금
(2) 비용 손해

7. 보상한도

(1) 신체손해

1) 사망 : 1억 5천만원(실손해액이 2천만원 미만인 경우에는 2천만원)
2) 부상 : 1급 3천만원~14급 50만원(상해 등급별 한도로 실손해 보상)
3) 후유장해 : 1급 1억 5천만원~14급 1천만원(후유장해 등급별 한도로 실손해 보상)
4) 보험금의 병급
   가. 부상 당한 자가 치료 중 그 부상이 원인이 되어 사망한 경우에는 사망과 부상에 따른 한도금액의 합산액 범위에서 피해자에게 발생한 손해액
   나. 부상 당한 자에게 후유장해가 생긴 경우에는 부상과 후유장해에 따른 금액의 합산액
   다. 후유장해에 따른 금액을 지급한 후 그 부상이 원인이 되어 사망한 경우에는 사망에 따른 금액에서 후유장해에 따른 금액 중 사망한 날 이후의 손해액을 뺀 금액

(2) 재물손해 : 1사고당 10억원

8. 보상하지 않는 손해

(1) 전쟁, 혁명, 내란, 사변, 폭동, 소요, 노동쟁의 기타 이들과 유사한 사태로 생긴 손해에 대한 배상책임
(2) 지진, 분화, 홍수, 해일 또는 이와 비슷한 천재지변으로 생긴 손해에 대한 배상책임
(3) 티끌, 먼지, 석면, 분진 또는 소음으로 생긴 손해에 대한 배상책임
(4) 통상적이거나 급격한 사고에 의한 것인가의 여부에 관계없이 공해물질의 배출, 방출, 누출, 넘쳐흐름 또는 유출로 생긴 손해에 대한 배상책임 및 오염제거비용

[참고] 화재 관련 의무보험 비교

구분	특약부 화재보험	다중이용업소 화재배상책임 보험	재난배상책임 보험
근거법령	화보법	다중이용업소법	재난안전법
가입대상	특수건물 소유자	다중이용업주	가입대상시설 점유, 소유, 관리자
책임법리	보상책임주의	무과실책임주의	무과실책임주의(약관)
보험사고	화재 (주택은 폭발 포함)	화재, 폭발	화재, 폭발, 붕괴
과실상계	미적용	적용	적용

* 다중이용업소 화재배상책임보험 과실책임주의 → 무과실책임주의로 변경
  2021. 1. 5일 법률 개정되었으며, 2021. 7. 6일부터 시행됨
* 재난배상책임보험은 근거법률인 재난 및 안전관리 기본법에 무과실책임주의에 대한 근거조항이 없으며, 재난배상책임보험 약관에서 과실여부를 불문하고 보상하는 것으로 규정하고 있다는 점에서 특이하다.(법률상 배상책임은 없는데, 약관상 보상책임이 발생하는 예외적인 상황이 발생한다.)

기출문제 2017 약술 10점

'재난 및 안전관리 기본법'에 따라 의무적으로 가입해야 하는 재난배상책임보험의 의무가입대상 시설과 의무가입 면제시설을 열거하고, 담보위험과 대인사고에 대한 보상한도를 기술하시오.

48. 다중이용업소 화재배상책임보험의 부상 및 장해등급 조정기준에 대하여 약술하시오. (재난배상책임보험을 제외한 다른 의무배상책임보험도 동일 기준 적용)

1. 부상

(1) 2급부터 11급까지의 부상 중 2가지 이상의 부상이 중복된 때에는 가장 높은 등급에 해당하는 부상으로부터 하위 3등급 사이의 부상이 중복된 때에 한하여 가장 높은 부상 내용의 등급보다 한 등급 높은 급액으로 배상한다.

(2) 일반 외상과 치아 보철이 필요한 부상이 중복된 경우 1급의 금액을 초과하지 않는 범위에서 부상등급별로 해당하는 금액의 합산액을 배상한다.

(3) 2급부터 11급까지의 부상 중 개방성 골절은 해당 등급보다 한 등급 높은 금액으로 배상한다.

(4) 2급부터 11급까지의 부상 중 단순성 선상골절로 인한 골편의 전위가 없는 골절은 해당 등급보다 한 등급 낮은 등급으로 배상한다.

2. 장해

2가지 이상의 장해가 중복되는 경우에는 높은 등급에 해당하는 장해 등급보다 한 등급 높은 금액으로 배상한다.

49. 재난배상책임보험의 부상 및 장해등급 조정기준에 대하여 약술하시오.

1. 부상

(1) 2급부터 11급까지의 상해 중 2가지 이상의 상해가 중복된 때에는 가장 높은 등급에 해당하는 상해로부터 하위 3등급 사이의 상해가 중복된 경우에만 가장 높은 상해 내용의 등급보다 한 등급 높은 금액으로 배상한다.

(2) 일반 외상과 치아 보철이 필요한 상해가 중복된 경우에는 각각의 상해 등급별 금액을 배상하되, 그 합산액이 1급의 금액을 초과하지 않는 범위에서 배상한다.

(3) 1개의 상해에서 2개 이상의 상향 또는 하향요인이 있을 때 등급 상향 또는 하향 조정은 1회만 큰 폭의 조정을 적용한다. 다만, 상향 조정의 요인과 하향 조정의 요인이 여러개가 함께 있을 때에는 큰 폭의 상향 또는 큰 폭의 하향 조정요인을 함께 반영한다.

(4) 재해 발생 시 만 13세 미만인 사람은 소아로 본다.

(5) 연부조직에 손상이 심하여 유리 피판술, 유경 피판술, 원거리 피판술, 국수 피판술이나 피부 이식술을 시행할 경우, 안면부는 1등급 상위등급을 적용하고 수부, 족부에 국한된 손상에 대해서는 한등급 아래의 등급을 적용한다.

2. 장해

2가지 이상의 장해가 중복되는 경우에는 높은 등급에 해당하는 장해 등급보다 한 등급 높은 금액으로 배상한다.

50. 가스사고 배상책임보험에 대하여 설명하시오.

1. 의의

가스사고 배상책임보험은 가스사고로 인하여 타인의 신체나 재물에 손해를 입혀 발생한 피보험자의 법률상 배상책임을 보장하는 보험이다. 가스 3법이라고 하는 도시가스사업법, 액화석유가스의 안전관리 및 사업법, 고압가스 안전관리법에 따라 의무적으로 가입해야 한다.

2. 가스사고

가스사고란 가스로 인한 폭발, 파열, 화재 및 가스 누출로 인해 타의 신체에 상해를 입히거나 재물을 멸실, 훼손 또는 오손케하는 것을 말한다.

3. 가입대상 및 담보위험

(1) 가스사업자

가스가업자란 가스제조업자나 판매업자를 말한다. 구체적으로 일반 도시가스사업자, 도시가스 도매사업자, 도시가스 시설공사자, 액화석유가스 제조·충전·판매업자, 액화석유가스 집단공급업자, 고압가스 특정제조자, 고압가스 일반제조자·냉동제조자를 말한다. 담보위험은 시설소유(관리)자 위험, 도급업자 위험, 제조물책임 및 완성작업위험이 복합된 포괄위험이다.

(2) 가스용기 등 제조업자

가스용기 등 제조업자란 용기 제조업자, 냉동기제조자, 특정설비제조자를 말한다. 피보험자가 제조·판매·대여한 가스용기, 용품, 부수작업의 결함으로 인한 사고로 타인의 신체장해와 재물손해에 대한 배상책임을 보장하는 것으로, 담보위험은 제조물책임 또는 완성작업위험을 보장하는 성격을 갖는다.

(3) 가스 사용자

가스사용자란 음식점 등 다중이 이용하는 시설에서 가스를 사용하는 자를 말하며, 도시가스 사용자, 액화석유가스 사용자, 고압가스사용자, 액화석유가스 또는 고압가스 저장소 설치자를 말한다. 담보위험은 시설소유(관리)자 위험을 보장한다.

4. 보상하는 손해

보험기간 중에 발생한 가스사고로 인하여 피보험자가 타인의 신체 또는 재물에 대한 법률상손해배상책임을 부담함으로써 입은 손해를 보상합니다.

(1) 법률상 손해배상금

(2) 비용손해

　기존에 1사고당 100만원 한도에서 보상하던 것을 2012년 4월 1일부터 국문 영업배상책임보험과 동일하게 인정한다.

5. 보상한도

(1) 신체손해(2025년 5월 15일부터 시행)

　1) 사망 : 피해자 1인당 1.5억원(실손해액이 2천만원 미만인 경우에는 2천만원)

　2) 부상 : 피해자 1인당 등급별 한도내 실손해 보상. 1급(3,000만원)~14급(50만원)

　3) 후유장해 : 피해자 1인당 등급별 한도내 실손해 보상. 1급(1.5억원)~14급(1,000만원)

　4) 보험금의 병급

　　가. 부상 당한 자가 치료 중 그 부상이 원인이 되어 사망한 경우에는 부상에 따른 금액과 사망에 따른 합산액

　　나. 부상 당한 자에게 후유장해가 생긴 경우에는 부상과 후유장해에 따른 금액의 합산액

　　다. 후유장해에 따른 금액을 지급한 후 그 부상이 원인이 되어 사망한 경우에는 사망에 따른 금액에서 후유장해에 따른 금액을 뺀 금액

(2) 재물손해 : 1사고당 증권에 기재된 금액 한도

6. 보상하지 않는 손해

(1) 피보험자의 근로자가 피보험자의 업무에 종사 중에 입은 신체의 장해로 생긴 손해에 대한 배상책임

(2) 배출시설에서 통상적으로 배출되는 배수 또는 배기로 생긴 손해에 대한 배상책임

(3) 가스사고를 수반하지 않은 자동차사고로 인한 손해에 대한 배상책임

(4) 피보험자가 판매, 공급한 재물 또는 피보험자가 수행한 작업상의 결함으로 인한 당해 재물 또는 작업 목적물의 망그러뜨림 그 자체에 따른 손해에 대한 배상책임

51. 액화석유가스 소비자보장 특별약관에 대하여 설명하시오. (2018년 기출)

1. 가입대상

'액화석유가스 안전관리 및 사업법' 시행령에 의해 보험에 가입하는 액화석유가스 판매사업자 및 충전사업자에게 적용되며, 액화석유가스 소비자보장 특별약관과 액화석유가스판매업자·충전사업자 특별약관을 동시에 가입하여야 한다.

2. 책임법리

소비자 또는 타인의 과실여부를 불문하고 보상할 뿐만 아니라 피해자 과실상계도 하지 아니하므로, 보통약관의 과실책임주의가 보상책임주의로 수정되었다고 해석할 수 있다. 보상책임주의는 신체손해에 대해서만 인정되고, 재물손해에는 적용되지 않는다.

3. 보상하는 손해

피보험자가 보험증권상의 보장지역 내에서 발생한 보험사고로 인하여 타인에게 법률상 배상책임을 부담함으로써 입은 손해를 보상한다. 이 특약은 신체손해에 대하여 소비자 또는 타인의 과실여부를 불문하고 보상한다.
(1) 법률상 손해배상금
(2) 비용

4. 보상하지 않는 손해

(1) 소비자 등의 고의로 인한 손해. 다만, 사고를 야기한 소비자 등을 제외한 제3자에 대한 손해는 보상한다.
(2) 판매업자, 충전사업자와 사전 협의없이 공급자 소유의 설비를 임의로 철거하거나 변경하는 행위로 인한 손해
(3) 판매사업자, 충전사업자가 소비설비의 점검결과 불비한 것으로 지적, 통지된 부분을 개선하지 않은 행위로 인한 손해

기출문제 2018, 2019 약술

1. 가스사고 배상책임보험에서 보험을 가입해야 하는 사업자 및 담보하는 가스사고는 무엇인지 약술하시오. (2018년 약술 5점)

2. 액화석유가스 소비자보장특약에서 보상하는 손해와 보상하지 아니하는 손해를 약술하시오. (2018년 약술 5점)

3. 가스사고배상책임보험에서 피해자의 후유장해가 1등급일 경우, 그 해당 신체장해 유형 9가지 및 1인당 지급 가능한 보험금액을 약술하시오. (2019년 약술 10점)

52. 유·도선 사업자 배상책임보험에 대하여 설명하시오.

1. 의의

유·도선 사업자 배상책임보험은 '유선 및 도선 사업법'에 따라 하천, 호소 및 바다에서 어렵, 관광, 유락 또는 사람이나 물건을 운송하는 것을 목적으로 선박의 운항 중 여객 등의 신체장해 및 기타 손해배상책임을 보장하는 보험이다. 선박의 승객 및 선원 등 종사자에 대해서만 보상하는 보험이며, 승객 및 선원 등 종사자 이외에 제3자에 대한 손해를 보상하기 위해서는 별도의 특별약관에 가입하여야 한다.

2. 법적 근거

유·도선사업자 배상책임보험의 법적근거는 '유선 및 도선 사업법' 제33조 및 동법 시행령 제27조에 규정되어 있다.

3. 가입대상

유선 및 도선 사업법의 적용을 받는 선박으로서 내수면 및 바다에서 고기잡이, 관광, 유락 또는 사람이나 물건을 운송하는 것을 영업으로 아래의 선박을 말한다.

(1) 총 톤수가 5톤 이상인 선박
(2) 총 톤수가 5톤 미만인 선박 중 승객 정원이 13명 이상인 선박
(3) 유·도선 사업의 영역구역이 2해리 이상인 경우

4. 보상하는 손해

유·도선 사업자가 보험사고로 유·도선에 탑승한 승객 또는 선원 등 종사자의 신체장해를 입혀 법률상 손해배상책임을 부담함으로써 입은 손해와 비용을 보상한다.

(1) 법률상 손해배상금
(2) 비용손해

5. 보상한도

가입금액은 자동차손해배상보장법 시행령 제3조 제1항에 따른 금액 이상으로 한다.
단, 급수별 보상한도 없다. (사망 1.5억원/부상 3천만원/후유장해 1.5억원 이상)

6. 보상하지 않는 손해

(1) 승선한 승객 이외의 제3자에게 입힌 신체장해에 대한 배상책임
(2) 재물손해에 대한 배상책임
(3) 선박이 습격, 포획, 나포 또는 억류됨으로써 생긴 손해에 대한 배상책임
(4) 선박 또는 선박에 승강시키는 연락용 선박의 뚜렷한 정원초과로 생긴 손해에 대한 배상책임. 그러나, 뚜렷한 정원 초과로 생긴 손해가 아님을 피보험자가 입증한 때에는 정원을 한도로 보상합니다.
(5) 선박 또는 선박에 승강시키는 연락용 선박 이외의 운송용구로 여객을 운송하는 동안에 생긴 손해에 대한 배상책임
(6) 법 제23조의2(유지의무)를 이행하지 않아 발생한 손해에 대한 배상책임
　＊ 유지의무 : 선박의 내항능력을 유지하고 관계기관으로부터 정기적인 검사를 받을 의무

7. 주요 특별약관

(1) 관습상의 비용담보 특별약관
선박사고와 관련하여 피보험자에게 배상책임이 없는 경우에 보험자의 동의를 얻어 지출한 관습상의 비용을 승객 1인당 30만원 한도 내에서 보상한다.
① 승객 또는 그 유족에게 지급하는 조의금이나 위로금
② 승객의 친족에게 지급하는 식대, 숙박비 및 교통비

(2) 구조비 특별약관
보험사고와 관련하여 피보험자가 여객을 구조 또는 수색하기 위하여 소요되는 필요비용을 보험증권에 기재된 보상한도액 내에서 보상한다.

(3) 승객 외 제3자 특별약관
당해 선박에 승선한 승객 외에 제3자에게 신체장해를 입힘으로써 부담하게 되는 법률상의 손해배상책임 손해를 보상한도액 내에서 보상한다.

53. 체육시설업자 배상책임보험에 대하여 설명하시오.

1. 의의

일정규모 이상의 체육시설업자는 '체육시설의 설치 및 이용에 관한 법률'에 따라 체육시설에 발생하는 각종 사고에 대한 피해보상을 목적으로 가입이 강제되는 의무보험이다.

2. 법적근거

체육시설의 설치 및 이용에 관한 법률 제26조에 따라 보험 가입이 강제된다. 가입이 강제되는 체육시설이 보험에 가입하지 않을 경우 100만원 이하의 과태료 또는 최고 3개월 이하의 영업정지 등 행정처분을 받을 수 있다.

3. 책임법리

체육시설과 관련된 업무수행상 과실과 관련된 사고에 대해서는 민법 제750조의 일반불법행위책임이 적용되고, 체육시설의 설치·보존상의 하자에 대해서는 민법 제758조의 공작물 점유자·소유자책임이 적용된다. 또한, 체육시설 직원의 업무상 과실로 인한 사고로 인해서 피해가 발생할 경우에는 체육시설업자는 민법 제756조의 사용자 배상책임을 부담할 수 있다.

4. 가입대상★

(1) 의무가입 대상

1) 등록 체육시설업 : 골프장업, 스키장업, 자동차 경주장업
2) 신고 체육시설업 : 요트장업, 조정장업, 카누장업, 빙상장업, 종합체육시설업, 승마장업, 썰매장업, 수영장업, 무도학원업, 무도장업

(2) 임의가입 대상(소규모 체육시설업자)

체육도장업, 골프 연습장업, 체력단련장업, 당구장업 등 소규모 체육시설업자

5. 보상하는 손해

피보험자가 소유, 사용 또는 관리하는 체육시설 및 그 시설 용도에 따른 업무 수행으로 생긴 우연한 사고로 인하여 피보험자가 타인의 신체에 장해를 입히거나 타인의 재물을 망그러뜨려 법률상 배상책임을 부담함으로써 입은 손해를 보상한다.

(1) 법률상 손해배상금
(2) 비용 손해

6. 보상한도

자동차 손해배상보장법 시행령 제3조 제1항 각 호에 따른 금액 이상을 보장하도록 규정하고 있다. (사망 1.5억원 / 부상 3천만원 / 후유장해 1.5억원 이상)

단, 급수별 보상한도는 없다.

7. 주요 보상하지 않는 손해

(1) 각종의 경기단체에 공식적으로 등록된 운동선수 또는 그의 지도감독을 위하여 등록된 자가 그 운동을 위하여 연습, 경기 또는 지도 중에 생긴 손해에 대한 배상책임
(2) 피보험자에게 고용된 자(체육지도자, 안전요원, 경기보조자 등 포함)가 피보험자의 업무에 종사 중 입은 신체장해에 대한 손해배상책임
(3) 체육시설 이용자의 신체장해에 대하여 피보험자 또는 체육지도자가 치료하여 발생한 손해에 대한 배상책임

54. 수련시설 배상책임보험에 대하여 설명하시오.

1. 의의
청소년 활동 진흥법에 따라 피보험자가 소유, 사용, 관리하는 수련시설 및 그 시설의 용도에 따른 업무의 수행으로 생긴 우연한 사고로 인한 법률상 배상책임을 보장하는 보험이다.

2. 법적근거
청소년 활동 진흥법 제 25조에 따라 보험 가입이 강제된다.

3. 가입대상
① 청소년 수련시설 : 청소년 수련관, 청소년 수련원 및 청소년 문화의 집(1,000㎡ 이하 제외), 청소년 특화시설, 청소년 야영장, 유스호스텔
② 청소년 이용시설 : 청소년 수련시설이 아닌 시설로서 그 설치 목적이 청소년 활동의 실시와 청소년의 건전한 이용에 제공할 수 있는 시설

4. 보상한도
① 사망 : 1.5억원(실 손해액이 2,000만원 미만이더라도 2,000만원 지급)
② 부상 : 1급(3,000만원)~14급(50만원)
③ 후유장해 : 1급(1.5억원)~14급(1,000만원)

5. 청소년 활동 배상책임보험과 비교
청소년 활동 배상책임보험은 청소년 활동을 기획·운영하려는 자가 가입한다. 예를 들어, 청소년 여름캠프 등 일정한 청소년 행사를 주관하는 자가 행사를 개최하기 전에 이 가입하여야 한다. 따라서, 보험계약 체결시 연간계약으로 이루어지기보다는 행사보험처럼 각 행사별로 가입하는 구간보험이라고 할 수 있다.
반면에 수련시설배상책임보험은 수련시설과 관련하여 발생하는 사고에 대한 위험을 보장하는 보험으로 수련시설 관리·운영하는 자가 가입한다.

55. 야영장 사고 배상책임보험에 대하여 설명하시오.

1. 의의

야영장사고 배상책임보험이란 야영장업자가 야영장 시설에서 발생하는 사고로 인하여 야영장 이용자 등 제3자에 대하여 부담하는 손해배상책임을 보장하는 보험이다.

2. 법적 근거

야영장업을 등록한 자는 관광진흥법 제9조에 따라 야영장 시설에서 발생하는 재난 또는 안전사고로 인한 손해를 배상할 것을 내용으로 하는 보험 또는 공제에 가입하도록 규정하고 있다.

3. 보상하는 손해

피보험자가 소유, 사용 또는 관리하는 야영장 시설 및 그 시설의 용도에 따른 업무의 수행으로 생긴 우연한 사고로 발생한 타인의 신체 또는 재물손해에 대하여 피보험자가 부담하는 법률상 손해배상책임을 보상한다.
(1) 법률상 손해배상금
(2) 비용손해

4. 보상한도

(1) 신체손해

1) 사망 : 피해자 1인당 1억원(실손해액이 2천만원 미만인 경우에는 2천만원 지급한다)
2) 부상 : 피해자 1인당 부상 등급별 한도내에서 지급한다. 1급(2,000만원)~14급(80만원)
3) 후유장해 : 피해자 1인당 장해 등급별 한도내에서 지급한다. 1급(1억원)~14급(630만원)
4) 보험금의 병급
   가. 부상 당한 자가 치료 중 그 부상이 원인이 되어 사망한 경우에는 부상에 따른 금액과 사망에 따른 합산액(법령 기준)
   나. 부상 당한 자에게 후유장해가 생긴 경우에는 부상과 후유장해에 따른 금액의 합산액
   다. 후유장해에 따른 금액을 지급한 후 그 부상이 원인이 되어 사망한 경우에는 사망에 따른 금액에서 후유장해에 따른 금액 중 사망한 날 이후의 손해액을 뺀 금액

(2) 재물손해

1사고당 1억원 한도내에서 발생한 손해를 보상한다.

5. 보상하지 않는 손해

국문 영업배상책임보험 시설소유(관리)자 특약과 유사하다. 단, 피보험자의 업무에 종사하는 근로자에 대한 신체장해도 보상한다.

6. 특별약관

(1) 구내치료비 특별약관

야영장 구내에서 발생한 사고로서 피보험자에게 배상책임이 없는 타인의 신체장해에 대한 치료비를 보상하는 특약이다.

(2) 종업원 배상책임 보장제외 특별약관

피보험자가 소속 종업원에 대하여 산업재해보상보험에 가입한 경우에 피보험자의 요청에 따라 가입하는 특별약관으로서, 본 특별약관에 가입하는 경우에는 종업원이 사망하거나 부상함으로써 피보험자가 부담할 손해를 보상하지 않는다.

56. 승강기 사고 배상책임보험에 대하여 설명하시오.

1. 의의
승강기 소유자 등 승강기 관리주체가 승강기 안전관리법 제30조에 따라 승강기 사고로 인하여 타인에게 입힌 법률상 손해를 보장하는 보험이다.

2. 가입대상
(1) 승강기 소유자
(2) 다른 법령에 따라 승강기 관리자로 규정된 자
(3) 소유자 또는 관리자와 계약에 따라 승강기를 안전하게 관리할 책임과 권한을 부여받은 자

3. 법적 근거
승강기 관리주체는 '승강기 안전관리법' 제30조에 따라 승강기의 사고로 승강기 이용자 등 다른 사람의 생명, 신체 또는 재산상의 손해를 발생하게 하는 경우 그 손해에 대한 배상책임 손해를 보상하기 위한 보험에 가입하여야 한다.

4. 보상한도

(1) 신체손해
1) 사망 : 피해자 1인당 8,000만원(실손해액이 2천만원 미만인 경우에는 2천만원 지급한다)
2) 부상 : 피해자 1인당 부상 등급별 한도내에서 지급한다. 1급(1,500만원)~14급(20만원)
3) 후유장해 : 피해자 1인당 장해 등급별 한도내에서 지급한다. 1급(8,000만원)~14급(500만원)
4) 보험금의 병급
   가. 부상 당한 자가 치료 중 그 부상이 원인이 되어 사망한 경우에는 부상에 따른 금액과 사망에 따른 합산액(법령 기준)
   나. 부상 당한 자에게 후유장해가 생긴 경우에는 부상과 후유장해에 따른 금액의 합산액
   다. 후유장해에 따른 금액을 지급한 후 그 부상이 원인이 되어 사망한 경우에는 사망에 따른 금액에서 후유장해에 따른 금액 중 사망한 날 이후의 손해액을 뺀 금액

(2) 재산손해

1사고당 1천만원 한도내에서 발생한 손해를 보상한다.

5. 보상하지 않는 손해

국문 영업배상책임보험 시설소유(관리)자 특약과 유사하다.

6. 특별약관

(1) 구내치료비 특별약관

승강기 내에서 발생한 사고로서 피보험자에게 배상책임이 없는 타인이 입은 신체장해에 대한 치료비를 보상하는 특약이다.

(2) 종업원 신체장해 보장 특별약관

보통약관에서 면책사유로 규정하고 있는 피보험자 소속 근로자가 피보험자의 업무 종사 중에 발생한 신체장해로 인하여 발생한 손해배상책임을 보장하는 특별약관이다. 단, 근로자의 재해보상 관련 법령에 따른 의무보험을 가입하지 않음으로써 보상받지 못한 금액을 초과하는 손해에 대해서만 보상한다.

57 환경오염 배상책임보험의 법적근거, 책임법리, 가입대상, 보상하는 손해, 보상한도, 보상하지 않는 손해에 대하여 설명하시오.

1. 의의

환경오염 배상책임보험이란 '환경오염피해 배상책임 및 피해 구제에 관한 법률'에 따라 화학물질 취급업체 등 위험도가 높은 환경오염 유발시설을 설치·운영하는 사업자에게 가입을 강제한 의무보험이다. 장기축적사고까지 보장하는 배상청구기준 증권으로 운영되고 있다.

2. 법적근거

환경오염 배상책임보험은 2016년 1월에 시행된 '환경오염피해 배상책임 및 구제에 관한 법률'에 따라 환경오염 유발시설이 의무가입 하도록 제정되었다.

3. 책임법리

환경오염 사고에 대하여 환경오염시설의 사업주에게 '무과실책임'(법 제6조)을 부담하도록 규정하고 있으며, 개연성 이론을 채택하여(법 제9조) 피해자의 인과관계에 대한 입증책임을 완화하여 피해자의 실질적 구제를 도모한다.

4. 의무 가입대상

특정 대기유해물질배출시설, 특정 수질유해물질배출시설, 지정 폐기물처리시설, 토양오염 관리대상시설, 유해 화학물질 취급시설, 해양시설 중 대통령령으로 정하는 시설, 기타 대통령령으로 정하는 시설이다.

5. 보상한도

의무 가입금액은 시설의 규모와 사고발생시 피해 규모를 감안하여 환경오염 피해구제법 시행령에서 정하고 있는데, 가군 300억원, 나군 80~100억원, 다군 30~50억원으로 정하고 있으며 임의 가입금액 최고한도는 가군 2,000억원, 나군 1,000억원, 다군 500억원이다.

6. 보상하는 손해

보험증권에 기재된 시설의 설치·운영으로 인하여 발생되는 환경오염피해로 보험기간 중에 피보험자에게 손해배상청구가 제기되어 피해자에게 법률상 배상책임을 부담함으로써 입은 아래의 손해를 보상한다.

(1) **법률상 손해배상금**

(2) **비용손해**

   손해방지비용은 다른 배상책임보험과 달리 보상한도액 내에서만 보상한다. 또한, 사업장 부지내의 오염정화비용은 보상하지 않는다.

7. 보상하지 않는 손해

(1) 보험증권상 기재된 소급담보일자 이전에 발생된 사고 또는 소급담보일자 이전에 제기된 배상청구로 생긴 손해

(2) 피보험자의 임원 또는 근로자가 피보험자의 업무에 종사 중 환경오염으로 노출된 결과 그 임원 또는 근로자가 입은 신체장해로 인한 손해

(3) 부동산 가격 하락으로 인한 손해에 대한 배상청구

(4) 소음 또는 진동으로 인한 손해. 다만, 보험증권에 명기된 소음 진동관리법상 소음·진동 배출시설에서 발생한 손해는 보상합니다.

(5) 벌과금 및 징벌적 손해

58. 맹견배상책임보험의 보상하는 손해, 맹견의 범위, 보상한도, 보상하지 않는 손해 3가지 약술하시오. (10점)

1. 보상하는 손해

피보험자가 보험증권에 기재된 맹견의 행위에 기인하는 우연한 사고로 타인의 신체장해 및 타인 소유의 동물에 손해를 입혀 법률상 배상책임을 부담함으로써 입은 손해배상책임을 보상한다.

2. 맹견의 범위

(1) 도사견
(2) 로트와일러
(3) 아메리칸 핏불 테리어
(4) 아메리칸 스테퍼드셔 테리어
(5) 스테퍼드셔 불테리어

상기 5종과 교배하여 출생한 잡종의 개도 맹견에 포함된다.

3. 보상한도

(1) 부상 : 1급 1,500만원~14급 20만원
(2) 장해 : 1급 8,000만원~14급 500만원
(3) 사망 : 8,000만원(손해액이 2,000만원 미만인 경우, 2000만원 지급)
(4) 다른 동물에 대한 손해 보상한도 : 200만원

4. 보상하지 않는 손해

(1) 계약자, 피보험자 또는 이들의 법정대리인의 고의로 생긴 손해배상책임
(2) 피보험자와 세대를 같이하는 친족에 대한 배상책임
(3) 맹견의 소음, 냄새, 털날림으로 인하여 발생한 손해배상책임
(4) 맹견이 질병을 전염시켜 발생한 배상책임. 단, 개물림 사고에 의하여 전염된 질병은 보상한다.
(5) 범죄행위, 경주, 수색, 폭약탐지, 구조, 투견, 실험, 수렵 및 이와 유사한 목적으로 이용하는 중에 발생한 손해에 대한 배상책임

59. 옥외광고물 배상책임보험에 대하여 설명하시오.

1. 의의

옥외광고사업을 등록한 자는 광고물 등의 제작·표시 및 설치상 결함으로 인하여 타인에게 입힌 생명·신체 또는 재산에 손해를 보상하는 옥외광고물 배상책임보험을 가입하여야 한다.

2. 보상하는 손해

(1) 회사는 피보험자가 보험증권상의 보장지역 내에서 보험사고로 인하여 신체장해 또는 재물손해를 입은 피해자에게 법률상 배상책임을 부담함으로써 입은 아래의 손해를 이 약관에 따라 보상합니다.
   1) 법률상 손해배상금
   2) 비용손해
(2) 제1항의 보험사고는 아래와 같습니다.
   1) 옥외광고물 제조물위험
      피보험자가 제조, 판매, 공급한 보험증권에 기재된 '옥외광고물'이 타인에게 양도 된 후 보험기간 중에 그 옥외광고물로 생긴 우연한 사고를 말합니다. 단, 피보험자가 실질적으로 점유하는 옥외광고물로 생긴 우연한 사고는 제외합니다.
   2) 옥외광고물 작업위험
      가. 피보험자가 제조, 판매, 공급 또는 시공한 보험증권에 기재된 '옥외광고물'이 타인에게 양도된 후 보험기간 중에 그 옥외광고물로 생긴 우연한 사고 중 옥외광고물 시공 작업(표시, 설치, 해체, 수리, 점검 및 보수작업을 포함)으로 인한 우연한 사고
      나. 보험기간 중에 피보험자가 옥외광고물의 작업의 수행 또는 작업의 수행을 위하여 소유, 사용 또는 관리하는 시설로 생긴 우연한 사고

3. 보상한도

(1) 사망 : 피해자 1인당 1.5억원(손해액이 2천만원 미만인 경우에는 2천만원)
(2) 부상 : 피해자 1인당 (1급) 3,000만원~(14급) 50만원
(3) 후유장해 : 피해자 1인당 (1급) 1.5억원~(14급) 1,000만원

4. 보험금의 병급

(1) 부상자가 치료 중 당해 부상이 원인이 되어 사망한 경우에는 위 사망과 부상에 따른 한도금액을 더한 금액의 범위에서 피해자에게 발생한 손해액

(2) 부상한 자에게 치료 중에 당해 부상이 원인이 되어 후유장해가 생긴 경우에는 위 부상과 후유장해의 금액을 더한 금액

(3) 후유장해의 금액을 지급한 후 당해 부상이 원인이 되어 사망한 경우에는 사망의 금액에서 후유장해에 의한 금액 중 사망한 날 이후에 해당하는 손해액을 공제한 금액

60. 영문 영업배상책임보험(C.G.L)에 대하여 설명하시오.

1. 의의

영문 영업배상책임보험은 C.G.L(Commercial General Liability) Policy라고 하는데, 담보하는 내용은 국문 영업배상책임보험과 유사하나 담보방식, 약관체계 및 보험금 산출방식 등에서 차이점을 가지고 있다.

C.G.L Policy는 보상한도액을 고액으로 설정할 필요가 있는 경우, 외국계 기업 또는 외국계 기업과 거래하는 국내기업에서 가입하고, 보험료 등을 달러 등 외화로 표시할 필요가 있을 경우에 가입하기도 한다.

2. 약관의 구성

국내에서 사용되고 있는 C.G.L Policy는 손해사고기준증권과 배상청구기준증권 두 가지로 운영되고 있으며, 이 둘 보험증권의 약관규정은 대체로 일치하고 C.G.L Policy(Ⅱ)는 C.G.L Policy(Ⅰ)의 약관규정에 Section Ⅵ. Extended Reporting Periods(보고연장기간)이 추가되어 있다.

또한, C.G.L은 업종에 관계없이 모든 위험을 담보하는 포괄위험담보방식으로 운영되며, 담보를 원하지 않는 경우에는 면책특약을 첨부하는 형태로 되어 있다는 점에서 국문 영업배상책임보험과 다르다.

(1) Section Ⅰ. Coverage(담보위험)

　　1) Coverage A : Bodily Injury and Property Damage Liability(신체손해와 재물손해)

　　2) Coverage B : Personal and Advertising Injury Liability(인격침해와 광고침해)

　　3) Coverage C : Medical Payments(치료비)

　　4) Supplementary Payments(추가지급 조항) : Coverage A and B

(2) Section Ⅱ. Who is an Insured(피보험자)

(3) Section Ⅲ. Limit of Insurance(보상한도액)

(4) Section Ⅳ. Terms and Condition(담보조건)

(5) Section Ⅴ. Definition(용어의 정의)

(6) Section Ⅵ. Extended Reporting Periods(보고연장기간)(Claim-made Only)

3. 보상하는 손해

(1) Coverage A(Bodily Injury and Property Damage) : 신체장해와 재물손해

보험기간 중 담보지역에서 발생한 '사고'에 기인한 피보험자의 타인에 대한 신체장해 또는 재물손해로 인한 손해배상책임을 부담함으로써 입은 손해를 보상한다. 신체장해란 보험사고로 인한 신체의 부상, 질병, 그로 인한 사망을 모두 포함하여 사람의 신체, 생명에 대한 위해상태를 말한다.

(2) Coverage B(Personal Injury and Advertising Injury) : 인격침해와 광고침해

타인의 인격침해 또는 광고침해로 피보험자의 법률상 손해배상책임을 부담함으로써 입은 손해를 보상한다.

1) 인격침해(Personal Injury)

   물리적 사고 이외에 명예훼손, 사생활 침해 등 피보험자의 사업 수행 중 발생한 인격침해에 대한 손해배상책임을 담보한다. 그러나 피보험자 또는 피보험자를 위한 광고, 출판물, 라디오 방송, TV 방송으로 발생한 인격침해는 보상하지 않는다.

2) 광고침해(Advertising Injury)

   피보험자의 제품 및 서비스에 관한 광고로 발생한 광고침해

   가. 구두, 출판물로 개인이나 단체를 비방하거나 개인이나 단체의 제품, 서비스에 대한 비방

   나. 구두 또는 출판물에 의한 사생활 침해

   다. 광고기획안 또는 사업방식의 유용

   라. 저작권, 타이틀, 상표권 침해

(3) Coverage C(Medical Payments) : 의료비

1) 개념

   보험기간 중에 '담보지역'에서 발생한 사고로 인해 제3자가 입은 치료비 손해를 보상하는 담보이다. 국문 영업배상책임의 구내 치료비 특별약관과 달리 피보험자의 배상책임이 있는 경우에도 보상한다.

2) 지급조건 및 보상범위

   가. 보험기간 중에 담보지역 내에서 사고가 발생하고, 사고일로부터 1년 이내에 발생하여 보험회사에 통지된 치료비로서, 회사의 비용으로 회사가 지정한 의사의 진단서를 제출한 경우에 한하여 아래의 신체장해 사고로 발생한 치료비를 보상한다.

   ① 피보험자가 소유 또는 임차하는 시설에서 발생한 사고

   ② 피보험자가 소유 또는 임차하는 시설에 인접하는 장소에서 발생한 사고

   ③ 피보험자의 사업활동에 기인된 사고

나. 회사는 필요하고도 유익한 비용으로서 피보험자의 과실유무를 불문하고 보상한도액 내에서 다음의 의료비를 보상한다.

① 사고발생시의 응급처치 비용

② 치료, 수술, X선 검사, 보철기구를 포함한 치과치료비

③ 구급차, 입원, 전문간호, 장례비

(4) Supplementary Payments(추가지급 조항) : Coverage A and B 에만 적용

보험사고로 인한 법률상 손해배상금 이외에 발생하는 비용손해를 담보하는 조항으로, 원칙적으로 보상한도액을 초과하더라도 보상한다.

1) 보험자가 지출한 비용

보험사고 처리와 관련하여 보험자가 지출한 비용은 약관규정 유무와 관계없이 당연히 보험자가 부담하는 비용이다.

2) 보석 보증보험료

신체장해 배상책임 담보가 적용되는 차량 사용에 기인하는 사고 또는 도로교통법규 위반으로 필요한 보석보증보험료를 250달러 한도내에서 실손보상 한다. 그러나 회사는 보석보증을 제공할 의무는 없다.

3) 차압해제 보증보험료

피보험자의 재산에 대한 차압해제를 위하여 공탁하여야 하는 금액에 대한 보증보험료를 보상하되 보험증권상 보상한도액 이내의 금액에 대한 차압해제보증보험료를 보상한다. 그러나 회사는 차압해제 보증을 제공할 의무는 없다.

4) 피보험자 협력비용 및 소득손실

보험회사는 사고처리에 관하여 피보험자에게 협조를 요청할 수 있으며, 협조에 소요된 비용은 보험회사가 전액 보상한다. 또한, 보험회사에 협조함에 따라 발생한 소득손실도 보상한다.

5) 소송상 피보험자에게 부과된 모든 비용

소송상 피보험자에게 부과된 모든 비용을 보상한다.

6) 예비 판결이자

보험회사가 지급하는 판결액에 대하여 피보험자에게 부과되는 예비 판결의 이자. 다만, 회사가 이 보험에서 보상되는 금액을 지급할 것을 통지하였다면 통지 후의 예비판결 이자는 보상하지 않는다.

7) 판결이자

판결확정 후에 발생하는 판결액에 대한 이자. 다만, 보험회사가 이 보험의 보상한도액 내에서 판결액의 일부를 법원에 지급, 지급제의, 공탁할 때까지 발생한 것에 한한다.

4. 보상한도액

보상한도액을 설정하는 방법으로는 BI, PD 구분없이 1사고당(Each Occurrence) 한도와 총 보상한도를 설정한다. 피보험자의 수, 손해배상청구의 수 또는 제기된 소송의 수, 손해배상청구 또는 소송을 제기하고 있는 개인 또는 단체의 수를 불문하고 회사가 지급할 보상한도액에 따라 지급한다.

(1) 총 보상한도액

Coverage A 및 Coverage B에 따른 손해배상금 및 Coverage C에 따른 의료비에 대하여 보험회사가 지급할 최고액을 말한다. 단, Coverage A 및 Coverage B에 따른 손해배상금 중 '생산물/완성작업위험' 담보에서 보상되는 신체장해 또는 재물손해에 대한 손해배상금은 제외

(2) 생산물/완성작업위험 담보의 총 보상한도액

생산물/완성작업위험 담보의 총 보상한도액은 생산물/완성작업위험으로 인한 신체장해 또는 재물손해에 따른 손해배상금에 대하여 Coverage A에 있어서 회사가 지급하는 최고액이 된다.

(3) 인격침해 및 광고침해 보상한도액

위 (1)에 있어서의 인격침해 및 광고침해 한도액은 개인 또는 단체가 인격침해 또는 광고침해를 입힘으로써 발생하는 손해배상금에 대하여 Coverage B에 있어서 지급할 최고액이 된다.

(4) 1사고당(Each Occurrence) 보상한도액

위 (1)이나 (2)의 어느 것을 적용하든 1사고당 한도액은 한 사고로 발생하는 모든 신체장해 또는 재물손해로 인한 손해배상금 및 의료비에 대하여 회사가 지급할 최고액이 된다.
1) Coverage A에 의한 손해배상금
2) Coverage C에 의한 의료비

(5) 화재보상 보상한도액

화재보상 한도액은 하나의 화재사고로 인하여 피보험자가 임차하고 있는 시설의 화재손해에 대하여 회사가 Coverage A에 의하여 지급할 최고액이 된다.

(6) 의료비 보상한도액

위 (4)의 의료비 한도액은 한 피해자가 입은 신체장해로 발생하는 모든 의료비에 대하여 Coverage C에 의하여 회사가 지급하는 최고액이 된다.

[참고] 국문 영업배상책임보험과 C.G.L의 비교하여 설명하시오.

구분	국문 영업배상책임보험	영문 영업배상책임보험
담보방식	열거위험 담보 방식	포괄위험 담보방식
약관 체계	보통약관+위험담보 특약	보통약관+부담보 특약
보상한도	대인, 대물, CSL, 1사고당, 총 보상한도액 등 선택할 수 있음	신체손해, 재물손해 관계없이 1사고당 / 총 보상한도액으로만 설정
자기부담금	손해배상금 − 자기부담금 ≤ 보상한도액	손해배상금 − 자기부담금 ≤ 보상한도액 − 자기부담금
비용손해	손해방지비용 대위권 보전비용 협조비용 소송비용 공탁보증보험료	보험자가 지출한 비용 보석보증보험료 차압해제보증보험료 소송상 피보험자에게 부과된 비용 피보험자의 협력에 따른 소득손실 예비 판결이자 판결이자

60-1 아래의 C.G.L(Commercial General Liability Policy)보험 특별약관에 대하여 설명하시오. (2024년 기출문제)

문제 1 Waiver of Subrogation Clause (대위권 포기 특별약관) (5점)

문제 2 Additional Insured(Vendors) Clause (추가 피보험자(판매인) 특별약관) (5점)

> 풀이

문제 1   Waiver of Subrogation Clause (대위권 포기 특별약관)

1. 의의

보험회사가 보험금을 지급한 때에는 지급한 보험금의 한도 내에서 책임있는 제3자에 대하여 대위권(구상권)을 취득하게 된다. 그러나, 대위권 포기 특별약관 가입시 보험회사는 책임있는 제3자에 대한 대위권을 포기하는 것이다.

2. 약관규정

이 증권과 약관에 포함된 조건에 관계없이 보험회사는 피보험자 또는 손해 발생시 피보험자가 소유, 관리 또는 기타 이해관계를 갖고 있는 개인이나 회사, 법인체에 대해서 대위권을 포기한다.

문제 2   Additional Insured(Vendors) Clause (추가 피보험자(판매인) 특별약관)

1. 보상하는 손해

회사는 추가 피보험자란에 표시된 사람 또는 단체를 피보험자에 포함한다. 보험증권에 표시된 '피보험자의 제품'으로 인해 발생하는 '신체장해' 또는 '재물손해'에 대해서만 해당 항목의 내용이 적용된다.

2. 면책사유

(1) 피보험자가 승인하지 않은 모든 명시적 보증으로 생긴 손해에 대한 배상책임
(2) 판매인 등 공급업체가 의도적으로 생산물을 물리적 또는 화학적으로 변경하여 생긴 손해에 대한 배상책임
(3) 제조업체의 지시에 따라 검사, 시연, 시험 또는 부품 교체만을 목적으로 포장을 해체한 후 원래 용기에 다시 포장하지 않는 재포장으로 생긴 손해에 대한 배상책임
(4) 제조업체에서 유통 또는 판매된 후 판매인 등이 제품에 상표를 붙이든지 바꾸거나 생산물을 다른 물건의 용기, 부품 또는 성분으로 사용함으로써 생긴 손해에 대한 배상책임

[참고] 영문 배상책임보험 특별약관 (기출)

* **Claim Control Clause(보험사고 통제조항)**

    Claim Control Clause(보험사고 통제조항)은 원보험자가 보유금액이 적거나 없는 경우에 재보험사가 해당 사고건의 손해사정업무에 대한 전면적 통제권을 행사할 수 있는 특별약관이다. 세부적인 내용은 아래와 같다.
    ① 재보험자의 피보험자(원보험자)는 해당 보험증권에 대한 사고가 발생한 것을 안 때로부터 48시간 이내에 재보험사에게 통지하여야 한다.
    ② 재보험자의 피보험자(원보험자)는 재보험자에게 청구 또는 청구와 관련된 모든 정보를 제공한다.
    ③ 재보험자는 자신을 대신하여 업무를 수행할 손해사정사 또는 대리인을 임명할 권리를 갖으며, 이러한 청구 또는 청구와 관련된 모든 협상, 조정 및 합의를 통제한다.

* **Claim Cooperation Clause(보험사고 협조조항)**
    ① 원보험자는 보험사고가 발생한 사실에 대해 알게 되었을 경우 재보험자에게 즉시 통보하여야 하며, 통상적으로 사고발생일로부터 14일이 경과하지 않아야 한다.
    ② 원보험자는 보험사고와 관련된 모든 자료를 재보험자에게 제공하여야하며, 보험사고와 관련된 조사, 협상, 조정, 해결에 관하여 재보험자와 협력하여야 한다.
    ③ 모든 손해사정사, 감정인, 그 외 사고처리를 위해 고용된 전문인들은 원보험자와 재보험자의 대리인으로 활동하며 관련된 비용은 관련자들간에 배분되어 공동 부담한다.

* **Co-insurance of Insured Clause(피보험자 공동보험 조항)** 2021 기출

    회사는 각 청구건에 대하여 보상한도 및 자기부담금 등의 보험조건에 따라 산출된 금액에서 이에 대한 피보험자의 공동부담비율(보험증권에 기재된 Co-Insurance of Insured Clause에서 정한 비율을 말합니다) (   )%에 해당하는 금액을 공제하고 보상한다.

* **Employer's Liability Clause(고용주 배상책임 조항)**

1. 보상하는 손해

    회사는 이 증권 또는 이에 첨부된 특별약관의 모든 조건에도 불구하고, 피보험자의 근로자가 피보험자의 업무 종사 중 사고 또는 직업병으로 인한 신체장해가 발생하여 법률상 배상책임을 부담함으로써 입은 손해를 보상합니다.

2. 보상하지 않는 손해
    (1) 피보험자 또는 피보험자의 보험자가 근로기준법, 산업재해보상보험법 또는 이와 유사한 법률상 부담하는 배상책임
    (2) 계약자, 피보험자 또는 이들의 법정대리인의 고의나 법령위반으로 생긴 손해. 단, 고의 또는 고의적인 태만으로 법령을 위반하고 법령위반과 보험사고 간에 인과관계가 있는 경우에 한합니다.
    (3) 근로자의 고의 또는 범죄행위로 생긴 손해. 그러나, 그 근로자에게 생긴 손해에 한합니다.

(4) 피보험자가 하도급업자의 근로자에게 생긴 손해. 그러나, 당해 근로자가 보험에 가입되어 있는 경우에는 보상합니다.
(5) 피보험자의 가족 또는 동거친족에 대한 배상책임
(6) 작업장 내에서의 간이 치료비

61 근로자해재보장책임보험의 약관 체계에 대하여 설명하시오.

1. 개요

근재보험은 국문 영업배상책임보험과 같이 '보통약관＋특별약관'의 형태로 구성되어 있으며, 구체적 담보위험을 보통약관에 규정하지 아니하고 특별약관에 위임하여 보장하는 약관체계로 운영되고 있다.

2. 약관의 체계

(1) 근재보험 보통약관

국문 영업배상책임보험 보통약관과 같이 구체적인 담보위험을 명시하지 아니하고, 일반적인 보상하는 손해와 면책사항 및 공통사항에 대하여 규정되어 있다.

(2) 근재보험의 특별약관

1) 재해보상책임 특별약관(WC : Worker's Compensation)

근로기준법 및 선원법 등에서 정한 보상규정에 따라 이를 보상하는 특별약관으로, 국내 근재보험은 근로기준법 적용 근로자를 대상으로 하며, 선원 근재보험은 선원법 적용 근로자를 대상으로 한다.

2) 사용자 배상책임 특별약관(EL : Employer's Liability)

산재보험법 또는 근로기준법 등의 재해보상금액을 초과하는 사용자의 법률상 손해배상책임을 보장한다. 사용자배상책임 특별약관은 산재보험에 의한 보상이 이루어지거나 재해보상책임 특별약관에 의한 보상이 이루어진 경우에 한하여 보상한다.

(3) 근재보험의 추가 특별약관

1) 비업무상재해 확장 추가특별약관(선원 및 해외근로자)

재해보상책임 특별약관에서 보상하지 않는 근로자의 비업무상 재해에 대해서도 업무상 재해와 동일한 방법으로 보상하는 추가 특약이다.

2) 재해보상 확장 추가특별약관(해외근로자)

재해보상책임 특별약관에 추가하여 재해보장 수준을 산재법상의 재해보상 기준으로 확장하여 보상하는 특약이다. 이 특약은 재해보상책임 특약에 부가하는 추가 특약으로 해외근재보험의 경우, 산재보험법 준수를 위하여 반드시 가입해야 하는 필수 추가특약이다.

3) 간병보상 추가 특별약관(해외근로자)

동 특별약관을 가입한 근로자에 대해서는 재해보상책임 특별약관에서 보상하지 않는 간병보상을 산재보험법상의 간병급여 수준으로 보상하는 특별약관이다. 해외근재보험에서 필수적으로 가입해야 하는 특별약관에 해당한다.

61-1 근로자재해보장책임보험의 책임법리 및 사용자의 '안전배려의무'에 대하여 설명하시오.

1. 의의

근로자의 업무상 재해에 대한 법률상 책임은 사업주의 고의·과실 여부를 묻지 않는 '재해보상책임'과 사용자의 고의·과실이 있는 경우에만 인정되는 '사용자 배상책임'으로 나눌 수 있으며, 이두 가지 책임은 그 책임법리를 '보상책임주의'와 '과실책임주의'로 나눌 수 있다.

2. 재해보상책임(Worker's Compensation)

근로기준법, 산업재해보상보험법, 선원법 등을 근거로 하는 재해보상책임은 사업주의 고의·과실 여부를 불문하고 업무상 재해에 해당 될 경우에는 법률에 규정된 보상기준에 따라 재해 보상금을 지급하는 것으로 보상책임주의에 따르고 있다.

3. 손해배상책임(Employer's Liability)

근로계약 관계는 일종의 채권·채무 계약으로서 사용자는 근로자에 대해 근로계약상 부수적 주의의무에 해당하는 '안전배려의무'를 부담하며, 이러한 '안전배려의무' 위반 시에는 민법 제390조에 근거하여 손해배상책임이 발생하므로 과실책임주의가 적용된다.

또한, 사업주의 고의·과실에 따른 업무상 재해는 민법 제750조에 따른 일반불법행위에도 해당 될 수 있으며, 또한 공작물의 설치·보존상의 하자에 따른 민법 제758조의 책임 또는 동료 근로자의 행위로 인해 다른 근로자가 재해를 당한 경우에 사업주는 민법 제756조의 사용자책임을 질 수 있다. 채무불이행책임과 불법행위책임에 기한 각 청구권은 청구권 경합에 해당하므로, 채권자인 근로자는 이를 선택적으로 행사할 수 있다.

4. 사용자의 안전배려의무★ 2016 기출, 약술 10점

(1) 개념

안전배려의무란 근로계약상 사업주에게 부여되는 '부수적 주의의무'로서, 사용자는 근로자가 노무를 제공하는 과정에서 생명, 신체, 건강 등에 피해를 입지 않도록 인적, 물적 환경을 정비하는 등 필요한 조치를 하여야 할 의무를 말한다.

(2) 법적근거

가. 판례

안전배려의무에 대한 명문의 규정은 없으나, 학설과 판례에서 해석상 인정되고 있는 근로계약상 '부수적 주의의무'이며 안전배려의무를 위반했을 경우에 사용자는 근로자에 대하여 민법 제390조의 채무불이행책임을 진다.

나. 산업안전보건법

산업안전보건법에서 사업주의 근로자에 대한 안전조치, 보건조치 등의 의무를 규정하고 있으며, 구체적 사례에서 안전배려의무 위반여부를 판단하는 기준이 될 것이다.

(3) 위반 시 효과

안전배려의무 위반으로 근로자에게 업무상 재해가 발생한 경우, 사업주는 근로자에 대해 민법 제390조에 따른 손해배상책임을 부담한다.

기출문제 2016 약술 10점 | 1997 1종 손사, 약술 10점

1. 사업주의 안전배려의무를 설명하고, 위반 시 효과에 대하여 약술하시오. (2016년)
2. 근재보험의 근로자 재해보상책임과 사용자 배상책임을 근거법률을 기준으로 차이점을 약술하시오. (1997년)

62. 근로자의 개념과 요건, 노무제공자에 대하여 설명하시오.

1. 개념
근로자란 직업의 종류와 관계없이 임금을 목적으로 사업 또는 사업장에 근로를 제공하는 자를 말한다(근로기준법 제2조 제1항).

2. 근로자의 요건
① 직업의 종류 불문
② 임금 목적
③ 사용종속 관계

3. 노무제공자 ★ 2017 기출, 약술 10점

(1) 의의

노무제공자란 근로기준법에서 규정하고 있는 전형적인 근로자에 해당하지 않지만 근로자와 유사한 지위에 있어 법률적 보호가 필요한 특정 직군의 업무 종사자를 말한다. 법률 개정 이전에 '특수형태 근로종사자'라는 명칭을 사용하였으나, 2023년 7월 법률이 개정되면서 '노무제공자'라는 명칭으로 변경되었으며 산재보험법 제19조의 15 이하에서 규정하고 있다.

(2) 노무제공자의 범위

노무제공자의 범위에 대해서 산업재해보상보험법 시행령 제83조의 5에서 규하고 있다. ① 보험설계사, ② 건설기계 운전기사, ③ 학습지 방문강사, ④ 골프장 캐디, ⑤ 택배 배달원, ⑥ 퀵서비스원, ⑦ 대출모집인, ⑧ 신용카드 회원모집인, ⑨ 대리운전기사·탁송업자·대리주차원, ⑩ 방문판매원, ⑪ 대여제품 방문점검원, ⑫ 가전제품 설치·수리기사, ⑬ 화물차주, ⑭ 소프트웨어 기술자, ⑮ 방과후 강사, ⑯ 관광통역안내원, ⑰ 어린이 통학버스 운전기사

(3) 적용특례

노무제공자는 근로기준법상 근로자의 정의에 부합하지 않더라도 업무상 재해 인정기준에 관하여 근로자로 본다(산재보험법 제91조의 16). 따라서, 노무제공자에게 업무상 재해가 발생했을 경우 일반근로자와 동일한 보상기준을 적용한다.

63. 근재보험에서 '업무상 재해'에 대하여 설명하시오. (2019년 기출)

1. 개념

업무상 재해란 업무상의 사유에 따른 근로자의 부상·질병·장해 또는 사망을 말한다. 산재보험법에서는 업무상 재해를 ① 업무상 사고, ② 업무상 질병, ③ 출퇴근 재해로 구분한다.

2. 업무상 재해의 요건

① 업무 수행성
② 업무 기인성

3. 업무상 재해의 발생 사유★

(1) 업무상 사고

① 근로자가 근로계약에 따른 업무나 그에 따르는 행위를 하던 중 발생한 사고
② 사업주가 제공한 시설물 등을 이용하던 중 시설물 등의 결함이나 관리소홀로 발생한 사고
③ 사업주가 주관하거나 사업주의 지시에 따라 참여한 행사나 행사준비 중 발생한 사고
④ 휴게시간 중 사업주의 지배관리 하에 있다고 볼 수 있는 행위로 발생한 사고

(2) 업무상 질병

① 업무 수행 과정에서 물리적 인자, 화학물질, 분진, 병원체, 신체에 부담을 주는 업무 등 근로자의 건강에 장해를 일으킬 수 있는 요인을 취급하거나 그에 노출되어 발생한 질병
② 업무상 부상이 원인이 되어 발생한 질병
③ 근로기준법 제76조의2에 따른 직장 내 괴롭힘, 고객의 폭언 등으로 인한 업무상 정신적 스트레스가 원인이 되어 발생한 질병(2018년 7월 16일 시행)★

(3) 출퇴근 재해(2018년 1일 1일 시행)★

① 사업주가 제공한 교통수단이나 그에 준하는 교통수단을 이용하는 등 사업주의 지배관리 하에서 출퇴근하는 중 발생한 사고
② 그 밖에 통상적인 경로와 방법으로 출퇴근하는 중 발생한 사고. 출퇴근 경로 및 일탈 또는 중단이 있는 경우에는 경우에는 해당 일탈 또는 중단 중의 사고 및 그 후의 이동중의 사고에 대해서는 출퇴근 재해로 보지 아니한다. 다만, 일탈 또는 중단된 일상생활에 필요한 행위로서 사유가 있는 경우에는 출퇴근 재해로 본다.

기출문제 2019 약술 10점

산업재해보상보험법에서 정의하고 있는 업무상 재해의 개념 및 동법 시행령에서 규정하고 있는 업무상 재해의 유형별 인정기준을 약술하시오.

64. 산재보험법상 업무상 재해의 유형 중 '출퇴근 재해'의 개념과 '출퇴근 경로 일탈 또는 중단 중 사고'의 처리기준과 '출퇴근 경로 일탈 또는 중단'의 예외사유에 대하여 설명하시오.

1. '출퇴근 재해'의 개념

(1) 사업주가 제공한 교통수단이나 그에 준하는 교통수단을 이용하는 등 사업주의 지배·관리하에서 출퇴근 하는 중 발생한 사고
(2) 그 밖의 통상적인 경로와 방법으로 출퇴근하는 중 발생한 사고.

2. '출퇴근 재해'에서 제외되는 사유

통상적인 출퇴근 경로의 '일탈 또는 중단'이 있는 경우에는 해당 '일탈 또는 중단' 중의 사고 및 그 후의 이동 중의 사고는 출퇴근 재해로 보지 않는다.

3. '출퇴근 경로의 일탈 또는 중단'으로 보지 않는 사유 (일/선/의/양/교/데/장)

① 일상생활에 필요한 용품을 구입하는 행위
② 선거권이나 국민투표권의 행사
③ 의료기관 또는 보건소에서 질병의 치료나 예방을 목적으로 진료를 받는 행위
④ 근로자의 돌봄이 필요한 가족 중 의료기관 등에서 요양중인 가족을 돌보는 행위
⑤ 직업능력 향상을 위해서 학교 또는 훈련기관에서 교육이나 훈련을 받는 행위
⑥ 근로자가 보호하고 있는 아동 또는 장애인을 보육기관 또는 교육기관에 데려다 주거나 데려오는 행위
⑦ ①~⑥까지의 규정에 준하는 행위로서 고용노동부장관이 일상생활에 필요한 행위라고 인정하는 행위

65. 근재보험에서 인정되는 임금의 개념과 요건, 범위에 대하여 설명하시오.

1. 개념

임금이란 사용자가 근로의 대가로 근로자에게 임금, 봉급, 그 밖에 어떠한 명칭으로든지 지급하는 일체의 금품을 의미한다. 특히, 근로자의 재해보상과 관련해서는 각 보상금을 산출하는 기준이 되는 임금 개념으로 평균임금과 통상임금이 있다.

2. 임금의 요건

임금이 되기 위해서는 근로의 대가성이 인정되어야 한다. 따라서 ① 은혜적이나 일시적인 금품, ② 복리후생적이거나 ③ 실비변상적 금품은 근로의 대가가 아니다.

3. 임금의 범위

(1) 출장비나 교통비 : 실비변상적 성격을 가지므로 임금에 포함되지 않는다.

(2) 휴가비 : 일률적으로 지급하는 경우에만 임금에 포함된다.

(3) 상여금

상여금은 단체협약, 취업규칙, 그 밖의 근로계약에 미리 지급되어 조건 등이 명시되어 있거나 관례로 계속 지급하여온 사실이 인정되는 경우에는 근로제공의 대가로 인정되는 것이므로 평균임금 산정 시 포함할 수 있다.

(4) 가족수당

가족수당은 회사에서 일정한 조건에 해당하는 근로자에게 일률적으로 지급하여 왔다면 근로의 대가로서의 성질을 가지는 것으로 평균임금 산정 시 포함하여야 하나, <u>부양가족 수에 따라 차등 지급되는 경우에는 복리후생적 성질의 것으로 평균임금 산정 시 제외한다</u>.

(5) 재해보상금 또는 손해배상금 : 근로의 대가성이 없으므로 임금이 아니다.

(6) 축의금 등 경조사비 : 은혜적 또는 일시적으로 지급하는 금품이므로 임금이 아니다.

66. 평균임금의 개념 및 적용범위, 산정 제외기간에 대하여 설명하시오.

1. 개념

평균임금이란 이를 산정하여야 할 사유가 발생한 날 이전 3개월 동안에 그 근로자에게 지급된 임금의 총액을 그 기간의 총 일수로 나눈 금액을 말한다. 근로자가 취업한 후 3개월 미만인 경우에도 이에 준한다(근로기준법 제2조 제1항).

2. 적용범위

평균임금은 퇴직금, 휴업수당, 재해보상금 등을 산정하는 기초가 된다. 평균임금이 통상임금 보다 적을 경우, 통상임금을 평균임금으로 한다.

3. 평균임금 산정 제외기간 2023 기출

① 수습 사용 중의 기간
② 사용자의 귀책사유로 휴업한 기간
③ 산전 후 휴가기간
④ 업무상 부상 또는 질병의 요양을 위하여 휴업한 기간
⑤ 육아휴직기간
⑥ 쟁의행위기간
⑦ 병역법, 향토예비군법 또는 민방위기본법에 의한 의무이행을 위하여 휴직하거나 근로하지 못한 기간. 다만, 그 기간 중 임금을 받은 경우에는 그러하지 아니하다.
⑧ 업무 외 부상 또는 질병으로 인하여 사용자의 승인을 얻어 휴업한 기간

4. 산출방법

평균임금을 산정하여야 할 사유가 발생한 날 이전 3개월 동안에 그 근로자에게 지급된 임금의 총액을 그 기간의 총 일수로 나눈다. 이전 3개월 동안은 90일이 아니라 이전 월력(月曆)상의 3개월을 의미한다. 해당기간 동안 실제 근로를 제공하였는지 여부는 묻지 않는다. 해당 3개월의 기간의 총일수는 89일에서 92일 된다.

66-1. 산재법상 일용근로자의 평균임금 산정시 적용하는 통상근로계수의 개념을 설명하고 통상근로계수 적용을 제외하는 3가지 경우에 대하여 약술하시오. (2020년 기출)

1. 개념

근로형태가 1일 단위로 고용되거나 근무일수에 따라 일당 형식의 임금을 지급받는 일용 근로자의 경우, 업무상 재해로 인한 산재보험금 산정시에 평균임금에 통상근로계수인 0.73을 곱하여 산정하는 것을 말한다. 일용근로자에 대하여 일반적인 평균임금 산정기준을 그대로 적용할 경우 산재보험금이 과다하게 지급되는 것을 조정하기 위한 것이다.

2. 통상근로계수 적용대상(산재보험법 시행령 제23조)

(1) 1일 단위로 고용되거나 근로일에 따라 일당 형식의 임금을 지급받는 근로자
(2) 둘 이상의 사업에서 근로하는 단시간 근로자에게 평균임금을 적용하는 경우

3. 통상근로계수 적용 제외대상(산재보험법 시행령 제23조)

(1) 근로관계가 3개월 이상 계속되는 경우
(2) 근로조건, 근로계약의 형식, 구체적인 고용실태 등을 종합적으로 고려할 때 근로형태가 상용근로자와 비슷하다고 인정되는 경우

4. 통상근로계수를 적용한 평균임금 산정방법(산재보험법 시행령 제24조)

상기 통산근로계수 적용대상 근로자가 업무상 재해를 당했을 경우에 산재보험금 산정의 기준이 되는 평균임금은 아래와 같이 산정한다. 예를들어, '갑'이라는 일용근로자의 일용노임이 10만원이라면, 10만원에 통상근로계수 0.73을 곱하여 평균임금은 73,000원으로 산출된다. 따라서, 73,000원을 기준으로 산재보험급여를 산출하게되는 것이다.

(예시) 일용근로자 '갑'의 일용노임 100,000원 × 0.73 = 73,000원

67. 통상임금의 개념 및 요건, 적용범위에 대하여 설명하시오.

1. 개념

통상임금이란 근로자에게 정기적이고 일률적으로 소정근로 또는 총 근로에 대하여 지급하기로 정한 시간급 금액, 일급금액, 주급금액, 월급금액 또는 도급금액을 말한다. 실제 근로시간이나 수령액과 관계 없으며, 결근 등으로 임금이 삭감되더라도 통상임금은 변동되지 않는다. 소정근로시간이란 법정근로시간 범위 내에서 단체협약이나 취업규칙 또는 근로계약 등에서 약정된 근로시간을 말한다.

2. 통상임금의 요건

기존 대법원 판결에 따르면, 통상임금으로 인정되기 위해서는 ① 정기성, ② 일률성, ③ 고정성이 인정되어야 한다고 판시하였으나, 2024년 대법원 전원합의체 판결을 통하여 '고정성'요건을 폐기하였다. 대법원 판결에서는 통상임금의 요건이었던 '고정성'을 폐기하면서 '재직조건부 임금'과 '근무일수 조건부 임금'도 통상임금 산정시 포함될 수 있게된 것이다.

(1) 정기성

정기성이란 미리 정해진 일정한 기간마다 정기적으로 지급되어야 한다는 것이다.

(2) 일률성

모든 근로자 또는 일정한 조건이나 기준을 충족하는 근로자에 일률적으로 지급되어야 한다는 것이다.

(3) 고정성

근로를 제공할 당시에 사전에 이미 임금이 확정적으로 고정되어야 한다는 것이다. 고정성 요건은 2024년 대법원 전원합의체 판결을 통하여 폐기되었다.

3. 적용범위

통상임금은 해고예고수당, 연장근로수당, 야간근로수당, 휴일근로수당, 연차유급휴가수당, 산전후 휴가수당의 산정하는 기준이 된다.

4. 평균임금과의 관계

평균임금이 통상임금보다 적으면 통상임금을 평균임금으로 한다.

기출문제 2014 약술 15점

통상임금과 평균임금에 대하여 약술하고, 근로자재해보장책임보험의 재해보상책임 특별약관에서 규정하고 있는 휴업보상(상병보상)의 보상기준을 기술하시오.

68 '근로기준법'상 재해보상 규정에 대하여 설명하시오.

1. 요양보상

(1) 의의

근로자의 업무상 부상 또는 질병 치료에 필요한 치료비를 요양보상이라고 하며, 치료비 전액을 보상한다. 산재보험법상 요양급여는 3일 이내에 요양으로 치유될 수 있는 경우에는 지급되지 않는다는 점이 다르다.

(2) 보상항목

① 진찰비, ② 약제 또는 진료재료비, ③ 의지 또는 그 밖의 보조기의 지급, ④ 처치비, 수술비, 그 밖의 기타의 치료비, ⑤ 입원비, ⑥ 간병비, ⑦ 이송비

2. 휴업보상

(1) 의의

근로자는 요양 중에 있는 근로자에게 그 근로자의 요양 중 평균임금의 100분의 60의 휴업보상을 하여야 한다. 해당 기간에 대한 임금의 일부를 받은 경우에는 그 지급액을 휴업보상에서 공제한 후 계산한다. 산재보험에서는 평균임금의 100분의 70의 휴업급여를 지급한다.

(2) 산정기준

의사의 소견에 따라 치료가 종결되어 더 이상 치료의 효과를 기대할 수 없을 때까지 휴업보상을 지급하나, 동 기간 중일지라도 취업 가능한 상태에서 치료를 받을 경우에는 휴업급여를 지급하지 않는다.

3. 장해보상

근로자가 업무상 부상 또는 질병의 치료 종결 후 신체에 장해가 있는 경우, 평균임금에 신체부위별 장해정도에 따라 정해진 신체장해 등급별 보상일수(1급 : 1,340일분~14급 : 50일분)를 곱한 금액을 보상한다.

4. 유족보상

근로자가 업무상 사망한 경우에는 사용자는 근로자가 사망한 후 지체 없이 그 유족에게 평균임금 1,000일분의 유족보상을 하여야 한다. 산재보험에서는 평균임금 1,300일분을 보상한다.

5. 장례비

근로자가 업무상 사망한 경우에는 사용자는 지체 없이 평균임금의 90일 분의 장례비를 지급하여야 한다. 장례비는 실비변상적 성격을 가지고 있어 실제 장례를 치르고 그 경비를 부담하는 자에게 지급할 수 있다.

6. 일시보상

요양보상이 개시된 후 2년이 경과하여도 부상이나 질병이 완치되지 아니한 때에는 사업주는 장해보상 1급에 해당하는 평균임금 1,340일분 지급함으로써 근로기준법상의 모든 책임을 면제한다. 단, 일시보상에 의하여 민법상의 손해배상책임까지 면제되는 것은 아니다.

69. '산재보험법'상의 재해보상 규정에 대하여 설명하시오.

1. 요양급여

근로자의 업무상 부상 또는 질병 치료에 필요한 치료비를 요양급여라고 하며, 치료비 전액을 보상한다. 다만, 비급여 치료비와 향후 치료비는 보상하지 않는다. 따라서, 산재급여 손익상계 시 비급여 치료비와 향후 치료비는 손익상계의 대상에 포함되지 않는다.

2. 휴업급여

근로자는 요양 중에 있는 근로자에게 그 근로자의 요양 중 평균임금의 100분의 70에 상당하는 금액의 휴업보상을 지급하여야 한다. 단, 취업하지 못한 기간이 3일 이내인 경우에는 지급하지 않는다.

3. 장해급여

근로자가 업무상 부상 또는 질병 치료 종결 후 신체에 장해가 있는 경우, 평균임금에 신체부위별 장해정도에 따라 정해진 신체장해 등급별 보상일수(1급 : 1,474일분~14급 : 55일분)를 곱한 금액을 보상한다. 장해급여는 장해보상 연금 또는 장해보상 일시금으로 지급한다.

4. 간병급여

요양급여를 받은 자가 치유 후 의학적으로 상시 또는 수시로 간병이 필요하여 실제로 간병을 받는 자에게 간병급여를 지급한다. 요양기간 중에 간병이 필요한 경우에는 간병료를 지급하는데, 간병료는 요양급여에 해당되며 간병급여에 포함되지 않는다.

※ 간병료 : 요양기간 중 다른사람의 간병이 필요하다고 의학적으로 인정되는 경우 간병등급(3등급)에 따라 요양급여로 지급한다.

5. 유족급여

근로자가 업무상 재해로 사망한 경우에는 그 유족에게 유족급여를 지급하여야 한다. 유족급여는 유족보상연금이나 평균임금 1,300일분의 유족보상 일시금으로 지급하되, 유족보상일시금은 근로자가 사망할 당시 유족보상연금을 받을 수 있는 자격이 있는 자가 없는 경우에 지급한다.

6. 상병보상연금

요양 개시 후 2년이 경과된 자로서 상병이 치유되지 아니하면서 소정의 중증요양상태등급(1~3급)에 해당되고 요양으로 취업하지 못할 때, 중증요양상태등급(1~3급)에 따른 상병보상연금 지급한다(산재보험법 제66조 제1항).

여기서 '중증요양상태'란 업무상의 부상 또는 질병에 따른 정신적 또는 육체적 훼손으로 노동능력이 상실되거나 감소된 상태로 그 부상 또는 질병이 치유되지 않은 상태를 말한다.

7. 장례비

장례비는 근로자가 업무상 사유로 사망한 경우에 평균임금 120일분에 상당하는 금액을 그 장제를 지낸 유족에게 지급한다. 다만, 장제를 지낼 유족이 없거나 그 밖의 부득이한 사유로 유족이 아닌 자가 장제를 지낸 경우에는 평균임금의 120일분에 상당하는 금액의 범위에서 실제 소요된 비용을 그 장제를 지낸 자에게 지급한다.

> **기출문제** 1996 1종 손사, 약술 10점
>
> 근로자 재해보장책임보험에 있어서 근로기준법에 따른 보상금액과 산재보험에 있어서의 보상금액의 차이를 보상하는 손해의 종류별로 대비하고 이러한 차이를 보완하기 위한 근로자 재해보장책임보험상의 방법을 기술하시오.

70. '선원법'상의 재해보상 규정에 대하여 설명하시오.

1. 요양보상

(1) 직무상 재해

선원이 직무상 부상을 당하거나 질병에 걸린 경우에는 그 부상이나 질병이 치유될 때까지 선박소유자의 비용으로 요양을 시키거나 요양에 필요한 비용을 지급하여야 한다.

(2) 승무중 직무외 재해

선원이 승무 중 직무외의 원인으로 부상이나 질병이 발생한 경우에는 3개월 범위 내에서 발생한 치료비 전액을 보상하여야 한다.

2. 상병보상

(1) 직무상 재해

선원이 직무상 부상을 당하거나 질병으로 요양 중인 선원에게 4개월의 범위에서 그 부상이나 질병이 치유될 때까지 매월 1회의 통상임금에 상당하는 금액의 상병보상을 지급한다.

단, 4개월이 지나도 치유되지 아니하는 경우에는 치유될 때까지 매월 1회 통상임금의 100분의 70에 상당하는 금액의 상병보상을 지급 한다.

(2) 승무중 직무외 재해

선원에게 요양기간 중 3개월의 범위 내에서 매월 1회 통상임금의 100분의 70에 상당하는 금액의 상병보상을 지급한다.

3. 장해보상

선원이 업무상 부상 또는 질병 치료 종결 후 신체에 장해가 있는 경우, 승선평균임금에 신체부위별 장해정도에 따라 정해진 신체장해 등급별 보상일수(1급 : 1,474일~14급 : 55일)를 곱한 금액을 보상한다.

4. 일시보상

요양보상이 개시된 후 2년이 지나도 완치되지 아니한 경우에 선박소유자는 승선평균임금 1,474일분 지급함으로써 선원법상의 요양보상, 상병보상, 장해보상의 책임을 면제한다. 단, 유족보상과 장제비의 지급 책임은 면제되지 않는다.

5. 유족보상

(1) 직무상 재해
선원이 직무상 사망하였을 때에는 유족에게 승선평균임금 1,300일분에 상당하는 금액의 유족보상을 하여야 한다.

(2) 승무중 직무외 재해
선원이 승무 중 직무 외의 원인으로 사망하였을 때에는 승선평균임금 1,000일분에 상당하는 금액을 유족에게 보상하여야 한다.

6. 장제비

선원이 사망하였을 때에는 유족에게 승선평균임금의 120일분에 상당하는 금액을 장제비로 지급하여야 한다. 단, 장제비를 지급할 유족이 없는 경우에는 실제로 장제를 한 자에게 장제비를 지급하여야 한다.

7. 행방불명 보상★

선원이 해상에서 행방불명된 경우에는 피부양자에게 1개월분의 통상임금과 3개월분의 승선평균임금에 상당하는 금액을 지급하여야 한다. 선원의 행방불명 기간이 1월을 지났을 때에는 유족보상과 장제비를 지급한다.

8. 소지품 유실보상

선박소유자는 선원이 승선하고 있는 동안 해양사고로 소지품을 잃어버린 경우에는 통상임금의 2개월분의 범위에서 그 잃어버린 소지품의 가액에 상당하는 금액을 보상하여야 한다.

기출문제 2019 기출, 약술 10점

근로자 재해보장책임보험의 재해보상책임 특별약관에서 국내 근로자와 선원근로자에 대하여 보상하는 손해를 비교하여 약술하시오.

[암기] 산재보험, 근재보험, 선원근재보험의 재해보상기준 비교 ★★★

구분	산재보험	국내 근재보험	선원 근재보험	
			직무상 재해	승무 중 직무 외 재해
요양보상	치료비 전액	치료비 전액	치료비 전액	3개월 내 치료비 전액
휴업(상병)보상	평균임금 70%	평균임금 60%	4개월까지 통상임금 전액 5개월부터 통상임금 70%	3개월 내 통상임금 70%
장해보상	평균임금 1,474일분(1급) ~55일분(14급)	평균임금 1,340일분(1급) ~ 50일분(14급)	승선평균임금 1,474일분(1급) ~55일분(14급)	없음
유족보상	평균임금 1,300일분	평균임금 1,000일분	승선평균임금 1,300일분	승선평균임금 1,000일분
장례비 (장제비)	평균임금 120일분	평균임금 90일분	승선평균임금 120일분	
일시보상	없음	평균임금 1,340일분	승선평균임금 1,474일분	없음
행방불명보상	없음	없음	통상임금 1개월분+승선평균임금 3개월분 (1개월 후 사망추정 : 유족보상+장제비)	

71. 근재보험 '사용자배상책임 특별약관'에 대하여 설명하시오.

1. 의의

업무상 재해로 산재보험법, 선원법 등의 재해보상책임을 초과하여 사용자가 근로자에 대해 부담하는 손해배상책임을 보상하는 특별약관이다. 따라서 본 특별약관은 산재보험 또는 근재보험의 재해보상책임 특약에 가입된 경우에 한하여 가입할 수 있다.

2. 책임법리

(1) 채무불이행책임

사용자는 근로자에 대해 근로계약상 근로를 제공하는 사업장의 작업환경 등에 대해 '안전배려의무'가 존재하고, 이러한 안전배려의무 위반으로 인해 재해가 발생할 경우에는 근로자에 대해 민법 제390조에 기한 손해배상책임을 부담하는 것이다.

(2) 불법행위책임

업무상 재해 시 사용자는 민법 제750조의 일반 불법행위책임을 부담할 수 있으며, 동료 근로자의 행위로 업무상 재해가 발생한 경우에 사업주는 민법 제756조의 사용자 책임을 부담하며, 민법 제758조의 공작물의 설치·보존상의 하자로 인한 손해배상책임을 부담할 수도 있다.

3. 보상하는 손해

근로자의 업무상 재해로 인한 사용자의 법률상 손해배상금이 산재보험이나 근재보험의 재해보상금을 초과하는 경우에, 그 초과하는 법률상 손해배상금과 비용손해를 보상한다.
(1) 법률상 손해배상금
(2) 비용손해

4. 보상하지 않는 손해

(1) 보통약관 또는 재해보상 관련 법령에 의하여 보상대상이 되지 않는 업무상 재해에 대한 배상책임
(2) 재해발생일로부터 3년이 경과한 후에 피보험자가 손해배상청구를 받음으로써 부담하게 된 배상책임. 단, 실무상 요양 종결일을 소멸시효 기간점으로 한다.
(3) 재해보상책임 특별약관을 첨부하는 계약의 경우, 보험가입 임금이 실임금에 미달함으로써 보상액이 재해보상 관련 법령에 따른 보상액보다 적은 경우에 그 차액

5. 손해배상금 산정 시 재해보상금의 공제

(1) 원칙

먼저 재해를 입은 근로자의 민사상 손해배상금을 산출하고, 각 손해배상금 항목에서 근재·산재보험에서 지급되는 급여항목을 <u>항목별로 차감(손익상계)</u>하여 지급 보험금을 산출한다.

가. 요양급여 : 기발생 치료비에서 차감

나. 휴업급여 : 일실수입 중 요양기간에서 발생한 일실수입에서 차감

다. 장해급여 : 일실수입 중 요양기간 종료 후 노동능력상실률에 따른 일실수입에서 차감

라. 장례비 : 장례비에서 차감하는데, 판례상 인정되는 장례비(500만원 정도)를 초과한다.

마. 간병급여 : 치료 종결 후의 개호비에서 차감

바. 위자료 : 근재·산재보험에서 지급되지 아니하므로 손익상계되지 않는다.

(2) '사용자 배상책임 특약'의 배상금에서 차감하는 산재, 근재 보험금 손익상계 항목 비교

민사 손해배상금 항목	재해보상 항목	비고
기발생 치료비	요양급여(보상)	비급여 치료비, 향후 치료비는 산재보험에서 보상되지 않으므로, 손익상계 제외
입·통원 일실수입	휴업급여(보상)	입·통원기간 일실수입 산출한 뒤 휴업급여(상병보상) 공제
장해 일실수입	장해급여(보상)	장해기간 일실수입에서 장해급여 공제
사망 일실수입	유족급여(보상)	사망 일실수입에서 유족급여 공제
장례비	장례비(장제비)	초과금액 발생 안함 산재보험 장례비는 최소 1,300만원 이상
개호비	간병급여	치료기간 동안 개호비에서 간병료 차감 치료 종결 후 개호비에서 간병급여 차감
위자료	지급 안함	손해배상금 산정 시에만 인정됨

※ 사용자 배상책임 특별약관의 지급보험금 산정 시에는 재해자가 산재보험금을 연금형태로 수령하더라도 일시금 기준금액으로 환산하여 손익상계한다.

72. 근로기준법상 유족보상의 수급권자의 순위에 대하여 설명하시오.

1. 의의

근로자의 업무상 재해 시 지급하는 법률상 재해보상금의 수급권자는 순위는 근로기준법에 규정되어 있는데, 민법상 상속권자의 순위와 다르므로 이를 구별하여야 한다.

2. 법적 근거

근로기준법 시행령 제48조 제1항에서 유족의 범위와 유족보상을 받는 순위를 명시하고 있다.

3. 유족보상의 순위

(1) 원칙(근로기준법 시행령 제48조 제1항)

같은 순위에 있는 유족은 기재된 순서에 따라 급여 수급권이 우선한다.
1) 근로자가 사망할 때 부양하고 있던 배우자(사실혼 포함), 자녀, 부모, 손 및 조부모
2) 근로자가 사망할 때 부양하고 있지 아니한 배우자(사실혼 포함), 자녀, 부모, 손 및 조부모
3) 근로자가 사망할 때 그가 부양하고 있던 형제자매
4) 근로자가 사망할 때 그가 부양하고 있지 아니한 형제자매

(2) 부모의 순위(근로기준법 시행령 제48조 제2항)

유족의 순위를 정하는 경우에 부모는 양부모를 선순위로 친부모를 후순위로 하고, 조부모는 양부모의 부모를 선순위로 친부모의 부모를 후순위로 하되, 부모의 양부모를 선순위로 부모의 친부모를 후순위로 한다(근로기준법 시행령 제48조 제2항).

(3) 유언 등에 의한 예외(근로기준법 시행령 제48조 제3항)

제1항 및 제2항에도 불구하고 근로자가 유언이나 사용자에 대한 예고에 따라 제1항의 유족 중의 특정한 자를 지정한 경우에는 그에 따른다.

4. 선원법의 예외 2022 사례 기출

같은 호에 규정된 자 사이에 있어서는 그 기재된 순서에 의하되 1호 및 2호의 경우 배우자, 자녀 및 부모는 같은 순위로 한다.

72-1 민법상 상속 순위에 대하여 설명하시오.

1. 상속순위(민법 제1000조)

(1) 피상속인의 직계비속
(2) 피상속인의 직계존속
(3) 피상속인의 형제자매
(4) 피상속인의 4촌 이내의 방계혈족

2. 배우자의 상속순위(민법 제1003조)

피상속인의 배우자는 피상속인의 직계비속 또는 직계존속이 있는 경우에는 그 상속인과 동순위의 공동상속인이 되고, 그 상속인이 없는 경우에는 단독상속인이 된다.

3. 태아

태아는 상속순위에 관하여는 이미 출생한 것으로 본다. 단, 정지조건설(판례)에 의할 경우 출생 이후에 소급적으로 상속권 행사 가능

4. 동순위 상속인

동순위 상속인이 수인인 때에는 최근친을 선순위로 하고, 동친 상속인이 수인인 경우에는 공동상속인이 된다.

5. 대습상속(민법 제1001조)

상속인이 될 직계비속 또는 형제자매가 상속 개시 전에 사망하거나 결격자가 된 경우에 그 직계비속이 있는 때에는 그 직계비속이 사망하거나 결격된 자의 순위에 갈음하여 상속인이 된다.

6. 근재보험과의 관계

사용자배상책임특약에서 지급되는 보험금은 민법상 상속순위에 따라 지급한다.

73. 유족급여 수급권자와 손해배상청구권의 상속인이 다른 경우, 손해배상금 산출방법에 대하여 설명하시오.

1. 쟁점사항

산업재해 보상항목 중 유족급여 수급권자와 손해배상금의 상속권자의 순위가 달라 손해배상금에서 유족급여금을 어떠한 방식으로 공제해야 하는지에 대해 학설의 대립이 있다.

2. 학설의 대립

(1) 상속 후 공제설

민법상 상속권자별로 법률상 손해배상금 중 사망에 따른 일실수입을 상속지분에 따라 먼저 상속시킨 후에, 각 상속권자별 사망에 따른 일실수입에서 유족급여금을 공제한다는 설이다. 이 설에 의할 경우 유족급여금을 받지 못한 민법상 상속권자는 온전히 자신의 상속분을 보장받을 수 있으므로, 상속권자 보호에 유리하다고 할 수 있다.

(2) 공제 후 상속설

손해배상금 중 사망에 따른 일실수입에서 유족급여금을 선 공제하고 나머지 잔존금액을 민법상 상속순위에 따른 상속권자에게 귀속시키는 이론이다. 이 설에 의할 경우, 사실혼 배우자가 받은 유족급여금도 모두 상속 대상금액에서 공제되므로 민법상 상속권자의 보호에 취약하다.

3. 판례의 태도

대법원은 기존에 '공제 후 상속설'의 입장이었으나, 2008년 전원합의체 판결을 통해 '상속 후 공제설'로 그 입장을 변경하였다.

74. 근재보험의 '비업무상재해 확장 추가특별약관'에 대하여 설명하시오. (2024년 기출)

1. 의의

해외근로자와 선원의 근로환경의 특수성을 고려하여 비업무상 재해 시에도 업무상 재해와 동일하게 보상하는 추가 특별약관이다. 단, 선원 근로자의 경우, 비업무상 재해 확장 추가 특별약관에 가입하였다 하더라도 법률상 규정된 '승무중 직무외 재해'에 따른 보상금만 받게 된다.

2. 보상하는 손해

재해보상책임 특별약관의 보상하는 손해의 기준에도 불구하고 피보험자의 근로자에게 생긴 비업무상의 신체의 부상 또는 질병에 대해서도 업무상 재해와 동일한 기준으로 보상한다.

3. 보상하지 않는 손해

보통약관의 보상하지 아니하는 손해에 추가하여 아래의 손해도 보상하지 않는다.
단, (4)항과 (7)항이 선원에 해당하는 경우, 선원법에서 정한 재해보상금은 보상한다.

(1) 중독, 마취, 만취 등으로 생긴 손해
(2) 과격한 운동이나 위험한 오락(스카이다이빙, 스쿠버다이빙, 행글라이딩, 자동차 경주 등)으로 인하여 생긴 손해
(3) 자해, 자살, 자살미수 및 이와 유사한 행위로 인하여 생긴 손해
(4) 한국 표준질병사인분류에 분류된 질병 및 이로 인하여 생긴 손해

병명	분류기호
1. 악성 신생물	C00~C97, D00~D09
2. 당뇨병	E10~E14
3. 만성 류마티스성 심질환	I05~I09
4. 고혈압성 질환	I10~I15
5. 허혈성 심질환	I20~I25
6. 기타형의 심질환	I30~I52
7. 뇌혈관 질환	I60~I69

(5) 매독, 임질, AIDS, 기타 이와 유사한 질병 및 이로 인하여 생긴 손해
(6) 시력감퇴 등 생리적 노화 또는 약화 및 이로 인하여 생긴 손해
(7) 치아에 관련된 질병
(8) 군인이 아닌 자로 군사작전 수행 또는 군사훈련을 받던 중 생긴 손해

75. 근재보험 '간병보상 추가 특별약관'에 대하여 설명하시오.

1. 의의

해외 근로자는 산재보험법 제121조에 의하여 산재보험법에 따른 급여보다 불이익하게 할 수 없으므로, 본 특약을 가입하여 산재보험법상의 간병급여 수준으로 보상하도록 하고 있다.

2. 보상하는 손해

재해보상책임 특별약관의 규정에도 불구하고 피보험자가 부담하기로 한 간병보상으로 인한 손해를 이 특별약관의 규정에 따라 보상한다. 요양보상을 받은 자가 치유 후 의학적으로 상시 또는 수시로 간병이 필요하여 실제로 간병을 받은 근로자에게 보상한다.

3. 보상기준

(1) 상시 간병급여

1) 지급대상

  가. 신경계통의 기능, 정신기능 또는 흉복부 장기의 기능에 장해등급 제1급에 해당하는 장해가 남아 일상생활에 필요한 동작을 하기 위하여 항상 다른 사람의 간병이 필요한 사람

  나. 두 눈, 두 팔 또는 두 다리 중 어느 하나의 부위에 장해등급 1급에 해당하는 장해가 남고, 다른 부위에 장해등급 7급 이상에 해당하는 장해가 남아 일상생활에 필요한 동작을 하기 위하여 항상 다른 사람의 간병이 필요한 사람

2) 지급기준

  산재법 제40조 4항 제6호 규정에 의한 간병과 관련하여 고용노동부장관이 고시하는 금액

(2) 수시 간병급여

1) 지급대상

  신경계통의 기능, 정신기능 또는 흉복부 장기의 기능에 장해등급 제2급에 해당하는 장해가 남아 일상생활에 필요한 동작을 하기 위하여 수시로 다른 사람의 간병이 필요한 사람

2) 지급기준

  상시 간병보상액의 3분의 2에 해당하는 금액

76. 근로기준법과 선원법상 일시보상에 대하여 설명하시오. (1979, 1999, 2011, 2020년 기출) ★

1. 의의

요양보상이 개시된 후 2년이 경과하여도 부상이나 질병이 완치되지 아니한 때에는 사업주는 장해보상 1급에 해당하는 평균임금 1,340일분 지급함으로써 근로기준법상의 모든 책임을 면제한다. 단, 일시보상에 의하여 민법상의 사용자 배상책임까지 면제되는 것은 아니다.

2. 요건

(1) 요양을 개시한 후 2년이 경과해야 한다.
(2) 요양 중지기간 등을 공제한 실제 요양기간이 2년을 넘어야 한다.
(3) 업무상 부상이나 질병이 완치되지 아니하고 향후 치료 종결시점도 불확실해야 한다.

3. 일시보상의 선택

일시보상은 2년 경과 후에 언제든지 보험자 일방의 의사표시 또는 보험계약자가 보험자의 사전 동의를 얻어 행할 수 있다.

4. 효과

(1) 근로기준법

근로기준법에서는 일시보상을 하면 모든 재해보상책임을 면한다. 단, 일시보상에 의하여 민법상 손해배상책임까지 면제되는 것은 아니다.

(2) 선원법

선원법에서는 일시보상 시에 요양보상, 상병보상, 장해보상만 면제되고 유족보상과 장제비 지급 책임은 면제되지 않는다. 또한, 일시보상에 의하여 민법상 손해배상책임까지 면제되는 것은 아니다.

5. 손해배상금과의 관계 (일시보상금 공제방법)

손해배상금에서 재해보상금을 공제할 때, 해당 재해보상금과 대응하는 손해배상금 항목을 공제하여야 하므로 일시보상금을 손해배상금 항목중 어떠한 항목과 공제하여야 할지가 문제된다.

(1) 근로기준법(해외근로자)

근로기준법에서는 일시보상을 하면 모든 재해보상책임을 면한다. 따라서, 일시보상금을 지급한 이후의 적극적 손해(치료비, 개호비, 보조구비, 장례비)와 소극적 손해(치료기간/장해기간/사망 일실수입)을 합산한 금액에서 일시보상금을 공제하여 손해배상금을 산출한다.

산재보험에서는 일시보상제도가 없으므로 산재보험을 적용받는 국내육상근로자에 대해서는 일시보상금을 공제할 수 없음을 유의한다.

(2) 선원법(선원근로자)

선원법에서는 일시보상 시에 요양보상, 상병보상, 장해보상만 면제되고 유족보상과 장제비 지급 책임은 면제되지 않는다. 따라서, 일시보상금을 지급한 이후의 적극적 손해(치료비, 개호비, 보조구비)와 소극적 손해(치료기간/장해기간)을 합산한 금액에서 일시보상금을 공제하여 손해배상금을 산출한다. <u>유족보상과 장제비의 지급책임은 면제되지 아니하므로, 대응하는 사망 일실수입과 장제비에 대하여 일시보상금을 공제해서는 안됨을 유의한다.</u>

기출문제 1979, 1999, 2011 1종 손사

1. 근재보험에서의 일시보상에 대해 약술하시오. (15점)
2. 근로자재해보장책임보험에서 일시보상에 대해 약술하시오. (10점)
3. 근로자자재해보상책임보험의 보상내용 중 일시보상의 의의, 요건 및 효과에 대하여 설명하시오. (10점)

77. 재해보상 관련법에서 규정하고 있는 장해보상과 관련하여 '장해등급의 조정'과 '장해의 가중'에 대하여 설명하시오.

1. 의의

근로자가 업무상 부상 또는 질병의 치료 종결 후 신체에 장해가 있는 경우, 평균임금에 신체부위별 장해정도에 따라 정해진 신체장해 등급별 보상일수를 곱한 금액을 보상한다.

2. 장해의 조정

(1) 장해등급표에 기재된 신체장해가 둘 이상 있을 경우에는 중한 신체장해에 해당하는 등급을 적용하여 보상한다.

(2) 아래의 해당하는 경우에는 장해등급을 1~3등급 인상하며, 그 조정된 등급이 제1급을 초과하는 때에는 제1급으로 한다.

　가. 5급 이상에 해당하는 신체장해가 2 이상 있는 경우에는 심한 등급보다 3개 등급 인상
　나. 8급 이상에 해당하는 신체장해가 2 이상 있는 경우에는 심한 등급보다 2개 등급 인상
　다. 13급 이상에 해당하는 신체장해가 2 이상 있는 경우에는 심한 등급보다 1개 등급 인상

3. 장해의 가중

이미 신체에 장해가 있는 자가 부상 또는 질병으로 인하여 동일한 부위에 장해가 가중된 경우에는 그 가중된 장해등급에 해당하는 일수에서 이미 받은 장해등급에 해당하는 일수를 공제한 일수에 평균임금을 곱해서 보상한다.

78. 근재보험의 '해외취업선원 재해보상 추가특별약관'에 대하여 설명하시오.

1. 의의

해외취업선원 재해보상 추가 특별약관이란 해외 국적선에 취업하여 승선하는 선원이 직무상 또는 승무 중 직무외 재해를 입은 경우에 추가보상을 하는 특별약관이다. 여기서 해외취업선원이란 선박소유자가 외국인인 선박에 취업하는 선원으로서, '선박관리협회'에 등록된 선박관리사업자가 관리하는 선원을 말한다.

2. 보상하는 손해

해외취업선원에 대한 추가보상 기준은 '해외취업선원 재해보상에 관한 규정'에 따른 고시금액을 추가로 지급한다.

(1) 요양보상 : 국내 국적선 선원과 동일

(2) 상병보상 : 국내 국적선 선원과 동일

(3) 장해보상 : 국내 국적선 선원 재해보상 + 아래의 특별보상금

선원이 직무상 부상 또는 질병이 치유된 후에도 신체에 장해가 남는 경우에는 선박소유자는 지체 없이 다음을 합산한 금액을 보상한다.

1) 산재보험법상 장해등급 일수(1급 1,474일~14급 55일분) × 승선평균임금
2) 특별보상금 : 산재보험법 장해등급 일수 × USD 30(어선 승무원 USD 12)

(4) 유족보상 : 국내 국적선 선원 재해보상 + 아래의 특별보상금

1) 직무상 재해

선박소유자는 선원이 직무상 사망한 경우에는 유족에게 아래의 금액을 합산하여 지급한다.

가. 승선평균임금의 1,300일분에 상당하는 금액

나. 특별보상금 : USD 40,000(어선 승무원 USD 20,000)

다만, 합산한 유족보상금이 USD 70,000(어선 승무원 USD 56,000) 미만일 경우에는 USD 70,000(어선 승무원 USD 56,000)로 한다.

2) 승무중 직무 외 재해

선박소유자는 선원이 승무 중 직무 외의 원인으로 사망하는 경우에는 지체 없이 선원법 시행령이 정하는 유족에게 아래의 합산금액을 유족보상으로 지급하여야 한다.

가. 승선평균임금의 1,000일분에 상당하는 금액
　　　나. 특별보상금 : USD 40,000(어선 승무원 USD 20,000)

(5) 장제비

해외취업선원이 직무상 사망한 경우에 선원법 시행령이 정하는 유족에게 승선평균임금 120일분을 지급하여야 한다. 다만, 장제비로 산정된 금액이 USD 4,500 이하일 경우에는 USD 4,500로 한다. (어선 승무원은 USD 3,000)

(6) 일시보상(직무상 재해) : 국내 국적선 선원과 동일

선박소유자는 상병보상 및 요양보상의 규정에 의하여 보상을 받고 있는 선원이 2년이 지나도 그 부상 또는 질병이 치유되지 아니하는 경우에는 제1급의 장해보상에 상당하는 금액을 선원에게 지급함으로써 요양보상, 상병보상, 장해보상에서 정하는 보상책임을 면할 수 있다.

(7) 행방불명보상 : 국내 국적선 선원과 동일

선박소유자는 선원이 해상에서 행방불명이 된 경우에는 선원법상 유족에게 '통상임금 1개월분과 승선평균임금 3개월분'에 상당하는 금액을 지급하여야 한다. 선원의 행방불명기간이 1월을 경과한 때에는 유족보상과 장제비를 추가 보상한다.

(8) 현지 화장 또는 매장 시 특별위로금

선원이 외국에서 사망하여 화장 또는 매장하는 경우에는 승선평균임금 90일분(어선 승무원 : 60일분)을 특별위로금으로 지급하여야 한다.

79. 2022년 1월 시행된 '중대재해 처벌법'의 의의와 '중대산업재해'의 범위, 처벌기준, 징벌적 배상책임규정, 적용대상 및 시행일에 대하여 설명하시오.

1. 의의

중대한 산업재해를 예방하고 국민의 생명과 신체를 보호하기 위하여 2022. 1. 27일 중대재해처벌법이 시행되었다. 중대재해에는 '중대산업재해'와 '중대시민재해'가 있다.

2. '중대산업재해'의 범위

(1) 동일한 사고로 사망자가 1명 이상 발생한 경우
(2) 동일한 사고로 6개월 이상 치료가 필요한 부상자가 2명 이상 발생한 경우
(3) 동일한 유해요인으로 인한 직업성 질병자가 1년 이내 3명 이상 발생한 경우

3. 처벌기준

사업주 및 경영책임자가 안전 및 보건확보의무를 위반하여 중대한 산업재해가 발생한 경우에 다음과 같이 처벌되며, 법인에 대해서도 벌금을 부과한다.

(1) 사업주 및 경영책임자
① 사망사고 : 1년 이상의 징역 또는 10억원 이하의 벌금
② 부상사고, 질병사고 : 7년 이하의 징역 또는 1억원 이하의 벌금

(2) 법인(양벌규정)
① 사망사고 : 50억원 이하의 벌금
② 부상사고, 질병사고 : 10억원 이하의 벌금

4. 징벌적 배상책임 규정

사업주 또는 경영책임자의 고의 또는 중대한 과실로 안전보건 확보의무를 위반하여 중대재해가 발생한 경우, 사업주 등은 손해액의 5배 이하의 범위에서 손해배상책임을 부담한다.

5. 적용대상 및 시행일

(1) 상시 근로자 50인 이상 : 2022년 1월 27일부터 시행
(2) 상시 근로자 50인 미만 : 2024년 1월 27일부터 시행
(3) 상시 근로자 5인 미만 : 적용제외

80. 기업중대사고 배상책임보험에 대하여 약술하시오.

1. 보상하는 손해

(1) 회사는 '중대재해 처벌 등에 관한 법률' 및 동법 시행령에 따른 중대재해가 발생한 경우 손해를 입은 피해자로부터 보험기간 중에 손해배상청구가 제기되어 피보험자가 민사상 법률상의 배상책임을 부담함으로써 입은 아래의 손해를 보상합니다.
   1) 법률상 손해배상금
   2) 비용손해

(2) 회사는 보험기간 중에 최초로 제기된 손해배상청구에 대하여 보상한다. 그러나 보험증권상 소급보장일자가 기재되어 있을 경우에 소급보장일자 이전에 발생된 재해에 대한 손해는 보상하지 않는다.

2. 손해배상청구일자

보상하는 손해의 '보험기간 중에 최초로 제기된 손해배상청구'라 함은 아래의 경우를 말한다.

(1) 피보험자가 회사가 손해배상청구를 받은 경우에는 먼저 접수한 쪽의 손해배상청구를 기준으로 한다. 그러나 피보험자가 접수한 경우에는 명백한 입증자료가 없는 한 그 사실을 회사에 알린 날을 손해배상청구가 처음 제기된 날로 본다.

(2) 어느 하나의 재해에 대한 다수의 손해배상청구는 그 중 최초로 제기된 날을 모든 손해배상청구가 제기된 일자로 본다.

(3) 다만, 피보험자 또는 회사가 손해배상청구를 받기 전이라 할지라도 재해가 발생하여 그 사실을 회사에 알린 날을 손해배상청구가 제기된 일자로 본다.

3. 주요 특별약관

(1) 징벌적 손해배상책임 특별약관

   1) 보상하는 손해

   회사는 중대재해 처벌 등에 관한 법률 제15조에 따라 피보험자가 손해배상책임을 부담함으로써 입은 아래의 손해를 보상한다.
   ① 법률상 손해배상금
   ② 비용손해

회사는 본 조항의 보상에 있어서, 보통약관의 보상하지 않는 손해 중 '징벌적 손해배상금'에 관한 면책규정은 적용하지 않는다. 회사는 보통약관의 '보상하지 않는 손해'에 기재된 중대재해로 인한 피보험자의 손해배상금 등 일체의 손해를 본 특별약관에서 중복으로 지급하지 않는다.

(2) 중대사고 형사방어비용 특별약관

1) 적용범위

이 특별약관의 보장대상은 피보험자가 중대재해처벌법 및 동법 시행령에 따른 위반소지가 있는 행위로 인하여 피의자 또는 피고인이 됨으로써 발생하는 변호사비용, 소송비용 등 형사방어비용에 한하여 적용한다.

2) 보상하는 손해

중대재해가 발생하여 '중대재해 처벌 등에 관한 법률 및 동법 시행령에 따른 위반혐의로 피보험자가 피의자로 수가기관으로부터 수사를 받게되는 사건에 대해 보험기간 중 최초로 개시된 형사절차에 따라 피보험자가 실제 부담하는 형사방어비용을 1사건마다 보험증권에 기재된 보상한도액 내에서 피보험자에게 보상한다.

단, 소급보장일자 이후에 발생한 재해로 인한 사건이며, 수사기관의 불송치 결정 또는 불기소 결정으로 수사가 종결되고 주문이 "혐의없음" 또는 "죄가안됨"인 경우에 한한다.

3) 보상하지 않는 손해

① 피고인이었던 자가 수사 또는 재판을 그르칠 목적으로 거짓 자백을 하거나 다른 유죄의 증거를 만들어 기소된 것으로 인정된 경우
② 형법 제9조 및 제10조 1항의 사유에 따라 무죄판결이 확정된 경우

(3) 중대사고 위기관리 실행비용 특별약관

1) 적용범위

이 특별약관은 보험사고가 중대재해 중 중대산업재해로 기인한 경우에 한하여 적용한다.

2) 보상하는 손해

회사는 보험기간 중 손해배상청구가 최초로 제기된 재해로 인한 위기에 대하여 해당 위기에 기인해 피보험자가 부담하는 위기관리실행비용에 대하여 보험금을 지급한다.

3) 보상하지 않는 손해

① 피보험자 또는 피보험자의 임원이나 임원이었던 사람의 고의에 기인한 위기
② 중대시민재해로 기인한 위기

기출문제 2023 10점

'중대재해 처벌 등에 관한 법률'에서 규정하고 있는 '중대재해'에 대하여 기술하고, '기업중대사고 배상책임보험(특약 포함)'에서 보상하는 손해를 약술하시오.

부록

01 월간 호프만 계수

월수	호프만 계수	월수	호프만 계수	월수	호프만 계수	월수	호프만 계수
1	0.9958	51	46.1567	101	84.1505	151	116.943
2	1.9875	52	46.9786	102	84.8522	152	117.556
3	2.9752	53	47.7977	103	85.5519	153	118.166
4	3.9588	54	48.614	104	86.2496	154	118.776
5	4.9384	55	49.4276	105	86.9453	155	119.383
6	5.914	56	50.2384	106	87.6389	156	119.989
7	6.8857	57	51.0465	107	88.3306	157	120.594
8	7.8534	58	51.8519	108	89.0202	158	121.197
9	8.8173	59	52.6545	109	89.7079	159	121.798
10	9.7773	60	53.4545	110	90.3936	160	122.398
11	10.7334	61	54.2519	111	91.0774	161	122.997
12	11.6858	62	55.0466	112	91.7592	162	123.594
13	12.6344	63	55.8387	113	92.4391	163	124.189
14	13.5793	64	56.6281	114	93.117	164	124.783
15	14.5205	65	57.415	115	93.7931	165	125.376
16	15.458	66	58.1993	116	94.4673	166	125.967
17	16.3918	67	58.9811	117	95.1395	167	126.557
18	17.3221	68	59.7603	118	95.8099	168	127.145
19	18.2487	69	60.537	119	96.4784	169	127.732
20	19.1718	70	61.3112	120	97.1451	170	128.317
21	20.0913	71	62.0829	121	97.8099	171	128.901
22	21.0074	72	62.8521	122	98.4729	172	129.484
23	21.9199	73	63.6189	123	99.1341	173	130.065
24	22.829	74	64.3832	124	99.7934	174	130.645
25	23.7347	75	65.1451	125	100.451	175	131.223
26	24.6369	76	65.9046	126	101.107	176	131.8
27	25.5358	77	66.6617	127	101.761	177	132.375
28	26.4313	78	67.4164	128	102.413	178	132.949
29	27.3235	79	68.1688	129	103.063	179	133.522
30	28.2124	80	68.9188	130	103.712	180	134.094

31	29.098	81	69.6665	131	104.359	181	134.664
32	29.9804	82	70.4118	132	105.004	182	135.232
33	30.8595	83	71.1548	133	105.647	183	135.8
34	31.7354	84	71.8956	134	106.289	184	136.366
35	32.6081	85	72.634	135	106.929	185	136.931
36	33.4777	86	73.3702	136	107.567	186	137.494
37	34.3441	87	74.1042	137	108.204	187	138.056
38	35.2074	88	74.8359	138	108.839	188	138.617
39	36.0676	89	75.5654	139	109.472	189	139.176
40	36.9248	90	76.2926	140	110.104	190	139.734
41	37.7789	91	77.0177	141	110.734	191	140.291
42	38.6299	92	77.7406	142	111.362	192	140.847
43	39.478	93	78.4613	143	111.989	193	141.401
44	40.3231	94	79.1799	144	112.614	194	141.954
45	41.1652	95	79.8963	145	113.237	195	142.506
46	42.0043	96	80.6106	146	113.859	196	143.056
47	42.8406	97	81.3228	147	114.479	197	143.605
48	43.6739	98	82.0328	148	115.097	198	144.153
49	44.5043	99	82.7408	149	115.714	199	144.7
50	45.3319	100	83.4467	150	116.33	200	145.245

월수	호프만 계수	월수	호프만 계수	월수	호프만 계수	월수	호프만 계수
201	145.79	251	171.538	301	194.789	351	215.986
202	146.333	252	172.026	302	195.232	352	216.391
203	146.874	253	172.512	303	195.674	353	216.796
204	147.415	254	172.998	304	196.115	354	217.2
205	147.954	255	173.483	305	196.556	355	217.603
206	148.492	256	173.967	306	196.995	356	218.006
207	149.029	257	174.45	307	197.434	357	218.408
208	149.565	258	174.932	308	197.872	358	218.809
209	150.1	259	175.413	309	198.309	359	219.21
210	150.633	260	175.893	310	198.745	360	219.61
211	151.165	261	176.372	311	199.181	361	220.009
212	151.696	262	176.85	312	199.616	362	220.408
213	152.226	263	177.327	313	200.05	363	220.806
214	152.755	264	177.803	314	200.483	364	221.203
215	153.282	265	178.279	315	200.915	365	221.6
216	153.808	266	178.753	316	201.347	366	221.996
217	154.333	267	179.226	317	201.778	367	222.391
218	154.857	268	179.699	318	202.208	368	222.786
219	155.38	269	180.17	319	202.637	369	223.18
220	155.902	270	180.641	320	203.066	370	223.574
221	156.423	271	181.11	321	203.494	371	223.967
222	156.942	272	181.579	322	203.921	372	224.359
223	157.46	273	182.047	323	204.347	373	224.75
224	157.978	274	182.514	324	204.773	374	225.141
225	158.494	275	182.98	325	205.197	375	225.531
226	159.009	276	183.445	326	205.622	376	225.921
227	159.523	277	183.909	327	206.045	377	226.31
228	160.036	278	184.373	328	206.467	378	226.698
229	160.547	279	184.835	329	206.889	379	227.086
230	161.058	280	185.297	330	207.31	380	227.473
231	161.568	281	185.757	331	207.73	381	227.86

232	162.076	282	186.217	332	208.15	382	228.245
233	162.583	283	186.676	333	208.569	383	228.631
234	163.09	284	187.134	334	208.987	384	229.015
235	163.595	285	187.591	335	209.404	385	229.399
236	164.099	286	188.047	336	209.821	386	229.783
237	164.602	287	188.503	337	210.237	387	230.165
238	165.105	288	188.957	338	210.652	388	230.548
239	165.605	289	189.411	339	211.067	389	230.929
240	166.105	290	189.864	340	211.48	390	231.31
241	166.605	291	190.316	341	211.894	391	231.691
242	167.102	292	190.767	342	212.306	392	232.07
243	167.599	293	191.217	343	212.718	393	232.449
244	168.095	294	191.667	344	213.129	394	232.828
245	168.59	295	192.115	345	213.539	395	233.206
246	169.084	296	192.563	346	213.948	396	233.583
247	169.577	297	193.01	347	214.357	397	233.96
248	170.068	298	193.456	348	214.765	398	234.336
249	170.559	299	193.901	349	215.173	399	234.712
250	171.049	300	194.346	350	215.58	400	235.087

월수	호프만 계수	월수	호프만 계수	월수	호프만 계수	월수	호프만 계수
401	235.461	451	253.474	501	270.229	551	285.89
402	235.835	452	253.821	502	270.552	552	286.193
403	236.208	453	254.167	503	270.875	553	286.496
404	236.581	454	254.513	504	271.198	554	286.798
405	236.953	455	254.858	505	271.52	555	287.1
406	237.324	456	255.203	506	271.842	556	287.401
407	237.695	457	255.548	507	272.163	557	287.703
408	238.066	458	255.891	508	272.484	558	288.003
409	238.436	459	256.235	509	272.805	559	288.304
410	238.805	460	256.578	510	273.125	560	288.604
411	239.174	461	256.92	511	273.444	561	288.903
412	239.542	462	257.262	512	273.763	562	289.203
413	239.909	463	257.603	513	274.082	563	289.501
414	240.276	464	257.944	514	274.4	564	289.8
415	240.643	465	258.285	515	274.718	565	290.098
416	241.008	466	258.625	516	275.036	566	290.396
417	241.374	467	258.964	517	275.353	567	290.693
418	241.738	468	259.303	518	275.669	568	290.99
419	242.103	469	259.642	519	275.986	569	291.287
420	242.466	470	259.979	520	276.301	570	291.583
421	242.829	471	260.317	521	276.617	571	291.879
422	243.192	472	260.654	522	276.932	572	292.175
423	243.554	473	260.991	523	277.246	573	292.47
424	243.915	474	261.327	524	277.56	574	292.765
425	244.276	475	261.663	525	277.874	575	293.059
426	244.637	476	261.998	526	278.187	576	293.353
427	244.996	477	262.332	527	278.5	577	293.647
428	245.356	478	262.667	528	278.813	578	293.941
429	245.714	479	263	529	279.125	579	294.234
430	246.073	480	263.334	530	279.436	580	294.526
431	246.43	481	263.667	531	279.748	581	294.819

432	246.788	482	263.999	532	280.059	582	295.111
433	247.144	483	264.331	533	280.369	583	295.402
434	247.5	484	264.663	534	280.679	584	295.694
435	247.856	485	264.994	535	280.989	585	295.984
436	248.211	486	265.324	536	281.298	586	296.275
437	248.565	487	265.654	537	281.607	587	296.565
438	248.919	488	265.984	538	281.915	588	296.855
439	249.273	489	266.313	539	282.224	589	297.145
440	249.626	490	266.642	540	282.531	590	297.434
441	249.978	491	266.97	541	282.839	591	297.723
442	250.33	492	267.298	542	283.146	592	298.011
443	250.681	493	267.626	543	283.452	593	298.299
444	251.032	494	267.953	544	283.758	594	298.587
445	251.383	495	268.279	545	284.064	595	298.874
446	251.732	496	268.605	546	284.369	596	299.161
447	252.082	497	268.931	547	284.674	597	299.448
448	252.431	498	269.256	548	284.979	598	299.734
449	252.779	499	269.581	549	285.283	599	300.021
450	253.127	500	269.905	550	285.587	600	300.306

02 경과 연수에 따른 호프만 계수

경과 연수	호프만 계수	경과 연수	호프만 계수	경과 연수	호프만 계수
1	0.9523	36	0.3571	71	0.2197
2	0.909	37	0.3508	72	0.2173
3	0.8695	38	0.3448	73	0.215
4	0.8333	39	0.3389	74	0.2127
5	0.8	40	0.3333	75	0.2105
6	0.7692	41	0.3278	76	0.2083
7	0.7407	42	0.3225	77	0.2061
8	0.7142	43	0.3174	78	0.204
9	0.6896	44	0.3125	79	0.202
10	0.6666	45	0.3076	80	0.2
11	0.6451	46	0.303	81	0.198
12	0.625	47	0.2985	82	0.196
13	0.606	48	0.2941	83	0.1941
14	0.5882	49	0.2898	84	0.1923
15	0.5714	50	0.2857	85	0.1904
16	0.5555	51	0.2816	86	0.1886
17	0.5405	52	0.2777	87	0.1869
18	0.5263	53	0.2739	88	0.1851
19	0.5128	54	0.2702	89	0.1834
20	0.5	55	0.2666	90	0.1818
21	0.4878	56	0.2631	91	0.1801
22	0.4761	57	0.2597	92	0.1785
23	0.4651	58	0.2564	93	0.1769
24	0.4545	59	0.2531	94	0.1754
25	0.4444	60	0.25	95	0.1739
26	0.4347	61	0.2469	96	0.1724
27	0.4255	62	0.2439	97	0.1709
28	0.4166	63	0.2409	98	0.1694
29	0.4081	64	0.238	99	0.168
30	0.4	65	0.2352	100	0.1666
31	0.3921	66	0.2325		
32	0.3846	67	0.2298		
33	0.3773	68	0.2272		
34	0.3703	69	0.2247		
35	0.3636	70	0.2222		

03 연간 호프만 계수

연수	호프만 계수	연수	호프만 계수	연수	호프만 계수
1	0.9523	26	16.3789	51	24.9836
2	1.8614	27	16.8044	52	25.2614
3	2.731	28	17.2211	53	25.5353
4	3.5643	29	17.6293	54	25.8056
5	4.3643	30	18.0293	55	26.0723
6	5.1336	31	18.4214	56	26.3354
7	5.8743	32	18.806	57	26.5952
8	6.5886	33	19.1834	58	26.8516
9	7.2782	34	19.5538	59	27.1047
10	7.9449	35	19.9174	60	27.3547
11	8.5901	36	20.2745	61	27.6017
12	9.2151	37	20.6254	62	27.8456
13	9.8211	38	20.9702	63	28.0865
14	10.4094	39	21.3092	64	28.3246
15	10.9808	40	21.6426	65	28.5599
16	11.5363	41	21.9704	66	28.7925
17	12.0769	42	22.293	67	29.0224
18	12.6032	43	22.6105		
19	13.116	44	22.923		
20	13.616	45	23.2307		
21	14.1038	46	23.5337		
22	14.58	47	23.8322		
23	15.0451	48	24.1263		
24	15.4997	49	24.4162		
25	15.9441	50	24.7019		

신재생에너지발전설비기사 실기대비

태양광발전 및 신·재생에너지발전설비기사 실기 문제집

시대 80제 / 약술 80제

발행일	2025년 2월 10일
저 자	김태평
	이영훈
펴낸곳	(주)고시아카데미(insTV)
등 록	2003년 9월 17일 제2012-000101호
주 소	서울시 금천구 서부샛길 606, 215호
대표전화	02-363-0606
팩 스	0505-009-9507
홈페이지	www.instv.net
전자우편	help@instv.net
ISBN	978-89-6631-361-7

저자와의 협의 하에 인지 생략

ⓒ (주)고시아카데미

이 책의 무단전재, 복사, 전재는 저작권법에 저촉됩니다.
잘못 만들어진 책은 바꾸어 드립니다.

정가 29,000원

!inTV

대학리그 1위 프로팀과의 e-sports

[호] 고사리마이미